珍藏本
纪念版

汉译世界学术名著丛书

社会生活中的交换与权力

〔美〕彼得·M.布劳 著

李国武 译

商务印书馆
SINCE 1897 The Commercial Press
2017年·北京

Peter M. Blau

EXCHANGE AND POWER IN SOCIAL LIFE

This edition is an authorized translation from the English language edition published by Transaction Publishers.

35 Berrue Circle, Piscataway, New Jersey 08854.

根据美国 Transaction 出版公司 2004 年第二版译出

汉译世界学术名著丛书
（120年纪念版·珍藏本）
出 版 说 明

2017年2月11日，商务印书馆迎来120岁的生日。120年前，商务印书馆前贤怀揣文化救国的理想，抱持"昌明教育，开启民智"的使命，立足本土，放眼寰宇，以出版为津梁，沟通中西，为中国、为世界提供最富智慧的思想文化成果。无论世事白云苍狗，潮流左右激荡，甚至战火硝烟弥漫，始终践行学术报国之志，无改初心。

迻译世界各国学术名著，即其一端。早在20世纪初年便出版《原富》《天演论》等影响至今的代表性著作，1950年代后更致力于外国哲学和社会科学经典的译介，及至1980年代，辑为"汉译世界学术名著丛书"，汇涓为流，蔚为大观。丛书自1981年开始出版，历时三十余年，迄今已推出七百种，是我国现代出版史上规模最大、最为重要的学术翻译工程。

丛书所选之书，立场观点不囿于一派，学科领域不限于一门，皆为文明开启以来，各时代、各国家、各民族的思想与文化精粹，代表着人类已经到达过的精神境界。丛书系统译介世界学术经典，引领时代思想，为本土原创学术的发展提供丰富的文化滋养，为推动中国现代学术和现代化进程做出了突出的贡献。

为纪念商务印书馆成立120周年，我们整体推出“汉译世界学术名著丛书”120年纪念版的珍藏本，寄望既利于文化积累，又便于研读查考，同时向长期支持丛书出版的译者、编者和读者致以敬意。

两甲子后的今天，商务印书馆又站在了一个新的历史时间节点上。我们不仅要铭记先辈的身影和足迹，更须让我们的步伐充满新的时代精神。这是商务人代代相传的事业，更是与国家和民族的命运始终紧密相连的事业。我们责无旁贷，必须做好我们这代人的传承与创造，让我们的努力和成果不仅凝聚成民族文化的记忆，还能成为后来人可以接续的事业。唯此，才能不负前贤，无愧来者。

商务印书馆编辑部

2017年10月

献 给 泽 娜

目　　录

第二版引言

彼得·M.布劳

从本书首次出版到现在已经过去二十多年了，我的社会学理 vii
论化取向在过去的二十年里自然也发生了变化。在第二版的这个引言中，我希望讨论一下我的理论观点所发生的变化。

对支撑社会关系和社会角色过程的微观社会学分析通常不同于对社会和社区中的更广阔的社会结构和社会制度的宏观社会学分析。在本书中，我集中于对支配社会生活和人们之间关系的相互性和不平衡过程的微观社会学分析，因此使用这种分析作为发展对社会结构的宏观社会学研究的某些理论思想的一个基础。

有一个隐含的假定，认为宏观社会学理论建立在微观社会学理论的基础之上。这是我已经开始怀疑的假定。我现在的假定是宏观社会学和微观社会学分析包含着不同的理论方法并使用不同的概念。它们使相当不同的关于社会生活的视角成为必要，尽管这些视角不能直接相互转化，但绝不是相互矛盾或互不相容的。在这一版的引言中，我将首先解释我是如何对本书所提出的交换理论产生兴趣的；其次，简短地勾勒一下我近期发展的宏观结构理论的主要观点；最后，对这两个理论系统之间的关系作一个简要的说明。

我在三十多年前最初萌发了支撑社会交换理论的基本思想，当时为了博士论文我正从事一项对政府公务员的个案研究。这项
viii 研究很大程度上基于对两个公共机构的非参与性观察。从对所研究的一个法律执行机构进行观察伊始，我就注意到同事们经常就职责问题相互咨询。尽管官方规定要求，遇到问题的执法官应该向主管咨询建议而不是向同事咨询，但是在他们工作的大办公室中我总是看到他们成双结对地忙于讨论他们所碰到的问题。午餐时间充斥着对工作问题的讨论，包括一个官员告诉其他人他在一个事例中所遇到的有趣问题，或者某人征求其他人关于如何最好地处理一个复杂问题的意见。非正式咨询这种惯例——它是被禁止的，但却又被容忍——立即给我留下了深刻印象，觉得它具有重要的社会学意义。我把这种交易概念化为社会交换，每个人从中获得某些东西的同时也支付一个价格。一个官员在没有将他或她的困难不得不暴露给主管的情况下获得了帮助，他给予咨询者以尊敬作为回报，这隐含在对建议的请求中。反复出现的这种情况提高了另一个人的非正式地位，其代价是花费时间和精力给他人提供建议。

我对政府官员的研究受到了默顿(Merton)的启发，他的讲座向我介绍了韦伯关于科层制的理论；并且也受到了我对工作群体中非正式关系的研究兴趣的激励，在阿伦斯伯格(Arensberg)关于产业社会学的课程上我已经研究了工作群体。我的目标是将在对产业的工作群体的经验研究中形成的程序应用到对政府科层制中的官员的研究上。当研究的结果后来以《科层制的动力学》为名出版时，霍曼斯(Homans)在对这本书的评论中指出，这本书的标题

是令人误解的，因为它与其说是关于科层制的，不如说是关于工作群体中的非正式关系的。这个评论对我产生了一个震动性的影响，并且影响了我随后几年的研究方向。但是在那之前，我的分析明显激发了霍曼斯的思考，并且他的著作反过来也影响了我。

当霍曼斯在芝加哥大学开设客座讲座时，在 1950 年代我是那里的初级助理教授，非常令我吃惊的是，这位杰出的社会学家详细地引用我关于咨询的讨论并把它作为他所介绍的分析的基础，这个分析是他的第一篇关于社会交换的论文（1958 年）。他对我的分析的关注以及他随后对交换理论的详细阐述（Homans，1961）重新点燃了我对社会交换研究的兴趣。

社会交换概念特别吸引我的地方在于，我认为它是一种社会现象的原型，因此是一个非常适合于社会学研究的基本过程或者说是社会生活的质点（particle）。在我们的调查中，我们研究的许多主题在同一类属的意义上并不是社会性的，而是社会性产生的个人特征。人们的态度、投票、教育经历和职业毫无疑问是以社会为条件的，并且通常是指向其他人的，但是这些因素本身涉及个体的行动和思想，而不涉及社会过程。社会交换不同于这些变量的 ix
地方在于它直接与两个或更多人之间的交换过程相关，我们集中关注对自我行为的依赖，不是自我先前的条件作用、背景、经历或特征，而是密友的行为，它反过来取决于自我的过去和预期未来与密友的互动。我与霍曼斯理论的主要不一致深植于交换的独特的社会特征这种观念，这意味着它不能被还原为支配个体动机的心理学原理，或从支配个体动机的心理学原理中推导出来，这是霍曼斯所致力于的目标。根据我的观点，交换理论的目标是通过分析构成交换的互惠过程，根据交换原理来解释社会生活，而不是根据动机和隐含的心理学原理（就像心理学家的目标不是根据潜在的心理过程来解释心理的倾向和动机一样）来解释个体为什么参与特定的交换关系。在社会学中，不仅**待解释的术语**（我们试图解释什么），而且**用来解释的术语**（我们用什么术语来解释它），都是社会性的。与霍曼斯形成对比——他是一个心理还原论者（或者说，如同他倾向于把自己所称为的那样，是一个方法论个体主义者）——我假定社会结构（并且，实际上是所有的由亚单位构成的结构）具有不能根据亚单位的属性来理解的突生属性。

我对社会交换的兴趣还有其他的原因。一个重要的原因是，我的研究的主要兴趣是提出系统化的理论，交换的观念本身适合于发展像经济学理论模型所显示的那样的严密理论。实际上，霍曼斯的分析是社会学中试图建构一个系统的演绎理论的少有的努力之一，我与他的心理还原论的分歧并没有妨碍我对他发展严密的社会理论的努力的钦佩。经济学理论中已经富有成效的许多概念适合于在严格的经济学领域之外的社会学分析中使用。例如，边际效用的概念可应用于大量的社会现象，比如，当已经从许多其他人那里获得了赞同时，社会赞同的意义就会不断下降。经过适当的修改，在其他学科已经被检验的理论性原理可以作为建构社会学理论的砖瓦。

交换理论对我具有吸引力还有另外一个原因，我希望它将为微观社会学分析和宏观社会学分析之间提供一个连接，因此帮助我提出一个包含这两方面的社会理论。社会学中反复出现的一个
x 问题是微观社会学的社会结构和表现大型集体特征的制度之间的

关联，近些年该问题再次获得了相当大的注意。在本书中我已经试图锻造这种连接。首先，我提出一个关于交换过程的微观社会学理论。然后，我试图用这个理论作为建构关于社会结构和制度的宏观社会学理论的基础。然而，我必须承认，我在对交换的微观社会学分析上比在向宏观社会学理论的过渡上更为成功。我的理论取向之所以从试图在微观社会学理论基础上建立宏观社会学理论转变为在微观社会学理论和宏观社会学理论上采用不同的视角，这是其中的一个原因。

我的社会学取向从微观到宏观的这种变化首先发生在我的经验研究中，然后在我的理论分析中。我的大量经验研究工作涉及正式组织。一开始，我最感兴趣的是韦伯所提出的科层制的更广阔的问题，但是我只能推理性地处理它们，因为来自个案研究的资料更适合于分析雇员之间的非正式关系，而不适合于研究组织特征的相互依赖，后者需要对大量不同组织的比较。为了直接研究组织结构问题，在1960年代我决定牺牲透彻的个案研究的深度，以获得更大范围的对组织的定量研究。我完成了一系列这样的研究。每一项研究都涉及对既定类型——职业介绍所、大学或者工厂——的几十个或者甚至几百个组织的调查，并且分析描绘了这些组织正式特征的相互关系：它们的规模、劳动的分工、权威的等级、机器技术等等。我的调查从对工作群体的非正式组织的个案研究到对科层制的正式特征的定量研究的转向反映了上面所提及的霍曼斯对我第一本著作评论的意外影响。

如同已经指出的，尽管我对理论自始至终有着浓厚的兴趣，但直到几年前我的大部分出版物都由调查研究的专题论著构成，这

本关于交换的著作是明显的例外。然而，我在芝加哥大学，后来是在哥伦比亚大学定期地教授理论课程，包括一门关于创建理论之
xi 原理的课程。在准备这门课的过程中，我越来越感兴趣于演绎理论和科学哲学家——尤其是布雷思韦特（Braithwaite，1953）和波普尔（Popper，1959）——对这个主题的分析。在我的关于建立演绎理论的原理的讲座中，我越来越对能够说明这些原理的宏观社会学理论的缺乏感到丧气。我对建立演绎理论日益增加的兴趣提供了某种激励，而在荷兰高级研究机构的休假年为我提供了努力建构这样一个宏观社会学理论的机会（Blau，1977）。我将举几个这方面的概念和定理的例子来说明宏观结构视角和本书中关于交换的微观社会学视角之间的巨大差别。

我所发展的宏观社会学理论探索的主题是诸如整个社会或社区这样的大型人口的社会结构。分析的单位是这些大型的集体，而不是个体、两个人或者小群体。我的理论是关于结构的，是马克思意义上的结构，而不是列维－斯特劳斯意义上的结构，我用社会结构来指涉人们客观位置和关系上的差异，而不是神话或婚姻规则；但它与马克思的不同之处在于不局限于经济上的差异，而是包含人们之间影响社会生活的所有其他差异，这些差异可能是种族上的、教育上的、职业上的或宗教上的。不同社会位置的内容——例如，天主教和新教信仰之间——被认为是文化结构而不是社会结构的一个方面。我用社会位置的结构来指涉人们沿着不同线路的分化，尤其是指涉他们在各种维度上的不同社会位置之间的分布，例如，宗教同质性（不管大多数人是天主教徒还是新教徒）的、民族异质性的或者收入不平等的程度。因为每个人都占据大量的

社会位置，社会结构可以被概念化为社会位置的一个多维空间，人们分布在这些位置之间，并且在这些位置之间能观察到一定级别的社会关系。

这个理论的目标是根据结构，而不是根据文化或心理来解释社会关系的模式（或结构），而不是解释个体行为。当然，社会关系一定包含人类行为，但在宏观社会学分析中待解释的问题是这些社会关系的模式，尤其是不同社会位置上的人们之间的那些社会关系模式（例如，种族通婚的相对频率），而不是这些关系所必需的有动机的行为（例如，什么动机使得有的人在他们自己的群体之内寻找配偶，而有的人和自己群体之外的人结婚）。我们提出来的用来说明社会生活的这些模式的解释变量不是文化系统的某些元素，比如新教伦理，而是结构分化——被定义为人们在沿着各种线路的不同位置之间的分布——的某些方面。社会位置分化的两种一般形式是异质性和不平等，所有一维的特定形式都可以被包含 xii
在它们的下面，无论其所关心的是种族或产业的异质性，还是财富或权力的不平等。社会分化的各种形式不一定是独立的，分化的一种形式与几种其他形式相关的程度仍然是社会位置的结构的另一个重要方面。在不同方面人们之间的差异彼此相关的强度越大，社会位置越巩固，并且社会位置之间的边界就越严格。相反的情况是，不同方面的社会差异相关较弱（或者不相关），并因此相互交叉，这以经验上可测量的形式捕获了齐美尔的相互交叉的社会圈子（crosscutting social circles）的概念。

基于这个概念框架，我建构了一个宏观社会学的演绎理论，在这个理论中，大量的定理合乎逻辑地从几个假定前提中推导出来，并且通过研究在125个美国最大的都市地区结构性条件对通婚的影响(Blau and Schwartz, 1984),定理的经验含义随之得到了检验。我从一个套套逻辑(tautology)开始,接着从一些统计原理推断机会结构对社会关系(包括婚姻关系)的影响,接下来得出关于更复杂的结构条件的定理,其中最重要的定理与齐美尔的相互交叉的社会圈子概念相似。在这里,我可以仅提供几个例子来给予说明。套套逻辑如下:对于两个规模不相等的群体而言,较小的群体一定比更大的群体有更高的内部通婚比率,因为相互通婚的人数在两个群体中一定是相同的,因此通婚的比率或百分比是群体规模的反函数。

当这个思想被应用到许多群体时,尤其是不同社区的群体时,它不再是套套逻辑。在一个社区中,犹太人、南方人或任何其他群体的人的比例越高,他们和外面的人结婚的百分比越高。这在数理上不是必然发生的,但它反映了统计可能性的影响,因此反映了社会机会的影响。内群体的相对规模越小,找到内群体配偶的机会越小,碰到外部人、和其成为朋友以及与其结婚的可能性越大。这个定理隐含着另一个意思,即异质性增加了群体间的关系和相互通婚,因为异质性涉及许多群体以及在它们之间规模上小的差异。经验研究证实了所检验的定理的所有九个经验预测,包括一个关于大都市地区的种族构成对种族间婚姻的影响的预测,尽管对这样的婚姻有很强的文化禁忌。这个理论隐含的一个假定是机会结构对朋友关系甚至婚姻关系施加了强有力的影响,这通常抵消了文化价值和规范的反面影响。对定理含义的经验证实有助于

xiii 加强这个假定。

另一个推论是异质性对群体间关系的初始影响——来源于群体间规模分布对社会交往机会的影响——对进一步日益增加的群体间关系起到乘数效应。这个推论所基于的假定是通过增加群体间关系，异质性减少了阻碍和外部人发生关系的内群体压力，因为群体中和外部人有亲密关系的人的比例不断增加，不可能不赞同其他人也如此。对外群体关系的随之越来越大的容忍使得这样的关系越来越可能。简而言之，异质性对相互通婚和其他群体间关系的初始影响应该被对它们的这种继发的影响所强化。

研究已经反复表明，不成比例数量的人与属于他们自己群体的其他人结婚和交往。这种内群体倾向的存在已经被作为假定前提加入到理论之中。（需要指出的是，个体最有可能在他们自己的群体内结婚的假定和一个社区的异质性增加了群体间结婚数量的定理并不是相互矛盾的。后者只不过说明了一个社区的异质性弱化了被前者所规定的内群体倾向。实际上，经验检验既证实了内群体假定，也证实了异质性定理。）如果社会差异的几个维度是充分地相关的，则它们的影响是累积性的，会强化群体边界和内群体压力。出于同样的原因，不相关的或微弱相关的社会差异意味着相互交叉的边界，这对内群体倾向具有抵消性的影响，因此促进了群体间关系。用齐美尔的术语来说，这样的相互交叉的社会圈子意味着，许多在一个维度上属于不同群体的人们还共同加入了一些其他群体，并且后者共同的群体联系是激励关于第一个维度内群体间关系的吸引的来源。举例来说，种族间的通婚倾向于选择教育、宗教和社会阶级是相同或相似的配偶。实际上，许多相互交叉的社会差异对专注于群体间关系施加了强制性的结构约束，因为它们表明许多我们的在一个维度上的内群体伙伴使我们在其他维度上卷入为群体间关系。

本书中社会交换的理论分析视角明显与刚才说明的宏观社会
xiv 学理论视角是相当不同的。然而，这种视角上的差异并没有使这两种理论相互矛盾；相反，这使得它们是相互补充的。对人类关系和行为的不同影响可以被分为两大类：那些影响个体的选择和偏好的因素，以及为实现这些选择提供或限制机会的外部条件。心理学研究人格特征和早期经历如何影响性情、选择和个体的动机。社会心理学一般研究社会位置和个人经历如何影响他们的偏好、能力和成就。作为微观社会学的重要组成部分，交换理论详细地剖析社会互动以辨明每个参与者过去的和预期的报酬如何相互地影响他们的选择和行为以及正在出现的社会关系。但如同马克思和其他经济学家已经强调过的，外部环境限制了实现选择的可能性。要在我们的事业中取得成功，不仅要求足够的教育，而且也取决于供给适当的工作空缺的劳动力市场。作为社会学家，我们主要关心他们的社会环境对人们的外部约束，也就是他们的社区或社会的人口构成的约束。即使大多数人感兴趣于有一个既定社会特征的人作为朋友或配偶，但如果很少有具备这种特征的人，那么大多数人将不能实现他们的兴趣。换句话说，交换理论分析了维持社会关系的互惠动机（reciprocal incentives），而宏观结构理论则解释了人口结构施加于社会关系的外部约束。对社会关系的这两种影响不是彼此替代的，而是相互补充的。

这两种理论视角在另一个方面上也是互补的：通常，一个理论将其假定为一个不用进一步分析的既定外生条件的因素，而另一个理论则将其视为试图予以解答的基本问题。因此，宏观社会学理论作出这样的假定，内群体关系比群体间关系更为盛行，以及内群体压力维持着前者的盛行。但它并没有解释是什么产生了这些内群体压力。通过表明内群体压力植根于社会交换过程，交换理论为这个问题提供了解释。内群体偏好以两种不同方式表现出来：一个是以更愿意和他自己群体内的成员交往的方式，另一个是以倾向于不赞同与外部人有亲密交往的其他人的方式。相应地，内群体关系的盛行和对群体间关系的不赞同是相互关联的；内群体关系越盛行，对与外部人交往的不赞同越普遍。通过服从群体 xv 标准，社会赞同得以获得，并且这种交换过程是产生内群体压力的原因。当更多的群体成员加入群体间关系——这通常是由于异质性的影响——对与外部人交往的不赞同变得越来越不那么普遍。因此，在宏观社会学理论中，被视为既定外在条件的内群体压力可以被交换过程的分析所解释。

当我发展呈现在本书中的交换理论的时候，我认为这种微观社会学理论可以作为建立宏观社会学理论的一个基础；我不再认为这种想法是正确的。原因是微观社会学理论和宏观社会学理论要求不同的分析策略和概念框架，并且根据默顿（Merton，1975）反复强调的论点，一个学科内的多种理论有助于知识的进步，这两种理论不同的视角可以相互丰富对方。在一个学科发展的早期阶段尤其如此。

在对整个社会或其他大型集体的宏观社会学研究中，以果敢的手段描绘一个巨幅的画面是必要的。描绘成千上万人的大量的人际关系不仅是不可能的——即使使用大型计算机，而且即使是可能的，它也将是完全没有意义的，因为我们不能理解结果的巨大的复杂性。而且，在每个家庭和朋友圈子中的日常社会生活的细枝末节对于理解整个社会的结构是不相干的。通过集中关注不同类别的人们（根据它们的群体成员资格和社会位置来分类）的社会关系的模式或比率，宏观结构的图解从这些细节中抽象出来。而且，国家或城市的独特问题不可能通过剖析人际关系的社会心理过程来阐明，而是只有通过分析主要结构特征对社会生活的含义、经济和其他形式的不平等、种族和其他形式的异质性、人们的先赋联系（ascribed affiliations）和他们的地位获得可能性之间的关系，以及这些结构条件对群体间关系（这些关系将一个社区中的不同部门整合起来）的后果来说明。

交换理论将交换过程发生于其中的更广阔的社会结构视为既定的，在这一方面它需要宏观结构理论的补充。因此，由新产生的结构条件造成的群体间关系上的增加改变了盛行的交换交易（ex-
xvi change transaction）的特征，因为群体间关系中的社会交换不同于内群体关系中的社会交换。交换理论将剖析新的交换过程，并将其和旧的交换过程相比较，但它不可能解释社会关系中发生变化的原因，而宏观社会学理论则能够根据不同的新的结构条件解释它。

另一方面，我们确实想理解支配所有社会关系的心理过程，以及在整个社会中和小群体中的心理过程。但宏观社会学视角不会提供这种理解，因为它在获得它的解释的广度的同时，牺牲了对人际关系的深度研究，而交换理论恰好将注意力集中在对人类关系的这种透彻分析上：一个视角集中关注另一个视角忽视的问题。

宏观视角从远距离观察社会生活以在大的轮廓上包含整个社会结构。这使得它看起来是抽象的和形式化的,远离对社会生活的人类体验。微观视角从近距离研究社会互动,有时候不能看到它的更广阔的结构背景,但它更为全面地揭示了人类关系的微妙和复杂之处。对于全面彻底地理解社会现象而言,这两种视角都是必要的,因为尽管我们可能希望这两种视角最终能够被整合,但至少在社会学理论发展的当前阶段,它们仍是不同的研究方式。

交换理论有时受到这样的批评,说它把所有人类关系简约为市场交易。但这种批评是过于简单化的。强制使交易偏离交换原理的轨道,并且道德规范也能做到这一点,因为二者施加了不同的约束。尤其是,宗教的神圣生活和交换盛行的世俗生活形成对照。宗教规范要求在和其他人的关系中应该消除交换的考虑,对成为一名乐施好善者和对穷人给予救济的劝诫可以说明这一点。尽管遵从通常得到来自第三方的社会赞同(例如,由于遵守职业标准,得到来自同事的赞同的职业收获)奖赏,但是其他的社会规范也要求帮助人们时不要考虑从他们那里得到回报。然而,一般而言,道德规范不会详细地规定社会互动。它们主要设定了宽泛的限制,规定了超出这些限制的行为,但在这些限制之内给人们留出了大量的余地,让人们按照他们的选择来行事。一旦社会规范是众所周知的,遵从就不需要进一步的解释。需要解释的问题是被社会规范允许但没有被其要求的社会互动的广阔范围。本书将要提出 xvii
的交换理论试图提供一种根据支撑人类关系的社会心理过程而提出的解释。

参考文献：

Blau, Peter M. 1977. *Inequality and Heterogeneity*. New York: Free Press.

Blau, Peter M., and Joseph E. Schwartz. 1984. *Crosscutting Social Circles*. Orlando: Academic Press.

Braithwaite, Richard B. 1953. *Scientific Explanation*. Cambridge: Cambridge University Press.

Homans, George C. 1958. "Social Behavior as Exchange." *American Journal of Sociology* 63:579 – 606.

Homans, George C. 1961. *Social Behavior: Its Elementary Forms*. New York: Harcourt Brace Jovanovich.

Merton, Robert K. 1975. "Structural Analysis in Sociology." In P. M. Blau, ed., *Approached to the Study of Social Structure*. New York:
xviii Free Press.

Popper, Karl R. 1959. *The Logic of Scientific Discovery*. New York: Basic Books.

序

呈现在本书中的思想和分析受到了其他社会科学家著作的强 xix
烈影响，并且它们通常在很久以前的社会哲学家和思想家对社会生活的洞察中有其最本初的来源。我已经尽力通过参考、引用他们的著述来表达我对前辈们的谢意，但毫无疑问，存在着我已经从其他人那里借用了其概念和观点但却没有意识到的情况，我应当对在这些情况中未能作出适当的感谢表示歉意。在对我的思想产生过影响的许多著述中，有一本应该特别提一下，因为尽管我们在分析上存在一些根本上的差异，但它的影响在本书的前半部分几乎无处不在；那就是，乔治·C. 霍曼斯的《社会行为：它的基本形式》的影响。

我感谢行为科学高级研究中心邀请我度过一年，它给我提供了一个智力上充满启迪、物质上令人惬意的环境，并感谢它为我撰写这本专著提供了一个机会。同时感谢 1962－1963 年期间在该中心工作的同事们，他们曾就范围广阔的主题进行过许多激发智慧的讨论。也感谢国家科学基金会给予我的高级博士后研究人员资助。

社会学和相关领域中的大量同事阅读了这本书初稿的一部分或全部，并作出了广泛的评论。尽管毫无疑问我没有足够的智慧全部领悟他们所有的洞见和批评，但在修订原稿时我从他们的建议和批评中受益匪浅。我非常感谢下列人士提供的这种帮助，他们是：霍华德·S. 贝克尔、泽娜·S. 布劳、伊弗塞·多马、欧文·
xx 戈夫曼、鲁思·V. 海德布兰德、沃尔夫·西德布兰德、乔治·C. 霍曼斯、爱德华·E. 琼斯、伊莱休·卡茨、邓肯·麦克雷、阿瑟·L. 斯丁奇科姆、斯坦利·H. 小尤迪和汉斯·蔡塞尔。最后，我想感谢琼·瓦姆布伦、鲁思·索尔托诺夫和珍妮·兰道尔夫在秘书工作方面的帮助，以及理查德·吉尔曼在准备索引中的帮助。

彼得·M. 布劳

各章主要内容

导　　言 xxiii

本书的目标是分析支配人们之间交往的各种过程，以此作为一种社会结构理论的序曲。问题在于，要在不犯无视突生属性的还原论错误的情况下，从较为简单的过程中推导出复杂的过程。作为社会生活的重要原理，社会交换是从初级关系推导出来的，而复杂的社会力量又是从社会交换那里推导出来的。套套逻辑的问题以及对原理是否有所发展的质疑要受到文化的限制。本书各章的综述。

第一章　社会交往的结构

对交往的研究。齐美尔的方法与韦伯的方法和帕森斯的方法的对照。

社会报酬的交换

大部分人类愉悦和痛苦的社会根源。对互换的期望。社会生活中的“利他主义”和“利己主义”。社会赞同的重要性。理性行为；有关理性行为的假定有哪些已经提出，哪些尚未提出。

基本过程

根植于原始的心理过程的社会交往的简单过程引起了复杂的社会过程。社会吸引促使人们关心给别人留下深刻印象以及关心
xxiv 社会交换。单方面的交换导致权力的分化。通过公平的规范来判断的权力行使引起了社会赞同或不赞同，社会赞同和不赞同可能会分别导致合法组织和社会反抗的出现。宏观结构的显著特征。

相互性和不平衡性

在一个层面上的均衡力量可以是在另一个层面上打破均衡的力量。相互吸引是通过交换中的不平衡确立起来的。交换通过权力的不平衡去达到平衡。合法化能换取对权力的公正行使，而反抗则是对不公正进行报复，它恢复了平衡但也造成了新的不平衡。

结论

讨论从人际交往中较为简单的过程入手，逐步转到大型社会结构中更为复杂的过程。齐美尔的分析说明了人际关系的社会背景的重要性。

第二章　社会整合

吸引的纽带把个体们团结成一个群体。吸引的过程。

给他人留下印象

对报酬的期望使交往具有吸引力。能产生内在报酬的交往和能产生外在报酬的交往。内在吸引依靠融合性的报酬。表现给人以深刻印象的策略;冒险;角色距离;表现紧张和轻松。应付某种挑战的满足。

整合的悖论

给人以深刻印象的品质使一个人对群体有吸引力但也对其余人造成地位威胁。在群体形成的早期阶段,为赢得社会承认而竞争,它可以被设想为一系列相互交叉的混合博弈,也可以作为对领导能力的一项筛选考试。新出现的地位分化强化了对整合纽带的需要。从表现给人以深刻印象的策略转变为自我贬低的策略。高级地位是对有助益的贡献的奖励,而社会认可则是对有助于群体 xxv
团结的贡献的奖励。

检验某些推论

有关同事之间非正式认可的资料。实验发现支持并改进了理论;要求整合的压力促进了自我贬低。然而,它却导致低地位的被试强调自己具有某些给人以深刻印象的品质,并且在其他方面进行自我贬低;而高地位的被试则坚持他们自己在与地位有关的领域中的判断,但要通过与低地位者在其他领域达成和解性的一致来进行补偿。

结论

群体形成:社会整合和分化的相互依赖。群体凝聚所要求的不相容的条件造成了整合悖论。社会过程的反馈效果。

第三章　社会支持

群体凝聚加强了对成员们的规范性控制和社会支持。社会赞同和吸引是社会支持的两个要素。

社会赞同

社会赞同的重要性取决于对其真实性的认可。买卖圣职和卖淫问题。赞同和尊重:对一个人的尊重提高了他的赞同的价值;不

20

加区别的赞同则降低了人们对他的尊重。赞同的两难困境:通过表示赞同来提供支持,但随意表达赞同则贬低了它的价值。地位差别和赞同。对站在赞扬者自己立场上赞扬别人的反馈依赖于对他的地位的结构性支持。

吸引力:第一和第二印象

对观点的赞同和相互吸引。吸引作为对人的一般化的赞同。自我失败的第一印象。自我实现的第一印象:通过使某人的风格具有价值来创造社会现实;达到最初引起的预期;用假象唬人。专注于给他人留下深刻印象既妨碍表达性的介入,也妨碍工具性的努力。社会赞同带来的限制局限于重要人物的范围。

关于爱情的附论

内在吸引的极端情况，在这种情况下，外在利益的交换仅仅是表达和赢得内在依恋的手段。勇于承担责任；调情；检验依赖性；较少承诺的好处。尽管爱慕之情的表达激发了另一个人的爱，但对爱慕之情的随意表达却降低了它们的价值，这就是爱情的两难困境。拒绝承担责任的社会压力。对征服的挑战。放弃对承担责任的要求。激发人们表达爱慕之情的条件。为了某种持久的依赖得以发展，所承担的责任必须加以保持。

结论

赞同和吸引之间的比较：其重要性取决于它们的真实性、稀缺性以及其他人对给予者的态度倾向。二者之间的一个基本区别。

第四章　社会交换

霍曼斯的观点。简单社会中的交换。交换的原理；用专业人员之间的交往加以说明。

未加规定的义务和信任

交换概念的局限性。作为启动机制的互惠。未作具体规定的义务把社会交换与严格的经济交换区分开来。社会交换取决于信任，也促进了信任。并没有准确的价格；各种利益的融合。对履行义务的约束。

交换的条件

最初提供的重要性。承担责任和促进信任的其他机制。社会报酬的类型。成本的类型。无成本地提供社会报酬。交换的社会情境：角色丛；群体结构中的相互依赖；对其他交易的冲击。多群体的从属关系解决了交换冲突并弱化了社会控制。

压倒性的施予

xxvii 在较为简单社会中的礼物交换以及我们社会中的类似情况。给予、接受以及报答的义务。交换可能导致伙伴关系或者地位分化，因为提供捐助就是宣称自己的优越性，这一点因互换而失效，但却被不能做到互换而确认。向首领交纳贡品是一个例外。交换仪式表现出来的角色距离。交换制度化是分层的基础；潜在的一般性力量。

结论

社会交换是居于外在收益的纯粹计算和内在情感的纯粹表达之间的中间情况。提供利益可能成为伙伴之间的纽带，也可能造成对他人的优越性，这取决于相互性。交往中的共同利益和冲突性利益。

第五章　权力的分化

权力被定义为通过否定性的制裁而施加的控制。反复出现的报酬问题所要求的改进。

单方面的依赖和义务

通过提供所必需的利益来确立权力。对权力不平衡条件的服从的四种替代选择:(1)互换;(2)所必需之利益的替代来源;(3)使用武力;(4)抑制对利益的需要。这一图式可用来具体说明社会独立性(战略性资源、可利用的替代办法、强制力量以及减少需要的理想)的条件,权力的必要条件,权力冲突的问题以及社会结构分析中的基本问题。强制性力量的情况。

对地位的竞争

在讨论群体中,竞争的目标从发言时间向地位、权力和领导地位的转移,同样的转移也发生在其他竞争中,如企业之间的竞争。随着地位的分化,交换关系也开始从竞争性关系中分化出来。共识具体化了分层结构。对尊重所博得的影响和以义务为基础的服从之间的区分;领导地位的混合情况。

作为可消耗资本的地位

地位在使用中被消耗掉,但也可以通过冒险投资它而加以扩大。稳固的地位是社会报酬的来源,这种社会报酬不易为不稳固的地位所得到。对整个集体的权力可以把人们的努力组织起来,以促进对各种目标的追求。如果不成功,这样做会有丧失权力的 xxviii
风险;但是如果成功了,这样做就有希望获得更大的权力。一个人的权力范围越大,就越容易承担这样的风险,因为他可以使自己避免这些风险，因此降低不确定性。容忍是力量的表现，而不容忍则是承认自己的软弱无力，这种软弱无力可增强对手的力量。

结论

义务的不平衡产生权力的分化。除非存在着四种替代服从的办法中的一种，否则对所必需的利益的供给就会造成对权力的无可争议的要求。竞争和分化。增加义务的影响以及减轻义务的影响。民主、地位威胁和不容忍。

第六章　期望

对社会交往的满意和反应取决于期望。过去的经历和参照标准影响这些期望。

期望和交往

三种类型：对成就的一般期望，对既定伙伴的特殊期望，以及对从社会交往中获益的比较期望。过去的成就增加了期望，因此也增加了进一步报酬的意义，但是获得越来越多的报酬最终也降低了进一步报酬的价值（边际效用）。美国的知识分子说明了期望对社会报酬的反应的影响。

公平交换和参考群体

对社会收益的现行交换比率；可能的操作性测量方法。社会规范确立了交换的公平比率，它调整着长期的投资和“生产”能力，类似于经济学中的正常价格。这些规范将用公平与赞同的次级交换叠加在初级交换上。从与获得更高报酬的群体成员的比较中导致的相对剥夺反映了集体边际效用递减的原理。

依附与不流动

人们所期望的对群体和组织的责任严重限制了他们的流动性,职业责任说明了这种情况。有组织集体中的有效努力要求这种责任,但它们所产生的静止性却妨碍了竞争性调整,并造成不公 xxix
平的结果,就是说,当这种调整确实出现时,有些个体必须要为这些调整付出代价。

结论

成就影响期望,成就和期望又影响进一步报酬的价值。社会经验、参考群体和期望。必要的组织依附阻碍了某些人从他们重大的投入中得到公平的回报。

第七章　群体中变化和调整的动力学

将边际分析应用到对群体中的交换与分化的研究中,其目的在于说明操作性假设如何能从所提出的理论中推导出来。边际效用递减、交换和专门化。

双边垄断和激增

咨询的对子可以设想为双边垄断,可以用两对坐标中的无差异曲线来表示，这两对坐标分别表示问题解决能力和相对地位，可以用提供建议来交换服从。讨价还价路径和交换比率。由于寻求替代选择及资源的局限所导致的交换的激增。

对条件变化的结构调整

对建议的需求弹性取决于不太复杂的任务、信息的替代来源以及任务绩效与同事间的名望相比的相对意义。如果任务是复杂的，需求没有弹性，而不是有弹性，那么人们可以预期，专家数量的变化以及因此造成的建议的供给的变化对咨询数量的影响会较小。顾问的时间压力以及群体中潜在顾问的可得性支配着建议供给的弹性。如果顾问没有处在巨大的压力之下，如果其他人准备加入顾问的行列，而不是相反的条件使供给变得没有弹性，那么人们可以预期，由于新来者而带来的对建议需求的增加会大大增加
xxx 咨询的数量。另一个推论（它得到经验资料的支持）是，如果供给没有弹性，那么新来者所造成的对建议的需求基本上会促进相互咨询的伙伴关系。新来者的增加可能会导致咨询数量永久的增加，因为收缩的供给往往比扩张的供给弹性更小。

不完全性

基于替代成本和完全竞争的资源配置假设。不完全性的主要来源：服务的异质性，它在多目标群体中最大；群体的小规模，它促进了垄断的发展，甚至只有一个共同目标的大型集体就是如此；对自由沟通的限制，特别是作为差别地位的具体化的结果时更是如此。

结论

交换的激增。弹性上的差异制约着建议的供求变化对咨询数量和地位结构的影响。权力的自我永存成分。具有和不具有共同目标的集体。

第八章　合法化和组织

权力使组织集体努力成为可能。稳定的组织权力要求合法化。合法的权威依靠对下级群体的规范性约束。

领导

压迫性地行使权力激起了反抗，而对领导者贡献的集体赞同则会合法化和加强他的领导。稳定的领导取决于权力以及下级对它的合法化赞同；而获得二者的冲突性条件提出了领导的两难困境问题。

合法权威

制度化的权威和管理部门的制裁权力。通过对他们的福利作出贡献使下级负有义务，这样做将管理权力转化为合法权威。认知失调在合法化中的作用。权威的定义标准是，服从上级的命令 xxxi
是通过下级集体或它的主要亚群体来实施的。管理权威和非正式领导的对比问题。权威的制度化。政治权威。

组织集体努力

权威在组织集体努力方面的功能。组织的成员和雇员。为组织人员所作的不确定投入会通过领导产生的利益而获得报酬。一个组织的巨大力量能使它的领导把成员们当成雇员一样来对待。承担责任。复杂组织中的各种对比引起了相对剥夺和冲突。

结论

权力的公平行使可以在下级中引起社会赞同,权力合法化的根源就在社会赞同之中。领导的问题,以及组织如何有助于管理者解决它们。通过组织来动员权力。

第九章　反抗

惩罚是一种糟糕的强化剂。作为社会威慑物的功能以及对所造成的严重伤害进行报复的愿望往往促使人们诉诸惩罚。

剥削和报复

压迫性地使用权力——就像关于正义的社会规范所定义的那样——可能会引起对它的积极反抗。对权力的不公平行使势必会激起愤怒以及一种对遭受的剥削进行报复的欲望。在一种集体情境中所经历的严重剥夺可能会通过引起一种革命的意识形态而产生一种社会剩余,因为这种理想使得人们较少依赖于物质报酬,并因此使他们的能量释放出来,以反抗现存权力。

政治反抗

关于政治的纯粹理性模型的局限性，特别是它不能解释激进的政治反抗的增长。作为表达性行动的极端主义反抗意味着与现存权力的对立。意识形态的报酬对于小型反对党的重要性。加强反对派成员的意识形态忠诚的因素。作为对经济剥夺的反应的“左派”极端主义；作为对地位相对剥夺的反应的右派极端主义。 xxxii

政治结构与意识形态冲突

异质性和党派冲突。政治制度决定着政党的数量以及激进反抗的可能性。反对派中的斗士想维护极端主义的意识形态，而现实主义者为了扩大意识形态的吸引力愿意作出妥协，在这两种人之间存在着冲突。为了争取主要的选民集团，各政党通过这些集团组织起来的部分变得相互渗透。不能成功地促进反抗发展的意识形态妥协可能会加速它的衰落。

结论

对压迫性权力的反抗经常具有表达性意义。多数规则依赖于党派冲突及民主制度。

第十章　复杂结构中作为媒介的价值

共同价值是大型集体间接关系的媒介，它们使社会秩序合法化。

社会规范和间接交换

社会生活中对规范性标准的需要，囚徒困境说明了这一点。通过改变这种行动的报酬和成本比率，已实施的社会规范阻止了危害集体利益的自利行动。对规范的服从使得间接交换取代了直接交换，它要求人们不去从事特定的交易，并且由集体对因此放弃的利益作出补偿。友谊小集团说明了这种间接交换，就像有组织的慈善事业、专业服务以及同客户的科层关系所说明的那样。

作为社会交易媒介的价值

价值共识通过社会空间和时间可作为扩展社会交易范围的媒介。沟通的媒介可说明这个原理。作为媒介的价值的四种类型：(1)作为社会整合和团结之媒介的特殊主义价值；(2)作为交换和
xxxiii 分化之媒介的普遍主义价值；(3)作为组织之媒介的合法化价值；(4)作为变迁和重组之媒介的反抗理想。这四种类型反映在社会结构的四个方面之中，并且具有集体权力的含义。

制度化

制度化通过时间保存合法的组织。两种互补的机制使得制度代代永存，外在于和独立于特定人物的历史现实，以及在社会化过程中传递的内化价值。在权力结构中的制度之根进一步巩固了它们。四种类型：(1)整合制度，特别是亲属和宗教制度；(2)分配制度，它是经济的核心；(3)政治制度，包括组织的管理部门以及政府；(4)文化遗产的反制度成分。

结论

共同价值通过大型集体和时间扩展了社会过程，后者是制度化的结果。简单结构、复杂结构与制度之间的共同之处和不同之处。

第十一章　亚结构的动力学

由亚结构构成的宏观结构和由相互关联的个体构成的微观结构。亚结构之间复杂的相互作用。

宏观结构和亚结构

亚结构的类型。社会价值对于亚结构和包含性的结构具有截然不同的意义。特殊主义价值内在地整合了亚结构，但却造成了亚结构之间的分隔边界。不同的普遍主义价值在更大的社会结构中是一个特殊主义的标准，而更大系统中的普遍主义价值可能成为它的子系统特殊主义的根源。合法的中央权威和单位自主性之间的冲突。反抗的理想尽管是分裂的力量，但却将亚群体团结在一个共同事业中。亚结构中的整合、分化和组织与包含性结构中的整合、分化和组织之间的关系。 xxxiv

群体间的关系流动

个体之间的关系和群体之间的关系。群体之间关系的一个方面是群体间流动，这种流动由不同的报酬所推动。一个亚群体中的高地位者或低地位者是否有离开它而另就其他群体的大部分诱因取决于支配地位结构的价值标准。垂直流动提出了鱼和池塘的相对规模的问题,就是说,是内群体互动的高级地位的收益,还是高阶层成员的更大特权更可取。一种通过流动而调整的替代办法是通过成功的反抗所代表的新的社会投入而进行的调整。

作为再生力量的反抗

作为反抗制度刚性的抵消力量的反抗运动。反抗采取许多形式,政治革命仅仅是一种极端的形式。交叉的冲突、多群体从属关系和相互重叠的反抗对于稳定的民主制度的重要意义。交叉的压力保护了民主制度,以免它成为激烈的党派冲突的牺牲品,但是它们这样做,是以牺牲最受压迫的人的利益为代价的,交叉的压力削弱了最受压迫者的政治影响。

结论

一个关于社会结构的系统化理论的必要条件。群体之间的流动改变了更大系统中的内部结构以及它们之间的边界。相互交叉的冲突产生了辩证的变迁模式。

第十二章　辩证的力量

人际关系的两个维度。社会结构的两个维度。对社会动力学的分析必须要超越从潜在维度中推导出来的这种图式。

两难困境

社会交换可以被看作是一个混合博弈，它提出了两难困境的问题。对于社会吸引、赞同、爱情、领导和反抗的分析也揭示了两难困境的问题。它们的根源就在混合博弈的情境之中，在影响报酬对社会互动的效果的矛盾力量（经常是由于边际效用递减的原 xxxv
理）以及目标状态的不相容条件之中。结构分化经常解决了个体们的两难困境，但却产生了反映在辩证的变迁力量中的新的两难困境。

分化

稳固地扎根于社会结构之中的地位促进了权力的扩张。社会结构中的多重支持使它独立于其中任何一种支持，这样可以避免背叛的风险。下级们共同的社会支持进一步巩固了统治地位。依靠对高级地位的多重支持的独立性促进了容忍，但是若条件允许，它也提供了对权力的压迫性使用的可能性，至少在被压迫者加入对压迫者的反抗并因此剥夺他的多重支持之前是这样。

动力学

从对社会交换的分析中推导出社会结构的四个方面——整合、分化、组织和反抗。组织和复杂结构中的间接交换。正如集体内部的交易导致了共同目标和获取它们的组织的发展一样，有组织的集体之间的交易也刺激了一个总体性政治组织的出现，以维持秩序并促进其他的共同利益。由已建立的组织及其统治群体所施加的约束经常引发反抗力量的产生。

辩证法

恢复社会均衡的过程本身在其他方面通常是打破均衡的力量。因为社会力量可能具有相互矛盾的意义，以及因为刚性在反抗力量能够影响调整之前可能要求它们聚集动量，所以结构变迁往往呈现出一种间歇式重组的辩证模式。

导　　言

人们之间的所有接触(contacts)依赖于给予和回报等值 1
这一模式。无数的礼物和表现的等值是可以被实施的。在所有合法形式的经济交换中,在所有涉及既定服务的已确定的协议中,在所有合法化关系的义务中,法规强制实施并保证服务与回报服务的相互性——如果没有这种相互性,社会的均衡和凝聚便不复存在。但是也存在大量的法律形式不能应用的其他关系,在这些关系中,等值的实施是不可能的。在这里,感激看来是一种补充物。它建立了社会互动以及服务和回报服务的相互性的纽带,甚至当这些关系没有由外在强制加以保证时也是如此……

除了它的最初起源,所有的交际都以关系效应为基础,这种关系效应在关系形成之后依然存在。人们之间的行动可能由爱慕或者对利益的贪婪、服从或者仇恨、喜好交际或者独自支配的欲望所引起,但这种行动通常不会耗尽所产生的情绪,相反,这种情绪以某种方式继续存在于它所产生出来的社会学情境中。感激无疑就是这样一种持续存在……如果每一个感激的行动——它历久犹存是由于过去受到过的恩惠——都突然消失了,那么社会(至少像我们对它所了解的那样)就会崩溃。

——乔治·齐美尔,《乔治·齐美尔的社会学》

感激如同商业信用。商业信用是经营之本;我们之所以偿还我们的债务,并不是因为还债是应当之事,而是为了再借债更容易些。

——拉·罗奇福考德,《箴言录》

2 本书的目的是在分析支配个体和群体之间关系的社会过程的基础上增进对社会结构的理解。这里提出的基本问题是社会生活是如何被组织成日益复杂的人与人交往的结构的。

作者的意图并不是提出一个有关社会结构的系统化的理论,而是比那种做法更谨慎。一个社会理论的核心部分必须要解释各种各样的、经常是相互交叉的,而且在不同层次上的亚结构之间的复杂的相互依赖关系。在本书的最后部分会对这样一种理论的分析方法加以勾勒。一种系统化的社会结构理论所要求的基础是对社会交往过程的透彻了解,从描述个体之间人际关系特征的最简单的过程到有关大型集体之内和之间关系的最复杂的过程。交往结构从中发展而来的这些社会过程是即将提出的分析的核心关注点。这本专著可以被看成是一种社会结构理论的绪论。

问题在于,要从遍布于个体之间的日常交往和他们的人际关系的较为简单的过程推导出支配社区和社会的复杂结构的社会过程。本书试图为日常社会生活的研究——以乔治·齐美尔和欧文·戈夫曼的著作为代表——和社会的一般理论——比如马克斯·

韦伯和塔尔科特·帕森斯的著作——之间提供一个连接的纽带。本书前半部分的大量篇幅对人际关系进行了集中分析，其目的主要不是出于个体自身的原因去研究他们之间的关系，也不是探求人类互动的心理根源，而是想通过这种分析更好地理解所出现的人与人交往的复杂结构。我们利用对较简单过程的分析来阐明复杂结构，正是这种基本的考虑使得这里的分析方法与对人际关系进行研究的其他的近期学者——特别是乔治·C. 霍曼斯、约翰·W. 蒂博和哈罗德·H. 凯利——的分析方法区分开来，但在其他方面本书的研究也从他们的敏锐洞察力中受益颇深。[①]

在从较为简单的社会过程对更为复杂过程的这种推导以及对
社会结构的一般研究中一定要避免两个危险——远离可观察的经 3
验现实的抽象概念的锡拉巨岩[*]和忽视突生的社会和结构特性的还原主义的卡律布狄斯大漩涡。社会结构的属性通常是反映描写人类行为或个体特征的变量组合的抽象概念。一个典型的例子是存在于集体中的沿着不同线路的分化，比如关于不同成员所执行的任务方面的分化。尽管一个社区中的劳动分工最终归诸个体行为的可观察模式，但社区的突生特性在对应的个体特姓上没有相似物。同样地，年龄分布是一个只存在于群体层次上的属性，而个体则没有年龄分布，只有一个年龄。心理还原主义的局限性在于，

① 乔治·C. 霍曼斯(George C. Homans)，《社会行为》(*Social Behavior*)(New York: Harcourt, Brace and World)，1961 年；以及约翰·W. 蒂博和哈罗德·H. 凯利(John W. Thibaut and Harold H. Kelley)，《群体的社会心理学》(*The Social Psychology of Groups*)(New York: Wiley)，1959 年。

* 锡拉巨岩(Scylla)位于意大利墨西拿(Messina)海峡中著名的卡律布狄斯大漩涡(Charybdis)的对面。——译者

它倾向于忽视社会生活的这些突生特征，并完全根据支配个体行为的动机来解释它。另一方面，社会结构的抽象概念强调它们独特的“格式塔”(Gestalt)，并且没有分析性地将复杂模式解剖为它的更为简单的成分，其局限性不仅在于很少能从这些理论中推导出可检验的假设，而且还在于如果不考虑社会生活的最复杂方面所植根于的较为简单的方面，则不可能全面地解释它。[1]

突生属性基本上是一个结构中的诸成分之间的关系。尽管离开诸成分这些关系不可能存在，并且这些关系确定了成分，但它们并没有被包含在诸成分中。一个平面中的三条不平行的直线，或者甚至是三个点，确定了一个三角形，但没有一条线或一个点包含三角形的组成部分。社会生活的研究涉及人与人之间的关系，因此，在这一术语最广泛的意义上，它始终涉及突生属性。然而，人们通常把社会关系简单地视为个体的特征，比如，当研究工人们的友谊和他们的技能对他们的绩效的影响时。在这些情况中，一个变量——比如友谊的范围——就是一个突生的社会属性，这个事实没有提出任何特殊的问题，因为它实际上是被忽视的。相反，对
4 集体中社会关系的结构——例如，它们的分化的地位结构——的分析明显处理的是突生属性。一个更为复杂的例证是对亚群体的内部结构之间的互赖性以及较大社会中亚群体之间关系的研究。

[1] 有关过分简化的格式塔概念和突生属性的危险问题，请参见欧内斯特·内格尔(Ernest Nagel)，“关于‘整体大于部分之和’的陈述”(On the Statement “The Whole Is More Than the Sum of Its Parts”)，载于保罗·拉扎斯菲尔德和莫里斯·罗森堡(Paul F. Lazarsfeld and Morris Rosenberg)编，《社会研究的语言》(*The Language of Social Research*)(Glencoe: Free Press)，1955 年，第 519－527 页。

另外，不仅复杂的社会结构，而且个体之间互动的模式都显示出突生属性。

社会交换的概念将注意力引向人际关系和社会互动中的突生属性。一个已经接受了他人服务的人被预期会表达他的感激并在有机会时回报以服务。如果他没有表示感激，也没有作出回报，人们就会把他看成是一个忘恩负义的不值得帮助的人。如果他适当地作出报答，那么对方收到的社会报酬就会成为扩大进一步的帮助的诱因，并且所形成的服务的相互交换在两个人之间产生了社会联结。当然，每个个体的行为被他所带来的报酬强化，但强化的心理过程不足以充分解释正在形成的交换关系。这种社会关系是两个个体的行动的共同产物，每个个体的行动都依赖于另一个人的行动。作为这种相互依赖性结果的社会交换的突生属性不能用促使伙伴采取行动的心理过程来说明。

在这里，交换被认为是一个在社会生活中极其重要的社会过程，它从较为简单的过程中推导出来，而更为复杂的过程反过来由此推导出来。[①] 广义定义的社会交换可以被看成是下列事物的基础：群体之间的关系和个体之间的关系、权力的分化和同辈群体关系、对抗力量之间的冲突和合作、亲密的依恋和一个没有直接社会接触的社区中的关系疏远的成员之间的联系。如果更狭义地限定这个概念，那么外在收益的相互交换就不同于其他社会过程，例如，具有内在意义的交往中的社会过程，或者权力在其中开始分化

① 尽管作者曾试图从少数几个原初的术语中推导出分析中所使用的主要概念，但该分析并没有完全局限于这样推导出来的概念。换而言之，特别在不同的场合有些概念是被引入的，比如第二章中基于共同利益的联结纽带的概念。

的单方面交易。本书的前三分之一部分分析了交换及人际关系的相关过程——它们直接植根于原初的心理过程，比如社会吸引。接下来，我们讨论了特定条件下的交换导致的地位分化和一个分
5 化的群体结构的不同方面，特别是变化的环境下所发生的调整和高级权力的合法性对于集体努力的稳定组织的意义。在本书的后三分之一部分，由对对抗的研究导出了对复杂结构及其动力学的讨论，这一部分所依赖的观点是，次级交换叠加在初级交换之上，并且，由于集体中的规范期望和价值取向，间接交易取代了直接交易。

并不是所有的人类行为都受到交换的考虑的指引，尽管大量人类行为是这样的。交换的考虑比我们通常所认为的要多。为了使行为导致社会交换，必须要满足两个条件：一个是它必须要指向只有通过和他人的互动才能获得的目标，另一个是它必须试图使手段适合促进这些目标的实现。这一研究的范围限定于这样的行为。因此，没有目标取向的、受非理性的情绪力量推动导致的行为不在我们的考虑范围之内，例如，一个女孩的关于约会的非理性行为，这一行为由她与其父亲的无意识的冲突所引起。然而，大量的行为都与对交换的研究有关，包括爱情关系中的目标导向的行为，尤其包括韦伯所说的“价值合理”和“工具合理”的行为。前者不必是常规上所定义的理性行动，但必须是韦伯所指出的“人们的行动，不管对他们来说可能的成本是什么，他们都要将他们所确信的似乎是由义务、荣誉、对美的追求、某种宗教的召唤、个人的忠诚，或者某种不管由什么构成的‘事业’的重要性所要求的东西付诸实

践。”[1]简而言之，社会交换可以反映任何指向经由社会引起的目标的行为。

人们既定的行动具有表达性意义，并不打算获取特定的利益，这一事实并不一定意味着他们的行为是非理性的，而可能意味着它是价值合理的，而不是工具合理的，也就是说，定位于追求终极价值，而不是追求直接的报酬。这不仅仅是一个吹毛求疵的差别。指向理想和绝对价值的表达性社会行为在社会生活中具有极其重要的意义，但我们对它的理解完全没有由于这个假定——表达性社会行为仅仅反映了独特的和非理性的个体行为——而推进。例 6
如，不考虑它对支持者们的表达性意义，就不能解释激进的政治反抗，没有这样做是形式主义的政治学理性模型的一个严重缺陷。然而，无需诉诸这样的假定——非理性的冲动或者精神病态的人格特征使个体变得激进——这种表达受压迫者之怨恨的政治反抗也可以从交换的观点中推导出来。同样，在具有内在意义的亲密关系中，个体们经常相互施惠，他们并不期望收到明显的回报，而是为了表达他们对人际关系承担的责任，以及通过鼓励别人承担更大的责任来维持这种责任。在某人通过帮忙加强他所希望的那个人承担的责任时，仍然存在交换的成分，尽管这只是在这个术语最宽泛的意义上。

交换观点的广泛应用，提出了套套逻辑的问题。存在很大的诱惑通过扩展它的范围和将它应用于所有社会行为来探索该概念

① 马克斯·韦伯（Max Weber），《社会和经济组织的理论》（*The Theory of Social and Economic Organization*）（New York：Oxford University Press），1947 年，第 116 页。

的有效性。但是，如果人际关系中的任何和所有行为都被概念化为一种交换，甚至指向他人的、完全没有根据来自他们的预期回报来定位的行为也是如此，那么交换理论的假定——社会互动受到两个伙伴（或所有伙伴）对另一人（或另一些人）所给予的报酬的关心的支配——就变成了套套逻辑。当然，正如我们将要看到的，大量的乍看上去似乎并未受到交换考虑所支配的行为经过更为仔细的审视就会被证明是受其支配的，但是这使得指明一个限定交换概念的标准并防止以套套逻辑的方式使用它变得更加重要。这里所构想的社会交换局限于这样的行动——这些行动视来自他人的报酬反应而定，当这些预期的反应并没有马上发生时行动便停止了。然而，对这些理论性的原理是否是套套逻辑这个问题的否定性回答，最终取决于从它们那里推导出经验上可检验的假设的可能性，一些操作性假设将被推导出来以说明这种可能性是存在的。

另一个应当被正视的问题是，所提出的原理是否是受到文化限制的，能否应用到其他社会、其他文化和其他时代。我们的目标当然是提出社会生活的一般原理，这些原理并不局限于当今美国的历史情境。例如，我们在某些细节上对无文字社会中的社会交换与当代社会中的社会交换进行了比较。尽管如此，在强调我们
7 的文化中盛行的经验而牺牲掉其他文化中的经验的视角中，毫无疑问是存在偏见的。这种偏见的两点应当提一下。所讨论的许多人际关系过程也许对类似于我们的社会比对由先赋的亲属制度所主导的文化更典型些。在前一种社会中，人们有许多亲密程度不等的熟人，并且群体经常形成和重组；在后面那种社会中，人们倾向于按照不是亲属便是仇敌的方式对他人分类。对对抗的分析很

大程度上是在民主价值的框架内——尽管不一定是民主制度——加以构思的，忽视了对在根本不同的政治氛围中相应的冲突的思考。

在这篇导言的最后，我应当对本书的内容加以概述，以有利于把早些时候对人际关系和面对面群体的讨论置于更广阔的社会背景之中，只有到了本书的后面部分才会对这种社会背景加以系统地讨论。通过概述较为复杂的社会过程如何从较为简单的社会过程中演化出来，以及这些复杂的社会过程如何在心理倾向上有其最终根源，并且通过指出社会生活中的相互性和不平衡性之间的内在冲突，第一章确定了分析的主题。社会吸引过程——没有它，人们之间的交往便不会发生——引起了交换过程。非相互性的交换导致了权力的分化。集体中权力的行使——像正义的社会规范所判断的那样——一方面促进了社会赞同、合法化和组织的过程，另一方面也促进了反抗、冲突、再组织和变迁的力量。尽管存在一种在社会关系中趋向相互性的张力以及一种在社会结构中趋向平衡的张力，但同样的力量在一方面是恢复平衡或均衡的力量，在另一方面是打破平衡或打破均衡的力量，这意味着调整过程本身产生了需要进一步调整的不平衡。

第二章和第三章涉及的是与社会吸引有关的过程。第二章的主题是群体形成中的社会整合过程。这一章分析了对他人的吸引和为了证明自己对他人有吸引力而给他人留下深刻印象对于社会整合的作用，并讨论了和整合过程同时出现的分化过程。大部分人起先都尽力给他人留下深刻印象，然后倒转他们的策略，以自我贬低的谦虚态度行事，试图通过这样的方式赢得社会接受，这种论

点得到了一个试图用来检验它的实验的结果的一般性支持。我们
8 在内在地吸引人的交往与人们受到对外在收益之期望的吸引进行的交往之间作了分析上的区分。第三章论及了社会支持的两个成分——赞同和吸引，后者起着将对一个人的赞同普遍化的作用。在讨论了作为内在吸引的极端情况的浪漫爱情以及正在深化的责任感之发展的动力学之后，我们勾勒了赞同和内在吸引之间的某些类似之处和一个基本差别。

尽管某些社会交换甚至发生在爱情关系中，但内在依恋的表达性取向特征与在计算性交换中获取外在收益的取向形成对照，第四章转向在较狭隘意义上对交换的考虑。社会交换与严格的经济交换不同，因为没有明确指明的义务发生在社会交换中，并且社会交换既需要信任，也会促进信任。我们叙述了在简单社会中礼物交换的各种制度，以揭示适用于一般社会交换的潜在原理，特别是这个原理——有回报的施予在伙伴之间产生了社会联结，而没有回报的施予造成了地位的分化。

第五章展示了权力不平衡来源于单方面的交换。我们详细说明了权力产生的四个条件，在这些条件下，拥有受其支配的稀缺资源的个人或群体能够使用这些资源对支配他人的权力提出不可否定的要求。我们还使用相同的四重图式说明了社会独立的条件、获得和维持权力的策略、权力冲突的问题以及社会结构分析中的基本问题。我们还研究了竞争和分化之间的关系。地位可以比作资本，因为二者都在使用中被消耗掉，但冒着风险投资也能增加它。容忍被看作是力量的一种表现，而不能忍耐则是软弱的一种象征，它可能产生与那些预期的效用相反的效果。

社会期望如何改变人们对交换关系和权力结构中的经历的反应，我们在第六章讨论了这个问题。在社会交换中，边际效用最终会下降，我们假定这个原理主要来源于，期望的实现对其进一步实现的抑制效应，但是一般由期望的实现导致的期望的增加在一定程度上抵消了边际效用的下降。在群体互动中确立的现行交换比率不同于公平的比率，后者依靠人们对投入的公平回报的规范性 9
期望。然而，对群体和组织的责任感所产生的不流动性阻碍了许多个体实现职业及其他投入的公平回报。本章所研究的期望标准，尤其是公平性规范，成为群体和社会中新的社会过程出现的基线。

在第七章中，将来自经济学的边际分析原理（经过适当的改动）应用到工作群体中地位与建议的交换上，这使得我们从该理论中推导出大量特定的假设成为可能。咨询建议的双方在一开始被设想为双边垄断，并指出了交换渗透进更广阔的圈子的原因。我们规定了支配建议的供给和需求的弹性条件，并预测了在这些条件变化的情况下，群体构成的变化对咨询数量和地位结构的影响。鉴于经验检验肯定会证明推导出来的预测中有相当比例是不正确的，所以这些否定性的发现将为完善该理论提供一个基础，而如果一个理论不能产生能够被经验证据否定的操作性假设，这样的完善就是根本不可能的。

在此，焦点转移到对大型集体和社会中的复杂结构的研究。正如关于公平的社会规范所判断的那样，被认为是对权力行使的集体反应的合法化和反抗来源于一种次级交换（公平与社会赞同的次级交换），这种次级交换叠加在初级交换之上，并且合法化和反抗分别影响组织和重新组织。正如在第八章所表明的，合法化将权力转化为权威，因此也转化为稳定地组织集体努力的一种重要资源。所提出的确定合法化权威的标准是，对下属集体或其支配的亚群体的规范性约束强化了对上级命令的服从。由突生的领导关系提出的问题与由既定组织的权威提出的问题形成了对照。在第九章，对现存权力的反抗被认为是根源于一个被压制的集体（集体中的成员之间有着广泛的沟通）所经历的不公平待遇，也根源于他们想对他们已经遭受的不公正和剥削进行报复。只要被剥削者集体复仇的这种表现对于他们不具有表达性意义，那么对一个压制性统治群体的激进反抗就不可能出现，因为统治群体具有使反抗力量处于不利地位的权力，只要被剥削者仅仅以全然理性
10 的理由来从事反抗，这种权力就能阻止反抗。压迫和剥夺常常产生一种社会剩余，因为它们会使某些人为了反抗的理想而牺牲物质福利，并因此释放人类的精力去参加对压迫者的反抗。一个激进的反对党可能面临的两难困境是：扩大其意识形态的吸引力要求妥协折中，而这种妥协折中则可能弱化它的最忠诚的支持者的义务感。

在第十章中，我把价值共识看成是社会交易的一种媒介，这种媒介将社会交易扩大到远远超出直接社会接触的范围，并且这种媒介对于大型集体中复杂结构的发展也是必不可少的。在分析完了规范性取向是如何用间接的交换模式去取代直接的交易之后，我们区分了四种起着媒介作用的价值取向：作为社会整合和团结之媒介的特殊主义标准、作为交换和地位分化的媒介的普遍主义标准、作为组织之媒介的合法化的价值以及作为变迁和重组之媒

介的反抗理想。制度被概念化为一代一代延续下来的社会安排，既因为它们的正式表现像一种独立于个体的历史现实那样存留持久，也因为体现在这些外在形式上并赋予它们持续意义的价值在社会化过程中代代相传。我还指明了制度的根源在于权力结构，并区分了权力结构的四种类型。

第十一章提醒读者注意一个较大结构中的不同类型的亚结构之间的相互依赖性，有些亚结构包含其他亚结构，有些是相互交叉的，并且指出了一种系统化的社会结构理论所要求的分析类型。这一章还探索了亚结构的整合、分化和组织化与包含性社会结构的这三个方面之间的关系。对群体间流动的探讨代表了这九种关系中的一种，也就是亚结构的内部分化与它们在分化了的更大结构中的相对地位之间的关系。这一章还讨论了反抗作为一种再生力量的意义，以及许多互相交叉的反抗对于稳定的民主的重要性。

最后一章从先前的分析中推断那些与社会生活的动力学有关的成分。人们常常遇到冲突性力量以及相互矛盾的要求所提出的两难困境。尽管社会分化——尤其是对较高地位的多重社会支持——为个体解决了两难困境，但分化了的地位结构倾向于导致新的冲突性力量。一个社会的政治组织能够从该社会中的组织化集体之间的社会交易中产生出来，正如一个集体的正式组织可以 11
从该集体内部的整合和分化以及交换和竞争的过程中产生出来一样。因为社会力量常常具有相互矛盾的含义——在恢复某种平衡的过程中创造着新的不平衡，并且因为社会结构中的刚性可能要求反抗力量在它们能够影响调整之前聚集其动量，所以与其用持续调整的均衡状态去刻画社会结构的动力学,就不如通过以一种辩证的模式进行间歇式的重新组织来刻画它。

第一章 社会交往的结构

当然，构成社会事实的基本特性在个体的心灵中表现为 12
萌芽状态。但是，只有当这些基本特性经过交往的改造后，社会事实才会从它们当中产生出来，因为只有在那时社会事实才出现。交往本身也是一个能产生特殊效果的积极因素。因此，交往本身也是某种新东西。当个体的意识被聚集和结合起来，而不是彼此孤立时，世界上就有某种东西已经被改变了。

——埃米尔·涂尔干，《自杀论》

谈及社会生活就是谈及人们之间的交往——他们在工作中和在玩耍中，在爱情中和在战争中，为了做生意或做礼拜，为了帮助别人或妨碍别人而在一起交际。正是在人们建立的社会关系中，他们的利益得到表达，他们的欲望得以实现。正如齐美尔所言："社会交往指的是当不同利益的个体推动他们去形成社会单位时所产生的广泛变动的形式。在这些社会单位中，个体实现这些——感官的或理想的、持久的或转瞬即逝的、有意识的或无意识的、心血来潮的或受目的论诱使的——利益。"[①]齐美尔的基本假

---

① 乔治·齐美尔（Georg Simmel），《社会学》（*Soziologie*）（Leipzig：Duncker and Humblot），1908 年，第 6 页（此句的英文由本书作者翻译）。

定以及本书的基本假定是，对社会交往、支配社会交往的过程以及社会交往所呈现出来的形式的分析是社会学的中心任务。这第一章的题目可以看作是对齐美尔的基本概念“Die Formen der Vergesellschaftung”（社会化的形式）的一种意译。

13 人们的交往通过社会空间和时间而激增。社会关系不仅把个体们联合为群体，而且将群体联合为社区和社会。个体之间的交往势必被组织成复杂的社会结构，而这些交往常常被制度化，使组织的形式永久存在下去，远远超越了人的一生。研究面对面互动过程的主要社会学目的是，为理解演化的社会结构和表示它们发展特征的突生社会力量奠定基础。

我们研究的目标是分析社会交往、维持它们的过程以及它们具有的形式，并继续探究社会交往所导致的复杂的社会力量和结构。尽管这个主题很广泛，我们还是希望提供一个特定的焦点，这个焦点明确地把许多社会学问题从我们的考虑中排除出去。韦伯把社会学定义为“一门试图解释性地理解社会行动，进而对社会行动的过程和影响达成因果解释……的科学。因此，根据行动着的个体赋予行动的主观意义，当行动考虑了其他人的行为并因此确定其进程方向时，行动就是社会性的。”[①]对社会行动（我们广泛地把它设想为任何从社会价值准则中得出其动力和意义的行为）的关心多年来一直表现了当代社会学理论的特点。由此发生的对价值取向的专注已经使理论的注意力从对人们之间的实际交往和他

① 马克斯·韦伯（Max Weber），《社会和经济组织的理论》（*The Theory of Social and Economic Organization*）（New York：Oxford University Press），1947 年，第 88 页。

们交往的结构的研究中转移开来。当然，尽管社会关系的结构受到共同价值的影响，但这些结构也有它们自身的意义，如果只关心潜在的价值和规范，就会忽视这些结构本身的意义。尤其是，交换事务和权力关系构成了社会力量——凭其自身资格，而不仅仅是根据限制它们的规范和加强它们的价值，必须要研究这些社会力量以达到对社会结构动力学的理解。如果说本章的题目的一个目的是想表明与齐美尔的理论传统的联系，那么另一目的则是想把本书的理论取向与韦伯和帕森斯的取向区分开来。本书探讨的焦点不是"社会行动的结构"[①]，而是社会交往的结构。

在说明社会交换的概念以及它在各种社会关系中的表现之 14
后，这一章提出的主要论题是，较为复杂的社会交往过程是如何从较为简单的社会交往过程中演化出来的。社会吸引的力量刺激了交换事务。反过来，社会交换势必导致地位和权力的分化。在一个分化了的地位结构——它一方面导致了合法化和组织化，另一方面导致反抗和变化——中，进一步的过程出现了。尽管交换中的相互性概念意味着平衡力量——这种力量创造了一种趋向于均衡的张力——的存在，但各种平衡力量的同时运作又不断地在社会生活中引起不平衡。而由此导致的在相互性和不平衡性之间发生的辩证法使得社会结构具有自己独特的特征和动力学。

① 塔尔科特·帕森斯(Talcott Parsons)的第一部重要著作的题目，《社会行动的结构》(*The Structure of Social Action*)(New York: McGraw-Hill)，1937 年，正如他在《社会系统》(*Social System*，1951 年)一书中所指出的(第 9 页)，这一书名对于他后来的某些理论著作也是适用的。

社会报酬的交换

> 荣誉，就它的恰当的和真实的意义来说，无非是指他人良好的看法……
>
> 为什么有这么多的实际荣誉，而真正有品德之人却如此之少，其原因就在于，一个行善之人的所有报偿就是做此事的愉悦，大多数人认为这种愉悦只不过是微不足道的报酬；但一个重荣誉的人心甘情愿地无私奉献，会立即受到别人对他的满意的奖赏，并且如果他减少他的贪婪或任何其他欲望，那么他的自尊心就会受到双倍的回报……
>
> ——曼德维尔，《蜜蜂的寓言》

人类大部分的愉悦都根源于社会生活。无论我们是在考虑爱情还是权力、职业上的赞誉还是社交上的友谊、家庭生活的舒适还是竞争性运动的挑战，个体所体验到的满足感都取决于其他人的行动。对于大多数无私的和精神的满足也是如此。为了一项正义的事业而有效地工作，要求造就出信仰它的人。甚至宗教的体验也由于共同的礼拜而大为丰富了。比较而言，独处时能被体验到的身体上的愉悦，在意义上就显得苍白无力。一顿丰盛的晚宴固然令人愉快，但正是因为社交场合才使它光彩夺目。实际上，如果一个人的满足感主要来源于吃吃喝喝这样的事情，那他一定存在某种令人同情之处，因为这表明他不是有过分的需要，就是有过分的贪婪；乞丐说明了前者，贪食者说明了后者。当然，也存在深刻的独处乐趣——比如读一本好书，创作一件艺术品，出版一本学术著作。然而，即便如此，这样做的大部分意义也是日后与他人的沟通和共享中产生出来的。缺乏这种期望也会使独处的活动变得有点凄惨，如找不到人谈论他读过的东西的隐士，其作品完全不为人知——无论是他的同代人还是后人——的艺术家或学者。 15

人类的许多痛苦及幸福，其根源都在其他人的行动中。一个人与另一个人彼此相随，产生了群体生活的事实，在这种群体生活中，如果与其他社会关系完全隔绝，对子（pair）关系就无法存在。一般来说，同样的行为给有些人带来愉快，却给另外一些人带来不快。如果一个女孩已经答应与某个男孩建立稳定的约会关系，那么该男孩会对这个女孩的爱情感到非常高兴，然而，曾与她外出过的男孩一定会由于被抛弃而感到痛苦。一个人从对别人行使权力中得到满足，而服从其权力的那些人则会遭受剥夺。一位专业人士在他的领域里享有崇高的声誉，而他的大多数同行则必定享受不到这样令人高兴的赞誉，因为正是大多数人较低的专业声誉才使得他具有杰出的地位。在一场体育比赛中，获胜队伍的成员体验着快乐，肯定伴随着失败者的失望。简而言之，个体在社会交往中获得的报酬往往会使其他个体付出一定的代价。这并不意味着大部分社会交往都是零和博弈，在这种零和博弈中，某些人的所得依赖于其他人的所失。恰恰相反，个体们之所以相互交往，是因为他们都会从交往中获益。但他们不一定都获得同样的好处，他们也不一定同等地分担提供收益所需的成本，即使参与者没有直接的成本，也经常有由那些被排除在交往之外的人所承担的间接成本，正如被拒绝的求爱者的情况中所显示的那样。

某些社会交往具有内在性报酬。朋友们在相互交往中找到了乐趣，不管在一起做什么，比如爬山、看一场足球比赛，都会给他们带来乐趣。这种乐趣由于交往本身具有的满足而得以增加。爱人或家庭成员之间的相互关爱具有相同的效果。不是情侣在一起做的事，而是他们**在一起**做这件事，是他们感到特别满足的独特来源，比如不是看一场戏，而是共享看戏的体验。然而，即使在不像情侣那么亲密的关系中的社会互动，比如家庭成员或朋友之间，也可能获得内在性的报酬。在一次晚会上或在邻里之间或在一个工
16 作群体中的交际活动涉及的体验虽然不是特别深刻，但也内在地令人满足。在上述这些情况中，所有人都同时受益于他们的社会互动，他们所要付出的唯一成本是间接成本，即由于把时间花在这种交往上而放弃了其他的机会。

社会交往也可能会由于一种不同的原因而产生报酬。个体常常从社会关系中得到特定的好处，因为他们的伙伴有意不顾某种麻烦为他们提供这些好处。大多数人喜欢帮助他人和向他们施惠——不仅帮助他们的朋友，而且也帮助他们的熟人，偶尔甚至帮助陌生人，比如停下车来顺便捎别人一程的驾车者就表明了这一点。别人的帮忙使我们充满感激，而我们表示感激则是一种社会报酬，它会使帮忙变得令人愉快，特别是如果我们公开表示我们的感谢和感激有助于建立一个人作为慷慨的和有能力的助人者的声誉时。此外，一个善行还会引起另一个善行。如果我们因为受到了恩惠而对一个伙伴充满感激和感谢，那么我们将会试图通过为他做些事情以报答他的好意。他反过来可能会对此加以报答，由此而来的恩惠的相互交换常常在没有明确意图的情况下加强着我

们之间的社会纽带。

一个不能报答恩惠的人被指责为忘恩负义的小人。这种指责本身表明回报是人们所期望的，并且，它作为一种社会制裁，使个体不要忘记他们对伙伴的义务。一般来说，人们会感激恩惠，并偿还他们的社会债务，并且对于那个帮助过他们的伙伴来说，他们的感激和偿还都是社会报酬。[①] 给别人提供好处势必产生这些社会报酬，这一事实当然就是为什么人们常常不顾巨大的麻烦去帮助其伙伴并且乐于这样做的原因。如果我们善行的这些有利结果不是我们这样做的重要原因的话，那么我们就不通人情了。[②] 当然，也有一些人无私地为别人工作，丝毫没有想到报酬，甚至也不期待感激，不过这些人实际上是圣人，而圣人是罕见的。除去这些圣人，我们其余的人有时也无私地行事，但对于这样做我们会要求某 17
种诱因，如果这种诱因仅仅是社会承认，那我们就是无私的。

一种明显的"利他主义"充盈于社会生活；人们渴望互利并对他们得到的好处给予报答。但这种表面的无私之下，能够发现一种潜在的"利己主义"；帮助他人的倾向常常受到这样做会带来社会报酬的期望的激励。然而，除了这种从社会交往中获益的自私自利考虑之外，存在一种"利他主义"的成分，或者至少有一种使社

① "只要我们处于施惠的位置上，我们就很少碰到忘恩负义的行为。"弗朗索瓦·拉·罗奇福考德(Francois La Rochefoucauld)，《箴言录》(*The Maxims*)(London: Oxford University Press)，1940年，第101页(第306条)。

② 一旦某个人在情感上依附于某种关系，他对另一个人的认同以及他对持续交往的兴趣为给另一个人提供好处提供了新的独立的诱因。同样地，坚定地忠诚于一个组织将导致它的成员反复地为其作出贡献，不期望在任何情况下都获得回报。这些社会依恋的意义将在以后章节中进一步得到阐述。

会交易离开简单的利己主义或心理享乐主义的成分。人们在他们的社会交往中寻求的一种基本报酬是社会赞同，而自私地漠视他人则不可能获得这种重要的报酬。[①]

有些人的意见我们十分看重，这些人的社会赞同对我们具有极其重要的意义，但其意义取决于它的真实性。不管我们对他们有多少权力，我们不能强迫别人赞同我们，因为强制他们表达他们的感激或赞扬将使这些表达毫无价值。“行动可以被胁迫，但胁迫的情感表达仅仅是一种表演。”[②]伪装会使赞同失去其意义，但其重要性本身使得同伴们不愿意保留彼此的赞同，特别是不愿意表达不赞同，于是就把伪装和掩饰的成分引进了他们的沟通之中。事实上，礼节要求人们在特定场合下不管实际意见如何而假装赞同。一个人一般不会对某个主人说，“你举办的晚会太令人心烦了。”也不会对一位邻居说，“你说的话太愚蠢了。”因为，社会惯例要求人们在许多场合要说恭维话，通常这些话并不算数，并没有反映真实的称赞，而且，确实反映了这一点的其他证据也要考虑，比如客人是否接受以后的邀请，邻居是否希望某人作进一步的谈话。

然而，从道德上看，个体们都深信那些惯例限制了他们更加自由地表达他们的实际判断。对于那些违背了社会公认的行为标准

---

① 伯纳德·曼德维尔（Bernard Mandeville）的核心论题是：私下的恶产生公开的利，因为社会赞同的重要性促使人们为了他们自己的利益而对他人的福利作出贡献。正如他在一处精练地指出，“道德优点是政治的产物，即谄媚引起傲慢。”参见《蜜蜂的寓言》（*The Fable of the Bees*）（Oxford：Clarendon），1924年，第一卷，第51页，也可参见第63－80页。

② 欧文·戈夫曼（Erving Goffman），《精神病院》（*Asylums*）（Chicago：Aldine），1962年，第115页。

的伙伴，他们往往会毫不犹豫地表示不赞同，或者至少不表示赞同。按照多数社区的习俗，不管一个特定群体的规范可能如何不 18
道德，反社会地无视内群体福利的做法，仍会普遍地遇到不赞同。因此，社会赞同的重要性阻碍那些彻底的和赤裸裸的自私行为。一种更为深刻的道德必须不仅仅以群体压力和长期利益为基础，而且必须主要以内化的规范标准为基础。在理想的情况下，不管结果如何，一个个体应当毫无偏差地遵循其良心的道德律令。这种完善的道德只有圣人和傻子才能达到，而大多数人总是要打些折扣，[①]道德标准显然确实在指导和约束人类的行动。在相当广泛的范围内，这些规范会对社会关系施加影响，然而，在彼此的交往中，人类往往受到对获得各种类型的社会报酬之渴望的支配，由此发生的利益交换塑造着社会关系的结构。

由此提出的问题是，人类行为的理性主义观点是否构成了个体在他们的社会交往中追求社会报酬这条原则的基础呢？理性主义观点作出的唯一假设是，人类在各种可供选择的潜在伙伴或行动路线中作出选择，具体方法是，根据一种偏好排序去评价对每一个伙伴或行动路线的体验或预期的体验，然后从中选择最好的方案。无理性和理性的行为都是由这些考虑所支配，正如博尔丁曾经指出的那样：

> 行为这个概念本身意指做这件事而不是另一件事，就此

① 海因里希·冯·克莱斯特（Heinrich von Kleist）的故事《迈克尔·科尔哈斯》（*Michael Kohlhaas*）是对坚持呆板地遵从道德标准、完全不考虑后果的天生愚蠢的一种令人同情的说明。

> 而言，所有行为都可归入上述模式，甚至精神错乱的、非理性的或者不负责任的、怪癖的人的行为都是如此。理性行为与非理性行为之间的区别在于自我意识的程度和有关形象的稳定性，而不是在于最优原理的任何区别。[①]

这里没有明显假定的东西是，人们拥有完备的信息，他们没有任何限定他们选择方案的社会义务，他们的偏好是始终如一的或保持恒定的，或者他们追求一个特定的终极目标而排斥所有其他目标。这些并没有在当前的分析中显露出的、更为限制性的假定刻画了人类行为的理性主义模型的特征，比如博弈论模型。[②] 尤
19 其重要的是，人们竭力达到多种多样的目标。人们在各种可供选择的方案中选择他们最偏好的方案的陈述并不意味着他们一直选择给他们带来最大物质利益的方案。[③] 他们可能——而且实际上经常——选择那个要求他们作出物质牺牲但能帮助大多数人实现

---

① 肯尼思·博尔丁(Kenneth Boulding)，《冲突和防卫》(*Conflict and Defense*)(New York: Harper)，1962 年，第 151 页。

② 关于博弈论的讨论(这一讨论引起了人们对其局限性的注意)，请参见 R. 邓肯·卢斯和霍华德·雷法(R. Duncan Luce and Howard Raiffa)，《博弈和决策》(*Games and Decisions*)(New York: Wiley)，1957 年，特别是第 3 章和第 7 章。至于对博弈论的其他批评，特别是它未能运用经验研究，并试图把它的某些原理整合进一种实质性的冲突理论，请参见托马斯·C. 谢林(Thomas C. Schelling)，《冲突的策略》(*The Strategy of Conflict*)(Cambridge: Harvard University Press)，1960 年，特别是第 4 章和第 6 章。

③ 关于这一点请参见乔治·C. 霍曼斯(George C. Homans)，《社会行为》(*Social Behavior*)(New York: Harcourt, Brace and World)，1961 年，第 79－80 页；以及阿纳托·拉波波特(Anatol Rapoport)，《斗争、博弈和辩论》(*Fights, Games, and Debates*)(Ann Arbor: University of Michigan Press)，1960 年，第 122 页。

某些崇高理想的选择方案，因为这可能是他们的目标。即使在这种选择中，他们也可能犯错误，并选择一个实际上不是实现其目标的最好手段的选择方案。的确，事先预见这些社会报酬——在交换关系中，其他人将用它们来报答恩惠——的需要无疑会带来不确定性和经常发生的判断错误，这种不确定性和判断错误使得完美的理性计算变得不可能。即使有这些限定条件，假定人们试图适应社会条件以达到他们的目标看起来是相当现实的，实际上也是不可避免的。

基本过程

> 报酬就是报答、偿还、以善报善。惩罚也是报答、偿还，尽管是以一种不同的方式，它是以恶报恶。
>
> ——亚当·斯密，《道德情操论》

支配人们之间交往的基本社会过程根源于基本的心理过程，比如那些支撑个体间吸引的情感及其对各种报酬的渴望的那些心理过程。这些心理倾向仅仅相对于我们的主题而言是基本的，也就是说，它们被看成是既定的，不需要进一步探究产生它们的促进力量，因为我们关心的是由它们产生的社会力量。

在人际交往中能被观察到的并且直接依赖于心理倾向的较简 20
单社会过程产生了更为复杂的社会过程，后者支配着相互联系的社会交往的结构，比如一个工厂的社会组织或者一个社区中的政治关系。新的社会力量出现于日益复杂的社会结构——它们在社会结构中得到发展——之中，而这些动态的力量完全脱离了所有社会生活的基本心理基础。尽管复杂的社会系统在较为简单的社会系统中有其基础，但它们具有自己的带有突生属性的动态性。在本节，我们将概要地展示社会交往的基本过程，随后对它们进行更详细地分析，同时将特别注意它们的更为广泛的含义。

社会吸引是诱导人们主动地建立社会交往的力量，并且一旦形成了交往，又会扩展他们的交往范围。这里所谈及的是人们根据自己的自由意志而加入的社会关系，而不是那些他们与生俱来的社会关系（比如亲属群体）或者那些由他们控制不了的力量所强加给他们的关系（比如士兵被派往某个战斗部队），尽管甚至在这些非自愿的关系中，交往的范围和强度也取决于相互吸引的程度。如果某个人期望与另一个人交往，以便获得某种方式的报酬，那么这个个体就会受到那个人的吸引，并且他对预期的社会报酬的兴趣促使他接近那个人。个体的心理需要和心理倾向决定着哪些报酬能引起他们特别的注意，以及因此他们将受到谁的吸引。不管特定的动机是什么，在两种期望之间存在重要的差别，前一种期望是，交往将是一种内在性报酬的体验，后一种期望是，交往将提供外在的收益，比如建议。这种差别要我们注意“吸引”一词及其派生词的两种不同含义。就其狭义而言，社会吸引指的是内在地喜欢另一个人，并对他有积极的情感；在广义上讲，社会吸引指的是不管出于什么原因去接近另一个人，我们现在就是在这个意义上使用社会吸引一词的。在这种宽泛的意义上，顾客受到某个商人的吸引，是因为他以最低的价格销售某种既定质量的商品，但他对这个商人却没有任何内在的吸引情感，除非他们碰巧是朋友。

一个受到他人吸引的人对于证明自己对他人也有吸引力很感兴趣，因为这个人与他们交往并从交往中获得预期的好处的能力，取决于他们发现他是否是一个有吸引力的伙伴并因此愿意与其互动。他们对他的吸引，正如他对他们的吸引，取决于交往将会有所 21
报酬这种预期。为了唤起这种预期，一个人尽力给他人留下深刻印象。在熟人和群体形成的早期阶段，试图给人留下深刻印象是很普遍的。给人印象深刻的品质使一个人充满吸引力，并预示着与其交往将会得到报酬。相互吸引促使人们去建立交往，并且在互动过程中，除非他们的期望破灭了，他们彼此提供的报酬维持着他们的相互吸引和持续的交往。

因此，社会吸引的过程导致社会交换的过程。在被体验为有内在报酬的交往中，如在爱情关系中，交换的性质不同于主要关心外在利益的伙伴之间的交换——比如在各种家务琐事上相互帮助的邻居，但是在每一种情况中确实都发生了交换。一个为其伙伴们提供必要帮助的人——通常要付出一定的代价——使他的伙伴们有责任报答他的善意。这里提到的无论是工具性的服务，还是像社会赞同之类无形的东西，每个人提供给他人的好处都是报酬，这种报酬诱导别人继续提供好处，这个过程中形成的整合纽带增强了社会关系。

然而，有一种情况经常发生，在这种情况下，甲需要乙必须提供某种东西，例如对他的工作的帮助，但甲却没有乙需要的任何东西以对他的帮助给予回报。尽管甲几次对乙的帮助表达了感激，乙可能因此得到了充分的报酬，但如果对于乙的付出没有任何回报来补偿他的话，不可能指望乙会经常花费时间和精力提供帮助。

（在内在吸引的情况中，唯一被预期的回报是愿意继续交往。）一个需要从伙伴中得到不断的帮助却又没有任何可资回报之物的人有几种选择方案。首先，他可以强迫他人给他以帮助。第二，他可以从另外一个来源获得他所需要的帮助。第三，他可以去寻找没有这种帮助也能过下去的方法。[①] 然而，如果甲不能或不愿意选择其中任何一个方案，那么他只有一条路可走；甲必须使自己服从
22 乙，按照乙的意愿行事，因此用献给乙加诸自身的权力去报答乙，以此作为乙提供甲所需要的帮助的诱因。愿意服从另一个人的要求是一种社会报酬，因为给予他的权力是一种一般化的手段，类似于金钱，可以用它来达到各种各样的目的。要求服从的权力等价于信用，在将来一个人可以凭借这种信用从那些对他有义务的人身上获得各种好处。[②] 重要服务的单方面提供建立了这种信用，因此也是权力的一种源泉。

于是，交换过程引起权力的分化。如果一个人支配着他人所需要的服务，并且他又不需要别人所支配的任何服务，那么他就能通过根据这些人的服从情况使他们的需要得到满足，从而获得对他们的权力。这一原理既可以被应用于最亲密的关系，也可以被应用于最疏远的社会关系。如果一个男孩爱上了一个女孩，那么这个女孩就对他拥有了权力，因为他渴望与她共度许多时光的需要促使他通过满足她的愿望而使他们在一起的时间变得令她特别

① 在讨论如果另一个人使某人的期望落空了，这个人对此如何反应时，帕森斯曾指出过后两种选择（前引《社会系统》，第252页）。

② 参见帕森斯，“论影响的概念”（On the Concept of Influence），《舆论季刊》（*Public Opinion Quarterly*），27（1963），第37－62页，特别是第59－60页。

愉快。雇主能够使工人服从他的指示，因为工人离不开他发的工资。当然，如果下属能诉诸胁迫，或者有更好的替代选择，或者不靠上级所支配的利益也能行，则上级的权力就会削弱。但是即使有这些限制条件，满足基本需要的单方面服务也仍然是权力的倒数第二位的来源。当然，它的最后一种来源是肉体上的强迫。然而，尽管建立在强迫基础上的权力更加绝对，但与源自满足需要的权力相比，它在范围上也更加有限。

一个人，如果其他人在重要利益上依赖于他，他就有权力实施他的要求。他可能就他们因服从他的权力而得到的好处向他们提出他们认为公平和公正的要求。另一方面，他可能缺乏这种约束，作出对他们来说显得过分的要求，从而使他们产生受到剥削的感觉，因为与他们认为得到的报酬的正当性相比，他们付出了更多的服从。社会规范确定了下级的期望和他们对上级要求的评价。权力的公平行使会引起对上级的赞同，而不公平的剥削则会引起不赞同。一个人的权力所依赖的资源越多，他就越容易避免因提出过多要求而剥削下属，这样，下属赞同他统治的公平性的而不是否定它的不公平性的可能性就越大。

在集体情境中权力的动力学与一个人对另一个人的权力之间
存在一些基本的差别。孤立的下级的软弱无力限制了他对上级的 23
赞同或不赞同的意义。而另一方面，出现在下属集体中关于对上级判断的一致意见对社会结构的发展则有深远的意义。

对权力的集体赞同使该权力合法化。人们如果认为他们从上级的权力行使中获得的好处超过了因服从他的要求而给他们带来的困苦的话，他们倾向于相互交流对统治者的赞同以及他们要对他尽义务的感情。这些交流的结果形成了一致意见，这种一致意见表现为群体的压力，而群体压力又促使人们服从统治者的指令，因此强化了他的控制权力，并使他的权威合法化。“在任何政治社会的成员之间就形成了服从一种既定的公共权威的义务感，当然，人与人之间在义务感的活跃性和有效性方面并不相同。”[①]合法的权威是组织的基础。它使组织集体的努力促进各种目标的实现成为可能，在这些目标中，有些仅凭单个个体完全不能达到，而有些通过协作努力则能被更有效地实现。尽管没有得到下属赞同而合法化的权力也能用来把他们组织起来，但这种组织的稳定性是非常不可靠的。

对权力的集体不赞同引发了反抗。那些共享被剥削经验——由于掌握权力的人提出不公平的要求，或者他们的贡献没有得到充分的报酬——的人可能相互传递他们的愤怒、挫折及侵犯的情感。这往往会产生通过推翻现存权力而进行报复的愿望。“如同每个人的所作所为，别人对他也会这样做，报复似乎是本性赋予我们的伟大法则。”[②]被压迫者在讨论他们共同的怨恨和敌对情感的过程中相互给予的社会支持正当化了和加强了他们对当权者的进
24 攻性反抗。正是在这种共同的不满之中，反抗的意识形态和运动发展起来——人们组织一个反对其雇主的工会或反对其政府的革命政党。

---

① 伯特兰·德·朱维奈尔(Bertrand de Jouvenel)，《统治权》(*Sovereignty*)(University of Chicago Press)，1957 年，第 7 页。

② 亚当·斯密(Adam Smith)，《道德情操论》(第 2 版)(*The Theory of Moral Sentiments*)(London：A. Millar)，1761 年，第 139 页。

简而言之，在一个集体情境中，权力的分化引发了两种不同的动态力量：一种是合法化的过程，它们有助于把处于共同努力中的个体和群体组织起来；另一种是对抗性力量，它们否认现存权力的合法化，促进了反抗和分裂。在这些力量的影响下，合法组织的范围扩展到把更大的集体包含进来，但反抗和冲突不断地重新划分这些集体并促使它们沿着不同的线路重组。

复杂社会结构的显著特征是，它们的构成成分也是社会结构。我们可以把这些相互关联的群体的结构称为"宏观结构"，而把那些由相互作用的个体构成的结构称为"微观结构"。在微观结构和宏观结构的社会过程之间存在某些类似物。社会吸引的过程在伙伴之间形成了整合的纽带，而整合过程也将社区中的不同群体联结了起来。个体之间的交换过程在他们之间引起了分化，而群体间的交换促进了群体之间的分化。个体组成了合法的组织，而这些组织反过来成为更大的合法权威机构的组成部分。反抗和冲突不仅在集体内部发生，而且也发生在集体之间。然而，这些类似物不能掩盖下面两种过程之间的基本区别：一种是微观结构中支配着人际交往的过程，另一种是宏观结构中代表着更广泛和更复杂的社会关系特征的力量。

首先，对遍及复杂社会结构中的社会过程而言，价值共识具有重大的意义，因为，对于没有任何直接接触的个体和群体之间的社会交易来说，共同同意的标准可以作为中介性的联结物。共享的基本价值可以在一个社会中的千百万人口（他们中的大多数可能未曾谋面）之间形成整合纽带和社会团结，并且这种共享的基本价值可以作为人际吸引的情感的功能等价物，可以将成双结对的伙伴和小群体团结在一起。共同的价值标准产生了交换的媒介,货币是这种交换媒介的原型,但不是唯一的原型,只有这些媒介才使得超越个体之间的交易并发展间接交换的复杂网络成为可能。合法化的价值扩展了集中化控制的范围,远远超出了个人影响的范围,一个合法政府的权威说明了这一点。反抗的理想可以作为把来自四面八方的陌生人吸引到一起的聚合点,把他们团结在一个
25 共同的事业之中。对这些问题的研究要求对社会价值和规范的意义进行分析,这种分析一定会对有关交换事务和权力关系的分析起到补充作用,而不一定成为它的替代物。

宏观结构的第二个突生属性是亚结构中的内部力量与联系各种亚结构的力量之间的复杂的相互作用,其中,有些亚结构可能是由个体构成的微观结构,而有些可能本身就是亚群体组成的宏观结构。在各种亚结构中,整合、分化、组织和反抗形成的过程——常常因亚结构的不同而有很大的不同——和宏观结构中的相应过程彼此之间都有相互作用。对这些错综复杂的模式进行系统的分析——我们在第十章和第十一章将只勾勒一个大致的轮廓——应该成为一个有关社会结构的一般理论的核心。

最后,持久的制度一般是在宏观结构中发展起来的。业已确立的合法化系统提出了它们能持续多久的问题。人们对最高理想和他们共享的最神圣信仰的强烈认同使得他们渴望将这些基本的价值一代一代地保存下去。在建立和扩展一个合法化的组织所进行的投资产生了维持它的稳定并在面临反抗力量的攻击时确保它的存续的兴趣。出于这个目的,形式化的程序就建立起来了,这使得组织独立于任何个体成员,并使它能够超越其成员的生命

历程或参与时期而持续下去。制度化是指社会机制的突然出现，社会价值和规范、组织的原则以及知识和技能都是通过这些社会机制代代相传。一个社会的制度构成了社会的母体，个体就在这个母体中成长和社会化，结果制度的某些方面反映在他们自己的人格之中，其他的方面对他们来说似乎是人类存在的不可避免的外在条件。传统的制度使得社会生活稳定化，但也引入了刚性，这种刚性使得社会生活很难适应变化的条件。反抗运动可能由此而出现，以促进这种调整，然而这些运动本身随着时间的流逝也往往会变得制度化和僵化起来，于是又产生了对新的反抗的需要。

相互性和不平衡性

> 现在，在这些不平等的友谊中，一方所得到的以及有权从另一方要求得到的利益在每一方看来都不相同；……例如，双
> 方中较好的一方，或者更为有用的一方，或者更为高级的一 26
> 方——这都是可能的情况——应该收到比他付出的更多的爱；因为当给予的爱与应得的爱相称时，在某种意义上，这就在双方之间产生了平等，而平等被认为是友谊的一个基本要素。
>
> ——亚里士多德，《尼各马可伦理学》

在社会交往中，存在趋向于不平衡的张力，也存在趋向于相互性(reciprocity)的张力。“平衡”这个词本身就是模棱两可的，

因为我们不仅可以说使我们的书保持平衡，也可以说在我们恩惠之中有一种平衡，当然，它指的是投入和产出之间的不等。事实上，在典型的情况下，账面上的平衡只不过建立在收入和支出之间潜在不平衡的基础之上，社会生活中表面上的平衡也是如此。至少，个体和群体对在投入和产出之间维持某种平衡并且不要在他们的社会交易中欠债感兴趣；因此，存在趋向于相互性的张力。然而，他们的希望是，在他们的恩惠中达到一种平衡，并积累使他们的地位高于其他人地位的信用；因此出现了趋向于不平衡的张力。

有关均衡的论点——所有科学的理论都必须根据均衡模型来考虑，或者任何均衡模型都忽略了现实生活的动态性——忽视了一个要点，在社会生活中某一层面上维持均衡的力量在其他层面上却构成了打破均衡的力量。例如，为了在一个市场上维持供给和需求的平衡，一定存在某些不断地破坏已经建立起来的交换模式的力量。同样，精英循环这个均衡模型依靠的是在社会的各个部分创造不平衡和扰动的力量的作用。这里提出的原理是，平衡的社会状态取决于其他社会状态的不平衡；在一个方面恢复均衡的力量会在其他方面引起不平衡。前面叙述的交往过程说明了这个原理。

一个受到另一个人吸引的人试图证明自己对他人有吸引力。因此，一个受到一个女孩强烈吸引的男孩（女孩对他的吸引力要更大一些）便渴望使自己对那个女孩更有吸引力。为了做到这一点，他将试图给她留下深刻的印象，尤其是千方百计地使那个女孩感到与他交往是一种特别有报酬的经历。他可能挖空心思使她高兴，在她身上花费大量的金钱，在他们约会时，他会做她所喜欢的事情而不是他所喜欢的事情。我们假定他获得了成功，她对他的吸引力如同他对她的吸引力，也就是说，她发现与他交往获得报酬 27
与他发现与她进行交往获得的报酬一样多，正如他俩都同样渴望能在一起共度时光的事实所表明的那样。

现在，吸引成了相互的，但这种相互性是由交换中的某种不平衡建立起来的。当然，在这个阶段双方都能从交往中获得满意的报酬，作为女孩愿意按照男孩的渴望花费时间与他在一起的结果，男孩也会这样做；作为男孩随时准备进行令她高兴的约会的结果，女孩也会这样做。这些互惠的报酬是他们相互吸引的源泉。然而，对此作出贡献是不平衡的。他俩把时间花在交往上，这意味着放弃其他的机会，但男孩要作出额外的努力以取悦女孩。她的陪伴本身就是给予了充分的报酬，而他的陪伴却不是，根据他们自己的评价，这使得她成为“更有用的或者更高级的一方”，他必须提供补充性的报酬，以便产生“双方之间某种意义上的平等”。当然，尽管这两个恋人可能都同等地渴望在一起共度时光，彼此都使对方感到愉快，但是要想使相互爱慕自发地形成完美的平衡是很少见的。在大多数亲密关系——婚姻和持久的友谊以及较为短暂的依恋——中，相互的吸引都是由贡献的某种不平衡造成的，这种不平衡可以补偿自发情感中的不平等，特别是以一方更愿意顺从另一方意愿的形式。

我们可以简短地讨论一下这种观念与心理学中的平衡理论的关系。我们知道，纽科姆的 ABX 图解是关于一个受到另一个个体 B 的吸引的个体 A 的，他对某个对象 X 有某种确定的态度，并感觉到B对X也有某种确定的态度。[①] 这些元素中的任何一个之间的不一致都会产生趋向平衡的张力，无论是在个体系统中——也就是在内在心理状态中，还是在集体系统中——也就是在人际关系中。例如，如果A喜欢民主党人，而B喜欢共和党人，则对A来说就有几种恢复平衡的方式：他可能变得更喜欢共和党人；他可能误解了B的态度，以为他不是真正的共和党人；他可能对政治失去兴趣，这使得意见不一致无关紧要；或者他可能停止与
28 B的交往，去寻找其他的伙伴（他发现他们的意见与他更加情趣相投）。这里关注的焦点是人际关系中的不平衡对于使个体的精神状态恢复平衡的心理过程的含义，[②]以及对于人际关系中的变化的含义。然而，为了建立友谊关系并与伙伴们融合在一起，个体们一开始势必通过努力证明自己对他们发现有吸引力的伙伴是有吸引力的，以便处理即将发生的吸引的不平衡。正是这些过程，而不是纽科姆要我们注意的那些过程，才是前面讨论过的而且在下一章将作更广泛讨论的主要问题。

已经提出的理论原理是在社会交往中一个既定的平衡是由同一交往在其他方面的不平衡造成的。这个原理——我们已经用支撑相互吸引的不平衡作了说明——也可以应用于社会分化过程。

---

① 西奥多·M. 纽科姆（Theodore M. Newcomb），《熟悉过程》（*The Acquaintance Process*）（New York: Holt, Rinehart and Winston），1961年，特别是第2章。也可参见弗里茨·海德（Fritz Heider），《人际关系心理学》（*The Psychology of Interpersonal Relations*）（New York: Wiley），1958年。

② 通过降低失调（即降低一个不可及的物或人的意义）来恢复个体的心理平衡过程，是利昂·费斯廷格的著作《认知失调理论》（*A Theory of Cognitive Dissonance*）（Evanston: Row, Peterson）的核心问题，1957年。

一个按其他人的要求提供服务的人使他人有义务作出回报。如果有些人没有报答，他将有强烈的诱因再不为他们提供他们所需要的帮助，以便将这种帮助提供给能以某种形式对他的付出给予回报的其他人。那些拿不出任何别的东西——那将是对他的服务的一种令人满意的报酬——提供给他的人将处于一种压力之下，他们要遵从他的愿望，按照他的要求行事以对他的帮助作出回报。他们对他的要求的服从给予他任意地使用他们资源的权力，以进一步实现他自己的目的。通过为其他人提供单方面的利益，一个人就积累了他能够利用的自愿服从的资本。在他持续地为他们提供利益的意义限度内，不管在什么时候，只要他愿意，他都可以将他的意志强加在他人身上。权力的一般性好处在于，它可以使得那些除此之外没有其他办法偿还他们所需要的服务的人能够以服从作为回报来获得这些服务；尽管一个人有大量的权力，而且他所提供的好处处于高度需求状态，在这样一种极端情况下，甚至服从的提供也不足以获得这些服务。

在这里，权力的不平衡确立了交换中的相互性。单方面的服务引起了使交换趋于均衡的权力分化。事实上，交换的平衡依赖的是两种不平衡：单方面的服务和单方面的权力。尽管这两种不平衡从一个角度来看构成了一种平衡或均衡，而从另一个角度来 29
看（也是同样有效的），交换的均衡强化和永久化了维持它的依赖和权力的不平衡。权力差别不仅仅根据定义是一种不平衡，而且实际体验也是如此，如同人们尽可能逃避的趋向所显示的那样。实际上，个体都热切地期望通过偿还服务来履行他们的义务和回报他们所得到的服务，这样一种巨大的动力对于服从服务提供者的权力是一种威胁。尽管相互服务产生了一种使权力平衡的相互依赖，但对服务的单方面依赖维持着一种权力的不平衡。

就权力不平等的意义而言，权力的分化明显构成了一种不平衡；但是必须要提出这样的问题，即在趋向于改变社会关系的结构的某种张力的意义上来说，权力的分化是否也必然会形成一种不平衡呢？这种在分析上构想的和从其他考虑中抽象出来的权力差别创造了一种趋向于变化的压力，因为可以这样假定，人们在不得不服从权力时体验到一种宁愿逃避开的痛苦。然而，人们从他们的统治者或政府得到的好处，可能在价值上要超过他们因服从他或它的权力而遭受的痛苦，结果权力差别所带来的分析上的不平衡或扰动因素就被抵消掉了。因此，权力不平衡对于社会变化的意义取决于被统治者对权力行使的反应。

对权力行使的社会反应再一次反映了相互性和不平衡的原理，尽管是以一种新的形式。支配其他人的权力使指引和组织他们的活动成为可能。拥有对许多人行使权力的充足的资源能使一个人或群体建立一个大型组织。加入这个组织的成员将获得收益（比如经济报酬），作为交换，他要服从上级的指令并为组织作出各种贡献。领导人员在组织内行使权力，并且通过组织的运用获得了对其他相关组织或群体的权力。组织领导人员的这种双重权力的最明显的例子是军队的司令官，他既拥有管辖自己士兵的权力，而且通过他们的武装力量也拥有对敌人的权力。另一个例子是商业管理部门不仅对它自己的雇员拥有权力，而且通过公司的力量在市场中行使权力。一个组织的外部权力越大，它积累资源的可能性就越大，领导人员可以将这些资源作为报酬，在成员中进行可能的分配。

服从于权力行使的那些人的规范性期望——这植根于他们的社会经历——支配着他们对权力行使的反应。根据这些标准，从成为组织或政治社会一员中获得的收益在价值上可能超过为获得 30
这些收益而要求的投入，或者对成员们的要求可能超过了他们因履行这些要求而得到的回报。因此，权力的行使可能产生两种不同类型的不平衡：给下属带来收益的积极的不平衡，或者剥削和压迫下属的消极不平衡。

如果一个组织的成员，或者主要是服从当权领导的那些人一致认为，对他们作出的要求只有在考虑到领导所给予的充分报酬才是公平的和正义的，那么共同对上级的义务感和忠诚感就产生了，并对他们的权威给予合法的赞同。收益的积极的不平衡给领导带来了合法的权威，进而加强和扩展了它的控制作用。通过对那些支配他们的人表达合法的赞同和忠诚，下属们对他们的领导提供给他们的好处进行了报答，但同时也加强了社会结构中的权力不平衡。

如果行使权力的那些人提出的要求被那些服从他的人体验为剥削和压迫，尤其是如果这些下属在为他们的苦难获得补偿方面一直没有获得成功的话，那么他们的挫折便会促使这些人对现存权力产生不满和对抗。当被压迫者彼此交流他们的愤怒和侵犯时（假定有机会这样做），他们的相互支援和赞同就会在社会上加强对压迫者的消极取向并证明其正当性，他们的集体敌视可能会激发他们去组织反抗。引发积极反抗的强制性权力的过度使用在组织和群体之间的关系中比在组织内部更为普遍。之所以如此，有两个原因，一是合法赞同的好处限制着组织的上级，二是合法权威的有效性一旦确立，就排除了对强制性措施的需要。但是，对权力的过度使用也发生在组织内部，正如组织起来反抗剥削的雇主的工会所表明的那样。对权力的服从者来说，消极的不平衡会激起反抗。为了努力扯平比分，反抗消极地回报（或者说报复）了过分的要求，但它同时也在社会结构中引起冲突、不均衡和不平衡。[①]

31 即使在这里所考虑的相对简单的社会交往中，一个方面的平衡也会引起另一个方面的不平衡。在带有其相互交叉的亚结构的复杂宏观结构中趋于平衡的力量和打破平衡的力量之间的相互作用则更为明显——如果说较不容易说清楚的话。在复杂的宏观结构中，维持相互性和平衡的力量不仅对同一亚结构的其他层次具有破坏均衡和打破平衡的影响，而且对其他亚结构也有影响。正如我们将要看到的那样，打破均衡和恢复均衡的力量在社会结构中产生了一种辩证的变化模式。

结　　论

在本章中，我们概述了支撑社会交往结构的基本过程，并扼要地指明了表现复杂社会结构特征的某些突生力量。我们以简化形式展现的原理传达了本书理论框架的总体印象，这些原理将在以后各章中加以详述和完善。在详细地讨论了人际交往中的社会整

---

① 有组织的反抗表达了潜在的冲突，并使它们表面化。

合、支持和交换过程之后，我们将分析群体中社会分化的各个方面，最后我们的注意力将集中在这些社会力量以及新的突生力量对复杂社会结构中的组织和变化的意义上。

因此，讨论将从支配微观结构中个体之间的社会互动的基本过程过渡到由多重相互交叉的亚结构构成的宏观结构中的日益复杂的过程。我们将涉及社会过程中的变化——当我们从较简单的社会结构转变到更复杂的社会结构时，这种变化就会发生，并且会在更复杂的社会结构中伴随有突生的新的社会力量。例如，为了进行社会控制，整个国家不可能像朋友组成的小群体那样主要依靠社会赞同和个人义务，它们必须要马上赋予形式化的程序和强制性的权力——比如法院和警察——以更为显著的作用。尽管从较简单的社会结构向更为复杂的社会结构的行进似乎是唯一的逻辑顺序，但它确实提出了社会生活研究中的一些问题。

两个个体之间的交往模式当然会受到它所发生于其中的社会背景的强烈影响。因此，即使是在对两人之间的社会互动进行分析，也不能把这两个人看成好像是孤立于其他关系而存在的。例如，两个人之间的相互吸引和他们之间的交换会受到每个人的 32
替代机会的影响，结果，竞争过程出现了，这些竞争过程包含更广泛的领域，并且它们补充和改变了这两个人在其他对子中的交换和吸引过程。一个人支配另一个人的权力完全取决于服从者有没有社会替代机会，这个事实以及某些其他事实使得我们不得不在比孤立的两个人更广阔的情境中研究权力关系。齐美尔对两人关系和三人关系的富有洞察力的讨论在这一点上是很有启发性的。[①]

齐美尔对两人关系的分析似乎被设想为一种极端情况，它通过对比，突出强调了群体生活的显著特征。我们只引用一个例子，一个个体的死亡或退出就摧毁了两人关系，而群体则不完全依赖于任何一个成员。他对三人关系的讨论明显涉及社会生活中社会关系的多样性的意义，为此他对三人关系的使用明显是想强调两人关系和任何多于两人的群体之间的关键区别。通过分裂反对力量，权力可以被加强[②]；通过形成联盟，权力可以被抵制；通过第三方，权力冲突可以被调解。权力的动态学中所有这些独特的过程都不可能在一个两人关系中表现出来。一个上级的权力的合法性和对他的反抗的动员也不会发生在两人关系中，而只有当一个上级面对一个彼此沟通的下属群体时，它才可能发生。

根据这些考虑，将个体之间的社会交往过程现实地构想为在群体的社会关系网络中发现的表现，而不是人为地把孤立的两人关系从这种群体背景中抽象出来，才是最基本的。尽管鲁滨逊·克鲁索和星期五是处于孤立状态的两个人，但大部分交往是广阔的社会关系母体中的一部分。尽管对复杂结构的分析将一直推迟到研究完人际过程之后，但个体间交往所发生于其中的群体结构从一开始就应该加以考虑。

① 乔治·齐美尔，《乔治·齐美尔的社会学》(*The Sociology of Georg Simmel*)(Glencoe：Free Press)，1950 年，第 3 章和第 4 章。

② 同上书，第 138－139、141、145 页。

第二章　社会整合

谦虚应归于一种对招致很自然会有的嫉妒和轻视的恐惧，这种恐惧伴随着那些被好运陶醉的人：它是精神力量的一 33
种毫无用处的显示；那些想获得最显赫地位的人的谦虚是由于他们想显得比他们的地位更伟大的渴望。

——拉·罗奇福考德，《箴言录》

一个群体的形成包含着整合纽带的发展，这种纽带将个体们团结在一个集体单位中。这些就是社会吸引的纽带。个体们彼此之间的吸引力以及作为一个整体的群体对个体们的吸引力越大，特别是如果交往对他们的内在吸引力引起了共同的认同，那么这个群体就越凝聚。同样，对于一个想融入一个现存群体之中的新成员来说，要求在他和群体的其他人之间形成社会吸引的纽带。一个群体对一个人的吸引力激起他成为其成员的愿望，但只有当他证明了自己对群体的其他成员具有吸引力时，他才能实现这种愿望并获得社会承认。

当个体们利用社会接触的机会变得越来越彼此相互吸引，并建立了能使他们的社会交往稳定化的共同纽带时，有些群体就形成了，就像大学宿舍里形成的朋友圈子或都市邻里社区产生的帮派团伙中所发生的那样。这些突生的群体常常界限不清,成员不固定,实际上还形成了重叠性的小圈子,许多个体是好几个群体的边缘成员,偶尔甚至是核心成员;在中学或邻里社区中的友谊群体是这种模式的典型例子。而有些群体是组织系统或制度系统,比
34 如工作群体或家庭的组成部分。在这些情况下,社会交往不是参与者最初吸引的结果,而是由他人所建立起来的外部条件的产物;孩子不能选择他们的父母,工人被指派到特定部门,并被要求和组织里特定的其他成员相互配合。然而,有可能将工作群体(不谈家庭)的成员团结在一起的整合纽带确实依靠的是社会吸引的力量,与外部强加给成员们的最低要求相比,这些力量促使他们彼此之间的交往更多一些。如果没有这样的使成员成为一个显著的社会实体之一部分的整合纽带,工作群体就不会真正成为一个群体,而仅仅是某个工头手下的一个由个体组成的集合。

可以对支撑一个群体中社会整合发展的吸引过程简单地加以总结。社会吸引——在其最宽泛的意义上——指的是与他人交往的倾向。如果一个人预期与他人的交往是有益的,特别是,如果他预期在既定时间和地点与这些人的交往要比他能做的其他选择更有益(有时唯一的选择就是完全不交往),那么这个人就受到了其他人的吸引。他们对他的吸引使他产生了一种在他们中间获得社会接受的欲望。为了被他们接受,他必须证明自己是一个有吸引力的伙伴。为了这一目的,他将试图给他们留下印象,并表明他具有能给与他交往的人带来好处的品质。如果他成功了,他们将接受他,并且如果这种交往给他们和他都带来了预期的报酬,那么互惠的好处将加强相互的吸引,并帮助他成为该群体不可分割的一

部分。

在群体形成的情境下，交往中的许多个体都表现出这种倾向，这种情境中的这些基本过程引起了其他的社会过程。许多个体都渴望用他们的出色品质给彼此留下深刻的印象，这种渴望导致了竞争过程，并且在继之发生的竞争过程中社会分化也产生了。这些竞争和分化过程增强了对支持性社会纽带的需要；正是面对这些竞争和分化过程，社会整合的突生过程才使该群体实现了稳定化和统一。群体成员们后来对群体本身、群体的凝聚力及其命运的共同认同，补充了作为社会团结之基础的他们之间的相互吸引。

给他人留下印象

一个人是一个有吸引力的伙伴的事实体现在他人愿意与之互 35

动的倾向中，这一点可以用多种方式确定。我们可以用测量社会关系的问题来确定每个群体成员在其他人中间的相对名望，既可以是一般性的名望，也可以是作为一个特定努力中的伙伴的名望，比如作为一起工作或住在一起的伙伴的名望。[①] 如果对交往没有外在限制，那么任何群体成员在社会互动中被其他人接近的频率可以作为他的相对吸引力的一个指数。也可以设计出对吸引力的更为复杂的测量方法。假设人们最可能记住和具有吸引力的同事的会面，例如，你问某个工厂的工人："你能说出曾经与你一道吃过

---

① 参见 J. L. 莫雷诺(J. L. Mereno)，《谁将存活下去?》(*Who Shall Survive*?)(Washington: Nervous and Mental Disease Publishing Co.)，1934 年，尤其是第 10－16 页。

午饭的同事的名字吗?”假设许多人都说出了某个工人的名字,而这个工人却说不出他们的名字,那么,我们便可以用能说出该人名字者的数目作为这样一种测量方法。[①]

某人之所以是个有吸引的伙伴,其原因在于他给别人留下这样的印象:与之交往将有所报酬。他们可能期待,他的陪伴将带来乐趣或在智力上有所启迪,对他们的观点加以支持或者对他们的问题有所帮助,或者被人看见在他引人注目的陪同下是件荣耀的事。在分析上,关键是要在两种交往之间作出区分:一种是内在地获得报酬的交往,另一种是提供外在收益的交往,这些外在收益原则上可以与交往本身区分开来。在第一种情况下,另一个人那样的陪伴是吸引的源泉,而在第二种情况下,他所提供的特定利益才是与之交往的诱因。抽象地讲,沿着两种不同路线的差别对待(discrimination)和相应的一般化可以从令人满意的社会经历中衍生出来。首先,差别对待发生在这个吸引人的个体和其他不吸引人的人之间,一般化则是从这次愉悦的经历到“预期与他在一起的其他经历也将是令人满意的”,由此产生出对他的内在依恋。其次,差别对待发生在这个人和令人愉快的物或活动之间,一般化则是来自其他人的类似东西或与其他人在一起的类似活动也将是令人满意的,由此产生出对任何来源的这些收益中的某种外在兴趣。

深刻的内在依恋从根本上改变了人际关系中的社会交易。这

① 参见布劳(Blau),《科层制的动力学》(第2版)(*The Dynamics of Bureaucracy*)(University of Chicago Press),1963年,第150-152页。正如这本书里所指出的,即使这些不一致不是由于被叫得出名字的那个人的不良记忆造成的,而是由于那些说得出他的名字的人的误解造成的,这也显示了他的吸引力。

两种交往之间的根本区别是，在第一种交往中，参与者把交往本身看作是目的，而第二种交往则被参与者看成是为实现某些进一步 36 目的的手段。商人与顾客之间的交往对于他而言就没有内在的报酬，而是做生意赚钱的手段，然而他与他所爱慕的女人的交往就具有内在的报酬，对他而言交往本身就是目的。在具有深刻意义的亲密关系中，相互提供报酬是重申和维持交往本身的手段，而在其他社会关系中，交往则是为获得各种外在报酬的手段。个体在对他们具有内在重要意义的人际关系中的强烈责任感往往使这一交往的持续成为一种至高无上的价值，为了它，他们愿意作出巨大的牺牲。在这些内在依恋的条件下，通常能看到对他人幸福的无私奉献，母亲对她的孩子的爱以及愿意为他们作出牺牲而丝毫不想得到回报就是一个例证。某人对他所钟爱之人的福利作贡献，其目的不在于以适当的外在收益的形式为自己所施予的每种恩惠索取特定回报。相反，这些贡献将作为表现该个体对这一关系负有坚定责任的象征，并作为使对方尽到某种相应责任并继续该交往的诱因。如果一个人为他人作出贡献并准备给他带来好处而不期望任何特定偿还，而后者却通过为自己谋取外在收益来剥削前者，那么，在这种关系中就会出现严重的紧张局面。尽管在这些具有内在意义的亲密关系中，明确的服务没有报酬，但是每个参与者确实期望他对别人的奉献将通过另一方对该交往的持久责任感而得到回报。

外在收益为比较伙伴、选择伙伴以及弃此取彼设定了客观标准。对于确定一个人对伙伴们的选择是否合理来说，它们是独立的标准。如果我们想做的是进行一场挑战性的棋赛，而不是其他什么，那么我们与这个而不是那个朋友下棋的决定确然是对的还是不对的，当然取决于这两个人作为棋手的相对资格。然而，具有内在报酬的交往在它们不能加以比较的意义上是独特的，除非在它们所提供的满足的纯粹主观意义上进行比较。既然没有独立的标准，那么，从任何有意义的角度看，一个个体对一个交往对他所具有的内在报酬的主观判断不能被看作是错误的，经认可，它是对
37 的。某些社会交往的意义所依赖的外在收益使得有关这些交往的事实性判断成为可能，但只有价值判断适用于具有内在吸引力的交往。

然而，也有许多社会关系并不能很容易地被划分具有外在性报酬还是内在性报酬。因此，工人们参加工会不仅仅是为了改善他们的就业条件，也是因为他们内在地喜欢工会中的伙伴关系，并从帮助实现它的目标中得到满足。确实，这些是积极参与的主要诱因，因为对任何一个个体来说，工会所提供的物质报酬不是依积极参与而定。问题不仅在于，该区别只是一个分析上的区别，而实际交往往往是两种类型混合在一起。问题也不简单是，许多目的是进一步的目的的手段，或者，某些人的目的对其他人来说是达到不同目的的手段。基本的困难毋宁说是决定上述问题的困难：一定的社会报酬可以被看作能与从中获得这种报酬的交往本身分离开来。

我们拿参加一次晚宴为例。一个人为了享受美味佳肴而接受邀请是一种明显的情况，纯粹为了享受看望自己的老朋友的快乐而接受邀请的人也是如此——前者的动机是外在报酬，后者的动机是内在报酬。但是，现在让我们考虑第三个人，他是为了能有机

会会见高地位的人而来的，或者还有第四个人，他是由于喜欢餐桌上的俏皮机智的打诨和聪明的诡辩而参加宴会的。与饮食相比，个体之间谈话的刺激属性是一种内在于交往的报酬，欣赏他们的高雅的陪伴也是如此。另一方面，高的声望明显是一种能够从具有它的那些人身上抽象出来的特征，被用作评价潜在伙伴吸引力的一个独立标准。欣赏精彩的谈话也意味着，精彩的程度被作为吸引和选择伙伴的一个外在标准。从这个角度看，第三个人和第四个客人之所以到宴会上寻找伙伴，并不在于它的内在吸引力，而在于晚宴所提供的外在收益。如果连人们动人的谈话都不被看作是一种内在于与他们交往的报酬，那么还有什么东西可能是一种内在的报酬呢？

对这个问题，有一种答案集中在内在－外在标准的相对性上。
工会成员从参与集体努力以帮助实现共同理想中获得的满足，与 38
其说是由他们的活动而带来的物质收益，还不如说是内在的收益，但是来自为工会目标而工作的这种满足，与其说是享受从思想相同的积极分子中获得友谊，还不如说是一种外在的报酬。被别人看到与有声望的人交往带来的愉快，与他们的有趣谈话带来的愉快相比，更少内在于交往的愉快，而后者，又不像简单地与好友在一起所产生的愉快那样具有内在性。[①] 但是，是什么东西使得与

① 帕森斯认为普遍主义－特殊主义——构成外在－内在区别之基础的抽象维度——以及社会取向中的其他分化都涉及这些成套系列的日益细致的区分。例如参见，塔尔科特·帕森斯和罗伯特·F. 贝叶斯（Talcott Parsons and Robert F. Bales），《家庭、社会化和互动过程》（*Family, Socialization and Interaction Process*）（Glencoe：Free Press），1955 年，第117－118 页和第 161－166 页。

某些人在一起变得内在地令人满足呢？与其说是某种特定类型的社会报酬，还不如说是在既定交往中的各种报酬的融合使得这些融合在一起的报酬与这个伙伴——是这些报酬的来源，并由此产生了对他的内在吸引——无法分开。最后，这种看法的一个重要含义在于，个体对他人的最初吸引总是以允许比较的外在因素为基础的。甚至坠入爱河也是对许多女孩子的具体特点——她们的长相和魅力，她们的支持以及她们性情的适意性——进行含蓄地（部分是无意识地）比较的结果。一个人身上的某些这类报酬性品质的融合就是产生内在的爱情依恋的东西。同样，尽管人们可能仅仅为获得社交伙伴而集合在一起，并对从他们的社会关系中获得任何外在利益不感兴趣，但他们一定要通过揭示那些能使他们更受其他可能的伙伴喜欢的品质去证明他们自己彼此之间具有吸引力，这些品质必须是可以比较的，因而在某种相对意义上说，它们是外在的。

试图在其他人中获得社会承认的个体有许多方法尽力证明自己是有吸引力的伙伴。新认识的人倾向于在他们的谈话中寻找某些能指明共同经历或特点的线索，如曾在欧洲打过仗，来自同一个州，并且通过把那些能揭示他们的背景或意见的事件联系起来，以促进彼此的深入了解，如这个人信天主教，那个人相信社会主义。通常他们只得到少量线索，这表明某个人的亲善态度仅仅是对待新认识的人的，这些认识的人也许会作出反应，否则对其他共同点的寻求还会继续下去。态度和价值观相同的个体为他们的看法相互提供社会支持，这种支持使他们的交往具有了吸引力，尤其是，如果在他们取向上的微小变动向他们所讨论的问题提出了某种挑

战，则更是如此。然而，某个人是名美国人，或者他反对共产主义 39
的事实几乎不会使他在这个国家成为特别吸引人的伙伴，因为实际上由所有人共有的属性和价值观是分不出彼此的。如果想成为具有不同吸引力的伙伴，就必须要有不同的看法或取向，这样一种不同的观点不仅使一个人对那些观点相同的人产生了吸引力，而且还使他对那些具有不同观点的人不具有吸引力。人们往往担心自己会冒犯自己的伙伴或被他们拒绝，这就是为什么在刚开始认识的阶段，个体们往往只谈一点儿有关他们最与众不同的品质和看法。另一种证明自己具有显著吸引力的方法是用那些能博得别人欣赏或尊敬的品质给他们留下印象。

在群体与群体之间、个体与个体之间，用来给他人留下深刻印象的策略差别很大，这种策略主要取决于价值观和才智，价值观将决定群体成员们认为什么东西给他们的印象最深，而才智限定了一个个体怎样给他们留下印象。当然，人们在参加活动和与别人互动的过程中是在不断地、没有特定目的地形成印象。但是在一个新群体中获得社会承认的兴趣使个体们自觉而谨慎地给别人留下一个好印象。“人们不允许一种有关他们活动的印象如同他们活动的一种偶然的副产品那样出现，相反，他们能够（在这种情况下也常常确实如此）为他们的参考框架重新定位，并把他们的努力花在创造自己所想要的印象上。”[①]这可能涉及对某些个体展示他们广博的知识，而对其他人则显示他们老练的智慧。在一个群体

① 欧文·戈夫曼（Erving Goffman），《日常生活中的自我呈现》（*The Presentation of Self In Everyday Life*）（University of Edinburgh Social Science Research Center），1958 年，第 162 页。

中，运动才能可能是一种令人印象深刻的品质，而在另一个群体中，则可能是艺术才能。为了造成一个好印象，一个人必须推断，他的品质中哪一种将在某个既定的群体中产生这种印象，并相应地调整他的行为。然而，有意识地考虑给别人留下印象很容易弄巧成拙。如果某个人过分刻意，他的笨拙将留下一个糟糕的印象。如果别人怀疑他装腔作势，他也会造成一种不好的影响。给人留下一个良好的第一印象是一种微妙的自吹方式，但它的成功取决于它是否自然，丝毫看不出来是自吹。

呈现一个令人印象深刻的自我形象要承担某些风险：显得自
40 夸或自满的风险，强迫别人接受极端意见的风险，一般还有招致别人非难的风险。反过来说，冒风险本身就是一种给别人留下印象的方法。卓越的才能给人以深刻印象，过人的勇气也是如此。尽管一个特技飞行员可能不是我们所看过的最熟练的表演者，但我们却禁不住赞叹他的胆量。因此，冒险能够使缺乏给别人留下印象技巧的人取得成效。在某种活动中，具有高超才能的人也可以利用这个事实谋求好处而不暴露其技巧，以便通过表演对一个不太熟练者来说是过于大胆的行动去博得不知内情者的更多赞叹。扮演小丑的走钢丝艺术家便是以滑稽的方式表现这种策略。

敢于冒失败和非难之风险以及成功地应对挑战的能力可以赢得尊敬。戈夫曼的“角色距离”概念便是指这种给他人留下印象的方法。[①] 以儿童的旋转木马打比方，他指出，两岁大的孩子一般认

① 参见戈夫曼，《遭遇》(*Encounters*)(Indianapolis: Bobbs-Merrill)，1961 年，第 105－132 页。

为该运动太危险了，哭叫着让别人把他抱下来。到了四岁，他便能应付这一挑战了，他全神贯注地骑着木马，严肃地对待它。然而，到了学龄的儿童就不再热衷于骑木马了，但仍然会在木马上干些蠢事——松开他们的皮带，举起他们的双手，当木马还在旋转时从这匹马爬到那匹马上——以此表明他们已超过了第二个阶段，即骑木马是一项需要人专心致志的任务，该任务提出了一种有意义的挑战。他们的大胆举动是故意做出来的，以此显示与骑在一匹木马上的“小孩子”角色的距离。通过展示角色距离，他们显示出了自己作为较大孩子的高级地位。

角色距离是揭示某个角色的要求低于某人能力这个事实的一种尝试，正如戈夫曼在讨论医务人员在做手术时经常开玩笑和逗乐所说明的那样。在一次手术中，要求实习医生和资历较浅的住院医生做的常规工作有失大夫的体面，并意味着一个低级角色。资历较浅的医务人员在履行他们的职责时所说的玩笑话可用来证明，这些任务不足以吸引他们全部的注意力，他们有资格与这个低级角色保持距离。照理，主任外科医生的责任似乎应该吸引他把全部精力投入工作，然而他也表现出角色距离——在手术期间说些幽默话。他对下级医护人员所采用的滑稽腔调的一个重要功能是，可以避免他粗鲁的有时是批评式的指示可能对他们的镇定和有效配合产生的不利影响。尽管戈夫曼并没有明确地这么说，但
情况似乎是，主任外科医生的玩笑也能用来表明，他是高于对他的 41
角色要求的，正如实习医生的玩笑一样。

不管一项任务的困难有多大，把全部精力集中在上面就意味着这个人已经竭尽全力了。确实，在一项手术的最关键阶段无疑

不会有逗乐的事情发生。[1] 能够在其他阶段开玩笑——这些阶段也对他提出了相当大的要求——的外科医生表明，他的能力是如此之大，以至于能轻松地完成相当困难的任务。一般来说，紧张地从事一项工作意味着一个人的能力极限正在接近。因此，轻而易举地完成一项复杂任务就能给人留下十分深刻的印象，这在某种程度上是因为不集中全部精力增加了失败的风险。一项业绩越困难，它就越能给人留下深刻的印象，而且失败的风险也越大。以十分轻松并且甚至在完成一项复杂的任务时也没有全神贯注的形式出现的角色距离就给人留下了深刻的印象，因为它增加了失败的风险，同时也表明某人对应付挑战的能力的信心。

有两种相反的手法可以使完成一项困难行动给人以特别深刻的印象。例如，马戏演员在最终获得成功之前，总是鼓起每块肌肉并显得差点失败，这可以引起观众的恐惧。相反，如果有人很容易地完成了他的困难行动，似乎这对他就像儿戏一样，那么这也能博得人们深深的敬佩。应该表现得紧张还是轻松，才能使一项困难节目的完成能给人留下更为深刻的印象，这取决于观众的老练程度，并最终取决于此节目难以完成这个事实一定被人们相信，还是能被视作理所当然。如果其他人不知道完成这个节目有多难，那么，在表演过程中表现出的专心致志和紧张就会提供这种知识并且增加他们的敬佩。然而，如果他们知道了有关的难度，那么轻而

① 戈夫曼在一次私人通信中指出，尽管外科医生在手术的关键阶段不会开玩笑，但他们有时发出哼哼的声音。哼哼声不是很令人分心的——要比开玩笑轻得多，但它确实可以用来表明，一个人即使在这种关键时刻也不充满焦虑，它可能是在“黑暗中吹口哨”的一种形式吧。

易举地完成这样的困难任务能给人以极其深刻的印象。

新的社会情境一般会提出某种挑战，因为存在着不能给人以深刻印象的风险。如果某个人把一种社会情境体验为一种挑战，那么对他来说其他人的在场一定是件对他十分重要的事，因为这将使他考虑到要给他们留下深刻的印象，并赢得他们的赞赏。由 42
于这种情境被体验为一种激动人心的挑战，而不是使人虚弱无力的威胁，他一定必须完全相信自己赢得他们承认——如果不是尊敬的话——的能力。不充足的挑战使得一项社会事务令人厌烦，而过分的挑战又使它令人苦恼。正是社交聚会这样一种场合，即个体在其中不能理所当然地认为自己可能成功地给他人留下深刻的印象，但却有相当大的成功机会，这种机会能振奋他们的精神，促使他们参加社会交际。确实，彻底介入任何活动——不管它是一种游戏，一项体育运动还是一个人的工作——似乎依赖于这样一种居中的挑战，它使结果未可预断，但也限制了失败的威胁，不是因为失败不太严重（在赌博中输钱），就是因为失败不太可能（在跳台滑雪中丧命）。[①] 如果失败的风险变得更为严重（在赌博中的赌注押得太高；在一次紧急情况中必须要跳过一条沟壑），那么激动人心的挑战可能很快地转变为令人不悦的威胁。把巨大的危险看成是一种挑战而不是一种威胁是一种罕见的和令人印象深刻的能力。

为什么人们为了应付一次挑战敢于拿生命、四肢和财富去冒险呢？什么东西使得高速赛车或解决一个棋局那么令人愉快呢，

① 参见戈夫曼，《遭遇》，第66－79页。

即使没有人在那里表示社会赞同？它可能是可称为“逆向次级强化”(reverse secondary reinforcement)过程的结果。人类的初级满足本来取决于在他们的环境中他人的特定行动，并且这种满足与这些行动产生了联系，比如母亲的养育或父亲的赞同。其他人的这些行动和相关的行动在适当的过程中变成了内在的社会报酬，这种内在的社会报酬对该个体的行为起着刺激强化物的作用，重要伙伴的尊敬和赞同是突出的例子。因为冒险使一个个体赢得了社会的赞同和尊敬，所以这些次级强化物就激励着他去寻求他能应对的挑战。应对挑战和获得这些社会报酬的反复联系，通过一种逆向次级强化的过程，使得应对一次挑战变得具有内在性报酬，从而激励个体去寻求挑战性的情境，甚至当他们独自一人时也是如此。来源于个体有机体的报酬在这个过程中产生了来源于社
43 会性的报酬。因为这个过程是次级强化的一种类型，所以，社会报酬能在其中产生个体所固有的新报酬的过程可以被称之为逆向次级强化。

整合的悖论

在一个群体情境中，令人印象深刻的品质在某种意义上使一个人有吸引力，而在另一种意义上则使他没有吸引力，因为它们引起了群体中的其他人担心自己被拒绝的恐惧，并对他们构成了一种地位威胁。因为那些优于我们自己并且其他人也发现其令人印象深刻的品质给我们留下了极其深刻的印象，所以那些拥有这样品质的个体有充足的理由可以认为我们的品质是给人印象不深

的，并且知道他们可以给许多其他人留下深刻印象，他的这种反应让我们有充足的理由害怕他的拒绝。如果他被我们的群体所吸引，则当然不存在即将来临的拒绝危险，但是我们有理由怀疑，如果不付出给他高地位的代价，这样一位给人以深刻印象的人不可能留在该群体之中。期望从与一个给人以深刻印象之人的交往中获得报酬使这个人有吸引力，这种期望中的报酬也将使我们依赖于他并服从他的控制。报酬式的社会经历具有同时产生社会吸引和社会依赖的性质。[①] 矛盾的是，恰恰是使一个人成为对他人有吸引力的伙伴的属性也引起了对依赖的恐惧，这种恐惧使他们不愿意承认他们的吸引人之处。

这一观点要求我们作进一步阐释，以免它有过于简化之嫌。通过表明自己与一个群体的成员拥有共同的利益、持用共同的价值准则，一个人可以与他们建立起联系纽带，这样他就可以证明自己是一个有吸引力的伙伴，不会形成一种地位威胁。新加入某个已有群体的人往往正是使用这些策略和其他不具有威胁性的策略，比如用谄媚的话去巴结别人以获得社会承认。然而，这样的策略仅仅在引起最低程度的社会吸引方面获得成功。尽管地位不稳定的新来者可能会感觉到把自己局限于这些策略太受拘束，一个新组成的群体的成员——其中没有谁的社会地位比其他人的社会地位更加不稳定(当然，稳定感方面的心理差异还是存在的)——会经常使用更富有侵犯性的策略以便使自己成为重要的伙伴。通

① 参见约翰·W. 蒂博和哈罗德·H. 凯利(John W. Thibaut and Harold H. Kelley)，《群体的社会心理学》(*The Social Psychology of Groups*)(New York：Wiley)，1959年，第21－24页和第66页。

过用令人尊敬的品质给别人留下印象，他们试图使他们的吸引力不同于大多数人的吸引力。

44 例如，某个同事不能博得别人在专业上的尊重，但他的谈话可能较为有趣。还有一位同事则能博得专业上的尊重。与前者相比，后者是一位更有吸引力的社会伙伴。仅仅是他们尊重他的事实不会使其他人依赖他或从属于他。他在一个群体面前就专业问题所作的激动人心的讨论被他们对他的专业知识表示欣赏和尊敬作了充分的偿还。然而，如果他们中有些人反复地要求他对他们的问题作出建议，那么他们就会感激他，并且长此以往，他们对他的依赖可能会要求他们去服从他的要求。如果一位专家，其他人不得不依赖他的指导，那么顺从他的意愿行事的义务将有损于他作为他们可交际的伙伴的吸引力。对另一个人的顺从阻碍了与他进行轻松的交际。尽管对另一个人的尊敬本身不会妨碍轻松的交际，但这些过程具有反馈效应。人们期望受人尊重的专家能够对作为一个整体的群体及其个体成员作出重要贡献。这些即将作出的贡献导致其他人和这个专家都预期他们将感激他。在预料到他们在未来对他的依赖时，其他人不可能感到他们与一个他们高度尊敬的人在一起会是完全无所拘束的，甚至在他们实际上开始承担他的一个下级角色的责任之前就已经如此了。

因此，造成社会整合悖论的因素是这样一种令人印象深刻的品质，这些品质使一个人成为一个特别吸引人的和重要的群体成员，同时也对其他人构成一种地位威胁。结果便是一种防御性的不情愿，不情愿让自己轻易地给他人留下深刻印象，并且这种不情愿在为获得社会承认的竞争中是一种重要的策略，带有群体形成早期阶段的特征。因为群体成员们都试图用他们作为伙伴的杰出吸引力来给彼此留下深刻印象，所以他们便互相进行竞争。与经济市场上的竞争——在经济市场中，一个企业的竞争对手很少和它要竞争到他们的购买的消费者是一样的——相反，在为获得社会承认而展开的竞争中，每一个群体成员的竞争对手就是他想竞争到他们的吸引和尊敬的同一批个体。A 在给 B 留下印象并赢得 B 的高度尊敬的行动中越成功，则他给 C 带来的不愉快越多，C 在 B 眼中的相对地位便受到了威胁。所有的群体成员都同时扮演这个图示中的 A、B、C 的角色，这就使竞争过程大为复杂化了。每个成员都有兴趣把自己已被其他人的品质留下深刻印象的证据 45
收回来，因为他对他们的品质表现出的高度尊重有可能通过帮助提高他们在群体中的地位，从而使他们比他更有竞争优势。

这种竞争可以被构思为一系列连锁的、混合的博弈，群体成员在该博弈中既有某些共同利益，也有某些冲突的利益。如果群体成员既受到群体的吸引，又受到彼此的吸引，那么他们在建立和维持社会关系的活动中就具有某种共同的利益。我们可以把维持某种社会交往的力量简单地设想为两个伙伴中至少有一个必然受到另一个的高度吸引。如果每人都对对方怀有高度的尊重，那么便存在着一种伙伴关系；但是如果只有一个人对对方怀有高度的尊敬，那么就是他所承担的从属角色支持着这种关系。假定每个个体的第一偏好都是拥有以他人的高度尊重为基础的社会关系，那么在这一方面他们便具有冲突性的利益，尽管每个人都倾向于用相互关注社会互动的结果加以维持的关系（如果没有任何一方表现出对另一方的尊重，则它就将是结果）。群体成员必须在两种做法之间作出选择：一种是收回他对各种成员表现出的尊重，这样会危及在获得上等地位的努力中他的交往的持续性；另一种是为保证他的交往而表示对他们的高度尊重，这样做付出的代价是可能不得不承担下级角色并肯定不能获得上等角色。该个体的选择——它不一定与其他所有群体成员相同——由他对赢得单方面尊重的可能性的估计和他对四种可能结果的相对价值的衡量决定。这个情境可以用下面的支付矩阵表示：①

		A 的选择	
		表示尊重	收回尊重
B 的选择	表示尊重	伙伴关系 （两人的第二选择）	A 高于 B （A 的第一选择）
	收回尊重	B 高于 A （B 的第一选择）	没有关系 （两人的最后选择）

46 尽管这样一个矩阵过于简化了该社会情境，但它确实突出了各种策略的意义。如果每个个体都选择能使他产生第一偏好（收回对高度尊重的表示，因为只有这种态度能带来较高的地位）的策略，那么，两个人就会以他们最不喜欢的选择（没有关系）而告终。如果每个人都采取那种避免出现最高可能损失的策略，两个人都对对方表示尊重，那么一种伙伴关系就可以建立起来了。然而，我

① 有关把这类矩阵广泛应用于有关社会行为的两个理论中的情况，请参见约翰·W. 蒂博和哈罗德·H. 凯利《群体与社会心理学》和托马斯·C. 谢林（Thomas C. Schelling），《冲突的策略》（*The Strategy of Conflict*）（Cambridge：Harvard University Press），1960 年。

们正在考察的群体过程的最具动态性的成分在这种图解化中无法显示出来。群体成员如果不了解其他人的策略，就无法先验地决定自己的策略，但他们处在不断地相互影响之中，并反复地改变他们的行为来对他人先前的行动作出反应。[①] 社会沟通为在一个群体中获得较高地位的可能性提供了线索，并为达成能使共同利益最大化的一致意见提供了机会。而且，许多这样的连锁博弈的存在——在 10 个人的群体中有 45 个——也改变着情境，因为某些博弈中的结果影响着其他博弈的条件。例如，已经成功地博得某些群体成员尊敬的个体也提高了他成功地给他人留下深刻印象的可能性。最后，不仅仅存在一系列相互连锁的两人关系，而且还存在一个有其自身动态变化的群体结构。个体之间交往的过程，比如他们给彼此留下深刻印象的努力常常以未曾预料的方式在社会结构上留下它们的印记，而突生的结构条件反过来改变了后来的交往过程。

在群体形成的早期阶段中为争取社会承认而进行的竞争可作为一项领导选拔测试，一般说来，它也考查成员们对群体作各种贡献的能力。虽然不是所有的群体都有要求成员作出有益的贡献的特定目标，但是所有群体都确实要求成员为群体的生存作出贡献。甚至像一次晚宴这样一种短暂的聚会也取决于能引起别人谈话兴趣的某些参加者。当群体中的成员试图证明自己对彼此有吸引力时，继而发生的竞争激发他们显示自己最能给人留下深刻印象的

① 蒂博和凯利以及其他一些人在这个重要方面通过提请人们注意连续行动和探索的意义确证了博弈论(《群体与社会心理学》，第 24－25 页)，但是，他们忽略了矩阵中构成他们分析(第 19 页)之核心的那些序贯效应，这是他们的理论的一种严重缺陷。

品质。对潜力的这种显示使群体发现了不同成员对于作出必要的47 贡献所具有的能力，从而利用这些能力。这种竞争性的竞赛也促使群体成员去怀疑那些并不现实的对于高级能力的要求，并要求提出支持它们的证据，或者贬低那些看起来能给人留下深刻印象但他们怀疑并不可靠的努力。这些竞争性的策略通过阻止夸大和欺骗以及使错误印象不可能再隐瞒下去的做法去改进选拔测试的效力。

对整个群体或分别对它的成员们作出实质性贡献的那些人对高级地位有一种无可否认的要求。为了保护自己在群体中的地位，成员们非常感兴趣从他人那里收回社会承认，他们对获得必要的贡献甚至有更大的兴趣，因为他们从群体成员中所获得的收益要视这些贡献而定。如果没有人去加强一个工会或组织一个团伙，以帮助工人伙伴或为一个篮球队得分，这些群体的成员们将被剥夺这些重要的收益。对那些带来这些可能收益的人，群体成员们通过授予这些人以高级地位来进行偿还。这些人由此获得了尊敬和服从，这是对他们过去曾经做过的贡献的报酬，也是在未来继续作出贡献的诱因。

群体中地位的突然分化加强了人们对整合纽带的需要，特别是那些用他们的能力作出贡献却没有博得尊重的人更有这种需要。他们不得不承认他人的高级地位损害了他们自己地位的稳固性，并对他们一直试图表现出的那种感人形象产生了怀疑。他们尚未在群体中获得充分的社会承认，为稳固他们在群体中的地位和增强他们的自信，他们的从属地位增加了他们对支持性纽带的需要。在通过显示杰出能力以证明他们自己有吸引力方面，他们没有成功，这限制了他们借助其他手段来实现这一点。大量的群体成员发现自己处于同样的境况，这个事实为使这一点成为可能提供了机会。

在彼此留下印象的过程中，这些群体成员已经表明了他们有吸引人的品质，尽管不是那种保证给伙伴带来巨大利益的高级品质，因此也迫使他们撤销自己防御性的不情愿，即不情愿承认以前的伙伴作为他们的上级。因要求高级地位而产生的防御性反应隐含在表现出给人以深刻印象的举动中，它不仅可以通过使这种要求不可否认，而且可以通过收回这种要求来克服这种防御性反应。
这些群体成员的早期策略是仅仅展现他们令人印象深刻的品质， 48
现在他们则一反早期阶段的策略，而是无所顾忌地展示他们的缺点。尽管一个个体通常在初次结识时掩饰他的缺点和不讨人喜欢的特点，但他通常会在开始社会交往后不久和变得亲密之前很久便欣然地承认这些缺点。用他的哈佛口音和培根山的朋友给我们留下最初印象之后，他可能很快就会讲述一个暴露其移民背景的故事。在只谈他事业上的成功之处过后，他可能让我们知道一些他曾经历过的挫折。他不再仔细地保护自己不受丝毫的嘲笑，而现在，他可能会自嘲地说些笑话了。[1]

这种自我贬低的谦虚是能消除敌意的——它确实如此，因为

① 这种策略的逆转由伊夫林·沃(Evelyn Waugh)的一段文字作了绝妙的解释，在那段话中，谈话者把他的妻子描绘为这样一个老手，“她先用她的漂亮和我的名望给易受感动者留下第一印象，优越性一旦确立，便迅速变成一种几乎轻佻地讨人喜欢的姿态。”《重访布里兹海德》(*Brideshead Revisited*)(New York: Dell)，1956 年，第 220 页。

它消除了对防卫的需要。当听众们同情一个人的烦恼或对其愚蠢一笑置之时，他们被吸引到他这边来，因为这个人不再是一种他们必须保护自己不受其侵犯的地位威胁。通过提请人们注意他的弱点，一个人就等于发布了公告，他从群体中对高级地位的竞争中退出，他觉得被承认为伙伴就是对他吸引人的品质和他们能使他作出的任何贡献的充分报酬。当许多群体成员放弃他们对高级地位的要求并请求伙伴群体的承认时，他们的潜在吸引感——因为他们最初是被彼此吸引的并在对方身上发现了更为吸引人的特点——就从害怕丧失地位而强加的束缚中解脱出来。随后，他们就倾向于建立相互联系，这种相互联系满足了他们对社会承认的需要，并且支持和构成了社会整合的基础。

当然，自我贬低并不总是能够促进同情和社会承认；在有些情况下，它有导致不舒服和拒绝的相反效果。有这样一个人，我们欣赏其杰出的品质，如果他谦虚地承认自己的某些缺点，那么这将加强我们对他的尊敬及他对我们的吸引，且不会给我们带来任何不快。但是，如果一个我们在他身上没有发现任何吸引人之处的人坚持要对我们谈论他的缺点，那么这将使我们很尴尬，并使我们不
49 会再与之为伍。其原因在于，他展示谦虚是要求得到承认，但他对我们缺乏吸引力这一点使我们无法满足其要求，当一个人的期望未能被他人所满足时，就会像戈夫曼所指出的那样，尴尬就产生了。[①] 一个人展现自己的缺陷并不会使他具有吸引力；这样的自

① 戈夫曼(Goffman)，“论尴尬”(Embarrassment)，《美国社会学杂志》(*American Journal of Sociology*)，62 (1956)，第 264－271 页。

我退避只能激发业已存在的却一直被抑制着的吸引感。因此，除非一个群体成员唤起人们注意的弱点不如他所展示的吸引人的品质那么重要，否则他在向别人证明自己是一个可以接近的也是有吸引力的伙伴方面将不会成功，而是会让他人确信，他根本不是一个吸引人的伙伴。

已经获得高地位的那些群体成员也倾向于采用自我贬低的做法。当他们的能力和贡献为他们赢得了尊敬并迫使他人遵从他们的意见时，这些义务就被体验为约束，这些约束妨碍社交性的互动，并在处于领导地位的群体成员和其他成员之间产生一定的社会距离。尽管高度尊重是报酬性的，但是，不仅被人尊重，而且被人喜欢并被充分承认，才更富有报酬性。此外，小群体中的领导要依赖他们的追随者结成支持性纽带，因为没有任何独特的领导亚群体能提供这些纽带。最谦虚的领导可以无拘无束地承认他们在某些方面赶不上其他人，这些领导通过承认其他人的较高能力来回报他们，并以不坚持在各个方面维持对其他人的优越性来缓和他们的从属关系所造成的负担。对于其地位已经牢固树立的人来说，表示这种谦虚是一件很容易的事，因为这样做不可能危及他的位置。相反，他的谦虚可能为领导者赢得他的追随者的赞同和忠诚，以补充他的能力所带来的尊敬。此外，只要处于较高地位的几个成员为获得群体中的领导地位而进行竞争，那么他们的讨人喜欢的谦虚实际上就是在这种竞争中赢得群体支持的一种策略。

坦率常常是传染性的，特别是当它被证明在同辈群体中获得承认方面行之有效时。一个不再试图表现自己能给人以深刻印象的个体邀请别人也照他的样子行事，并且更多的群体成员也这样做，于是，其他人也更容易这样做。在一个在知识上自命不凡的小圈子里，第一个承认自己喜欢看电视而不大去参加交响乐会的人，就谦虚地承认了一个弱点。他的坦率可能会很好地鼓励其他人承认他们缺少文化修养的爱好。现在，对于更多的其他人来说，参加
50 谈论他们对西部电影、摔跤或连环画的爱好已不再与自我贬低式的谦虚有关了，而是表现他们与其他人建立共同联系的努力，这样做使得群体成员放松精神并去享受彼此的陪伴。在这个过程中被发现的共同兴趣——不论它们是棒球、艺术、还是和平主义——都是能团结群体的整合纽带的重要源泉。毫无疑问，一开始将人们聚在一起的理想和目标构成了由他们组成的群体的纽带。然而，在那些没有这种明确目标的群体中，这种共同联系的发现对于社会整合的发展是十分重要的，并且这种发现往往在群体成员退出对地位的竞争时形成。

简而言之，竞争和社会分化的过程造成了张力，这些张力增加了对群体中整合纽带的需要。随着某些群体成员认识到退出对高级地位的竞争是必要的，他们将建立成为群体团结之基础的整合纽带。植根于伙伴联系中的社会团结对具有工具性目标和那些基本上是社交性的群体都作出了重要贡献。例如，对工会或政党的大规模参与就要视这些整合性纽带而定，这种大规模参与提高了组织的效力，并且没有这种参与就不可能以民主方式进行治理。除非积极的参与被激励起来——不仅由博得尊敬和获得领导地位的前景所激励，而且通过与志同道合的人为了共同的事业而工作在一起获得的满足来激励，否则的话，它将不可避免地只有一小部分人参与。为了使大规模的参与能够发生，交往必须要具有内在

的吸引力，伙伴关系的整合纽带也能使交往这样。为了为选拔得力的领导提供一种方法，某些群体成员不得不为高级地位竞争，但是，为了维持社会整合，一定要有许多人不参与这种竞争。停止为高级地位展开竞争的成员要在群体中赢得社会承认，以作为他们因此而为群体团结所作出的贡献的补偿。

检验某些推论

杰出的属性对于在群体中建立友谊关系来说并不是一笔毫不含糊的资产，因为它们趋向于把一个个体变成一种地位威胁以及有点不可接近和吸引人的人。常识会使人们觉得，被其他人发现有两种吸引人的品质的群体成员比只有这两种正面品质中一种的 51
成员更可能被其他人作为朋友，而这两种品质都不具备的人则最不可能在伙伴群体关系中获得友好的承认。相反，从上面介绍过的理论中引申出来的推论是，有些群体成员在突出的属性中有肯定性特征，这些特征使他们有吸引力，但在不那么突出的属性中又具有**否定性**特征，这些特征使他们可以接近，这样的群体成员最有可能赢得非正式的承认；相应地，那些在更为突出的属性中具有否定性特征，而在不那么突出的属性中具有肯定性特征的那些群体成员最不可能赢得承认。我们曾使用一份来自某个福利机构的20个工作群体的访谈资料检验过这个推论。[①]

① 布劳，“一个关于社会整合的理论”（A Theory of Social Integration），《美国社会学杂志》（*American Journal of Sociology*），65（1960），第550－553页。

为了进行每种比较(也就是,在每个表格中),根据作为自变量的两个属性和作为因变量的他们的非正式承认,我们把这12个群体中的60个社会工作者作了分类。对因变量的测量方法是,他自己群体中的其他人是否对既定的个体直呼其名。我们用社会测量学的测量标准——比如在同事中的声望和受尊敬程度——来表示较为突出的属性,用背景特征——比如资历和阶级出身(父亲的职业)——来表示不那么突出的属性。该理论所隐含的预测是,直呼其名的非正式行为在以下这样的个体中是最为盛行的,即在较为突出的属性中具有肯定性而在较不突出的属性中具有否定性的个体中,而在较不突出的属性中具有肯定性而在较为突出的属性中具有否定性的那些个体中,直呼其名的非正式行为是最不可能发生的。在所研究的18个交叉表格中,有15个证实了这个预测。[①]

琼斯和他的同事所做的一个实验特别有趣,这个实验在某种程度上明显被用来检验上面所介绍过的那种理论的某些推论,这个实验的一个版本以前曾发表过。[②] 这些做实验者想检验的是,当受到个体之间在地位上差异和达到彼此相容(或者用我们的术语来说,是社会整合)的压力总量上的差异影响时,人们具有讨好别人的倾向。为了这个目的,实验者将杜克大学的79名海军后备军官训练队的学生作为被试,这些被试由一名高年级学生和一名

① 然而,因为并非所有这18个检验都是彼此独立的,所以该发现仅为该推论提供启发性的支持。

② 爱德华·E. 琼斯(Edward E. Jones)、肯尼思·G. 格根(Kenneth G. Gergen)和罗伯特·G. 琼斯(Robert G. Jones),“在一个地位等级体系中领导者与被领导之间的讨好策略”(Tactics of Ingratiation Among Leaders and Subordinates in a Status Hierarchy),《心理学专论》(*Psychological Monographs*),77(1963),总第566期。

新生配成对子，分别代表高地位的和低地位的个体。在实验中，每 52
个被试都坐在一个私密的小房间中，假定从他的伙伴那里收到标准化的、书面的通信，并将他对自己的书面评价、对各种问题的观点和对伙伴的评价发给他的伙伴。实验变量实际上是实行整合的压力，实验者通过事前下达的指示引入实验变量。实验者告诉所有的被试，每一个对子由一名指挥官（高年级学生）和一名下级（新生）组成，并告诉这些被试，他们的伙伴已经表示愿意和他们一起工作。在对实验组谈话中的主要语句是："在结成对子之后，换句话说，我们想看到的是，指挥官是否终于高度评价该下级了，而下级是否终于喜欢和尊敬该指挥官了。"另一方面，对控制组的谈话则强调："我们并不特别关心你们是否终于彼此喜欢……我们仅对以下问题感兴趣，即在获得对另一个人的清晰印象方面，你能做得有多好。"①

为了测量自我显示和自我贬低，试验者给了被试一张列有 24 对反义词——如有力的/衰弱的——的清单，然后，请他们在符合自己特点的词上画钩，并指出那些他们认为最重要的特点，另外假定这些评定要发给伙伴。实验者把重要的和非重要的项目的相应得分输进计算机。大多数被试，特别是那些在控制条件下的被试，在重要属性上对自己的评定都高于在非重要属性上对自己的评定，这表明他们试图给他们的伙伴留下印象。总的来说，在实验条件下的被试要比在控制条件下的被试的自我评定更为谦虚，这表

① 《心理学专论》，第 5 页，尽管该实验设计的局限性——作者在一个结论性的"辩解"中曾提请人们注意这个局限性——使发现的含义有点儿模棱两可，但该结果对上述理论还是非常富有启发性的。

明趋向于整合的压力促进了自我贬低。一项要检验的特定假设是，在趋向整合的压力下，上级比下级更有可能在非重要的项目上比在重要项目上对自己作较低的评定，因为通过这样做，他们就证明了自己是可接近的伙伴，同时也维持了尊敬。结果证实了这一假设。但特别有意思的是这些研究发现的一般模式。

赢得社会承认的压力使得上级和下级都在他们认为重要的那些品质上变得更为谦虚；这缓和了给人以深刻印象的倾向。然而，这种压力在非重要的领域对上级和下级产生了相反的影响。尽管在实验上引入的整合压力使得上级在他们的非重要品质也变得更为谦虚，而它却使下级在他们认为不重要的品质上变得较不谦虚。
53 结果，在整合压力下，下级在不重要领域所作出的自我评定不仅比在控制条件下的下级所作出的评定更不谦虚，而且也比那些在整合压力下的上级所作出的评价更不谦虚。很明显，对赢得社会接受和赞同的关心促进了低级地位上的被试贬低自己重要的品质，以此表明他们不想挑战他们的伙伴的高级地位；上述考虑同时促使他们强调指出，他们具有某些令人印象深刻的品质（尽管不是在最重要的领域），以便证明自己是足以吸引人的伙伴。上级的稳固地位——它牢固地建立在他们作为海军训练者和大学学生的高级地位上——允许他们在所有领域更为谦虚。然而，在涉及他们的高级地位的问题上，上级在他们的判断中很少表现出抚慰性的谦虚。

同意其他人的观点是使自己对他们有吸引力的一种方法。实验报告的作者貌似有理地推论到，这种方法对下级而言比对上级更适宜，他们由此假设说，相比较而言，低地位的被试更可能遵从高地位被试的观点，而高地位的被试更不可能遵从低地位被试的观点，并且这种遵从在整合压力下往往会有所提高。为了测量对伙伴观点的遵从，实验者向每个被试介绍了 12 个陈述，假装说这些陈述来自伙伴，而且这些陈述与这些大学生中间流行的观点大为不同。实验者要求被试根据一个要传达给其伙伴的 12 分的评定表来指明他对每种观点的同意程度。鉴于实验者预料被试们实际上会不同意所列出的大多数观点，因此，他们就用被试们所表示的同意程度来测量对其伙伴观点的遵从性。在这些陈述中，有些涉及海军，有些涉及学术生活，有些则涉及一般性问题。

一般来说，被试们会受到他们认为是他们的伙伴作出的那些陈述的影响，也就是说，他们在那些更接近于他们收到的假意见上画钩，而不是在那些众所周知的在他所来自的学生群体中流行的观点上画钩。按平均数计算，被试们在整合压下之下要比没有压力时更为遵从；与上级对下级观点的态度相比，下级对上级意见表示出更多的同意，这就证实了那些假设。然而，在这里，这些平均上的差别再次掩盖了最有意思的互动效果。下级并不是在所有方 54
面都遵从上级的观点；实际上，在某些领域中，领导倒是对下级的观点表示最具抚慰性同意的人。

在涉及海军问题的项目上——这与被试之间的地位差异直接相关，上级坚持他们自己的判断，甚至整合压力也几乎不能诱使他们更同意下级的观点。在控制条件下，下级比上级更加可能遵从有关海军问题的那些编造出的意见；而实验性地引入的整合压力使被试下级的陈述更远地偏离了那些可能是他们自己观点的东西，而趋向于不断增加的遵从性。然而，在学术项目上，差异则很小。而在一般性问题上，差异恰恰相反，也就是说，与下级不得不遵从上级观点的情况相比，上级在各种混杂的议题上遵从下级意见的倾向要略大一些。因此，在与地位等级体系无关的问题上，上级愿意对他们自己的观点作出让步，以一种抚慰性的姿态趋向于与下级保持较为接近的(虽然不是完全的)一致。高级地位要求在那些与高级位置的基础直接相关的问题上有坚定的判断，根本不管下级的相反观点和博得他们赞同的压力。为了弥补他们这种坚持违背下级观点的做法，上级会在其他领域对下级作出让步，他们可以修改自己的意见以便同下级的意见形成更大的和谐，为了对赢得下级赞同的压力作出反应，他们可能谦虚地贬低他们自己的重要的和不重要的品质。

这些结论已经超出了下述假设，即遵从别人的意见是一种证明自己有吸引力的手段，这种手段更经常地由低地位而不是高地位的个体加以使用。事实上，实验材料并不特别适用于检验这个假设。因为，在一个既定领域的高地位意味着，一个人在这个领域的判断将压倒下级的判断，而在这种情况下的判断并不能构成特定的证据来说明，为了讨好别人和赢得社会接受，低地位的个体比高地位的个体更可能遵从。有这样一个假设，低地位的个体比高地位的个体更可能遵从，因为这样做对于低地位者来说是一种比
55 高地位者更为适当的赢得社会赞同和融入整体的方法，为了检验这个假设，有必要把遵从作为赢得赞同的一种策略的意义与同意一个人(其地位和推测到的能力与自己的地位和能力相反)的陈述的倾向分离开来。这一点可以通过比较高地位者和低地位者对同一个普通群体的压力而不是对彼此的观点的遵从来实现。有几项

作过这样比较的研究发现，非正式地位低的个体比那些非正式地位高的个体更可能遵从群体，[①]研究结果证实了这个假设。在一个群体中，低地位约束一个个体去遵从，以免他招致别人反感，而高地位所隐含的贡献和权力允许一个人有更大的行动自由，因为别人对他的依赖限制着他们不能因微小的越轨行为而惩罚他。[②]

琼斯及其同事们所研究的最后一种讨好别人的方法是谄媚。他们假设，上级比下级更倾向诉诸谄媚，他们认为下级不愿意谄媚上级是因为害怕让人觉得是马屁精，并且他们预料整合压力会增加这种倾向。琼斯及其同事们要求被试在一种与自我评定表格类似的表格上评定他们的伙伴，并声称这个表格将发给他们的伙伴。从这些表格中得出的赞扬得分被当作谄媚的指标。实验结果并没有证实该假设。在存在整合压力的实验条件下，对伙伴们的评定比在控制条件下更讨人喜欢，但对低地位的被试而言更为如此，低地位者在他们对高地位者的评定中比地位高者在他们对低地位者的评定中显得更具有谄媚性。高级地位的庄严性质及其光环效应

① 例如，参见哈罗德·H. 凯利和M. M. 夏皮罗(Harold H. Kelley and M. M. Shapiro)，“一个有关遵从群体规范的实验，在这里遵从有损于群体成就”(An Experiment on Conformity to Group Norms Where Conformity is Detrimental to Group Achievement)，《美国社会学评论》(*American Sociological Review*)，19 (1954)，第667－677页；布劳(Blau)，“工作群体中的越轨模式”(Patterns of Deviation in Work Group)，《社会测量学》(*Sociometry*)，23 (1960)，第245－261页。

② 然而，有些研究却在高地位和遵从之间找到了直接的关系(出处同上，以作为对这些研究的参考)。也许因为对基本价值的遵从不同于对占主导地位的舆论倾向的遵从，它是强制性的，只有被推出社会大门的人才有可能偏离这些基本的价值准则。无论如何，都有必要进一步弄清地位与遵从之间的关系以及影响这种关系的条件(如被考虑的规范的类型和地位的类型)。

56 比害怕表现得像个马屁精对下级的取向施加的影响更大。确实，对他人的慷慨赞同与高级地位是不相容的，而低级地位却鼓励人们随意地表示赞同，就像在第三章将要看到的那样。

总之，实验结果表明，建立整合纽带的压力促进了个体取悦别人的倾向，具体做法是对他人的特点作赞扬性的评论和遵从他们的观点。结果还表明，这种压力培育了自我贬低性的谦虚。在这种压力下，地位低的个体贬低他们的那些可能被解释成地位威胁的品质，同时为了证明自己是吸引人的伙伴，他们还试图表明，他们确实具有某些能给人以深刻印象的品质。地位高的个体在与地位有关的事情上坚持自己的判断，根本不管群体压力如何，而低地位者则不这样干。不过，高地位者也试图安抚别人——这些人的观点曾被他们否决过，在维持社会整合的压力下，高地位者愿意抚慰性地同意他们在其他问题上的观点，并作谦虚地自我贬低。这些研究发现一般都支持上述理论并使它更为完善，特别是指出了，地位牢固者是那些最为广泛地贬低自己品质的人，这也许部分地因为，他的明显的优越性使得他没有任何必要去强调他具有吸引人的品质，另一部分原因是，他必须抵消掉在与地位有关的领域中坚持自己的判断而可能引起的反抗。

结　论

在群体形成过程中，社会整合过程引发了分化过程，而社会分化反过来刺激了社会整合的发展。在一个新形成的群体中，个体证明自己是有吸引力的伙伴的努力促进了他们之间为赢得高度尊重的竞争。他们给彼此留下深刻印象的竞争性努力显示出，某些人具有能使他们对群体作出重要贡献的能力，而这些作出贡献的能力成为在群体中获得高级地位的根源。突生的地位分化增强了对社会整合的需要，当大多数群体成员撤回对地位的竞争并建立起伙伴关系的相互联系时，这种需要得到了满足。这些整合纽带是群体凝聚的基础，这些纽带被在建立它们的过程中所发现的共同利益以及将群体成员团结在一起的共同目标和理想所强化。

群体中的社会整合提出一个悖论。因为社会接受要求某些使
一个个体成为与众不同的吸引人的伙伴的杰出品质，而这些杰出 57
品质又引起了对依赖性的恐惧，它阻碍着人们将其接受为一个可以社交的伙伴。甚至那些只感兴趣于被接受为伙伴的群体成员（当然，许多人也对获得高级地位感兴趣）也有强烈的诱因展示令人印象深刻的品质（其他人对这些品质以一种矛盾的心理作出反应）。拥有较高能力的个体可能对整个群体作出重要贡献，但通过这样做，他将迫使其他成员离开高级位置。他们集体性地从他的贡献中得到的报酬和由于他得到高级地位他们不得不放弃的报酬结合起来，造成了他们对他的矛盾态度，这种矛盾态度可能在那些相对较高地位的人中间最为明显，因为他直接威胁着要取代他们。虽然不可否认其意义的贡献迫使其他人赋予一个人高级地位，但这样做又留下了怨恨。为了减轻那些不得不屈居下级位置的群体成员的怨恨，上级常常贬低他们自己的能力，并表示抚慰性的意见一致。那些其能力没有博得巨大尊敬的群体成员也贬低他们的某些品质，他们这样做是为了表明，他们已经放弃了对高级地位的任何要求，但他们同时也强调他们具有某些令人印象深刻的品质（尽

管不那么重要)，以证明自己是有吸引力的。这种为赢得社会接受既要表现得令人印象深刻又要自我贬低的双重策略反映了社会整合的悖论。

群体凝聚依赖于有点不相容的条件，这就是引起悖论的原因。被接受为一个可以社交的伙伴要求一个个体具有吸引人的品质，又要求不构成一种地位威胁，但使他特别有吸引力的杰出品质也提出了一种地位威胁。同样地，群体的团结既取决于对它的目标所作的贡献，也取决于群体成员之间的整合纽带，但是为提供作贡献的诱因所必不可少的地位分化又有损于伙伴之间的整合纽带。许多社会现象依赖于既引起悖论又创造两难困境的不相容条件，正如我们将在接下来的章节中对诸如社会赞同、爱情、领导、反抗和亚结构等主题的讨论中所看到的那样。这些来源于社会现象的不相容要求的两难困境是许多社会生活动力学的根源。

社会过程通常有各种各样的反馈效果，因为人类根据以前的经历来预测社会互动的结果，并且甚至在它们发生之前就考虑到
58 了它们。因此，人们期望一个以高级能力博得尊敬的人去做出那些使其他人感激他的贡献，并且对他们的依赖性的预料则可能在尚未实际对他尽义务之前就妨碍了与他的轻松往来。如果某人有冒风险和应对困难挑战的能力，那么他就会赢得社会赞同，这种经历可能通过一种逆向次级强化过程使得应对一次挑战成为一件能内在地令人满足的事情。如果其他人不知道一项任务有多困难，我们就可以通过在完成它时表现得紧张和疲劳来传达有关困难的信息，以便给他们留下深刻印象，但是一旦他们确实意识到了困难的程度，我们更多地是通过轻松地完成它而给他们留下印象。同

样，只要一个人的巨大才能还不曾为人所知，他便可以通过直接把别人的注意力引向他的才能而给他们留下印象，但是，一旦他们确实知道了它，他就可以更多地通过谦虚地贬低它的办法来给他们留下印象。[①] 预期的基准已经被确立这个事实对社会交往中的行为具有一种反馈效果。在第三章中，当我们对第一印象的含义进行分析时，我们将会对此进行更充分地讨论。

最后，一个个体之所以受到他人的吸引，其原因可能在于与他们的交往是内在地令人满意的，也可能在于交往能为他提供外在收益。内在报酬性和外在报酬性社会交往之间的这种区别十分重要，它可以被看作是帕森斯对特殊主义和普遍主义之间更一般区分的一个特例。[②] 区分这两种交往的基本标准是，个体是趋向于把交往作为达到某种更远大目标的手段（如当他们请求邻居帮助时），还是把交往作为目的本身（如当他们只是与他社交时）。外在的收益构成了对不同交往进行比较并从中作出选择的标准，而对于有内在报酬的交往则不存在这种独立的比较标准。然而，既然 59

① 亚里士多德已经提请我们注意，谦虚可以作为一种给他人留下印象的手段："有时，这样的假谦卑似乎是真正自我夸耀性的，像斯巴达克的衣衫一样，因为过分地忽视衣衫与过分地注意衣衫都有一种卖弄的意味。但是，在不太平常和显而易见的事情上，适当地运用自我贬低具有某种并不令人讨厌的气度。"《尼各马可伦理学》（*The Nicomachean Ethics*）（London：William Heinemann），1926 年，第 245 页（第 4 卷，第 7 章，第 15－16 页）。

② 作为一种早期的参考资料，参见帕森斯（Parsons），《社会学理论论文》（*Essays in Sociological Theory*）（Glencoe：Free Press），1949 年，第 185－199 页（原版是 1939 年）。最系统的讨论在帕森斯和爱德华·A. 希尔斯（Edward A. Shils），《迈向一种有关行动的一般理论》（*Toward a General Theory of Action*）（Cambridge：Harvard University Press），1951 年，第 76－88 页。

被体验为有报酬的社会交往的任何方面在分析上都可以与交往本身区分开来，那么，只有当交往所提供的各种报酬已经融合在一起并因此很难与它本身分开时，一个交往的意义才是纯粹内在性的。因此，个体之间最初的吸引总是建立在对报酬的预期的基础之上，这种报酬在分析上是外在性的，并使对潜在伙伴之间作出比较成为可能。然而一旦社会关系已经确立，它们往往基本上既依赖于内在的报酬，也依赖于外在的报酬，正如可以分别用支持性关系和交换性关系作为例子所说明的那样，这将在下两章中加以讨论。

第三章　社会支持

> 但是，斯万对自己说，如果他能够让奥黛特感到（用同意
> 仅仅在晚饭后会见她的办法），还有其他乐事比她的陪伴更令 60
> 他喜欢，那么她对他的陪伴所产生的欲望将一直达到饱和
> 点……
>
> 他作了他能够作的任何辩解，并匆匆忙忙地回家了。他万分高兴地感到，他的好奇心的满足已经使他们的爱情保护得完好无损，当有奥黛特陪伴时，他已经假装了这么长时间的冷淡。现在他表示了嫉妒心，但没有让她感到他自己过于热情，在一对情人之中，这种过分的热情会完全并彻底地使领受者免除了充分地爱对方的义务。
>
> ——马塞尔·普鲁斯特，《在斯万家那边》

社会凝聚力的整合纽带在追求共同目标中巩固了该群体。群体凝聚力促进了关于规范标准的共识的发展及这些共享规范的有效实施，因为伙伴关系的整合纽带加强了群体的非正式制裁（比如谴责和排斥）对每个个体成员的意义。因此，正如大量的研究所表明的，凝聚力增加了社会控制和协调。例如，有一个实验表明，个体之间的整合纽带更可能使他们在原先的意见不一致之后通过讨

61 论达成共识。[①] 一个有关两项学生住房计划的田野研究发现，一旦明确的群体规范已经形成，凝聚力（用内群体社会测量学的选择进行测度）便与背离这些规范的人数比例呈反向关系，这表明，凝聚力促进了群体控制。[②] 尽管工作群体中的凝聚力并不是始终如一地与高生产率相关，因为某些群体鼓励高产出而其他群体限制高产出，但对 228 个产业工作群体的研究在群体凝聚力与其成员的生产率变异之间获得了反向相关关系，这表明内聚性群体的成员们更加紧密地遵从共同的产出标准。[③]

群体凝聚力既是社会支持也是规范性控制的一个重要来源。自然，凝聚力的这两种意义是有关联的，因为正是广泛的社会支持受到威胁的损失在内聚性群体中可作为一种有效的控制机制。不过，社会支持对行为施加一种独立的影响，它与遵从的实施产生的影响不同。社会控制加强整个群体，而社会支持却个别地加强了它的成员，尤其是涉及外部人时更是如此。例如，一项实验的结果表明，同辈群体支持促使人们表达对一位干预性的权力人物的侵犯和反抗。[④] 在对一个福利机构的研究中，我们发现，内

① 库尔特·W. 班克（Kurt W. Back），“社会沟通的影响”（Influence through Social Communication），《变态和社会心理学杂志》（*Journal of Abnormal and Social Psychology*），46（1951），第 9－23 页。

② 利昂·费斯廷格（Leon Festinger）、斯坦利·沙克特（Stanley Schachter）和库尔特·班克（Kurt Back），《非正式群体的社会压力》（*Social Pressures in Informal Groups*）（New York：Harper），1950 年，第 5 章。

③ 斯坦利·E. 西肖尔（Stanley E. Seashore），《产业工作群体中的群体凝聚力》（*Group Cohesiveness in the Industrial Work Group*）（Ann Arbor：Institute for Social Research，University of Michigan），1954 年。

④ 埃兹拉·斯托德兰德（Ezra Stotland），“同辈群体和对权力人物的反应”（Peer

聚性工作群体中的社会支持使得社会工作者们比内聚性较差的群体中的工作者更加不依赖于接受社会照顾的人，并且对待他们的态度更加不近人情。[①]对于整个集体及其成员们来说，力量就在团结之中，而且正是提供统一纽带的社会支持才是这种力量的重要来源。

本章主要探讨社会支持的两个相关的成分——社会赞同和内在吸引。我们将研究在人际关系中决定赞同和吸引表现的条件，以及社会支持的这两个成分展现它们自身的过程。有些社会报酬——尽管它们进入了相互交易——如果不失去其内在价值，就
不能在交换中进行直接交易。因此，分析将有助于表明明确的社 62
会交换的界限以及有助于将内在的社会交易与基本上是外在意义的社会交易区分开来。

社 会 赞 同

人们渴望社会对他们的决定和行动、他们的观点和建议表示赞同。别人赞许性的同意有助于证实他们的判断，证明他们行为的合理性，以及坚定他们的信念。与事实有关的决定——根据外在标准，它们可能是正确的，也可能是错误的——常常引起人们对

Groups and Reactions to Power Figures)，载于多温·卡特赖特(Dorwin Cartwright)编，《对社会权力的研究》(*Studies in Social Power*)(Ann Arbor: Institute for Social Research, University of Michigan)，1959 年，第 53－68 页。

① 彼得·布劳和 W. 理查德·斯科特(W. Richard Scott)，《正式组织》(*Formal Organizations*)(San Francisco: Chandler)，1962 年，第 107－108 页。

它们的正确性的怀疑和担心，如果伙伴们（他们的判断受到尊重）赞同该决定，那么这些怀疑和担心就会烟消云散。支配着他们的观点和行为的那些人的价值准则则不能根据任何客观标准被看成是正确的或错误的，但这使得获得别人的肯定性赞同变得更为重要了。社会同意可以在我们的价值准则上盖上赞同的印记，正是这种印记使我们的价值准则生效。[①] 社会舆论界定了信念是正确的还是错误的。尽管对人们来说，面对相反的公共舆论坚持自己的信念是可能的，但这样做是最困难的；一个人的信念越是与流行的价值观不一致，对他来说，获得某些社会支持以维持自己的信念也就更为重要。

因为社会赞同具有重要的意义，所以它就成为重要的社会报酬和社会影响的一种基本来源。为了赢得社会赞同，人们经常修改他们的观点，改变他们的行为，试图改进他们的判断，并尽力为他人的福利作出贡献。某个人的观点得到社会赞同所具有的报酬性体验激励着人们更为自由地表达观点。[②] 但是社会赞同的意义取决于它是否被看作是真诚的。因此，与许多其他的社会报酬相反，人们并不会期望社会赞同能被交换成其他报酬。因为，对于一个个体来说，促使他帮助别人或服从另一个人的愿望——例如，用

① 参见利昂·费斯廷格(Leon Festinger)，“社会比较过程理论”(A Theory of Social Comparison Process)，《人类关系》(*Human Relations*)，7 (1954)，第 117 - 140 页。

② 因此，威廉·S. 维布兰克(William S. Verplank)所做的一个实验发现，别人通常赞同其观点的那些被试提高了对陈述性观点的评定，“对谈话内容的控制”(The Control of the Content of Conversation)，《变态和社会心理学杂志》(*Journal of Abnormal and Social Psychology*)，51 (1955)，第 668 - 676 页。

感激或他所接受的作为回报的其他收益——是完全正当的，所以，
人们不会预料他有这样的动机，即给予赞同是想使别人感激或感
谢他。[1] 如果别人怀疑，他提供赞同仅仅是为了使他们高兴，而不 63
是因为它反映出他对他们行为的实际判断，那么他的赞同就失去
了意义。

不是用来出售的贵重物品产生了以买卖圣职和卖淫为代表的问题和诱惑。灵魂的超度是不能买来的，爱情亦然，但它们的巨大价值可能推动人们试图至少去购买它们的附属物。无价的精神利益对人们具有巨大的价值，这就使那些有权分配它们的人受到以一定价格提供它们的诱惑。在提供那些被道德标准确认为以市场价格无法衡量其价值的商品时，出卖节操的个体破坏了他们不得不提供的东西的重要价值，只留下某些副产品——没有爱情，而只有性欲，没有精神上的祝福，而只有精神上的祷告仪式。赞同的重要性产生了更随意地给予赞同的社会压力。结果，某些个体就假装赞同别人并为讨好他们而谄媚他们。然而，甚至那些不屈服于获得好处的诱惑而假装赞同别人的人，也遭受到压力，要放松他们的标准，不要只限于对符合他们最高理想的行为表示赞同。

社会赞同是个一般术语，而尊敬或尊重则指的是特定类型的赞同。尊敬的显著特点是，它需要对被认为是根据客观标准作出

① 甚至服从一个人的建议——这具有外在的意义并可以被交换——显然更受重视，如果人们假定它是真诚的话，也就是说，它是由内在原因而基本上不是由外在压力诱发的。参见约翰·W. 蒂博(John W. Thibaut)和亨利·W. 里肯(Henry W. Riecken)，“社会因果性的某些决定因素和后果”(Some Determinants and Consequences of Social Causality)，《人格杂志》(*Journal of Personality*)，24 (1955)，第 113－133 页。

判断的那些**能力**表示**单方面**的赞同。对信念和观点的赞同经常是相互的，因为我们往往会赞同其价值与我们自己相类似的他人的取向，而他们往往也赞同我们的取向。然而，如果一个人的能力高于其他人的能力，那么他的能力就会博得其他人的尊敬，这意味着其他人的能力不会博得他的尊敬，至少不是就相同的能力而言。尊敬一个人意味着高看他，并且如果他的名望要求其他人高看他，那么他们的名望就不能要求他高看他们，尽管他可能钦佩他们的辩论技能，而他们则钦佩他作为一个四分卫*的能力。最后要指出的是，尊敬这个术语表示对一个人在既定领域中的能力或他的一般能力的积极评价，而赞同这个术语用于对特定判断或行动的积极评价则更为恰当。我们赞同既定的决定，而我们尊敬经常作
64 出正确决定的能力。

一个人的赞同对他人的意义不仅取决于他们承认它是真诚的，而且还取决于另外两个条件，即他们对他的判断的尊敬和他在提供赞同时表现出的差别对待。这些因素是相互关联的。如果相当糟糕的决定和非常好的决定都受到一个人的赞同，那么他的赞同就不会为学习作出更好的决定提供激励，它也会失去它的大部分意义。这样不加区别地提供赞同会导致他人质疑一个人的判断力，结果是，他们对他的尊敬就成了问题。能遵守严格标准的上级，他们所反复表示的不赞同可以避免他们的赞同贬值。为了博得对自己的判断力的尊敬及维护自己的赞同的价值，一个人必须

* 四分卫(quarterback)指的是橄榄球中指挥进攻的球员，这里用来比喻具备领导指挥才能的人。——译者

要节省地使用赞同。

高级地位——不管它依靠的是一个人所博得的尊敬，还是他的正式职权——会使这个人的赞同对别人显得很重要。他的赞同的高价值使得他更节制地使用赞同，而不管要求更为宽大仁慈的群体压力如何，当然，在屈服于这些压力的倾向方面，也存在着个体差异。既没有占据高级官职也没有受到高度尊敬的个体，在更为自由地使用他的价值较低的赞许方面会受到限制。他的赞同没有大量的需求，特别是不被那些其能力能使他们从更受尊敬的人那里得到赞誉的人所需要。因此，为了使他的赞同有影响，他们必须愿意对一般性的决定表示赞同。中等水平的艺术家的赞同对毕加索来说并不特别引人注目，下级经理的赞扬对上级经理来说也不是非常重要。为了使他们的赞同有显著的影响，等级较低者本人必须比那些等级较高者更愿意对较不突出的成就给予赞同。此外，我们可以换一个例子，得到 80 分的高尔夫球员不对得分接近标准杆数的球员表示赞赏是不得体的，而高尔夫冠军却可以。因此，一个人的地位越低，他就越有更多的诱因去自由地表达他的赞同，这样做会进一步减少人们对他的判断力的尊敬。有两项研究结果为这些规律提供了经验支持。一项研究表明，与其他人相比，讨论群体中最受尊敬的成员同意别人意见（即同意他们的决定）的可能性较小，他比其他人更有可能表示不同意。[1] 另一组研究也
发现，最有效的非正式领袖在对追随者表示赞同时会比其他人做 65

① 菲利普·E. 斯莱特（Philip E. Slater），“小群体中的角色分化”（Role Differentiation in Small Groups），《美国社会学评论》（*American Sociological Review*），20（1955），第 305 页。

更多的区别对待。[1] 尊敬和社会声望方面的初始差别在表示赞同时助长了这种倾向，而表示赞同则有可能强化这些差别。

因为人们非常看重他们所尊敬的人的赞同，所以在他们得不到这些人的赞同时，很少能抑制住自己的不高兴，不仅仅是对自己不高兴，而且也对那些不表示赞同的人不高兴。因此，那种节省地使用他的赞同以免它贬值的人，在这样做时要牺牲他的某些声望。这是判断伙伴及其表现的两难困境，这与第二章所讨论的整合的悖论是相关的。如果有些人明确地或含蓄地向一个亲密伙伴介绍他所做过的事情，想请他给予评价，那么他们不仅期望他能对他们的工作表现表示支持性的赞同，而且期望他能帮助他们进一步改进它，但是这两种期望是不相容的。伙伴的赞同提供了社会支持，并消除了他们对自己工作表现的担心，同时有可能增加他们对他的肯定性情感。他的透彻批评有助于他们改进自己的工作表现，也可以增加他们对他的判断力的尊敬。然而，两者中任何一种选择对双方也有否定含义。支持性赞同不会提供他们所需要的能起作用的帮助，这使他们没有理由增加他们对他的专业能力的尊敬。批评，甚至是建设性的批评，都具有威胁性，因为它们使人们对令人满意地完成任务的能力产生了怀疑，对受到批评的防御性心理反应很容易转换成对批评者的否定态度。[2] 在批评别人之前我们

---

① 弗雷德·E. 菲德勒(Fred E. Fiedler),《领导者态度和群体的有效性》(*Leader Attitudes and Group Effectiveness*)(Urbana: University of Illinois Press), 1958 年。

② 在两种替代选择的否定含义中的许多方面中，有一个方面由摘自"在正在发芽的小树林中"(Within a Budding Grove)中的下面这段话作出了说明："但是，因为双方总是会有些东西要说的，如果这种愉快(或者至少在重复他们曾听到过的冒犯我们的话时，我们的朋友们所表现出来的冷漠)证明，他们在说话的时刻并没有完全让它们自

总要说些抚慰人心的赞扬话，这种妥协折中的努力只不过强调了两难困境的存在。

提供支持和给予帮助有些不相容，就像赢得情感和获得尊敬不相容一样，这不仅在个体之间的邂逅相逢中是这样，而且在个体 66
之间交往的总体模式中更是如此。运用严格的判断标准来博得尊敬的人由于很少提供支持性的赞同而使别人不高兴，而那些轻易给予赞同使他成为更加志趣相投的伙伴的人则逐渐地损害了人们对他的判断力的尊敬。只有在角色期望已经被明确化之后，人们才能判断别人的所作所为，而无需为他们的判断将会怎样反映他们自己的声望而顾虑重重。一个其专业水准被广泛承认的领导者赞扬追随者的表现，就不会危及别人对他的判断的尊敬，而一个地位没有达到如此稳固的人就会这样。亲密朋友中的相互支持，就不会因为一个人批评其朋友的工作而受到威胁，但在建立得不够稳固的社会关系中，批评性帮助和社会支持就互不相容，人们通常是从某些伙伴中获得批评性帮助，而从另一些伙伴那里获得社会支持。[①] 专业的或科层制的客观超然具有这样的功能，它能防止对

己进入我们的皮肤，而是插进了极端微小的东西中，翻转刀刃，仿佛它是金箔匠的、而不是人类的皮肤，有些总是把我们可能不同意的东西掩盖起来的艺术——他们在这样的艺术中听到和谈到我们的行动，或者，根据这一观点，那些行动已经导致谈话者自身由我们所构成——证明，存在另一类朋友，在这些如此充满智慧的朋友身上，有一种强烈的伪装气质。”马塞尔·普鲁斯特（Marcel Proust），《追忆似水年华》（*Remembrance of Things Past*）（New York：Random House），1934 年，第一卷，第 692 页。

① 经验材料也表明了这个结论，参见唐纳德·C. 佩尔茨（Donald C. Pelz），“在一个研究组织中与绩效有关的某些因素”（Some Factors Related to Performance in a Research Organization），《行政科学季刊》（*Administrative Science Quarterly*），1(1956)，第 310－325 页。

诉讼的决定由于有人考虑到这些评价将如何影响自己的名声而受到扭曲，因为人们事先就设计好了，要使主顾（client）的反应对有责任对这些诉讼作出判断的专业人士或官员无关紧要，有时甚至是完全不知道他们的反应。

群体中的地位分化伴随着维持各种社会位置的那些社会赞同在性质上的差异。对观点的相互赞同和对遵从群体规范的相互赞同足以作为仅仅承认某人是一名群体成员的依据，但高级地位却要求一个成员的能力能博得单方面的尊敬。对一个人的信仰和价值的社会赞同——不管其意义对他而言有多么深远——无助于将他提升到一个较高级的位置；只有对他的出色品质的尊敬才能这样。道德上的优势和起作用的杰出才能可以博得尊敬，而对流行价值的彻底遵从却做不到。它只能赢得赞同，因为正如霍曼斯所指出的，“有关遵从的重要之处恰恰不在于它有价值，而在于它供应充足。可以这么说，任何老傻瓜都能遵从，因为许多人事实上都在遵从，包括那些正在以回报形式给予赞同的人本身。”[①]

一个人在一个群体中获得社会承认的努力很大程度上是由那些受到高度尊敬的成员的赞同所推动的，因为他们对他的赞同性
67 观点影响了别人的观点，因此有一种乘数效应。然而，受到高度尊敬的人对那些杰出的资格往往不会表示赞同，而且不会仅仅为了遵从而表示赞同。因此，为了赢得他们的赞同，个体必须要表明，他具有某些出色的能力。即使社会承认也是通过给别人留下突出

① 乔治·C. 霍曼斯（George C. Homans），《社会行为》（*Social Behavior*）（New York：Hartcourt，Brace and World），1961 年，第 146 页。

印象而得以促进的，这个事实加强了新的群体成员展现他们的令人印象深刻的品质的倾向，尽管被承认为一名伙伴并不要求杰出的能力。如果稍微慢一些的话，通过建立与其他成员的共同联系，表达他们所共有的观点，并遵从他们中间的主流规范，也能被承认为一名伙伴。

人们不一定非得认为别人对他们及他们的表现作出的评价有效。上层人士的赞扬在表面价值上比下层人士的赞扬更有可能受到承认。[①] 人们是同意还是怀疑对他们自身的一种评价的准确性，这一点支配着他们对评价者的反应。如果他们怀疑另一个人赞同的有效性，那么这将使他们瞧不起他谄媚的企图或者认为他缺乏辨别能力，而不是对他的支持表示高兴。如果他们怀疑另一个人不赞同的有效性，那么这将会使他们对于他不欣赏他们的能力深感恼怒，而不是感激他为改进工作而提出帮助建议。因为，一个赢得人们尊重的人的判断比没有赢得人们尊重的人的判断更可能被认为是正确的，所以，无论是他们的支持性赞同，还是他们对改进工作所提出的批评性建议，上层人士都有更好的机会获得感激，而下层人士将有更大的风险，由于他们的赞许性的同意招致轻蔑，或者由于他们的批评性的不同意引起恼怒。而且，不赞同引起

① 有一项研究表明，上层人士的建议——即使是错误的——会以不成比例的数量被接受，而下层人士的建议——即使是正确的——也会以不成比例的数量被否定。参见 E. 保罗·托兰斯（E. Paul Torrance），“在长期的和短期的三人群体中权力差异对决策的某些影响”（Some Consequences of Power Differences on Decision Making in Permanent and Temporary Three-Man Groups），载于 A. 保罗·黑尔（A. Paul Hare），埃德加·F. 博加塔（Edgar F. Borgatta）和罗伯特·F. 贝尔斯（Robert F. Bales），《小群体》（*Small Groups*）（New York：Knopf），1955 年，第 482－492 页。

的不高兴使得否定性评价比肯定性评价更有可能被拒绝。[①] 因此，可以预期的是，个体们一般——而下层人士则尤其——会较少地表示不赞同，而较多地表示赞同。有关讨论群体的经验数据证实了这一预期。[②]

对一个人所作所为的一般化赞同变成了对他的能力的尊敬。
68 如果一个人所完成的几乎每一项任务都引起我们的强烈赞同，那么事实上我们就是在表示对他的能力的高度尊重。然而，对另一个人能力的这样的积极评价可能意味着，评价者具有一种优越地位，使他有资格作出这样的判断，比如一个导师赞扬一个大学生的才能就属于这种情况；或者意味着，评价者承认另一个人的能力超过自己的能力，比如一位同事的学术专长博得了该导师的尊敬就属于这种情况。现在提出来的问题是，什么条件决定了一个人对另一个人技能的赞扬是再次证实还是否定了赞扬者的优势。假定技能上的差别清清楚楚地摆在那儿，而以能力上的相应差别为基础的地位差别也是这么明明白白，那么技能上的实际差别是重要

---

① 用弗朗索瓦·拉·罗奇福考德(Francois La Rochefoucauld)冷嘲热讽的话说，“很少有人聪明到足以更喜欢有帮助的严厉批评，而不喜欢虚有其表的赞扬。”《箴言录》(*The Maxims*)(London: Oxford University Press)，1940 年，第 47 页(第 147 条)。

② 在根据贝尔斯的互动范畴加以评分的讨论中，同意别人——意味着赞同——大约在出现频次上十倍于不同意——意味着不赞同，但社会地位影响这一比率。例如，在一项研究中，同意对不同意的比率，对最高的地位范畴而言是 7.7，对最低的地位范畴是14.1。参见埃德加·F. 博加塔(Edgar F. Borgatta)和罗伯特·F. 贝尔斯(Robert F. Bales)，“在重新构成的群体中个体的互动”(Interaction of Individual in Reconstituted Groups)，《社会测量学》(*Sociometry*)，16 (1953)，第 302－320 页(这两个比率是从表 3 的上半部分的资料中计算出来的)。

的。但是能力上的差别通常不可能轻易地测量出来，例如艺术家之间的差异与长跑运动员之间的差异就大不相同。在这些情况下，关键的因素是双方的能力在有资格评判这些能力的其他人中间所赢得的相对尊敬程度。如果一位受到广泛尊敬的科学家高度赞扬了在科学界中拥有较低名望的一位同事的能力，那么这可能有助于提高这位同事的名望，但不会威胁到那位受到广泛尊敬的科学家的名望。另一方面，如果大部分学者经常对一位同事的工作表示极为钦佩，那么他们给予他的共同尊敬确立了他的专业名望高于他们的专业名望。

牢牢地扎根于社会结构之中——一个人的普遍受到承认的专长、他的高人一等的权力或他的法定权威位置之中——的高级地位不可能因随意表示对别人的赞同而受到危害，而需要继续巩固的不稳定地位则必须要加以保护，以免由于判断中缺乏区别对待而失去人们的尊敬。由此得出的推论是，高级地位已经很稳固的人比不稳固的人能够更随意地赞扬别人。另一方面，高级地位赋 69
予一个人的赞同以更大的价值，这使得他比地位较低的人更节省地使用它，而后者可能轻易地表示赞同，如同在前面的讨论中所指出的那样。这里的推论是，较高地位的人与较低地位的人相比，更少随意地赞扬别人。这两个推论看起来是相互矛盾的，但实际上并不如此，尽管它们确实涉及两种冲突性的力量，它解释了这样的观察结果，即许多高地位的人较少轻易地表示赞同，但某些人却比低地位的人更轻易地表示赞同。然而，如果所考察的地位的两个方面在分析上是可以分开的，则前面的分析隐含着两个明确的假设：第一，一个人的地位越高，他在提供赞同时将越不随意；第二，在那些拥有同等高级地位的人中间，一个人的地位越是稳固——即，越不容易因他留下的印象而改变——则他在提供赞同时将越随意。

吸引力：第一和第二印象

表示出内在被一个人所吸引，正如对他表示赞同一样，被认为是对他的品质的自发反应；如果情况明显是，它们被故意用来对他产生特定的影响，尽管这仅仅是为了使他高兴，但对他来说，它们也失去了意义。一个寻求爱的人并不想要仁慈。人们认为赞同要受到内化了的规范性判断标准的支配，而内在吸引则受到内在情感反应的支配。对这两者的伪装都要受到谴责。对一个个体的特定品质的赞同——它会变成对他作为一个人的综合品质的广泛赞同——是其产生内在吸引的来源。

得到我们赞同的你的观点和你对我们的观点的赞同都增加了你对我们的吸引力。具有共同价值观和利益的个体彼此为他们的信念提供支持，并具有参与共同努力的基础。因此，同质的取向和态度将个体聚拢在一起，而对重要问题的分歧则使每个人都成为对他人不具有吸引力的伙伴。在刚开始结识时，个体们可能对他们之间看法上的差异视而不见，而是感觉到比实际存在的更多的一致之处——纽科姆发现，这种自我中心的扭曲在具有独裁主义人格的个体中间最为普遍——但是随着时间的推移，重要的不一致往往都会被发现，这些不一致促使个体们转向与之具有更多共
70 同之处的其他伙伴。结果，相互吸引的纽带一般会在在根本问题

上基本一致的伙伴中间发现。[①]

一个个体的观点会从与他共享价值观念的伙伴那里得到支持，这种支持对他而言是富有报酬性的，尤其是如果这些观点对他来说非常重要，而他又不完全确定它们是否正确的话，更是如此，因为他们的同意帮助他证实了他的信念，并平息了他的令人烦恼的疑虑。一个个体的自我形象是这样一种信念，这种信念对他而言具有极其重要的意义，同时在他的头脑中也对它的正确性产生了怀疑。正如蒂博和凯利所指出的，因此，让他的有利的自我评价得到其他人赞同的证实是对他的特殊奖励，这种赞同隐含在他们对他的吸引之中。[②] 因此，其他人越是受到一个人的吸引，他们就会成为他的更有吸引力的伙伴。[③] 简而言之，由共同信念的支持性赞同所提供的报酬使得伙伴们越来越彼此吸引，对于每一个具有讨人喜欢的自我形象——这一点被别人发现他有吸引力这个事实所证实——的人而言，这种报酬性经历进一步增加了他们的相互吸引。

严重的和持久的观点冲突以相应的方式导致了个人的拒绝。观点上的某些差异是富有刺激的讨论的重要条件。在一个友好的群体中对一个议题的讨论中，每个参与者一般都会在那些对他而

---

① 参见西奥多・M. 纽科姆（Theodore M. Newcomb），《熟悉过程》（*The Acquaintance Process*）（New York：Holt，Rinehart and Winston），1961 年，第 4、5 和 7 章。

② 约翰・W. 蒂博（John W. Thibaut）和哈罗德・H. 凯利（Harold H. Kalley），《群体的社会心理学》（*The Social Psychology of Group*）（New York：Wiley），1959 年，第 42－43 页。

③ 纽科姆（Newcomb），前引《熟悉过程》，第 8 章。

言不太重要的观点上作出让步，这使他令人愉快，并诱使别人也这么做，从而对这个问题达成较为一致的意见。然而，有时，一个参与者会拒绝放弃一个大部分或全部参与者强烈反对的观点。如同沙克特在一项实验中所表明的，在这种情况下有可能发生的事情是，其他人越来越多地针对他发言，并试图通过辩论压倒他，但如果他抵制他们试图影响他的努力并固执己见，那么他们就会拒绝他，不想再与之交往。[①]

个体们的极端观点和特性不仅可以被看成是使其具有资格的属性，而且也可以看成是确定地位的特征。这种差异可用一个具有进步主义政治思想的邻居与一个住在隔壁的赤色分子之间的对
71 照加以说明。这位思想进步的邻居是这样一位男人，人们可以与之讨论政治问题，并且他对各种问题的观点具有一定的分量。人们倾向于同意他的某些观点，并希望他也会作出回报和让步。然而，如果他的观点有些极端，并缺少灵活性，那么他就被称为赤色分子，于是，大家就不再认真地考虑他的论点，这就避免了不得不持续保护某人的观点免受基本批评的必要性。当一个人的社会价值使他超出了适当的范围，挑起和接受一场辩论就没有了基础。这个情境与另一种情境相类似，在那里，一个人的非常出色的或极其低劣的才智妨碍了与他进行相互的社会交换的持久关系。齐美尔在分析一个穷人与一位乞丐之间的差异时，提请人们注意改变一个人在内群体中的地位的属性和将他从该群体中排除出去的特

① 斯坦利·沙克特(Stanley Schachter)，"越轨、拒绝和沟通"(Deviation, Rejection, and Communication)，《变态和社会心理学杂志》(*Journal of Abnormal and Social Psychology*)，46 (1951)，第 190－207 页。

征之间的这种差别。[①]

一个人对伙伴们的吸引和他们对他的赞同以复杂的方式受到他留给他们的第一印象的影响。他们的初始印象产生了预期，这些预期影响到他的行为，有时会激发他以不同凡响的技能做事，有时又会抑制他在别人面前的才能发挥。而且，当其他人根据他的早期印象造成的预期来判断他的行为时，他们的评价很可能不同于没有这些预期时的评价。例如，第一印象可能是自我失败的(self-defeating)。第一印象所引起的对一个人卓越才智或杰出骑马技术的高度期望可能会使别人对他的实际表现失望，尽管他们可能已经很欣赏他的机敏（他们从来没有预料到他会这么机敏）；当他发现了他们的失望并为此感到困窘时，他可能会给人留下一个更糟糕的印象。缺乏自信的人会从这个过程中获益，因为他一开始不能给人留下深刻印象的举动会使他很容易超过别人的预期，并证明他自己是一个出乎意料的吸引人的伙伴。然而，他获得这种好处的代价是在社会互动的早期阶段他不得不处于边缘位置。

第一印象不仅可能是自我失败的，也可能是自我实现的(self-fulfilling)。之所以这样的一个原因是，人们给别人留下的印象在某些领域中不仅仅是潜在现实的反映（它可能被扭曲了），而且是存在的唯一现实。例如，一个成熟世故的男人或一位充满魅力的女性的特点是什么呢？尽管一个成熟男人的谈话不可能完全是老 72

① 乔治·齐美尔(Georg Simmel)，《社会学》(*Soziologie*)(Leipzig: Duncker and Humblot)，1908 年，第 490－491 页。

生常谈，一个魅力女性的行为也不可能完全缺乏魅力，但是对他们的言行所作的内容分析毫无疑问不会揭示出，在他们的行为和那些看起来不成熟或者没有魅力的其他人的行为之间有一种显著区别。当然，在他们与其他人之间一定存在微妙的区别，否则他们不可能传达自己留下的印象。但是，关键之点在于，成功地使人们把她设想为一个迷人的和动人的尤物的女人，对他们来说，实际上也是一位有魅力的女性，给别人留下世事练达印象的男人为他们规定和描绘了什么是实际上的老练举止。如果只有一个人有这种印象，而其他人没有，他可能用其他人的印象来检查并修正他的印象。然而，如果大多数伙伴确信，一个男人并不怎么聪明却很老练，一个女人不怎么漂亮却很迷人，那么这就是他们实际上的样子。

在这些有内在意义的印象和那些反映外在输入特征（比如运动技能）的印象之间的差别，与艺术创作和经济生产之间的差别相类似。二者都产生有价值的东西，但方式却迥然不同。人们生产和提供经济商品和服务，因为按照现有的效用和价值标准它们是有价值的。相反，艺术创作则不这么多地涉及生产某种已经有价值的东西，因为它确实投入了某种具有新价值的东西。有创造力的艺术家使我们喜欢一幅画或一首诗，一首歌或一出戏，因为我们不可能事先想象这种体验，所以谁都不能——在任何有意义的角度上——说已经对它作过评价。当我们没有一辆车时，我们确实知道我们没有什么，但是在我们第一次读《哈姆雷特》，看《沙特尔》（Chartres）或听巴赫的《勃兰登堡协奏曲》之前，我们却不知道我们没有看到或听到什么。[①] 尤其是,富有创造力的天才在艺术中创造了一种新的风格,而且成功地使我们重视一种在开始时常常似乎令人不愉快的全新体验。同样地,如果在不太夸张的水平上,有个女人能让男人们确信,她的与众不同的风格使得和她在一起比和别的女人在一起是一种更为引人注目的体验,那么她通过投入她的具有价值的风格这一创造性行动已经使她自己变得有吸引力了。 73

印象可能会自我实现的另一个原因是,它们所引起的别人的期望会影响该个体的行为。在这种情况下,存在一个评价成就的外在标准,但是一个个体所引起的别人的预期不是作为实现这些预期的诱因,便是对他的表现产生一种抑制作用。害羞的和笨拙的人留下的糟糕的印象使别人预期与他在一起会令人厌烦,他们明显缺乏兴趣会引起他的不快,而且使他的谈话比在其他情况下更不吸引人。如果某人给听众留下一个才华横溢的健谈者的印象,而且他们发现他也很有趣,那么这个人在他的听众身上产生的期待,以及当他谈话时他们表现出的欣赏神情,可能会在他身上激发出多才多艺和机智灵敏的品质,而这种品质在通常情况下他不会表现出来。在这些自我实现的印象和上面所讨论过的印象之间并没有什么明显的界限。给男人们留下是一位有魅力的伙伴印象的女性,由于他们对她的预期而壮了胆,这会使她实际上以一种特别诱惑人的方式去行为,正如给他们留下是一位模特儿女总管印

① 当然,在汽车被发明出来之前,我们不知道我们因为没有汽车而失去了什么。根据这里所作的分析性区别,成功的发明包含着某种艺术创作的成分,因为它生产的不仅是新产品,而且最终生产的也是对它们的新的需要,广告也是如此,因为它有时使我们重视我们以前没有向往或不重视的东西。

象的妇女，可能会感到，他们的不同的期望要求她实现这些期望。“使我们受到的赞扬名副其实的愿望增强了我们的美德；对才智、勇气或美丽的赞扬往往会提升这些品质。”[①]甚至身体上的技能也会受到伙伴们的期望的影响，因为它增强或削弱了个体们的自信心。一个有名的例子是怀特所记述的一次保龄球比赛的事例，在这个事例中，一个团队的领头群体——人们预计他们会获胜——战胜了跟随者们，而在之前的练习期间中，某些追随者曾得到比这些领头者更高的分数。[②] 默顿所称之为自我实现的预言的一个悲剧性例子是美国的黑人；黑人智力低下的假定有助于为没有给他们提供足够的教育进行辩解，从而使该假定变成现实。[③]

虚张声势是使早期印象自我实现的另一个机制，尽管虚张声势的代价也许太高。玩扑克牌时，下大赌注可用来传达这样的印象，某人有一手好牌，在接受他的赌注后也许会蒙受巨大的损失，
74 这可能会限制其他人不去迫使他亮出他的牌，以确定他是否在吓唬人。同样地，虚张声势的暴徒要求得到在帮伙中的高级地位，其他成员慑于他可能具有的力量而可能不去检验它，因为如果他们不得不去检验他的力量但却失败了，他们将有可能遭到他的报复。检验某个人通过给人以深刻印象的举止提出的权利要求所付出的代价越大（即使它们原则上能被证实），则他的错误要求不能被发

① 拉·罗奇福考德，前引《箴言录》，第49页（第150条）。

② 威廉·F. 怀特（William F. Whyte），《街角社会》（第2版）（*Street Corner Society*）（University of Chicago Press），1955年，第14－25页。

③ 罗伯特·K. 默顿（Robert K. Merton），《社会理论和社会结构》（第2版）（*Social Theory and Social Structure*）（Glencoe：Free Press），1957年，第421－436页。

现的可能性也越大。然而，在群体情境中虚张声势有着巨大的风险，因为经常会有发现欺骗的机会，还因为欺骗行为的发现会引起不信任及失去尊敬。因此，露骨的虚张声势在偶然的相遇中无疑要比在持久的群体中更为普遍，尽管一开始就试图在他人面前表现出一种过于有利于自己形象的更为微妙的形式也许是普遍存在的。

在社会交际中，给伙伴们留下印象的挑战大大增加了它的乐趣，但一个人持续专注于留下的印象也是一种障碍，因为它要求一个人放弃各种利益。对他给伙伴们留下的印象的关心可能会妨碍他去征求他们的意见，因为他害怕显得无知；或者迫使他花费很多钱使他们开心，以免他似乎显得不够富裕；或者诱使他损害自己的正直，并且为了不显得像一个庸俗之人而同意极端主义的观点。此外，专注于留下一个好印象会使一个人不能充分参加正在进行的活动；并妨碍他全神贯注于他的活动和工作。

专心致志于给别人留下深刻印象与两种可供选择的取向——对情境的表达性介入和对获取利益的工具性关注——形成了对照。戈夫曼指出，“当一个人参加一项活动时，不论他是否共享这一活动，都有可能被它所吸引、陶醉和占据——我们可以说，他自然而然地被卷入其中，”对于这种社交经历，他还补充到，“通过这种自发地卷入到一个共同活动中，个体成为该情境不可分割的一部分，寄存于其中，暴露于其下，使他自己与该遭遇融为一体，以一种完全不同于一个非常理性的运动员进入到一场非常理性的比赛的某个位置的方式。”[①]这样参加比赛或其他社交接触——或者真

① 欧文·戈夫曼(Erving Goffman)，《遭遇》(*Encounters*)(Indianapolis: Bobbs-Merrill)，1961年，第38页。

75 正从事一项十分有趣的共同任务——所产生的乐趣通过给别人留下印象带来的机会得以增强，不管这些人是打牌时一个输得起的玩家、晚会上令人快活的伙伴，还是政治集会上给人以深刻印象的演说家。然而，只要一个人脑子里总是考虑自己会给别人留下什么印象，他就不能完全介入该社会情境或充分享受它，也不能全神贯注于他的任务。

一个人并不特别关心给他的伙伴们留下难忘印象，其原因或者是他对他们的赞同相当有把握，或者是他们的赞同对他而言没有意义。以前的社会经历使他很自信的人，以及已经被一个群体接受的人，可以不去担心给别人留下印象的问题。被对一个人而言具有重大意义的伙伴群体接受而带来的安全感，不仅使他在内群体中放松，而且也使局外人的赞同和尊敬——尤其是那些较低地位者的赞同和尊敬——对他而言不那么重要了。于是，他较少关心给那些对他而言不太重要的局外人留下印象，这使得他可以在与他们互动时把精力集中在完成他的任务上。例如，人们发现，在联邦政府的办公室中，那些和他们自己的工作群体高度结合的官员与那些结合得较差的同事们相比，在编写难写的报告时更少受到速记员在场的干扰，并且经常能够口述这些报告，而不是把它们写出来，这可能是因为整合较差的官员更加关心他们给速记员留下的印象的缘故。[1] 一个人若担心他在社会互动中留下的印象，就会干扰他的工具性努力。

① 布劳(Blau),《科层制的动力学》(第2版)(*The Dynamics of Bureaucracy*)(University of Chicago Press), 1963年,第155－156页。

对给别人留下印象和赢得他们的社会赞同的关心通常限制了在社会情境中对个人利益的不谨慎的追求。然而，我们经常可以看到的是，人们在追求他们的工具性的自我利益时，明显不顾及其他人的反应，也不顾及所招致的不赞同。根据社会赞同所具有的重大意义，这种行为似乎是令人吃惊的。然而，人们并不以每个人或者任何人的赞同为目标。他们是在对他们而言最重要的社会圈子里尽力证明自己有吸引力，并争取赞同和尊敬。这些圈子之外的人的反应对他们而言具有很少的内在价值，这既是因为他们的牢固地位使他们不需要进一步的社会支持，也是因为他们倾向于与外部人互动以获得工具性利益，他们能用这些利益来加强他们 76
在重要圈子中的位置。一个工人可能愿意谦卑地请求同事们——尤其是那些不在他的内群体中的同事——来帮助他完成任务，以便能够得到他的上级对他的表现的赞同。一个雇主为了赢利可能愿意剥削他的工人，而不考虑他们的不赞同，只要这种剥削不会过于强烈以至于工人们完全不干活了，他获得的利润能够使他给他的社会圈子留下一个既富裕又慷慨的人的印象。明显地不考虑社会赞同，包括剥削和压迫这些极端的社会形式，一般使下述间接努力成为必要，即利用某些人去获得给更为重要的其他人留下印象所必需的资源，以此来赢得社会赞同。因此，社会赞同给行为所施加的约束很大程度上局限于重要的伙伴圈子里。

关于爱情的附论

爱情是内在吸引的极端情况。在母子关系中无疑会发现爱情的最纯粹的表现，而作为两个独立个体相互间日益增加的吸引的结果，爱情的发展在浪漫关系中可以得到最好的研究。爱情似乎可以使人变得无私，因为他们自己喜欢给他们所爱的人带来愉快，但这种无私的奉献依赖于对维持别人的爱情感兴趣。甚至母亲对其子女们的奉献也很少完全没有维持他们对她的依恋的渴望。交换过程既发生在只有外在意义的社会交往之中，也发生在爱情关系中。然而，它们的动力机制是不一样的，因为在爱情关系中，被交换的特定报酬只是产生内在吸引的终极报酬的手段，而在纯粹的工具性社会关系中，特定报酬的交换就是交往的目标本身。如同我们在前面所指出的，在内在的爱情依恋中，每个人给另一个人提供报酬不是为了收到成比例的外在利益作为回报，而是为了表达和证实他自己的责任感，并促使别人对该交往产生责任感。对爱情的分析表明，交换的成分甚至发生在具有内在意义的交往及其独特的性质中。

如果一位女性的吸引力在一个男人的眼中已经变得独一无二了，那么他就会坠入爱河。“所必需的全部东西是，我们对她的偏爱应该是排他性的。”普鲁斯特继续到，当我们开始体验到一种“要
77 拥有她的丧失理智的令人烦恼的渴望”时，这种情况就发生了。[①]
如果一位妇女给一位男子的印象是，她是一份不易获得的、极令人向往的爱情财富，同时她也表示出，最终赢得她感情的充分利益并非完全无法实现，那么该妇女就可能点燃他的爱情之火。她对他的吸引使他在重要报酬上依赖于她，并渴望给她留下深刻印象并

① 普鲁斯特，前引《追忆似水年华》，第 177 页。

取悦她，以便激发出一种能确保他获得这些报酬的交互情感。

在坠入爱河的早期阶段，由于害怕被拒绝以及因不断增加的吸引导致的依赖感促使每个恋人向对方隐瞒他或她的情感的强烈程度。调情在很大程度上包含着以一种半真半假的或固定不变的方式来表现吸引，这样做是为了在他自己承担一种严肃的责任之前探出对方是否承担某种责任。如果他们未能从对方的反应中得出线索，那么调情所隐含的玩笑和模糊责任就可能被一笑了之；或者如果对方承担了责任，那么他们就会使这种责任稳固起来。[①]但是只要这两个人都继续向对方隐瞒他们的感情的强烈程度，而同时他们又变得越来越依赖对方的情感，那么他们就会相互阻挠。在随后一般要发生的恋人之间的争吵中，正如蒂博和凯利曾经指出的那样，"每个伴侣都用短暂撤退或分开的办法来检验对方对该关系的依赖性。"[②]因为双方都受到争吵的威胁而有可能使关系结束，所以为了保持关系，他们才不得不表示出足够的责任感。当然，有人可能不准备这样做，那么冲突就可能结束他们的关系。

人们显然是从为他们所爱的人做事中获得愉快，并且有时还为他们所爱的人付出巨大的牺牲。这种倾向部分地来源于爱情所引起的对另一方的认同，来自期望对方能对自己的奉献作出象征性表示的渴望，来自提供报酬对于加强一个被爱者对自己的依恋

① 有关这种策略的一个特定案例分析，请参见詹姆斯·D. 汤普森(James D. Thompson)和威廉·J. 麦克尤恩(William J. McEwen)，"组织目标和环境"(Organization Goals and Environment)，《美国社会学评论》(*American Sociological Review*)，23 (1958)，第 29－30 页。

② 蒂博和凯利，前引《群体的社会心理学》，第 66 页。

所具有的功能，也许还部分地来源于前面所说过的逆向次级强化过程。在做了大量取悦他的事情之后，一个被爱者的更多依恋对于当事人来说就是一种报酬，对接受这种报酬的反复体验具有下述效果，使被爱者感到愉快成为使人内在满足的报酬。进一步的
78 反馈效应可能会发生。因为施惠和馈赠是爱情的符号，所以一个男子献给一个女子的礼物和为她所作出的努力可能会激起他自己对她的感情，也可能激起她对他的感情。一个女子可能会鼓励一个男子给她送东西和为她做事情，这基本上不是出于物质利益的兴趣，而是为了培养他对她的爱。亚里士多德说，“与那些接受了利益的人对那些贡献出这些利益的人的爱情相比，贡献者似乎更爱那些接受他们贡献的人。”①

一个人越是爱另一个人，他或她可能越渴望取悦另一个人。②因此，在爱情关系中陷得不深的人处于一个有利位置，因为另一个人更为关心继续这种关系，这使得他或她产生了依赖性，并给陷得不深的人以权力。沃勒称之为“最小利益原理”。③ 这种权力可以用来剥削另一个人；一个女人为了经济利益而利用一个男人对她的情感，一个男孩在性的方面利用深深爱着他的女孩，都是明显的

① 亚里士多德(Aristotle)，《尼各马可伦理学》(*The Nicomachean Ethics*)(London: William Heinemann)，1926 年，第 545 页(第 9 卷，第 7 章，第 1 节)。

② 假定外在利益可以作为证明自己有内在吸引力的一种替代物，如同普鲁斯特所指出的(同前引书，第 205 页)：“那时，当他慷慨大方地向她赠送礼品并进行各种方式的服务的时候，他可以依靠那些并不包含在他身上或在他的智慧中的优势，可以不用付出使他变得吸引人的无尽的、令人筋疲力尽的努力。”

③ 威拉德·沃勒(Willard Waller)和鲁本·希尔(Reuben Hill)，《家庭》(*The Family*)(New York: Dryden)，1951 年，第 190－192 页。

例子。[1] 然而，最小利益原理的最为普遍的表现是，对另一人的情感较为强烈的那个人一定会服从另一个人的愿望，并为了取悦另一个人作出特别的努力。这种权力和外在报酬的不平衡通常是长久的相互爱恋的源泉并一直是它的基础。因此，没有早早地表现出无保留情感的恋人在已经确立的人际关系中获得了优势。实际上，更为克制的恋人似乎也有更好的机会激发另一个人对他或她自己的爱情。

代价高的财产是最为珍贵的，在爱情上和在别的地方都是如此。一名男子内在地受一名女子吸引（以及她受他的内在吸引）依赖于他期望在与她相爱的关系中所体验到的报酬。[2] 在他的实际 79
体验（来源于她的支持、她的动人谈话、她的亲吻等等）和他对与她在一起的这些体验的评价（和与其他妇女在一起的相似体验相比较）之间可以作出分析性的区分。他的满足来源于这些体验本身以及他对它们作出的评价。然而，他轻而易举地获得她的爱情报酬往往会贬低这些报酬对他的价值。这是爱情的两难困境，它与前面讨论过的赞同的两难困境相类似。正如一个人被期望着对他的伙伴们给予赞同，但他这样过于随意地给予赞同的做法将贬低

① 对求爱过程中剥削问题的讨论，参见前引书，第 159－173 页。也可以参见对一种游戏的虚构性解释，为了从对他或她行使权力中获得愉快而使其产生依赖性这样一种游戏，实际可以作为一种游戏玩，在现实生活中也有人这样做，载于罗杰·维兰德(Roger Vailland)，《法律》(*The Law*)(New York: Knopf)，1958 年，特别是第 42－52 页，第 196－198 页。

② 为了使下面的讨论不那么累赘繁琐，它将基本上涉及男子对妇女的取向，但我们假定在原则上，它也可以应用于女人对男人的取向，虽然在特定的实践中也存在性别角色差异，我们以后将会指出这一点。

其价值一样，处于要对她的爱慕者拿出她的爱情证据压力之下的妇女也是如此，如果她过分轻易地这样做了，那么她的情感对他的价值将要遭到损害。

一名妇女作为一名男子的恋爱对象有多么珍贵在很大程度上取决于她在其他男子中间明显的受欢迎的程度。在缺乏明确标准的情况下，对于这样做很难作出任何评价，发现自己处于这样一种模糊情境中的个体，往往会受到用以作出判断的社会规范的任何指示器的强烈影响。[①] 评价对一名妇女内在称心如意的程度就属于这种模糊不清的情况，在这种情况下，任何一位特定的男子都受到她在男人们中间普遍受欢迎程度的影响，这种受欢迎程度可以社会性地证实她作为一名恋爱对象的价值。当然，一个女孩通过对许多特定的男孩子有吸引力，她只能是一般性地受欢迎，但她对任何人的吸引力部分地取决于其他人也认为她有吸引力的证据。长相漂亮构成了这样的证据，她在约会时的行为也是如此。

一位妇女的爱情如果在男人们中间有很大的需求，那么她就不可能很快地作出坚定的许诺，因为她有这么多有吸引力的选择对象供她在许诺之前权衡。不受欢迎的女人更加依赖于一个带她出去的男人，并且有更多的理由对他作许诺。因此，如果一个妇女轻易地表明她对一个男人的感情，那就为她的不受欢迎提供了可

① 参见穆扎法·谢里夫(Muzafer Sherif)，“群体对态度和规范形成的影响”(Group Influences upon the Formation of Norms and Attitudes)，载于埃莉诺·E. 麦科比(Eleanor E. Maccoby)、西奥多·M. 纽科姆(Theodore M. Newcomb)和尤金·L. 哈特利(Eugene L. Hartley)，《社会心理学读本》(第3版)(*Readings in Social Psychology*)(New York: Holt)，1958年，第219－232页。

推测的证据，并因此倾向于降低她的感情对他的价值。相反，如果
她抗拒他征服她的企图，那就意味着很多人都需要她，并且有许多 80
可供挑选的对象，这可能会提高她在他心目中称心如意的程度。她不愿意作出许诺有助于确立她的感情的价值，部分地因为他将此作为她惹人喜爱的一般程度的指示器，特别是对她在其他男子中显得有多惹人喜爱的情况缺乏直接了解时更是如此。的确，男人之间有时会讨论女人，讨论她们的惹人喜爱程度，甚至她们在约会时的行为，尽管存在这样做的社会禁忌，但这些讨论仅仅会增加一个妇女的克制对于保护她的情感的价值所具有的重要性。如果一个妇女有很容易发生性关系的名声，那么她的这种感情表达的价值就大大下降，这主要是因为，她的性交许诺与一个很少向男人们这样做的妇女的性交许诺相比，向一个男人要求的责任和自我肯定更少。

为了保护她的感情的价值，一名妇女在表达感情方面必须要吝啬，并使她产生爱情的任何证据都成为不能轻易获取的珍贵奖赏。当然，一个男人对一个女人的爱情归根结底取决于她以性满足和她的感情的其他表现方式的形式来为他提供独一无二的报酬的意愿和能力。这里得出的观点*不是*说，一个不能为男人提供性满足和情感满足的妇女比能提供的妇女更可能获得她的爱情。情况无疑与此相反，因为这样的满足是持久的爱恋的主要源泉。更确切地说，这里的观点是，一个男人对一个女人深切的爱情不仅取决于这些报酬性的体验本身，而且也取决于他对这些体验的评价；一个克制自己、不随意示爱的妇女，*当她确实给予自己的情感时*，就能增加这些表达的价值。当然，除非她最终*确实*给予了这些报

酬，否则她不会从这些报酬的增值中获益。这恰恰就是两难困境的原因。一个妇女通过给予一个男子以性的或其他的恩惠——作为她的感情的体现以及作为促使与她进行交往对他特别富于报酬的手段——去促进他的爱情，然而，如果她轻易地施予这样的恩惠——给许多男人或过早地给某个既定的男人，那么她就降低了这些恩惠的价值以及这些恩惠所产生的持久依恋的力量。

社会压力增强了不过早地表示热烈感情的倾向。如果在一个社区中，大多数女孩子在她们第一次约会时就亲吻男孩子，并在不久就给予性恩惠，而且是在男孩子深深地承担起责任之前，那么这将在这个社区中降低这些报酬的价格，使得一个女孩子很难用答应发生性关系从一个男孩子那里获得一种坚定的承诺，因为性满足可以用较低的价格得到。女孩子们在保护性恩惠不贬值方面的
81 利益在女孩子中间形成了不轻易地施予这些恩惠的社会压力。科尔曼对中学的研究表明，这些压力往往会采取一个女孩子的社会地位取决于她在与男孩子的性行为方面的名声的形式。[①] 这种社会压力——它有助于维持女孩子的性恩惠应该得到男孩子的持久责任——增强了女孩子在求爱市场上与男孩子的交换关系中的地位。[②] 男孩子中间的情形是互补的，这意味着这里的社会压力不鼓励过早地承担责任。在求爱阶段，两性的目标都是提供足够的报酬以引诱另一方，但又不足以降低它们的价值，然而，由这两个条件确定的界限经常是觉察不到的。

---

① 詹姆斯·S. 科尔曼（James S. Coleman），《青少年的社会》（*The Adolescent Society*）（Glencoe：Free Press），1961 年，第 118－123 页。

② 参见沃勒和希尔（Waller and Hill），前引《家庭》。

征服的挑战在爱情关系的形成阶段是一个重要成分，并且如果征服过于容易，那么它的意义——对持久的依恋关系的发展是一种催化剂——就会消散掉。在年轻人中间偶尔的约会的一个基本功能是，为他们提供确定自己作为恋人的吸引力的机会以及他们在竞争称心如意的伴侣中的可能性。在约会中——以及某种程度上在一般性的亲密的社交往来中——一个人把自己的自我吸引力放在市场上（可以这么说），这就使他的自我概念获得了极为重要的成功。在征服异性方面获得多次成功的女孩子或男孩子证实了他们在自己心目中以及在别人心目中的吸引力。因此，在偶尔的约会中，女孩子和男孩子通过征服利用对方去检验他们自己的吸引力。一个女孩子抗拒轻易地被征服则是拒绝让自己成为这样的检验对象，也是要求作为她付出感情条件的最低限度的责任感。通过延长该追求的挑战，直到一个男孩子被她内在地深深吸引为止，一个女孩子利用征服的意义来促进一种更为基本的依恋，而这种依恋使得这种与她约会的诱因（征服）成为多余。因为征服的某种兴趣可能是一个男孩子追求一个女孩子的主要的初始理由，所以一次轻易的征服会过早地使他失去继续保持这种关系的诱因。

此外，一个女孩子表现出对一个男孩子的爱意，意味着她作出一个承诺并要求他作出对等承诺。如果他对以前卷入的程度感到
满意，并且还没有准备作进一步的承诺，那么这样一种对承担更大 82
责任的需求可能会使他对她的感情疏远。爱情是一种不能被强求的自发情感，要求他爱她更多一些（隐含在女孩子表现出的对他的与日俱增的感情中）可能成为一种外在限制，这种限制使该男孩子对她的现存感情减弱。一个男孩子对他所追求的女孩子的日益增

加的爱情一般伴随着一种忧虑，并受到这种忧虑的激励，唯恐失去他的爱恋对象，但又害怕陷得过深。他的这种害怕是由于她的深深卷入引起的，这与害怕失去她的忧虑以及与这种忧虑连在一起的感情是不相容的，并会侵蚀这种忧虑和这种情感。尽管他可以利用她的较重的承诺从她那里获得性恩惠，但他这样做的利用性取向是不可能激起一种内在依恋的；并且如果他的超我阻止他利用她，那么在这些情况下他可能就会中止这种关系。陷得较深的恋人表现出的妒忌特征就是明确要求另一方承担更加排他的责任，并且这种妒忌通常为陷得较浅的恋人退出该关系提供了最后的刺激。爱情的发展经常被另一个恋人过于强烈的情感对它施加的压力所窒息。

鉴于刚刚考虑过的过程在求爱的早期阶段阻止感情的自由表达，所以恋人们在表达他们的情感方面也体验到压力。如果一个人处于恋爱之中，他或她从向被爱者宣布他的爱情，甚至从“站在树顶上喊出它”中获得满足。对自己所爱的人的认同会使给他以报酬成为乐事，并且给他以报酬往往包含着某些爱他的表达。此外，一个女孩子给一个男孩子以报酬以及表达她对他的情感的许多行动同时也是对她自己的报酬，比如她愿意亲吻他就是如此。而且，为了维持恋爱关系，调情引起了以后必须要满足的预期。爱调情的女孩的行为意味着，尽管她可能还不准备让那个男孩子牵她的手，但继续与她交往最终会实现这些以及更大的报酬。在调情过程中作出的这些含蓄的承诺对恋人们施加了后续的压力，它要求实现承诺所引起的预期并开始提供至少某些曾许诺过的报酬。结果产生了一种不断递增的报酬和承诺的动态力量，因为每一种新的承诺都带来了进一步的预期，所以唯恐受挫的预期导致了该关系的终结。这个女孩子让这个男孩子亲吻她，他带着她参加舞会，她允许某些性行为，他停止同其他人约会（她也是如此），最后他把正式确定他们关系的戒指给了她——当然，除非这些趋向于不断增加的报酬和递增的承诺的压力导致其中的一个恋人终止了这一恋爱关系。

最后，一个女子由于被一个男人爱慕而体验到的满足——如
果她也爱他的话——会大大增加，并且这可能无意识地使她倾向 83
于回报他的爱。一个男人的爱使一个女人生机勃勃，并使她成为一个更加富有魅力和吸引人的人。和一个爱慕她的男子外出增强了她作为一名有魅力女性的自我形象，因此也许会影响到她的行为，使她实际上更有魅力、更吸引人。然而，为了使一个男人示爱的赞赏对她的自我形象和行为产生显著的影响，对一个女人来说，他对她的评价必须要具有重大的意义，她越是爱他，对她评价的意义也越大。因此，一个女人对一个爱她的男人的爱有助于使她成为一个更具魅力和更自信的人，因为这可以说是放大了那面反映着和部分地塑造着她作为一名恋人的品格为人的镜子。尽管一个女人不能努力使自己去爱一个爱她的男人，但是她从报答他的爱情中所获得的好处可能会不自觉地促使她这样做。

因此，恋人们都处在互相表达感情的压力之下，也处在抑制感情表达的压力之下。基本的两难困境是，一个女人为了使与她的交往对一个男子更加有吸引力，便随意地表现出自己对他的感情，然而，这样做就降低了她的感情的价值。对于男女两性来说，一般的过程是相同的——尽管文化上的性别角色差异决定了这些过程

的特定形式。例如，在我们的文化中，愿意发生性关系使一个男孩子承担的责任的要求要少于对一个女孩子承担的责任的要求，他可以更为容易地首先宣布他的爱情，因为这对男孩子来说往往比对女孩子来说意味着要承担更少的责任。但是表示一个男孩子对一个女孩子责任的那些行为，比如他把她介绍给他的父母或者他把他的学生联谊会的徽章给她，基本上具有同她承担责任的行为同样的含义。如果两个恋人都对继续保持关系感兴趣，那么他们也会对对方首先且更强烈地承担责任感兴趣。因此，在求爱过程中存在一种“边缘政策”的成分，双方都试图抑制他们自己的承诺，直到它会危及该关系那个临界点，因为求爱是一种既有共同的利益，又有冲突的利益的混合博弈，正像我们在第二章所讨论过的确立其他社会关系那样（参见第二章中的图表）。[①]

84 一个恋人明显的感情和不断增加的责任有时会激发另一人对他的爱的增长，然而有时却会抑制另一人的爱并导致另一个人对这种关系失去兴趣。是什么因素决定着出现哪种情况呢？毫无疑问，恋人的人格结构是最重要的决定因素，[②]但是在发展爱情关系

---

① 这个混合博弈提出的另一个两难困境是，表达出热切希望与他所爱的人共度时光的男人能够使她愿意与他约会，但又不显露出她多么热切地希望这样做，也不会作出隐含在这种显露中的承诺。

② 一般地说，这种讨论还未试图处理隐含在所分析的社会－心理过程中的心理力量和动机结构。沃勒和希尔对他们的分析的评价也适合这里所介绍的情况（出处同前引书，第 172－173 页）：“碰巧，我们曾把我们的分析指向求爱阶段的互动过程；通过指出这些过程是怎样与参与者们的内在特性和发展历史联系起来的，我们意识到了补充这种分析的必要性。在这里，心理分析的贡献是恰如其分的。”应该需要特别关注的是对感情冲突的忽视以及个体由此产生的非理性倾向，也就是，该个体破坏自己的目标的无意识冲动所产生的倾向。

中的社会条件也会施加一定的影响。因为恋人们往往会抑制他们彼此正在增长的感情的强烈程度，某个恋人自己卷入过深将产生一种紧张的状态。这种状态使他急于获得另一个人对他的不断增加的感情的证据，这种证据将避免出现拒绝或单方面依赖的危险，并允许他不再抑制他强烈的吸引情感。在这种情境中，一个女子表现出被一个男子所热切期待的情感往往会减轻这个男子的痛苦，并加强他对她的爱。另一方面，如果这种被压抑的情感没有这样的贮存处，并且一个恋人明显没有卷入过深，那么一个女人表示出的对他的巨大情感就可能使他对她的感情疏远，因为这些表示降低了她的爱情的价值，损害了追求她的挑战性，并且要求比他准备承担的责任更强烈的责任。以类似的方式，一个男子表达了满足一个女子被压抑的欲望的情感势必会增强她对他的爱，但是如果他的感情远远超出了她的情感和欲望，那么就有可能使她疏远。

简而言之，情况似乎是，为了使一种恋爱关系发展成一种持久的相互依恋，责任必须与之相适应。如果一个恋人比另一个恋人卷入得更深，那么他承担更大的责任就会招致剥削性的利用或激起陷入圈套的情感，这两者都会使爱情消失。尽管在该关系中所体验到的报酬可能会使这种关系在短时间内继续维持，但承担较少责任者的微弱兴趣或承担较多责任者的挫折也许迟早会促使
这个人或另一个人终止这种关系。只有当两个恋人对彼此的情感 85
和责任以大致相同的速度扩展时，他们才会相互增强他们的爱情。

结　　论

社会赞同和人际吸引是支持一个人的观点和判断以及他的价值和自我观念的基本来源。另一个人的认可或赞美的意义取决于它是否被看成是真诚的。与一个伙伴的服务或他的服从——在这里,起作用的是他的行动,而不是他潜在的态度——相反,潜在的取向是在赞同和情感的表达中起作用的东西。伪装的赞同和假扮的情感没有什么价值。

一个人表达赞同或情感的意义也取决于它们是否稀缺。几乎从不表示不赞同或轻易对别人表示情感的人因此也降低了他们的赞扬或他们的爱情的价值。虽然对赞同和感情的伪装是受到高度谴责的,但对它们的掩饰却不会受到严肃地指责。虚假的赞扬标志一个人是马屁精,假装同意表示一个人是撒谎者,虚情假意标志一个人是伪君子;但是,当一个人能够表示赞同却没有表示或者他虽然有某种情感却加以抑制时,他会更少受到严厉的谴责,人们仅仅指责他没有眼力或冷漠无情。只有伪装而不是掩饰才使赞同和情感不真诚。给定了这样一种不对称前提,在表示赞同必须真诚这一要求和它们必须稀缺才对别人重要的那一要求之间就没有冲突了。

一个人愿意通过给予赞同来提供社会支持,这使得他的伙伴赏识他,但如果他随意地进行赞扬,那么他就降低了赞扬的价值。同样地,一个女子对爱他的男人表示感情会使他更加赞美她,但是如果她过于轻易地表达她的爱情,那么她就会降低爱的价值。这就提出了一个两难困境，因为个体们要么冒着因不表示赞同和感情引起重要伙伴不满的风险，要么冒着降低这些表示对他们所具有的价值的风险。这种两难困境在爱情的情况下比在赞同的情况下更为明显，因为赞同的意义较之爱情的意义，在更大程度上建立在可供选择的基础之上。一个人对其他人的福利作出贡献的能力——这会博得他们的尊重——以及他对他们的权力支配着他的赞同对于他们的价值，而他在给予赞同中缺乏区别对待对其价值的影响不会完全消除其他这些影响。另一方面，一个人在表达感 86
情方面缺乏自制与他作为一个恋人留下的印象有着更为密切的联系，因此也与他的爱情对于另一人的价值有着更为密切的联系。

此外，一个人的赞同或感情对于其他人的意义还取决于他们对他的取向。其他人对一个人的尊敬大大增加了他的赞同对于他们的意义；其他人对一位妇女的崇拜大大提升了她的感情对于他们的意义。其表现得到高度受人尊敬之人称赞的人很少关心较不令人尊敬者的赞同，受到最为引人注目的男人崇拜的女人较少关心不那么引人注目的男人的赞美。为了使他的赞同受到赏识，较不令人尊敬者必须在表示赞同中相对来说不因人而异，并且赞扬仅仅具有普通优点的表现，因此进一步降低了他的赞同的价值。相应地，为了使她的感情受到赏识，在男人中没有大受赞赏的女子在表达情感方面相比较而言一定不要因人而异，并很容易表现出她对一个男人的爱情，因此进一步降低了她的感情的价值。

为了赢得他人的赞同或钦佩而给他们留下深刻印象的努力本身使一个人较少能给人以深刻印象。如果一个人在其领域中的卓越地位为人们所公认，那么他便可以无需做这种努力了。他可以自然而然地去行事，事实上他也是这么做的，他甚至还可以尽量降低自己的成就，因为这样做不仅无损于它们显而易见的重要性，而且会增加他人对他的评价。如果一个人具有同样大的成就，但在特定群体中并不为人所知，那么他就不能用同样的方式来给他们留下印象。除非他告诉他们他的成就，否则他们在以不赞成的方式谈及他的成就时就没什么根据去尊敬他或者赞赏他的谦虚，然而如果他不得不告诉他们他是一个杰出的人，那么不管他说得多么微妙，都不会使他给别人留下深刻的印象。同样地，绝色佳人显而易见的吸引力使她没有必要去证明自己是一个有魅力的女人，这种吸引力使得她既充满魅力又无需装模作样，因此这又证明了自己更加有吸引力。一旦社会名望的基准线被确定了，获得进一步的收益就相对简单了，但确定基准线却不那么容易。

因此，一般来说，爱情关系中感情的表达和社会交往中赞同的表示之间存在着许多相似之处。然而，也有某些不同。差异的主
87 要根源在于，支配社会赞同的意义的基本上是集体结构中的条件，而支配恋人彼此之间感情的意义的则主要是一对恋人他们自己确定的条件，尽管两人之间的关系改变着赞同的意义，更广阔的社会情境也影响着感情的意义。使其他人欣赏一个人的赞同的声望基准线以及使其他人赏识一个人感情的吸引力的基准线建立在不同的基础之上，因为声望一般比吸引更加牢固地扎根于社会结构之中。

尽管一个女人的美貌和名声使她一开始就对一个男人有吸引力，但她对他的爱的意义最终取决于他个人对她的吸引力的感觉。一个较高地位者的赞同的意义内在地比其他人的赞同的意义要

大，而不管一个人出于特殊原因可能怎样看他。他的上级或他的领域的一位专家的判断不可能被一个人理性地拒绝，但是没有被一位漂亮的并且其他人都认为惹人喜欢的女人所吸引，则没有什么不理性的。最后，除了外形美这种特殊情况之外，使一个女人成为一个令人满意的恋爱对象的东西是她给人留下的令人满意的印象，而一个男人——或一个女人，在那件事上——博得的尊敬要受到他的实际能力的支配，并根据客观标准加以评价。当然，这些能力（而不是其他能力）的适当性取决于在社会结构中所流行的社会评价标准，但这个事实并不影响这种基本的差别。一个人作为一名恋人的吸引力，或者一般性地作为一名社交伙伴的吸引力基本上是他的特定伙伴对他的取向的一个函数，而在一个社会结构中——特别是，尽管并非仅仅是，在工具性的成就领域——的地位所依赖的各种支持使它相对独立于特定伙伴们的取向。

第四章 社会交换

88 另一方面，道德类型不是依靠所宣称的言辞，而是把礼物或其他服务给一位朋友，尽管给予者希望收到一份等值的或更大的回报，好像它不是一件免费的礼物而是一笔贷款；当他以一种不同于开始这种关系时的态度结束它时，他就会抱怨。之所以会这样的原因是，所有人或者大多数人都希望崇高却选择有利可图；提供服务却不着眼于收回服务就是崇高的，而接受一种服务则是有利可图的。因此，如果某人能够，他就应该对他收到的服务回报以等值的服务，而且非常情愿地这样做……

——亚里士多德，《尼各马可伦理学》

根据霍曼斯的观点，社会交往过程可以被设想为"一种至少在两个人之间的交换活动，无论这种活动是有形的，还是无形的，是多少有报酬的，还是有代价的。"[①]根据这个概念，一旦我们对社会

① 乔治·C·霍曼斯(George C. Homans)，《社会行为》(*Social Behavior*)(New York: Harcourt, Brace and World)，1961 年，第 13 页。如同在前言里所指出的那样，这本书对这里所展现的分析来说是一个重要的灵感来源。至于霍曼斯有关该主题的第一次陈述，请参见他的"作为交换的社会行为"(Social Behavior as Exchange)，《美国社会学杂志》(*American Journal of Sociology*)，63 (1958)，第 597－606 页。

交换敏感起来，我们就能到处看见它，不仅在市场关系中，而且在
朋友关系甚至在爱情关系（如同我们已经分析的那样）中，以及在
这些极端之间的以亲密形式出现的许多社会关系之中。邻居们交
换恩惠，儿童们交换玩具，同事们交换帮助，熟人们交换礼貌，政治 89
家们交换让步，讨论者们交换观点，家庭主妇们交换烹饪诀窍。社
会交换的广泛性使得人们有兴趣根据交换去考虑所有的社会行
为，但这将使此概念失去独特的意义。人们出于对其他人的恐惧，
或者对上帝的恐惧，或者对他们的良心的恐惧而做事，如果试图把
这些行动强行纳入一种交换的概念框架，那将一无所获。

莫斯和其他人类学家已经注意到了在较为简单的社会中交换礼物和服务的意义和普遍性。他说，“理论上这些礼物是自愿的，但实际上它们是根据义务给予的和归还的……进而言之，他们交换的不单单是货物和财富、不动产和个人财产以及具有经济价值的东西。他们还交换礼貌、娱乐、仪式、军事帮助、妇女、儿童、舞蹈和宴会；集市——市场只是其中的一个成分——和财富的流通只不过是广泛而持久的接触的一部分。”①

在较为简单的社会中礼物交换经常采取的制度化形式，突出了社会交换（不同于严格的经济交换）的两个一般功能，即建立友谊纽带和确立超过别人的优等地位。建立友谊纽带可以用西太平洋上的仪式性库拉交换作为例子，在那里，“库拉关系为它的圈中的每个人提供少数在身边的朋友，以及为他们在遥远的、危险的、

---

① 马塞尔·莫斯（Marcel Mauss），《论礼物》（*The Gift*）（Glencoe：Free Press），1954 年，第 1 页和第 3 页。

陌生的地区中提供一些友好的同盟者。”[①]确立对他人优势地位的一个极端事例是美洲西北部的冬季赠礼节，在这个节日中，“交往中的地位、部落中的地位以及每一种等级都是由关于财产的战争决定……”[②]然而，最有趣的事情是，同一制度中的交换有时被用来巩固伙伴关系，有时则用来产生地位分化，而这两种后果看起来是相互矛盾的。

可对隐含在交换概念中的基本原理加以简要地总结。一个向他人提供有报酬性服务的人使他人负有了义务。为了偿还这一义务，第二个人一定要反过来向第一个人提供利益。这里考虑的是外在利益，基本上不是内在于交往本身的报酬，尽管所交换的社会“商品”的意义从来没有完全独立于交换伙伴之间的人际关系。如
90 果两个个体都看重从对方那里得到的东西，那么两个人都倾向于自己多提供一些服务，以便为另一个人增加其供给提供诱因，并且避免欠他的债。然而，随着两个人收到越来越多的他们一开始非常需要的帮助，他们对进一步帮助的需要就会典型地减少。

“从交换中得到的利润随着交换次数的增多而下降”[③]，用技术性术语来说，就是随着利益数量的增加，边际效用最终下降。例如，如果我们在工作中需要帮助，一个专家五分钟的帮助对我们来说价值很大，另外五分钟也许具有同样的价值，但是一旦他已经帮助我们了半个小时，那么他的另一个五分钟时间无疑要比第一个

---

① 布罗尼斯拉夫·马林诺夫斯基（Bronislaw Malinowski），《西太平洋的远航者》（*Argonauts of the Western Pacific*）（New York：Dutton），1961 年，第 92 页。

② 莫斯，前引《论礼物》，第 35 页。

③ 霍曼斯，前引《社会行为》，第 70 页。

五分钟的意义要小些。最后，增加的利益的下降的边际效用不再抵得上获得它们的成本，对双方来说，出现这种情况的那一点——通常在他们交换服务所依据的比率中的某一调整之后——支配着对双方都十分有利的交易水平，在这一水平上，双方之间的交换总量可能会变得稳定化。尽管个人的考虑——例如，不想与同事闹矛盾——改变着这些理性的决定，但是在基本模型的更为复杂的变体中也可以将这些因素考虑进去，至少在原则上是这样。

我们以一个职业上的一位新成员与一位受人尊敬的老资格同事的交往为例来说明这些过程。老资格者对专业问题的令人兴奋的内行讨论和愿意把新手看作是同行的态度是对后者的奖励，这象征着把他接受为一位完全合格的专业人员。他回报以恭敬的钦佩，这是对老资格者的报答。老资格者从人们怀着巨大的尊敬听从他的意见中得到的满足促使他把有限的时间奉献一部分给交往，但是如果他把别人赞美他的内行的观点的时间从每几天半小时延长到每天几小时，那么他的满足也不会成比例增加。而且，老资格者投入交往的时间越多，对他来说，进一步限制着他可用于其他活动的时间的代价也越高。因此，他将会把花在与新手讨论上的时间限制在这样一种水平上，即他从新手的钦佩中得到的支持在意义上要超得过所放弃的如果将时间花在其他追求上获得的利 91
益。然而，在这一点上，新手仍然可以从与老资格者的交往中获得好处。因为他的钦佩不足以增加交往时间，所以新手一定要努力提供额外的报酬，例如，为老资格同事做些额外的工作，这样，就可以促使老资格者用投入更多的时间于该交往的方式加以回报。最终，新手与老资格者进行更多交往所获得的边际收益将不再抵得上这位老资格者提供更多服务的边际成本，于是交换将趋于稳定。这里不是假定，个体们在明显地做这些计算，而是假定，这样的含蓄计算成为来自另外工作的厌烦感或压力感——这种厌烦感和压力感促使他们决定只在一起度过一定的时间——的基础。

未加规定的义务和信任

交换的概念可以通过指出两种限制情况加以界定。在一次抢劫中，因为对方持枪站在他的面前，一个人可以给另一人钱。尽管这可以被看成是用钱来抵命的交换，但还是把肉体强制的结果从“交换”一词所包含的社会行为中排除出去为好。一个人也可以因为他的良心要求他帮助支持下层社会并且不指望从他们那里得到任何形式的感激而散发钱财。尽管这可以被看成是用他的钱来换取他的超我的内在赞同，但在这里仍然还是把遵从内在化的规范从社会交换概念的范围中排除出去为好。[①] 如果一个人把钱给予一个穷人——因为他想让这个人表示感激和尊重，并且，如果他不再向那些不作这种表示的乞丐施舍，那么这就涉及一种社会交换。

作为术语在此使用的“社会交换”，指的是人们被期望从别人

① 路德维希·冯·米塞斯(Ludwig von Mises)将这种类型的行为称为我向主义的交换(autistic exchange)。“作出单方面的馈赠，而又不以接受方或某个第三者用任何行为加以报答为目标，就是我向主义的交换。赠与者获得的是接受者更好的状况给他带来的满足。接受者获得的馈赠就像上帝送的礼物。但是，如果送礼物是为了影响某些人的行为，那么它们就不再是单方面的，而是在赠与者与被别人用礼物来影响其行为的人之间的人际交换的一种变体。”《人类行为》(*Human Action*)(New Heaven: Yale University Press)，1949年，第196页。

那里得到的并且一般来说确实也从别人那里得到了的回报所激励的自愿行动。受到肉体强迫驱使的行动不是自愿的，尽管顺从其 92
他形式的权力可以被看成是一种换取这种顺从所带来的利益而作出的自愿性服务，这一点我们已经指出过。尽管对内在化标准的遵从不能归入我们所提出的交换定义，但对社会压力的遵从往往会产生间接交换。人们进行慈善捐赠，并不是为了赢得他们从未看到的接受者的感激，而是为了赢得那些参与慈善活动的同伴们的赞同。捐赠是为了换取社会赞同，尽管捐赠的接受者和赞同的提供者并不是同一的，对二者之间联系的说明需要对间接交换的复杂结构进行分析，这将留在第八章和第十章讨论。我们现在关心的是较为简单的直接交换。

如同古尔德纳所指出的，为了继续获得利益，需要对已获得的利益进行回报，这种需要是社会互动和群体结构的“启动机制”。[①]当人们匆匆聚在一起时，在共同规范或共同目标或角色期望在他们之间尚未具体化之前，进入交换关系所获得的利益为社会互动提供了诱因，并且交换过程也就成了调节社会互动的机制，因此也成了促进社会关系网络和社会结构雏形发展的机制。最终，调节和限制交换的群体规范出现了，包括基本的和无处不在的互惠规范，这使得不履行义务的人要受制于群体的制裁。然而，与古尔德纳相反，在这里我们主张，互惠规范仅仅强化和稳定化了隐含在社会交换本身特性中的倾向，而模式化的社会交往的基本启动机制

① 阿尔文·W. 古尔德纳（Alvin W. Gouldner），“互惠的规范”（The Norm of Reciprocity），《美国社会学评论》（*American Sociological Review*），25（1960），第161－178页，特别是第176页。

是在交换的存在条件中，而不是在互惠规范中发现的。交换的必要条件是，为了继续得到所需要的服务，个体们要为他们过去已得到的服务履行义务。交换过程宛若是利用个体的自我利益去产生一种分化的社会结构，而规范则在这样的社会结构中得以发展，这种规范要求个体为了集体的利益而搁置他们的某些私人利益。并
93 不是所有的社会约束都是规范性约束，由社会交换的性质所施加的约束就不是规范性约束，至少最初的时候不是。

社会交换在重要的方面不同于严格的经济交换。基本的和最关键的区别是，社会交换引起了未加规定的义务。一次经济交易的原型依靠一份正式合同，合同规定了要交换的确切数量。[①] 买方为购买一所特定房屋支付三万美元，或者签署一份合同约定在若干年内支付这笔钱加上这些年的利息。无论整个交易是否在既定时间内完成（在这种情况下，可能从未签订文本合同），现在或将来需要办理的所有过户手续在销售时就已经确定了。相反，社会交换涉及的是这样的原则，一个人帮了另一个人的忙，尽管存在对某种未来回报的一般期望，但其确切性质并没有在事前作出明确的规定。这些未作规定的义务的特殊意义由马林诺夫斯基所讨论过的库拉交换中它们所采取的制度化形式作了清楚说明：

> 隐含在实际交换规则中的基本原则是，库拉存在于一种仪式性的礼物赠与之中，该礼物一定要用一份等值的对应礼

① 这对于一个雇佣合同或对专业服务的购买来说并不完全正确，因为雇员或专业人员不得不完成的服务并没有事先作出详细的规定。一般来说，涉及服务的经济交易比商品或服务产品的纯粹经济交换更接近于社会交换。

> 物在一段时间之后偿还……但它从不可以用我们正在讨论的两件物品之间的等值物进行传递交换，也从不进行讨价还价和计算……第二个非常重要的原则是，对应礼物的等值物被交给赠与者，而且它不能根据任何强制方式来实施……如果作为对应礼物赠与的物品不是等值的，接受者将会失望和生气，但他没有任何直接的纠正手段，也没有强制他的伙伴的手段……[①]

社会交换，不管它是否以这种仪式化的形式出现，都包含着带来各种未来义务的恩惠，不是加以精确规定的义务，回报的性质不能加以讨价还价，而是必须留给作回报的人自己决定。因此，如果一个人请别人吃了一顿晚餐，他就期望他的客人在将来某个时候作出回报。但他几乎不可能与他们计较他们应该邀请他参加哪种 94
类型的宴会，尽管他期望他们不要简单地请他吃一次快捷午餐——如果他邀请他们参与过的是一次正式的晚宴的话。同样地，如果一个人为一个熟人解决了一些麻烦的话，他期望对方能表示**某种**感谢，但是他既不能就如何回报的问题与对方讨价还价，也不能完全强迫他作出回报。

因为没有办法保证对一个恩惠作出适当的回报，所以社会交换要求要信任别人会履行他们的义务。贷款给买房子的人的银行家不一定要信任他——尽管银行家希望他不要放弃抵押品赎回权，但给另一个人一件贵重礼物的人一定相信他会以恰当的方式

① 马林诺夫斯基，前引《西太平洋的航海者》，第 95－96 页。

作出回报。然而，典型的是，交换关系是在一个缓慢的过程中逐渐发展的，以较小的交易开始，在这种交易中只需要很小的信任，因为涉及的风险很小。一个工人可能帮过一位同事几次忙。如果这个同事没有作出回报，这个工人的损失很小，可以很容易地通过不再提供帮助以避免进一步遭受损失。如果这个同事确实作出了回报，也许大大超出了对于自愿性帮助的感激的程度，并且希望得到更多的帮助，他证明自己值得信赖，可以继续接受更大的恩惠。(过分的回报可能是令人尴尬的，因为它是对一种比人们可能愿意参加的交换关系还要广泛的交换关系的一次投标。)如果仅仅是为了更多帮助的给予提供诱因的话，通过履行对他们所接受的服务的义务，个体们就证实了他们的可信性，而相互服务的逐步扩展伴随着相互信任的平行发展。因此，社会交换过程——它可能以纯粹的自我利益的形式出现——通过它们的反复发生和逐步扩展的特征在社会关系中产生信任。

只有社会交换会引起个人的义务感、感激之情和信任感，而纯粹的经济交换则不能。一个人仅在欠他钱这一表面意义上感激银行家，因为后者借给了他一笔以他的房子作抵押的贷款，而在体验到一笔感激银行家的债务的意义上说，他个人并不会感激银行家，因为银行家的所有服务、所有成本和风险都被适当地考虑进他所借的贷款的利息里了，并且全部以利息的形式被偿还了。然而，如果在没有适当的附属担保物的情况下，一个银行家同意借给一个人一笔钱，他确实会使贷款接受者个人对这种优惠待遇很感激，恰恰是因为这种信任行为引起了一种叠加在严格的经济交易之上的社会交换。

与经济商品相反，社会交换中所包含的利益没有根据一种单一的定量的交换媒介确定的准确价格，这是为什么社会义务是未加规定的另一个原因。这是一个实质性的事实，而不单单是一个 95
方法论问题，认识到这一点很重要。不光是社会科学家不能准确地测量一个既定的帮助性行动值多少赞同，在没有一种货币价格的情况下，行动者本人也不能精确地指明赞同或者帮助的价值。因此，个体在社会交换中所招致的义务仅仅用一般的、有点弥散的术语加以界定。此外，被交换的特定利益有时基本上被看成是它们所表现的支持和友谊的象征，潜在相互支持的交换是参与者的主要考虑。有时候，给予接受者的耗费时间的巨大物质利益服务可能仅仅以口头表示深深的感谢就进行了适当的偿还，因为这些被用来表明，支持和物质利益差不多。[①] 然而，在长期过程中，如果仅仅是因为，在良好意愿的这些表现中，持久的不平衡将对支持和适意的潜在取向中的互惠性提出质疑，那么处于伙伴关系中的伙伴们为了彼此的利益而作出的明显努力总会达到平衡。

外在利益在原则上是脱离于提供它们的来源的，但它们的脱离性是一个程度问题。在一个极端是经济商品，它们的意义完全独立于提供它们的企业。一个公司的股份的价值不受我们从那里买到它的经纪人的影响。在另一个极端是我们在恋爱关系中得到的弥散的社会支持，它的意义完全取决于提供它的个体。典型的被社会性地交换的外在收益，比如建议、邀请、帮助或服从，有它们

① 参见欧文·戈夫曼(Erving Goffman)，《精神病院》(*Asylums*)(Chicago: Aldine)，1962 年，第 274－286 页。

自己独特的意义，这种意义独立于它们的提供者，然而一个个体对它们的偏好也受到他与提供者的人际关系的影响。尽管建议的质量决定了它对一个个体的基本价值，不管是谁提供了它，但他往往更喜欢去咨询一位同事而不是一位他几乎不认识的更为专业的咨询人员，对他而言，这位同事与他的友好关系使得他这样做更容易。[①] 他能够接近一位同事的容易程度、围绕着该咨询的玩笑和快乐气氛以及他从交往中获得的其他报酬与建议本身的质量结合
96 起来一定决定了整个交易对他的价值。确实，工具性帮助的交换有时候可能很大程度上起着为参加者提供交换其他这些更为突出的报酬机会的作用。走过去帮助一位同事完成任务，可能仅仅是一种与他聊天和交换社会支持的托辞。

因为社会利益没有准确的价格，又因为一种既定利益的效用不能明确地与来自社会交往的其他报酬区分来开，因此将经济学的最大化效用的原理应用于社会交换就似乎十分困难了。[②] 可以说，非人格的经济市场有意从这些与其他利益纠合在一起的联系中剥离出特定的商品，因此有可能在有固定价格的不同替代品之间作出理性的选择。然而，甚至在经济交换中，每种替代品的意义也很少限定在一个单一因素上，这就搅乱了理性的决策；人们的工作选择受到工作条件以及薪水的影响，他们对零售商的选择受到商店里的氛围以及商品质量的影响。尽管对社会交换的系统研究提出了不同的问题，但是它所作的关于隐含在选择行为中的效用

---

① 参见布劳(Blau)，《科层制的动力学》(第 2 版)(*The Dynamics of Bureaucracy*)(University of Chicago Press)，1963 年，第 129－131 页。

② 参见霍曼斯，前引《社会行为》，第 72 页。

最大化假定与经济学家在消费研究中所作的假定区别不大。

在生产和销售中，当“边际成本与边际收益相等时”，利润达到最大[①]；并且因为这两种数量都是根据美元来界定的，所以就存在一个明确的最大化标准。但在消费中，最大化指的是使得以替代的方式花费额外的一美元获得的边际效用相等，而对效用的这种比较，原则上提出了一个与社会交换研究中所提出的问题相同的问题。确实，经济学家一般不会试图直接测量效用以确证它们是否相等，而是简单地推断它们是来自消费者支出的分配还是来自其他的经济决定。因此，如果一位科学家以比他能够在产业界获得的工资低的薪水接受了一份学术工作，那么他从他的大学职位中获得的所谓精神收入在效用上将等于或超过工资上的差别。可以从社会交换的可观察行为中得出类似的推论。而且，这些关于 97
所交换的社会报酬对个体所具有的价值的推论可以被用来推导出可检验的假设，这些假设是关于将从它们中间新出现的群体结构以及在各种条件下将发生的结构变迁的，在第七章我们将举例说明这一点。

无需作深入观察就可以发现，即使不存在任何能被实施的有约束力的契约，人们通常也会履行他们的社会义务，这与经济交换中的契约性义务截然不同，后者可以通过法律制裁来实施。原因在于，不履行义务存在大量的不利后果，其中有些并不依赖于互惠规范的存在。假定有一个人，他的一位邻居多次把一些工具借给

① 肯尼思·E. 博尔丁(Kenneth E. Boulding)，《经济分析》(第3版)(*Economic Analysis*)(New York: Harper)，1955年，第552页。

他用，可是当一个机会出现时，他却没有通过帮一次忙的方式加以回报。那么，当他再次需要这些工具的时候，他可能就很难再借这些工具了，并且他也不该无礼到再去借的地步，因为这位邻居可能不愿意再把工具借给他了。邻居也可能对一个接受过某些好处之后却拒绝帮忙的个体变得不太友好了。此外，邻居也许以后不再信任他，比如说，不愿意相信对他们的公共围栏刷过油漆后他会加以报答，而是要求提前付钱。还有可能，这位邻居将这个人的忘恩负义之举告诉其他邻居，结果，这个人在社区中的普遍声誉就受到了损害。特别是，这位邻居的抱怨将促使其他许多人看不起他，不愿意给他帮忙，并且普遍地不信任他。即使他们仅仅考虑保护他们的自我利益，第一个邻居和其他人有理由这么做。他们之间互惠规范的存在进一步强化了他们对他的不赞同以及不愿意帮他的忙，现在，这是对道德标准违反者的惩罚性反应以及为了保护他们自己的利益而采取的行动。最后，如果他不能履行他的义务，内在化的互惠规范将使他感到内疚，使他遭受与其他人的任何行动无关的制裁。不履行社会义务所引起的多重惩罚构成了履行它们的压力。

交换的条件

各种各样的社会条件影响着社会交换的过程：交换伙伴之间关系的发展阶段和特点，进入交易的利益的特征和提供它们所引
98 起的成本，以及交换所发生于其中的社会情境。

初次给一个陌生人或熟人帮忙具有特殊的意义，不管它是采

取少许友善言辞、一支雪茄、第一次邀请他到自己家里，还是某些有帮助的建议的形式。它需要承担帮忙本身被拒绝的风险以及由于未能得到回报和形成友好关系它所隐含的主动表示遭受拒绝的风险。通过冒这些风险，一个人就终止了他自己和另一个人之间彻底的冷漠，并把两种替代方案中的一种选择强加给对方，正如列维－斯特劳斯所指出的："从现在起，它必须变成一种不是友善便是敌对的关系。"[①]对别人所提供的东西的拒绝是带侮辱性的，而接受它就导致某种友好的交换，即使只是问候以及几句友好话语的交换。齐美尔采取的是极端的看法，即一个人最初的友好举动可能从未被充分地回报，因为它只是对另一个人表达良好意愿的一个自发姿态，而任何未来的恩惠则是受报答的义务驱使的。[②]

交换关系的建立涉及作出构成对另一方的责任的投入。因为社会交换要求相信别人会回报，因此初始的问题就是证明自己值得信赖。我们已经看到交换交易的逐渐扩展如何促进了对这些交易所必不可少的信任。当个体经常履行他们的义务时，他们就在证明自己值得进一步信任。而且，通过培养和别人的友善关系（在这种关系中易于交换各种服务）以及通过忽视培养其他伙伴（这些伙伴可能是这些服务的替代源泉），一个个体所作的投入就把他与该关系联系在一起。他的承诺——这将使得放弃有利于对方的伙

① 克劳德·列维－斯特劳斯（Claude Lévi-Strauss），"互惠的原则"（The Principle of Reciprocity），载于刘易斯·A. 科塞（Lewis A. Coser）和伯纳德·罗森堡（Bernard Rosenberg），《社会学理论》（*Sociological Theory*）（New York，Macmillan），1957 年，第 90 页。

② 乔治·齐美尔（Georg Simmel），《社会学》（*Soziologie*）（Leigzig：Duncker and Humblot），1908 年，第 595－596 页。

伴关系变得对他极其不利——让对方更有理由相信他不会逃避他
99 在他们关系中的义务。[①] 双方都会从稳定的交换关系中获益，但是一方的较大承诺却是对另一方的特殊好处。像我们在对社会整合和爱情的讨论中所发现的一样，在这里我们再次发现了一种类似于混合博弈的情境，它既有某些共同的利益，也有某些冲突的利益——共同利益在伙伴关系中，冲突的利益涉及谁作了较大承诺。有较少可供选择机会的伙伴通常比对方更加依赖和受制于这种交换。

因为信任对稳定的社会关系非常重要，并且因为交换义务可促进信任，所以就有特殊的机制使义务永久存在，并因此加强了感激和信任的纽带。例如，在特罗布里安岛岛民的库拉远征中，所接受的仪式性礼物直到许多个月之后的下一次远征才能得以回报，[②]尽管彼此住得很近的伙伴之间的交换是更为频繁的，但是在这里迅速回报也被指责为是不适当的。[③] 同样地，在我们的社会，赠送圣诞礼物的习俗要求我们直到一年以后或者至少在另一个合适的机会出现时才对一份未曾预料的圣诞礼物作出回报。尽管一次晚会的邀请可以在任何时候加以回报，但是过于急着这样做也是不适当的。一般来说，对恩惠的过快回报——这意味着拒绝负

① 承诺已经被设想为一种附带的赌博，它通过使违反协议变得对一个人极其不利而促进信任，参见托马斯·谢林，《冲突的策略》（*The Strategy of Conflict*）（Cambridge: Harvard University Press），1960 年，第 2 章；霍华德·S. 贝克尔（Howard S. Becker），“关于承诺概念的笔记”（Notes on the Concept of Commitment），《美国社会学杂志》（*American Journal of Sociology*），66（1960），第 32－40 页。

② 马林诺夫斯基，前引《西太平洋的航海者》，第 210－211 页。

③ 同上书，第 96 页。

一段时间的债，并且因此坚持一种较为公事公办的关系——被指责为是不适当的。“对履行义务过于急切是忘恩负义的一种形式。”[①]通过对别人保持感激以及相信他们会在相当长的时期中履行他们的义务便会加强社会纽带。

社会报酬的性质可以沿着好几条线路加以区分。第一，某些社会报酬不能在交换中交易，尤其是一个人的内在吸引、对他的观点和判断的赞同以及对他的能力的尊敬，因为它们的意义建立在它们是自发的反应而不是取悦他的算计手段基础之上的。对一个人或他的品质的这些评价，只有在他有理由假定它们基本上**不是**由给他以报酬的明确意图所促动时，才能给他以报酬。与评价相反，报答行为可以在社会交换中交易，因为人们有意把它们作为诱因这个事实并不损害它们作为报酬的固有价值。在一个吸引某人的群体中得到的社会承认、各种工具性服务以及对他的愿望的服 100
从都构成了对他的报酬，即使他知道人们之所以提供它们是为了换取他们期望他提供的利益。第二，在这两类报酬的任何一个当中，可以把内在于个体之间交往的报酬(比如个人吸引和社会承认)与外在的报酬(比如对决定或观点的赞同以及工具性的服务)区分开来。第三，个体们可能彼此相互提供的报酬——如刚刚提到过的四种类型——可以与那些必然是单方面的报酬区别开来，后者表现在对一位给予他较高声望的人的一般尊敬中，也表现在对给予他高级权力的人的要求的普遍服从上。以上描述的六种报

① 弗朗索瓦·拉·罗奇福考德(Francois La Rochefoucauld)，《箴言录》(*The Maxims*)(London：Oxford University Press)，1940年，第73页(第226条)。

酬类型可以用下表来表示：

	内在的	外在的	单方面的
自发的评价	个人吸引	社会赞同*	尊敬－声望**
经过计算的行动	社会承认*	工具性服务*	服从－权力**

*除了那些建立社会交往所必需的成本之外，给提供者带来的投入成本。

**给提供者带来的直接的从属成本。

从和另一个人交往中获得报酬的人，有一种动力向别人提供继续交往的诱因，并且，如果报酬是不需要在交换中交易的自发反应，情况也是如此。因为对一个人来说，与那些高度尊敬他的人交往是富于报酬性的，除非他怀疑他们为了从他那里获得利益而假装尊敬他，否则他便可能为他们提供充足的诱因以继续该交往。对一个人的积极评价不需要被交易，以免它们不再被认为是真诚的并因此失去其意义，但它们确实使得社会交往富有报酬性而且值得接受者付出一些成本，因此可以使评价者与从他的交往中获得一些利益。人们有时利用这个事实，以一种工于心计的方式表达对另一个人的赞同，以便在交往中从他那里获得利益，但这种拍马屁的策略只有在它的算计意图保持隐蔽时才能成功。

101 在交换中为别人提供社会报酬所付出的代价可以被看成是“投入成本”、“直接成本”和“机会成本”。时间和精力上的投入对于获得提供许多工具性服务所需要的技能是必不可少的，这些投入对于博得对某人的赞同的尊敬也是必要的，并因此使它对别人也是有价值的。一个群体的有益于其成员的投入决定着群体中的社会承认的价值，以及为换取承认它可以要求的贡献。提供其他社会报酬除了那些建立交换关系所必需的投入之外，通常就不再需要任何投入了。在社会交易中，最明显的直接成本是包含在表示尊敬或表明服从中的从属性，就是说，用声望和权力作为给别人的报酬。在提供任何社会报酬中所带来的最普遍的成本是在社会交往中这样做所需要的时间。因为这一时间的意义取决于把这一时间花在既定的交换关系中所放弃的替代机会，它可以被看成是一种机会成本。尽管时间可能是社会生活中最具广泛意义的资源，但它并不是可能必须要从替代用途中被收回因此产生机会成本的唯一有限的资源。

一个人从某种社会交往获得的报酬使他失去把所花的时间（以及其他有限的资源）用在本来能够获得报酬的另外一种交往的机会。在恋爱关系中的相互支持和在艺术圈里的社会承认、为博得别人的赞同或者得到他们的尊敬所付出的努力以及为换取所需的服务或对某人意愿的服从而向别人提供利益所作的付出——所有这些都会带来所放弃的选择的成本，结果是决定把时间和精力都花在这些交往之中而不是别的交往上。这些时间和努力本来可以花费在从别的来源获得同样的报酬，也许以较低的成本或者获得更好的质量，也可能用它们来获取不同的报酬。只要这些替代的选择看上去有诱惑力，个体们就倾向于探索它们，但是他们一旦决定了他们认为是最好的选择方案，便可能对一种交换关系承担责任并停止进一步的探索，结果是，他们也许不可能去利用那些确实可以获得的更好的机会了。

如果一个人在社会互动中因做了某些事而获得满足，这也令他的伙伴感到满足，那么，他就在自己无需付出任何成本的情况下

为伙伴提供了一种社会报酬。尽管这对他来说耗费了时间，但是这种成本应该算在他自己体验到的报酬而不是他同时给别人提供
102 的报酬上。这种无成本的报酬典型地体现在相互爱恋上，在这里，每个人都在给对方以爱的过程中得到了满足，但这种无成本的报酬也可以在工具性交往中观察到。给一位同事提出建议要花费时间和努力，人们期望这位同事会为该咨询者的这笔支出加以补偿，至少通过对他的内行的建议表示感激和尊敬的方式去补偿。然而，即使不请求建议，一位遇到复杂问题的能人可能也会把他的有趣情况告诉他的同事，正如我们在对政府官员的研究中实际上经常看到的那样。①

这种当着专家同事们的面讨论复杂问题的做法可以被看成是变相的咨询。当说话者"自言自语"时，他的同事们的专注的倾听和赞扬性的评论，事实上通过向他指出他是否做得对或想得对而提供必要的建议和确认，因而帮助他作出独自一个人也许不能作出的决定。因为对一个复杂情况的有趣介绍的倾听和评论具有启发性并令人愉快，所以倾听者的含蓄的建议并不会给他们带来任何成本，说话者也没有义务去报答他们。除了他对能力投入的间接成本外，他免费地获得了建议。如果没有这些投入，他就不可能提出复杂的讨论，并使其他人发现它足够刺激而想去听。②

---

① 布劳，前引《科层制的动力学》，第 132－135 页。

② 他也付出了一种时间成本，但不是一种要回报的义务。需要建议的个体们至少要含蓄地通过请求别人的建议对他们的高级能力表示尊敬。与此相反，那些就他们遇到的复杂问题提出讨论的个体们则通过成功地这样做而赢得尊敬，尽管在他们的分析被证明是不正确的情况下，他们确实要承担失去尊敬的风险，但这就阻止了那些能力较差的个体们诉诸这种做法。

准确地说，是什么东西使一个人从伙伴们那里获得社会报酬而又不会承担要报答的义务呢？基本上是这样的事实，他们的给他带来报酬的行动不是被他们体验为一种净成本，而是被体验成一种净收益，也就是说，他们自己会获得充分的报酬这一事实促使他们参加这些行动。[①] 然而，交换伙伴们对相对收益的感知可能使情况复杂化了。例如，如果一个邻居喜欢劈木头，而另一个邻居 103
想把自己的木头劈开，那么第一个邻居可以用一种他本人直接受益的行动（劈木头）为另一邻居提供服务，反之亦然（想把木头劈开），从而在一开始谁也不欠对方的债。但是如果其中一人或者两个人开始都认为，一个人从交易中得到的收益要大于另一个人得到的，那么一个人将觉得有义务向另一个人提供额外的恩惠，而第二个人觉得接受甚至要求恩惠是正当合理的。一个人从一项也给另一个人以报酬的行动中获得的**相对**净收益使得另一个人从对自己所接受的报酬要进行报答的义务中摆脱出来。

在对一种交换交易中的成本进行分析时，重要的是，在 A 获得一项既定报酬的成本与 B 提供这一报酬的成本之间作出区分。如果 B 放弃的机会成本通过他在给 A 带来报酬的过程本身中所得到的满足作了充分的回报，那么他就能以自己不花费任何净成本的方式提供这些报酬。不过，获得这些报酬对 A 来说可能是昂贵的，因为他得到的不成比例的利益使他有义务在自己付出一定代价的情况下对 B 作出回报。一个人可以通过从别人的行动中

① 尽管我在我的研究中强调一个人给另一个人以报酬的**意图**在这种联系中的意义（出处同上，第 134 页），但我现在认为，关键的因素不是他的意图，而是他自己在给别人提供服务的过程中是否受益。

获得报酬来降低成本，这些行动对于别人来说是可以受益而又不需要成本的——如果这是可能的话。① 因此，通过告诉别人有关困难问题的情况而间接地请教他们，是一种比直接请求建议更为经济的接受在决策方面帮助的方法，但是只有专家——他们对别人发现的刺激性问题进行讨论——才能利用这种获得帮助而又无需对其作出回报的方法。社会交换也可以通过提供同时既有益于其他一些人又使他们负有义务的方式变得成本更低且获益更多。对整个群体作出重要贡献的人说明了这种使某人的行动产生的利益成倍增加的方法，在更低程度上，调解朋友之间不和的人也是如此。普鲁斯特举例说明了这类手法：

> 他从今以后将同意作为他的两个吵过架的朋友的调解人，这使得他被人们称为最乐于助人的人。但是对他来说，给来找他帮忙的朋友提供服务还不够；他将向另一个人说明
> 104 他当时用以实现和解的方法，因为他不是应第一个朋友的请求，而是为了第二个朋友的利益才采取一种真诚的态度的，在说服一个已经受过他以前曾看到过的“最乐于助人者”思想影响的听众方面，他从未遇到过任何困难。以这种方式，在两个场景中轮流扮演角色，在舞台术语中这被称为“兼演”两个角色，他从不允许他的影响受到最轻微的损害，而且他所提供的服务不是一种资本支出，而是他的一部分信誉的额

① 他会降低他的成本，尽管不是削减到零，即使他们比他从这些行动中受益较少也是如此。

外红利。[1]

交换交易发生于其中的社会情境在几个方面深刻地影响着它们，尽管对交换过程与社会结构之间相互关系更为全面的分析还是后几章的事，但在对交换条件的这种讨论中必须要简单地勾勒一下这种社会情境。首先，即使我们把交换交易抽象成一种单一的两人关系，但他们还是受到每个伙伴的“角色丛”的影响[2]，也就是说，受到每个人由于占据着与交换相关的社会地位而具有的角色关系的影响，因为这些角色关系支配着这两个人的选择机会。例如，一个相互邀请的小集团成员的更大的熟人圈子，或者两个恋人的约会机会，都限定着被每个人放弃的替代选择，并因此影响每个人为从他现在的交往中获得报酬而承担的成本。

第二，一个群体的整个交换交易决定了占主导地位的交换比率，为了达成一致，这个群体规范为任何偏离该交易关系施加了压力。在由强制服从的群体制裁所支持的道德标准的意义上说，这些压力不是规范性的压力，而是产生于现存机会的压力。例如，在一个工厂工人的群体中，对特定机械技能的需求和供给影响着一个高度熟练的工人在帮助别人完成任务时平均得到多少尊敬和其他利益。在一项既定交换关系中，与这个平均状况相差过大为其

① 马塞尔·普鲁斯特（Marcel Proust），《追忆似水年华》（*Remembrance of Things Past*）（New York：Random House），1934 年，第一卷，第 703 页。

② 有关角色丛这个概念，请参见罗伯特·K. 默顿（Robert K. Merton），《社会理论与社会结构》（第 2 版）（*Social Theory and Social Structure*）（Glencoe：Free Press），1957 年，第 369－370 页。

中一个伙伴放弃帮助提供了强烈的诱因，因为他在别处可以得到更加有利的社会互动机会。第三，一个集体中较弱势的成员之间的潜在联盟往往会限制它的较强势的成员在交换交易中充分利用
105 他们的有利地位。第四，交换过程在一个群体中典型地引起的权力差异随后就改变了这些过程，因为已确立的权力使一个人能够强制别人提供服务而他却不作出公平的回报，尽管形成摧毁其权力的联盟的危险可能会阻止他滥用权力。

最后，通过使一项既定交换关系中的交易成为发生在此背景下的其他交换的一部分——不过，它们可能是更为显著的交换——社会情境施加了一个微妙却重要的影响。一个人可能会给一位服务员一大笔小费，这是为了使餐桌旁的同伴对他的慷慨表示赞许，而主要不是为了赢得这位服务员的感激。一个工人可能会友好地帮助一位新来的同事，并且拒绝任何回报，这是因为他想给他的主管或老资格的同事留下深刻印象。如果在这些案例中我们只看表面上的交换，那么个体就会显得对从交换中获益不感兴趣，原因在于，他取向于一种不同的交换，他在一种交换中的无私行为意在通过为他赢得重要他人的赞同从而在另一种交换中获益。相反的情况是，有的人会充分利用每一种优势以从某些交换关系中榨取最大的工具性利益，根本不管它因此会招致责难，因为他需要这些利益以便去博得那些对他而言更为重要的其他各方的赞同。在上述任何一种情况下，如果不考虑影响直接交换过程的其他交换过程，我们就不能理解这些直接的交换过程。

人们既想在他们的社会交往中获得赞同，又想从中获得利益，而这两种愿望常常会发生冲突，因为不顾一切地追求利益势必会

引起非难。在现代社会中，个体们对多个群体的参与有助于解决这一冲突。正如我们在前面所提到的，在某些群体中赢得社会赞同所必需的资源一般可在其他群体中获得，在这些群体中，赞同不那么重要，并且没有也行。商人通过艰苦的讨价还价而赚得的钱——这使得他在他的商业伙伴中更加可怕而不是可爱——能使他用他的慷慨赢得他的朋友们的赞誉。政治家们谦卑地讨好选民，目的在于获得一个他能行使权力的职位。吝啬的秘书不顾同伴们的嘲笑整年到头地省钱，她希望的是在她的假期中用她的富足给另一个社交圈子留下深刻的印象。青少年犯罪者愿意利用更大的共同体对其行为的谴责来博得在帮伙中的尊敬。多群体参与 106
需要社会成本，尤其是如同最后一个例子所表明的那样。通过把他们自己组织进亚集体——只有它们的社会赞同才被认为是重要的，它使现代社会中的个体们能够使共同体的非正式的以及部分地甚至是正式的制裁全部失效。

压倒性的施予

在简单社会中，礼物和服务的交换——它经常采取一种仪式性的形式——不仅用来形成伙伴之间友谊和信任的纽带，而且用来产生和加强高等人与低等人之间的地位差异。现代社会中普遍的交换过程——它们一般没有被制度化——有着同样的相互矛盾的双重含义。确实，较简单社会中的交换仪式与我们社会中的社会交换有许多类似之处。

马林诺夫斯基曾指出，在库拉中所使用的仪式性物品实际上是纯粹的交换物品。尽管这些臂环、项圈有时在节日场合穿戴，但是岛民们从中感到巨大的自豪既不是由于它们作为可展示的财产的价值——它们轻易被借给别人在仪式上使用，也不是由于它们作为传家宝的意义，因为保存它们的时间不会超过一年，或者至多两年。恰当地说，它是由于一个人从仪式性交换中的成功——他对一件精美的库拉物品的暂时拥有表明了这种成功——所获得的声誉。[①] 其他的永久财产受到极大重视，“财富是社会等级必不可少的附属物和个人品德的属性。但重要之点在于，占有它们就是给予——在这一点上，土著人显然与我们不同。一个拥有一件物品的人自然被期望分享它、分配它、做它的受托人和分配者。等级越高，义务越大……因此，有权的主要表现就是富裕，而富裕的主要表现就是慷慨。”[②]

也许，我们对财富的取向并非真正地不同于马林诺夫斯基在这段话中所提出的太平洋岛民的取向。我们看重财富主要也是因为使用它能增强我们的权力，以及通过慷慨地分配它为我们赢得赞同。秘密地囤积其财富的守财奴不会靠它获得社会利益，可以被看作是一种病态情况。的确，在现代社会的复杂经济结构中，财
107 富无疑比它在岛民中更为经常地被用于维护支配人的权力，而不常用来对人们慷慨地给予。然而，就像我们反复指出过的那样，之所以如此的原因在于现代社会的分割性质，它使得我们所接触到的大多数人的赞同变得对我们意义不大。在亲密的小圈子里——

① 马林诺夫斯基，前引《西太平洋的航海者》，第 86－87、94 页。

② 马林诺夫斯基，前引《西太平洋的航海者》，第 97 页。

这些亲密者的赞同对现代人极为重要，现代人的财富的主要功能是使他能够慷慨地分配报酬，这些报酬有助于赢得亲密者的赞同和维持他们的感情。

“全面给予（total prestation）”，正如莫斯对任何交换形式的称呼那样，“不仅因它而带来偿还所收到的礼物的义务，而且它还意味着其他两个同样重要的义务：给予馈赠的义务和接收馈赠的义务……拒绝给予或者不作邀请——像拒绝接受一样——就等于是宣战；它是对友谊和交往的拒绝。”[①]给予一项馈赠或帮一个忙表明了对另一个人的信任；对方的回报证实了这种信任是正当的。当机会出现时，拒绝给予一项馈赠或邀请一个人意味着不信任他，拒绝接受一项馈赠或一次邀请也是如此，因为接受将使一个人卷入到一种交换关系之中——在这种交换关系中，他将不得不信任另一个人会在未来的某个时候作出回报。在简单社会中，不信任就等于敌视；而在我们社会的经济关系中，不信任是预料之中的事，在我们社会的社交关系中，不信任也仅是一种不友好的表征。给予馈赠或提供帮助是友好的表示；而对这种主动表示的拒绝是一种侮辱，在似乎需要表示友好时却不表示仅仅是稍轻一点的侮辱。

对一个主动表示的接受以及对馈赠或帮忙的回报往往成为一种萌芽的交换关系的起始点，也可能是一种持久的朋友关系的起始点。[②] 个体之间各种利益的扩展性交换使得他们越来越相互依

① 莫斯（Mauss），前引《论礼物》，第 10－11 页。

② 小恩小惠的作用表现为邀请参加更重要的交换，恳求性礼物（soliciting gifts）的库拉实践就表明了这一点。一个岛民——他拥有一件特别珍贵的库拉物品——的伙伴们给予他各种各样的恳请性礼物，试图迫使他把这件物品给他们而不是给别的伙伴。参见马林诺夫斯基，前引《西太平洋的航海者》，第 98－99、354－355 页。

赖，建立起相互信任，并加强他们的社会纽带。然而，一个人对正在被交换的外在利益的兴趣可能会导致他接受一个恩惠，尽管他
108 不能适当地报答，或者他虽能报答却不报答。不报答导致信用的降低和信任的减少，它最终会使他被排除出进一步的交换，并带来社会地位的普遍下降，特别是当一个人不履行义务的名声在该共同体中传开时。

在回报的义务和接受恩惠的义务之间存在一种冲突，因为，如果一个人没处在对提供给他的利益恰当地加以回报的位置上，那么他保护自己免受无以报答所带来的不良后果的唯一方式就是不接受提供。然而，两个明显不相容条件的这种结合，就使慷慨地赠送变成在地位上超过他人的一个根源成为可能。用列维－斯特劳斯的话来说，社会交换的一个重要功能之一就是“在慷慨方面压倒竞争者，如果可能，则在希望他不能履行的未来义务上制服他，因此从他那里得到特权、头衔、等级、权威和声望。”①

一个给予别人以贵重礼物或者为他们提供重要服务的人，通过使他们感激于他而提出对高等地位的要求。如果他们回报以充分地履行其义务的利益，那么他们就会否决他对优越地位的要求；如果他们的回报过量，他们会反过来要求优越于他的地位。如果他们不能回报以适当的利益——至少这些利益对于他来说，与他的利益对于他们同等重要，那么他们就确认了他对高级地位的要求。（在简单社会中，这种地位差异一般归因于单方面礼物的制度化意义，而在现代社会它典型地是对经常需要的服务单方面依赖

① 列维－斯特劳斯（Lévi-Strauss），见前引文“互惠的原则”，第 85 页。

的结果。)如果其他人拒绝他的赠与,它可能意味着他们不能对他的赠与作出报偿,这也就是承认,他们在社会交换中没有能力做到与他平等,这种承认也会导致地位的丧失。但是,如果他们的等级和富有程度远远超过他,那么他们对他的赠与的拒绝就意味着其他的东西,即他们认为他不配做他们的交换伙伴,在这种情况下,他们的拒绝就会导致敌对。[①]

分配有价值财产的能力成为一种社会性地定义的优越性的标 109
志。这一过程的极端事例可以在夸扣特人(Kwakiutl)和其他印第安人部落的夸富宴(potlatch)制度中发现。引用莫斯的话来说,这些仪式“首先是贵族之间的一种斗争,它是为了确定他们在等级制度中对于最终利益的地位,如果他们成功了,也是他们自己氏族的成功。”[②]为了这个目的,他们摆出了盛宴,在盛宴中,为了羞辱其他不能与他的奢侈铺张相媲美的人,让他们屈服于他,主人不仅分配,而且实际上破坏,大量有价值的财产。“在某些夸富宴体系中,人们被迫花费他所拥有的一切东西而变得不名一文。通过满不在乎地花费来显示其财富的富人就是赢得声望的人。”[③]作为一种肯定高级地位的手段,对财富近乎麻木地耗费和毁坏——这种手段在夸富宴中已被制度化了——也可以在我们的社会观察到,

① 请参见霍曼斯的讨论,前引《社会行为》,第 318－319 页,这一分析就是从他的讨论中推导出来的,除了下面这一点,即霍曼斯没有根据拒绝者的等级和资源在拒绝进入一种交换关系可能具有的两种不同含义之间作出区分。这种区分隐含在莫斯的著作中,前引《论礼物》,第 10－11、39－40 页。

② 莫斯,前引《论礼物》,第 4－5 页。

③ 见莫斯前引《论礼物》,第 35 页。也可以参见露丝·本尼迪克特(Ruth Benedict),《文化的模式》(*Patterns of Culture*)(Boston：Houghton Mifflin),1934 年,第 4 章。

但在我们的社会中，它没有被制度化，而是采取了“炫耀性消费”的形式。凡勃伦曾强调指出，可见的成就一旦被认为是作出有价值贡献的技巧和能力的标志，就必然会被仿效和敬仰。他还指出，通过显示成就的表面标志，炫耀性消费甚至炫耀性浪费已经成为维护优越地位的重要策略。[①] 之所以这样，一个原因可能是炫耀性浪费表明了一个人的资源是如此之多，以至于他不需要去节省它们，而当它表明了他给别人以报酬并强制他们服从他的愿望的巨大潜力时，它可能引导他们给予他高级地位，甚至在预期他实际使用这一潜力时也是如此。

此外，许多人把在公开仪式上分发和毁坏有价值物品作为为了整个社区的利益对神的一种牺牲，给穷人以施舍和给儿童以礼物有时具有相似的意义。[②] 部落里的其他人授予那些作出这种牺牲的人以高级地位，以便在一定程度上交换他们假定在鬼神中给整个部落带来的好意。一个现代社区从慈善性捐赠中所获得的利益相应地有助于维持那些作出捐赠的人的高级地位。

对于单方面给予可确立优越地位的原则而言，给首领的贡品
110 是一个明显的例外。例如，在库拉交换中，最初的礼物总要交给首领。“这样，首领有时会欠平民一件礼物，但是平民从来不会欠首领一件礼物。”[③]尽管首领在仪式性的库拉交换中暂时拖欠某些人的礼品，尽管他依赖于许多人的贡献以便支持他的家庭和仆人的

---

① 索尔斯坦·凡勃伦（Thorstein Veblen），《有闲阶级论》（*The Theory of the Leisure Class*）（New York：Viking），1931 年，第 4 章。

② 参见莫斯，前引《论礼物》，第 12－16 页。

③ 马林诺夫斯基，前引《西太平洋的航海者》，第 473 页。

生活，但他仍然维持着他对平民的优越地位。[①] 解释可能是这样的，平民们应该向首领进贡，平民们为首领提供的物品和服务并不被看成是使他对他们承担义务的恩惠，而是对他们欠他的义务的报答。这里隐含的假设是，首领的领导为社区提供了重要的利益，而他们给他的贡品——既以有价值物品的形式，也以顺从的形式——是对他们欠他的一连串债务的偿还。制度化的权力要求上级提供服务，这些服务为下级提供利益，而他向他们提供的这些利益又巩固了他的权力。这一权力使得下级的服务不足以建立与该上级的平等关系。单方面的给予造成了以前伙伴关系之间的地位差别，但是一旦高级地位在该社会结构中牢固地建立起来，占据高位者便可以要求单方面的服务而又无损于他的优越地位。

马林诺夫斯基对库拉物品实际交换中的仪式化行为的研究也是有启发性的，他写道："土著人说'扔'一件有价值物品，这一用语很好地描述了该行为的特征。因为，尽管给予者不得不移交有价值的物品，但接受者几乎毫不理会它，并且很少实际接受它。交易的规矩要求礼物应该以一种无礼的、唐突的、几乎愤怒的方式给出去，并以同样的冷淡和鄙视收下来。"[②]正如马林诺夫斯基所指出的，这些惯例是伙伴们交换兴趣的象征，伙伴们不能通过讨价还价直接表现这些兴趣；接受者的鄙视意味着，该物品没有多大价值，而给予者表示愤怒是为了"通过表现出放弃这件物品是多么令人悲痛来提高该物品的表面价值。"[③]此外，接受者的冷淡表示不需

① 马林诺夫斯基，前引《西太平洋的航海者》，第 64－65 页。

② 马林诺夫斯基，前引《西太平洋的航海者》，第 352 页。

③ 同上书，第 353 页。

要该有价值的物品，而给予者把它扔在地上的无礼方式同样也表达了不需要它。

这种交换礼节可以被看成是角色距离的一种制度化形式，通
111 过表明他能轻而易举地超越库拉伙伴的角色要求，同时通过表明既不是这种角色所带来的报酬，也不是它所要求的牺牲使他深陷这个角色，这种制度化形式为每个行动者提供了一个在仪式上给他的观众以及他的伙伴留下深刻印象的机会。[1] 通过表现角色距离，一个库拉伙伴含蓄地声称，他的资源保证了他在交换结构中的高级地位。马林诺夫斯基的观察间接地支持了这种解释，他看到，当一个平民从一个首领那里收到一件库拉物品时，他确实表现出感激，[2]因为人们期待一个平民试图要求超过其他平民的优越地位，而不是要求超过一个首领的优越地位。在我们的社会，与送礼有关的规矩表现出了与库拉交换中的规矩的某些类似之处。我们也往往通过贬低我们所送的礼品的价值——“它确实是区区薄礼”——来显示角色距离，尽管接受者应该对该礼物表示感激，但是由惯例所规定的老一套感激形式要求他把对物品本身可能有的任何强烈兴趣都隐藏起来。礼物是友谊和社会纽带的象征，要求对物品的固有价值不表示出兴趣，有助于保持它们作为人际情感的象征的纯洁意义。[3]

---

① 欧文·戈夫曼的角色距离概念我们已经在第二章讨论过。

② 马林诺夫斯基，前引《西太平洋的航海者》，第 352 页。

③ 齐美尔曾经指出过(见前引《社会学》，第 488－489 页)，把某种有用的东西给一个穷亲戚或需要它的朋友会使他受到羞辱，因为礼物明显的实用价值剥夺了它的情感价值，因此强调了他正在被作为一个穷人而不是被作为一个至交来对待。

总之，用施予来压倒他人的办法可用来达到对他们的优势地位。赠与别人好处时所采取的仪式性姿态显示了以这样的方式提出来的对高级地位的要求。在许多简单社会中，礼物和服务的交换已经被制度化为地位差别的基础，而赞同和顺从的制度化模式则把高级地位授予了那些能够最为慷慨地分发有价值物品的人。“在我们已经使市场制度化的地方，它们也使礼物制度化了。”[1]但是，支撑这些制度化形式的是表现在最复杂以及最简单社会之中的一般性社会力量。在一个社会中，无论什么东西被定义为有价值物品，那些大量拥有它的人都能够很容易地给别人以报酬，并因此取得对他们的支配地位。他们分发这些有价值物品，不管是以实际报酬的形式，还是以证明其报答潜力的炫耀性浪费的形式，都 112
构成了一种对为大多数其他人所承认的优越地位的要求。经常单方面提供那些满足重要需求的利益会使其他人感激和依赖那些提供它们的人，并因此服从他们的权力。

结　　论

人们对其他人的肯定性情感和评价，比如爱慕、赞同和尊敬，是具有一定价格的报酬，它们可以进入交换交易，但是它们不需要明显地在交换中交易，以免它们作为真诚的情感或判断的价值受到损害。然而，不管潜在的动机是什么，人们作出的有益于他人的行动总是有意义的；因此，如果它们明显被用来在交换交易中讨价

① 霍曼斯，前引《社会行为》，第319页。

还价，那么它们作为报酬的价值就不会受到损害。这对于工具性服务（包括服从别人的愿望这类工具性服务）尤其如此，这种工具性服务构成了外在报酬。但是，内在于社会交往的报酬与那些外在的、并且原则上可与社会交往分离的报酬之间的区别是一种分析上的区别和相对的区别。

尽管社会交换的重心落在某种外在价值的利益上，或者至少落在对好处含蓄地讨价还价上——这使它区别于深厚爱情之中的相互吸引和支持，但是社会交换对于参与者总是带有内在意义的成分，这一点使它有别于严格的经济交易。在礼物交换中关于明显的讨价还价的禁忌被用来保护它们作为友谊的象征的意义——即作为内在吸引的表征的意义——不会被物品本身的内在价值所抹煞。因此，社会交换是纯粹的利益计算和纯粹的爱情表达之间的一种中间情况。然而，甚至经济交易和爱情关系也很少以完全纯粹的形式表现极端的过程，因为在任何经济交易中所一般涉及的多种收益和成本妨碍了明确的利益计算，又因为在爱情关系中也交换外在利益并且有助于产生相互情感。经济制度，诸如规定交换的精确条款的非人格化市场和合约，意在将对交换的各种物品的关心与其他考虑分离开来，以及对一项交易中所引起的明确义务加以具体规定，因此将理性计算的可能性最大化。与此相反，
113 社会交换包含了未加规定的义务，这些义务的履行取决于信任，因为它不可能在没有一种约束性契约的情况下得以实施。但是社会交换所要求的信任以一种自我调节的方式通过它自己的逐步扩展而产生出来。

向他人提供利益可能导致和他们形成伙伴关系的纽带的形

成，或者导致优越于他们的地位。一个向他人分配礼物或服务的人提出了对高级地位的要求。其他人通过回报，尤其是通过作出目前使第一个人对他们负有义务的过分报答，使他的要求失去效力，并且在扩展伙伴之间相互信任的交换关系中引起进一步的交易。另一方面，如果他们不能作出回报，那么就确认了他对高级地位的要求，如果他们不接受他的赠与也是如此，除非他们的明显富裕证明，他们拒绝接受赠与不是由于他们没有能力进入与他平等的交换关系，而是他们不愿意这样做，在这种情况下，拒绝有可能产生敌对。一个人通过向其他人提供他们不能适当地偿还的利益压倒他们，并因此用其他人对于他的义务的重担征服他们，来确立相对于他们的优越地位。但是一旦优势地位在政治或经济结构中牢固地扎下了根，那么它就可以使一个人以贡品的形式从下级那里榨取利益，而不会使他对于他们的持续的优势地位遭遇任何危险。

建立社会交往的个体们既具有某些共同的利益，又具有某些冲突的利益，看来这是社会交往的典型情况。一种稳定的社会关系要求个体们为实现它以及维持它的存在作出某些投入，使对方或其他人承担一份能保证他们持续交往的不相称的义务，这对每一方来说都是有利的。因此，个体们在维持他们之间关系中的共同利益，在涉及谁的投资应该对维持这种关系作出最大贡献时，往往伴随着冲突的利益。我们已经看到，尽管群体成员中的大多数人愿意满足于这样一个位置上，即必须对其他人给予尊敬，以免被从群体中排斥出去，但是彼此吸引的他们的第一选择一般是通过其他人对他们的单方面尊敬来加固他们在群体中的位置。同样

114 地，尽管恋人们从使对方作出更大的承诺中获得利益，但他们对维持恋爱关系的兴趣通常诱使他们在必要时作出更大的承诺。与此类似，尽管进行交换的伙伴们对维持伙伴关系的兴趣激励他们中的每个人都要作出大量投资而不是让有利的交往崩溃，但是他们往往从让对方作出大量的稳定他们关系所必需的投入中获取绝大部分利益。最后，在每一种交换交易中，每个参与者都希望以小成本获得大收益，而为使双方都获益就必须达成某种妥协。在所有这些社会交往中，冲突性和共同性利益总是并存这一现象意味着，伙伴们的第一选择总是相互冲突的，而最后作出的选择则是彼此相同的，每个人的第一选择是另一个人的倒数第二选择，尽管它可能仍然比任何可用的替代选择更受偏爱一些。[①] 然而，在伙伴之间掌握和探索替代机会的过程中，这些偏好不断地被改变，直到稳定的社会关系被具体化为止。

除了这些人际冲突之外，个体在获得社会赞同和支持的渴望与在社会交往中获得实际利益的渴望之间也存在内心的冲突。这种冲突往往通过如下方式加以解决，即基本上从某些伙伴那里获得内在支持，而主要从其他伙伴那里获得外在利益。在现代社会中，个体加入多个群体促进了这种解决方式，这允许他们分别地在一种社会情境下不考虑赞同而去追求他们的利益，而另一种社会情境下——比如在他们的事业和家庭中——通过他们的慷慨和支持博得赞同和支持。作为一种约束性力量，社会赞同在复杂社会不像在较简单社会那么具有普遍性意义，因为在复杂社会中，通过

① 见第二章中的相关表格。

发现一个他们能从中获得赞同的志趣相投的亚群体，群体的多样性和它们之间可能的流动可以使几乎各种越轨者逃脱社区谴责的影响。因此，非人格的约束在现代社会具有特别的重要性，而非人格约束的一个基本来源是权力。

第五章　权力的分化

> 因此，权力既可怕又脆弱，它可以统治一个大陆，结果却
> 115 被一阵窃窃私语吹倒了。如果想摧毁它，没有什么比漠视它的威胁，并厌倦它所作出的允诺更有效了。只要做到这点便足够了。
>
> ——R. H. 陶奈，《论平等》

韦伯认为，"'权力'是一定社会关系中某一行动者处在尽管有反抗也要贯彻他自己意志的地位上的概率"。① 陶奈对权力的定义除了明显地将人们的注意力引向权力关系的不对称之外，也同样集中于将某人的意志强加于他人，"权力可以被定义为一个人或一群人按照他所愿意的方式去改变其他人或群体的行为，以及防止他自己的行为按照一种他所不愿意的方式被改变的能力。"②

根据宽泛的定义，权力指的是人与人之间、群体与群体之间的

---

① 马克斯·韦伯（Max Weber），《社会和经济组织的理论》（*The Theory of Social and Economic Organization*）（New York：Oxford University Press），1947 年，第 152 页。

② R. H. 陶奈（R. H. Tawney），《论平等》（*Equality*）（London：Allen and Unwin），1931 年，第 229 页。

各种影响，包括那些在交易关系中行使的影响，在这些交易中，一个人为了做到这一点通过给别人以报酬而诱使其他人同意他的愿望。然而，不管是韦伯，还是陶奈，都没有使用这种宽泛的术语。尽管当顾客在付钱后让珠宝商把一枚钻石戒指让与他时，表面上看是把他的意志强加给了珠宝商，但这种情况明显不应该被混同于那种用枪强迫该珠宝商交出钻戒的匪徒的情况。肉体上的胁迫 116
或者肉体上的威胁是权力的极端情况，但是其他消极的制裁，或者实施制裁的威胁通常也是将某人的意志强加于他人的有效手段。人们可能会因为害怕失去工作、被排斥、被罚款或者失去社会名望而被迫做事情。这表明在强制性权力——它依靠消极制裁的威慑作用——与基于报酬（这是交换交易的特征）的影响之间存在区别。[①]

将权力定义为通过消极制裁加以控制意味着，一个人让另一个人提供一次服务，并威胁说，如果拒绝服务便从他那里扣除一百美元，这时这个人就行使了权力。但是，他让另一个人提供同样的

① 这对应于小约翰·弗伦奇（John P. R. French, Jr.）和伯伦特·雷文（Bertram Raven）对强制性权力和报酬性权力之间所作的区分，除了这一区别之外，他们还具体说明了三种不依靠外在制裁的权力（合法的权力、所指的权力和专家的权力）；参见“社会权力的基础”（The Basis of Social Power），载于多温·卡特赖特（Dorwin Cartwright），《对社会权力的研究》（*Studies in Social Power*）（Ann Arbor: Institute for Social Research, University of Michigan），1959 年，第 150 – 167 页。塔尔科特·帕森斯（Talcott Parsons）在以借助消极制裁的威慑为基础的强制性权力和以积极制裁为基础的交换交易中的引诱之间作了一种类似的区分；参见“论影响的概念”（On the Concept of Influence），载于《舆论季刊》（*Public Opinion Quarterly*），27 (1963)，第 43 – 45 页，以及“论政治权力的概念”（On the Concept of Political Power），《美国哲学学会年报》（*Proceedings of the American Philosophical Society*），107 (1963)，第 238 – 239 页。

服务，并答应他，如果做则给他一百美元，这时他就不是行使权力。有人可能会提出反对说，在上述两种情况下，净差别是一样的——另一个人如果提供服务要比不提供服务多得一百美元——但这种反对似乎并没有根据。关键的因素是当另一个人试图影响某人时他所处的基准线，在惩罚和报酬之间唯一的差别就与这种初始的基准线有关，不管与他在交易之前的情况相比是好一些，还是差一些。避免受损失的必要性可能也被体验为比外在强迫还严重的东西，而不是被体验为获得某种利益的诱惑。然而，一个更为严肃的反对理由是，一旦报酬变成经常性的，基准线本身就被弄模糊了。

经常性的报酬使接受者依赖于提供者并服从于他的权力，因为这些报酬造成了一种预期，即中断报酬就变成一种惩罚。有工作的人会因为履行其职责而获取工资的报酬，因为他的工资是积极的制裁，所以根据以上的定义，在开始时似乎不涉及任何权力。然而，被解雇不能似是而非地被认为仅仅是没有了报酬，它明显是
117 一种惩罚性的经历。被解雇的威胁是一种消极的制裁，这种制裁赋予了雇主对付雇员的权力，使得雇主能够强迫他们服从他的指挥。经常性的报酬引起了重新界定基准线的预期，根据这个基准线，积极制裁与消极制裁就被区别开来。我们不会把呼吸空气看成是一种特别的报酬，当我们高兴时便可以到街上转一转的自由也不是一种特别的报酬，但是被窒息或被监禁则被体验为一种惩罚。相应地，一个有理由预期自己能保住工作的人并不把他的定期的工资看作是特别的报酬，而失去收入则是对他的一种惩罚。尽管人们预期收入会定期地增加，但只有收入的增加才是一种特殊的报酬，而在这些情况下未能得到提高就会被体验为一种惩罚，

而这可能是雇主所想要的。

因此，权力的定义应该被扩展为，通过威慑——以撤销有规律地提供的报酬的形式，或以惩罚的形式，因为事实上前者和后者都构成了一种消极的制裁——个人或群体不顾他人反抗，将其意志强加给他人的能力。[①] 我们应该指出三个进一步的含义。首先，按照帕森斯的说法，权力的概念用来指一个人或群体反复地将其意志强加于他人的能力，而不是影响他人的一项决定（不管多么重要）的单个情况。[②] 第二，用来对反抗进行威胁的惩罚——假如它严厉的话——使得权力成为一种强制性力量，然而，在权力中存在一种唯意志论的成分——惩罚可能先于服从被选择，权力有时就是惩罚——这种成分使它与直接肉体强制的限制情况区别开来。[③] 最后，权力被概念化为本质上就是不对称的，并且被概念化为依靠一个人从他人那里扣留报酬并对他们实施惩罚的净能 118
力——在考虑到他们强加给他的限制之后仍然存在的能力。其根源是单方面的依赖。相等力量的相互依赖和相互影响标志着缺乏权力。

① 阿诺德·考夫曼（Arnold Kaufman）曾提醒我注意一个有关权力定义的技术问题，如果上级和下级之间对于是否定期地提供既定的报酬意见不一致，那么这个技术问题就出现了。例如，一个雇主可能把一份圣诞奖金看作是一种特殊的报酬，而他的雇员们却把它看作是定期收入的一部分，并把收不到奖金看作是一种惩罚。我们有必要根据眼前的目的确定一下，定义的标准是下级的预期还是上级的意图。

② 帕森斯，前引“论政治权力的概念”，第 237 - 238 页。

③ 然而，帕森斯对这种关系中合法性的强调（同上文，第 236 - 244 页）似乎混淆了权力和权威的特殊情况之间的区别，这一区别将在第八章中加以讨论。

单方面的依赖和义务

通过向别人提供所需要的服务，一个人建立了对于他们的权力。如果他定期地向别人提供他们不能从别处轻易获取的所必需的服务，其他人则会因为这些服务依赖他和感激他。除非他们能向他提供其他的利益，通过使他同等地依赖于他们，这些利益就产生了相互依赖，否则他们的单方面依赖使他们服从他的要求，以免他不再继续满足他们的需求。向其他人提供必要的利益(没有这些利益，他们就不能轻易地行事)毫无疑问是获得权力的最普遍的方法，尽管不是唯一的方法——因为也能通过这样的方式获得权力，即威胁说，除非其他人屈服，否则他就剥夺他们当前所享受的利益。尽管惩罚的威胁施加了最严厉的约束，但它也导致了依赖，而这种依赖可谓是权力的间接来源，而能够被扣留的经常性基本报酬则是权力的直接来源。向其公民提供必要保护的政府，为其雇员提供必要工作的雇主，以及为社区提供必要服务的专业人员，都使其他人依赖于他们，并潜在地服从于他们的权力。

爱默森为研究“权力－依赖”关系及其后果曾提出过一个纲要，它可以被重新系统地加以表述，以具体说明产生权力本身不平衡的条件。[①] 那些需要别人提供的服务的人有以下几种替代选

---

① 理查德·M. 爱默森(Richard M. Emerson)，“权力－依赖关系”(Power-Dependence Relations)，《美国社会学评论》(*American Sociological Review*)，27 (1962)，第 31－41 页。尽管这个潜在的概念很有启发性，但对平衡运作的关注既不适宜，也有点令人糊涂，因为使人们的注意力偏离了对权力不平衡的分析。他的纲要处理的是权

择：首先，他们可以为他提供某种他极其想要的服务，足以诱使他提供他的服务作为回报，当然这只有当他们具有这样做所需要的资源时才行，这将导致相互性的交换。第二，他们可以从别处获得所必需的服务，假定存在替代的提供者，这也将导致相互性的交 119
换。第三，他们可以强迫他提供服务，假定他们能够这样做的话，在这种情况下，他们将确立对他的支配地位。第四，他们可能学会顺从于没有这种服务，也可能找到一些东西来替代它，这将要求他们改变决定着他们需要的价值准则。最后，如果他们不能或不愿意选择这些方案中的任何一个，那么他们就没有其他选择，只有服从他的愿望，因为他能持续地提供那些视他们的服从情况而定的必要服务。在特定情境中，提供服务会不可避免地产生权力。一般而言，前四种替代选择的缺乏明确规定了权力的条件。

这个纲要可以用来指明社会独立性的条件、权力的必要条件、权力冲突问题以及它们的结构含义。前四个选择方案的可获得性刻画了社会独立性的条件，它可以使人们避免依赖于某一既定来源服务的第五个条件。第一，战略性资源增进了独立性。具体说来，一个人如果拥有所有必要的资源，这些资源可作为使其他人提供给他所需要的服务和利益的有效诱因，那么他就免于依赖于任何人。尽管财富不是防止依赖性的完美保护物，因为一个人可能想要的许多利益，比如名声或爱情，都不能用金钱去获得，只能用其他资源获取，但是拥有一般化的报酬，比如金钱，在这一点上明

力－依赖中既定差异所引起的平衡运作，而对这一关系的重新阐述则从交换的条件推导出权力的不平衡。

显具有重大意义。

存在可以获得所必需之服务的替代性来源是促进独立性的第二个条件。如果在一个社区中只有一个雇主，或者在一个工作群体中只有一位专家顾问，其他人就可能依赖于他。然而，情况不至于那么极端。事实上，对一种社会关系承担任何义务，通过排除替代性选择，都会带来某种程度的依赖。某个雇员也许会继续从事一份工作，因为备选的就业机会对他的吸引力较小，或者因为他对这份工作的投入过大以至于变换到另一份工作对他来说成本太
120 高。无论是什么原因，缺乏同等令人满意的替代性选择使得他依赖于他的雇主。[①] 个体们对一个提供重要服务的人的依赖程度，是这些服务的价值与向他们开放的次优选择方案的价值之间的差异的一个函数。雇员们越是喜欢他们自己的工作，而不是喜欢任何可能的替代选择，他们就越依赖于他们的雇主，这个雇主对他们也越有权力。雇主可以削减那些非常依赖于其工作的雇员们的工资，指派他们作令人不快的工作，或者强迫他们更加辛苦地工作，而雇员们没有任何选择，只好接受该决定并服从它。然而，这样做的话，雇主就使工作对雇员们的吸引力更少，而其他就业相对地就会更有吸引力，降低了目前工作和其他选择之间的差别，因此也降低了他的雇员们对他的依赖以及他对他们的权力。一般来说，一个人向其他人提供的利益与他们能从别处获得的利益之间的差别

① 小雇主对雇员服务的反向依赖可能会产生相互依赖，并使小雇主的权力无效，但是，大雇主与其说依赖于个别的雇员，不如说依赖于劳动力——在管理中，劳动力的更新能够而且也必须被考虑到。大雇主对任何一个雇员的独立性维持着他对他们所有人的权力，除非这种权力被他们的集体行动所削弱。

越大，他对他们的权力可能就越大。因此，通过从一个人那里接受较少的利益——不多于他们能够从别处获得的服务，其他人就可以增加对于这个对他们具有权力者的独立性，除非这对他们来说通常不那么容易做到。①

独立性的第三个条件是运用强制力量迫使别人给予必要的利益或服务的能力。不能使用暴力可能是由于软弱，或者由于受到有效地禁止诉诸强制的规范性约束，也可能由于如果是在强制之下得到，那么想要的利益就失去了它的意义，爱情和社会赞同的情况就是如此。较大的强制权力使人们相对独立于其他人，因为权力包括防止其他人干涉某人行为的能力。因为数量上的优势就是力量，所以独立性可以通过形成能强行实施要求的联盟而获得。②

缺乏对各种服务的需要构成了独立性的第四个条件。一个人的要求和需要越少，为满足它们而产生的对别人的依赖也越少。然而，需要并不是恒定不变的。通过给个体们提供能提高他们的满足程度的物品和服务，他们的期望水平就会被提高。在以前，即使没有这些利益他们也会满足，而现在他们却想继续获得它们。以这种方式形成的新需求构成了不断增加的消费需求的基础，在 121
日益扩张的经济中，这种消费需求是一种基本成分。但是新出现的需求通过加强人们对那些能够提供满足这些需求所必要的资源

① 以一种比某个人能在市场上获得的工资更高的工资接受一份工作、以批发价从一个熟人那里买东西、在一个比某人的成就所达致的水平更为有名的群体中获得承认，以及一般地获得比在别处能获得的东西还要优越的任何经常性利益，都会导致依赖和权力的丧失。

② 爱默森，前引“权力－依赖关系”，第37页。

的人——尤其是雇主——的依赖而起到这种作用。宗教的和政治的理想很大程度上是从向追随者灌输下述价值中获得它们的驱动力的，这些价值使物质需要的满足变得相对不重要，因此也降低了对那些能提供物质利益者的依赖。通过减少物质需要，革命的意识形态变成了独立力量和反抗权力的一个根源。

这个四重图式也能有助于描绘获得和维持权力所必需的策略，它们是对刚刚讨论过的独立性条件的补充。为了用他的资源获得对其他人的权力，一个人必须要防止其他人选择前四个方案中的任何一个，由此，强迫他们服从他的指示是听凭他的支配获得所必需利益的条件。首先，这就要求他对他们能提供给他作为交换的利益保持冷淡。用来保持这种冷淡的权力策略包括拒绝其他人接近那些对一个群体或个人至关重要的资源，例如，通过击败工人阶级政党接管政府的企图；从外部来源而不是从下属那里获取所必需的利益，如同帮伙领袖不会从他的较为富裕的追随者那里借钱所表明的那样；[1]鼓励在主要服务的提供者之间展开竞争，例如，反对形成工会——它将限制工人之间为工作展开竞争。

权力的第二个必要条件是，通过切断接近这些服务的替代提供者的通道，确保其他人总是依赖必须某人提供的服务。对所必需报酬的垄断是达到这个目标的典型手段。城镇里唯一能够提供工作的企业，街区上唯一拥有自行车的孩子，作为国家安全和荣誉唯一来源的政治社会，作为获得拯救唯一途径的教会，唯一能提供

① 威廉·F. 怀特(William F. Whyte),《街角社会》(第2版)(*Street Corner Society*)(University of Chicago Press), 1955年,第257－258页。

防暴保护的警察——所有这些都因为它们对重要利益的垄断而具有权力。

防止其他人为实现他们的需求而诉诸强制力量的能力是维持权力的第三个必要条件。阻止在下级中形成联盟——这可能使他 122
们获得所需之物——就是达至此目的的一个策略，它可以阻塞他们接近政治权力的通道。像工会和工人阶级政党这样的组织在反对现存政权的斗争中有两个在分析上不同的——尽管实际上是不能分开的——功能。一方面，通过使掌权者在主要服务方面依赖于这些组织（比如，对劳动力的提供），另一方面，通过把掌权者置于他们的强制权力之下（例如，工会的静坐罢工或工党政府的执政权力），它们成功地威胁着那些掌权者。因此，阻止这样的联盟就可以保护权力避免因为不再提供重要服务或者使用强制力量而受到削弱。然而，对于保卫那种以对重要资源的占有为基础的权力来说，也许最重要的策略是维护法律和秩序以及反抗对交换过程的政治控制。这些防范措施不仅保护存在于极其重要资源中的权力潜能免受暴力威胁，而且保护其免遭国家合法权力的控制。

第四，权力依赖于人们对当权者不得不提供的利益的需要。物质主义的价值准则——它使得金钱和可以买到的东西具有极其重要的意义——强化了雇主们的权力。爱国的理想——它使人们认同自己的国家在战争与和平中的成功——增强了政府的权力。宗教的信念——它使得教会的祷告及其代表们的精神劝导成为极具特色的报酬——加强了教会中显要人物的权力。革命的意识形态——它把激进运动的进步定义为对其成员来说具有内在价值的东西——赋予运动的领袖以权力。处于有权地位上的群体和个人与有助于永久保存和传播相关社会价值以及反对贬低这些价值的对立意识形态利害攸关。因此，尽管其权力建立在不同社会价值基础之上的统治群体在保持现存权力结构中的共同利益上可能充分地压倒了这些差异，但它们还是具有某些冲突的利益。

有权者（他们对加强他们的权力感兴趣）与他们要对之行使权力的人们（他们对强化他们的独立性感兴趣）之间的冲突集中在四类问题上，这又对应着我们曾概述过的四种替代选择。第一个问题是下属的资源问题。如果他们的资源足以获得他们需要换取的
123 利益，那么他们就停止服从于别人的权力。假使每个单个下属的资源都不足以达到这个目标，那么就变成了这样一个问题，即把面对一个上级或上级群体的所有下属的资源集中起来以从他或他们那里获得所需之物。第二个问题是为了获得必要的利益下属可用的替代机会问题。上级之间为了下属的服务而展开的竞争增加了下属的独立性，而垄断性的做法增加了上级的权力。这两种冲突是互补的，因为在这两种情况下，问题都是允许限制自由竞争的集体组织的程度，尽管在一种情况下是无权的组织要节约地使用其资源，而在另一种情况下则是有权的组织要垄断所必需的利益。

第三种冲突是政治的冲突。这里的争论点是在反对基于高级资源的权力的斗争中运用强制力量的问题。原型是运用国家的合法强制权力来管制交换交易以及限制基于经济力量的权力的冲突。第四是意识形态的冲突，因为有些社会价值在加强对当权者不得不提供的服务的需要，而敌对的意识形态则在减弱这种需要。然而，在减少对某些服务的需要的过程中，激进的意识形态却增加了对其他服务——即那些有助于改革运动的服务——的需要，结

果，意识形态使得追随者们更少地依赖于这些人的权力，而更多地依赖于那些人的权力。

最后，追溯这四种替代选择中每一种的意义将导致对社会结构基本问题的分析。第一，利益可以通过用其他利益对它们作出报答而获得，这个事实将注意力引向了对交换过程和资源分配的研究。第二，对替代机会的探索指向了对出现的交换结构、这些结构中的竞争过程、交换的现行比率以及必然会产生的规范标准的调查研究。第三，对强制权力的研究提出了关于动员权力的联盟和组织的建立、社会结构中的权力分化以及在某个社会中支配着政治权力斗争的过程等问题。[①] 第四，缺乏原来所必需的某种东西仍能过得去的能力，使人们注意到在各种条件下出现的社会价值发生的改变、新意识形态的形成以及意识形态之间的冲突。[②] 124

已介绍过的全部讨论的要点可用下表来概括：

对一个人能提供的利益的依赖并不使其他人服从于他的权力，给予他的仅仅是对于他们的潜在权力。这种权力的实现要求他实际提供利益或他自己承诺这样做。在某种技术性的意义上，我们依赖于处在能为我们提供更好工作（比我们目前所拥有的那些工作）位置上的所有雇主，但这些雇主对我们没有任何权力，而我们的雇主却有权要求我们服从他的指示，因为他提供的薪水和

① 这些也可以被看成是第五种替代选择的意义。第三种选择和第五种选择是互补的，因为它们从两个不同参与方的视角涉及了权力。

② 第一个问题的某些方面已经在第四章讨论过了；第二个问题的某些方面将在本章、第六章和第七章中加以讨论；第三个问题的某些方面将在第八章和第九章（以及本章）中加以讨论；第四个问题的某些方面将在第九章和第十一章中加以讨论。

其他利益强制我们服从，以免我们不再继续接受它们。只有他能从我们这里收回我们已经习惯了的利益，而其他雇主只能用更大的报酬诱惑我们。

对服从的替代选择	独立性的条件	权力的必要条件	结构性意义
1.提供引诱物	战略性资源	对别人提供的东西表示冷漠	资源的交换和分配
2.在别处获得	可用的替代选择	对别人需要的东西加以垄断	竞争和交换比率
3.暴力夺取	强制力量	法律和秩序	组织和分化
4.没有也行	减少需要的思想	物质主义和其他相关的价值	意识形态的形成

125 提供比在别处能获得的利益更大的利益的能力——在这些利益为人们所必需，却又不能用武力获得的情况下——就构成了对权力的一个非常强烈的要求，尽管并非一个完全不可避免的要求。如果权力要求过于强烈，放弃这些利益可能要比屈服于这种要求好一些。此外，一个人或一个群体的资源可能不足以强制别人服从。由于这些原因，几乎无法抵抗的强制力量是对那些不能用其他方式制服的个体们行使权力的一种重要的最后手段。虽然身体强力是一种反抗权力的完美的防护措施——杀害一个人或监禁他可以消除他的威胁，但是对于行使权力而言，它是一种不完美的工具，因为人们可能宁死不从。因此，强制力量仅与依靠提供所必需利益的权力在程度上有所区别，尽管这是一种重要的程度。

对地位的竞争

正如第二章所指出的那样，竞争出现在社会整合过程中，并在群体中引发地位的分化。在这一点上，群体中的社会分化过程将要被详细地追根溯源，我们将把注意力集中在权力的最终分化上，并把注意力引向面对面群体中的分化过程与复杂结构中的分化过程之间的某些类似之处。

在新形成的群体中，最初竞争的是参加时间。不管是什么东西把个体们吸引向该群体，不管他们试图获得的仅仅是承认、社会支持、尊敬，还是领导职位和权力，获得这些社会报酬都需要有证明某人自己应该获得它们的机会。其他人必须把时间花在与某人互动上，并听他谈话，以便能使他用其杰出品质给他们留下深刻印象，但是时间是稀缺的，因为并非每个人都能立刻被他人陪同。因此，时间在争夺各种社会报酬的竞争中是一种一般化的手段，在这方面等同于经济竞争中有利可图的销售——不管目标是分配利润、增加资产、购买新设备，还是在市场上获得统治地位，这种销售都是必需的。说话时间的不平等分配产生了最初的分化，在以后的竞争过程中，最初的分化给某些人以某种优势，就像企业之间销售的不平等分配所造成的后果一样。

群体基于最初印象，按照成员们对它的福利作出贡献的估计能力在各成员之间来分配时间。例如，在一个面临着解决某个争端或问题任务的讨论群体中，大部分的说话时间都被分配给了那 126
些似乎最有可能提出解决办法的人。然而，光有可供谈话的时间是不足以实现个人目标的，不管这个目标是什么；他必须要恰当地利用该目标所提供的机会从群体的其余成员那里获得社会报酬。通过其他人的赞同，并通过使这些人为了得到他的建议以及他对他们赞同的赞同而越来越依赖他，对讨论作出重要贡献的成员首先得到了报酬。如果他的建议继续被证明是可行的，那么他就因为他们对他的能力的尊敬而进一步获得报酬。作出较少贡献——例如，通过他的好脾气和亲和力来缓和由于意见冲突而引发的紧张——的群体成员尽管没有得到其他人的高度尊敬，却有可能赢得他们的赞同和承认。

竞争的目标在这个过程中从把时间变得可以用于首先发起与其他人的互动转移到从他们那里能接受到表达他们对自己的积极评价的那种互动，然后又从那里转移到博取他们的尊敬和服从，或者至少是赢得他们的承认和社会支持。在争夺谈话时间的早期竞争中缺乏成功使一个人在后期争夺尊敬和领导权的竞争中处于不利地位。然而，一旦竞争重新集中在社会地位上，谈话时间不再是考虑的中心，甚至在有些场合缄口不言最为有利。这些过程再次表现出与经济竞争的某些非常相似的地方。企业为了最大化利润一定要为销售展开竞争，而为了竞争在行业中的优势地位，巨大的利润是必要的。但是一旦优势地位成为竞争性努力的焦点，除了盈利的销售之外的考虑也一定要加以注意，比如政府可能进行的反托拉斯行动。限制进一步增加销售来维持一个企业的优势地位，这种情况的确可能会出现。据报道，加利对美国钢铁公司的管理所遵循的就是这样的限制方针，这与卡内基的早期管理形成了鲜明对照——在他的领导下，该公司获得了它的优势地位。[1]

在一个群体中赢得高级地位，不仅要求用出色的能力给别人留下深刻印象，而且要求实际运用这些能力来为达到该群体的集体目标或其成员的个体目标作出贡献。例如，它要求促进一个讨 127
论群体解决其面临的共同问题的建议或者帮助一个工作群体中的同事提高其工作绩效的劝告。如果一个人的建议通常能被其他人接受，则标志着他受人尊敬，这种尊敬能提高他的社会声望。而其他人的社会声望与此同时却因为两个原因受到了损害，一个是因为他们经常遵循他的建议，另一个是因为他们自己的建议很少被接受。开始时，群体的其他成员的高度尊敬对一个群体成员所作的贡献可能是充分的报酬，实验室里的短期讨论群体可能从来没有超过这个阶段，但是长期来看它们可能是不充分的。因为一个人的赞同和尊敬的价值是他自己的社会声望的函数，所以，经常对别人表示尊敬的过程降低了它的价值。因此，尊敬常常不再是对贡献的一种充分补偿，因为这些贡献（比如帮助解决复杂问题）使作出贡献者在时间和精力上付出了代价。因此，那些从这些工具性帮助中受益的人就有义务以某种其他方式作出回报，而顺从提供该帮助的群体成员的意愿一般是其他人为报答他所能够做的唯一事情。由于某些人的贡献在这些过程中最终博得了其他人的服从，结果一种分化的权力结构便产生了。

交换关系与竞争关系分化开来，同时伴随着在竞争过程中出

① 查尔斯·H. 赫申（Charles H. Hession）、S. M. 米勒（S. M. Miller）和柯温·斯托达特（Curwen Stoddart），《美国经济的动力学》（*The Dynamics of the American Economy*）（New York: Knopf），1956 年，第 193－208 页。

现的社会地位分化。在处于萌芽状态的社会结构中，所有成员都为彼此的产出量而相互竞争。因此，每个群体成员和所有其他成员为争取这批相同的其他成员的尊敬而竞争。随着地位开始分化，那些其能力赢得其他人尊敬的人在他们之间继续为权力和领导位置展开竞争，而那些必须通过给予别人尊敬以承认自己处于劣势地位的人在这种持续的竞争中则没有任何机会。因此，交换关系不再与竞争关系是完全相同的。高地位的成员向低地位的成员提供工具性帮助，以换取他们的尊敬和服从，而在他们对群体中的优势地位进行的竞争中，这种尊敬和服从有助于高地位者。如果高地位者没有对集体或个人任务的绩效作出任何贡献，那么低地位者将会丧失从改进的绩效和共同的成就中给他们带来的收益。没有低地位者的服从和支持，高地位者就不能获得权力和领导位置。有时，工作群体中的成员要为他们的工作绩效而竞争。

128 如果情况就是这样的话，那么，由于地位分化，从竞争关系中产生出来的高地位者和低地位者之间的交换关系既有助于高地位者对高级地位的竞争，又有助于低地位者为争取较好的绩效而展开竞争。

在地位差别不断扩大的过程中，竞争和交换关系开始分化开来，这些过程也表现在整个共同体中，正像菲律宾的依弗高人（Ifugao）的阶级结构所表明的那样。[1] 在那里有三个宽泛的阶级，而

---

[1] 欧文·戈德曼（Irving Goldman），“菲律宾岛的依弗高人”（The Ifugao of the Philippine Islands），载于玛格丽特·米德（Margaret Mead），《原始人之间的合作和竞争》（*Cooperation and Competition Among Primitive Peoples*）（New York：McGraw-Hill），1937 年，第 153－179 页。

阶级地位基本上取决于财富。每个人都为作为提高其社会地位手段的财富而竞争。中产阶级由耕种土地的地产所有者组成，这些人既包括那些土地少得可怜、不断受到破产威胁的人，也包括那些拥有大量财产和剩余收入，以致有可能流向上层阶级的人。实际上，中下阶层的家庭为留在中产阶级展开竞争，而中上阶层的家庭为进入上层阶级而竞争，因为这两个阶层相差得太远，以致不会发生竞争，所以就会在这两个阶层之间产生交换关系，这一交换关系可以为每个阶层中的成员在其不同的竞争斗争中服务。中上层阶级的成员常常向中下层阶级的成员提供有息贷款，这帮助他们保住他们的土地，因而得以留在中产阶级内，而这种贷款同时也增加了中上层阶级的财富，因此增加了他们流向上层阶级的机会。显然，西方社会中的情况尽管更为复杂，但却惊人地相似。

总之，结构分化的发展沿着好几条不同的线路出现，部分是前后相继出现的，部分是同时出现的。在新形成的群体中，为参与时间而展开的初始竞争转变成证明自己对别人有吸引力的努力，最终转变成对尊敬、权力和领导权的竞争。起初，群体有区别地分配参加时间，然后不成比例地将互动集中在某些成员身上，并且紧接着尊敬、权力和支配地位也分化开来。有差别的分配在每个阶段的成功构成了下一步的竞争优势。在社会地位日益分化的同时，交换关系与竞争关系分化开来，因为只有那些在为获取尊敬而展开的早期竞争中成功的人才能继续为争取支配地位而竞争，而没 129
有获得成功的成员则不再与获得成功的成员展开竞争，而是为他们的竞争提供服从和支持，以便从他们那里获取工具性的服务。此外，角色专门化也在发展，尤其是在需要各种各样贡献的复杂社会结构中。在试图赢得尊敬和权力的竞争中一直没有成功的人有动力找到作出贡献的新途径,这些贡献将为他们赢得高级地位,而处在支配地位的人有权向其他各色人等分配专门化的任务,这两个过程都促进了专门化。

然而,一种地位有别的分层系统涉及的不仅仅是各种人在其他人中间博得尊敬和服从上的差别。在一个群体中,一个人的能力和判断要比另一个人的能力和判断受到更广泛的尊敬,这个事实意味着一个人比另一个人受到更高的评价,但是,为使这些评价具体化为地位差异,就要求它们得到公开地承认,并要求就它们达成共识。正如霍曼斯所指出的:"在一个群体发展的早期阶段,几个成员可能会给他们的一个同伴以大量社会赞同,这样,他事实上享受着高度尊敬,但任何一个成员可能都没有认识到其他人正在干什么。"[1]只有一个群体的其他成员就一个成员的品质值得高度尊敬出现的共识才将他们对他的个人尊敬转变成源于共同评价的社会地位,这意味着,人们会期望新来者对他表示高度尊敬,甚至在他们个人尚未对他的品质作出高度评价之前就是如此。对群体中各种成员所得到的相对尊敬的公开承认使得声望结构成为独立于特定个人的态度的一种社会现实。不管我们个人可能怎么评价他,我们对美国总统的行为无疑反映了他普遍赢得的崇高声望。有关服从一个人要求的义务之共识同样地将他的个人权力转变为权威性的领导,但这个问题将留在第八章进行分析。

① 乔治·C. 霍曼斯,《社会行为》(*Social Behavior*)(New York: Hartcourt, Brace and World),1961年,第150页。

整个共同体的分层系统——它由分了等的阶级而不是分了等的个体所构成——表现了社会地位建立在反映社会结构的公众共 130
识基础之上的另一种方式，有组织的权威等级体系也是如此。一旦一个人不仅被一个社会阶级的成员们接受，而且也受到了作为它的附属成员的外人的承认，也许甚至在这个阶级中或多或少有些社会声望，现存的有关阶级分等的社会共识通过把它扎根在阶级结构中进一步保证了他的社会地位。对于一个社会阶级内的纯粹成员资格，如果得到普遍承认，则能给一个人以一定的声望。[①]相应地，在一个等级秩序中，制度化的权威仅基于占据一个既定职位就给官员们以某种权威，如军阶所说明的那样，尽管这种权威通常在实际的互动过程中得到加强和扩展，我们将会看到这一点。与声望和权威结构不同，权力结构主要不是建立在有关必须要赋予各个阶层成员的特权或权力的社会共识基础上，而是建立在资源分配的基础上——人们可以用这些资源迫使别人服从。

在一个群体中，一个具有高级地位的人——他往往能博得尊敬和服从——施加两种类型的影响，只有其中的一种可以被恰当地称为将其意志强加于他人的权力。其他人对他的判断的尊敬促使他们听从他的建议。他们因承认他对他们福祉的贡献而承担的义务导致他们通过服从他的指示加以回报。尽管这是一个人用他的高级地位所施加的两种影响，有人却可能对霍曼斯有关它们的

① 分了等的社会阶级的存在甚至把任何阶级中的低声望（除了最低的以外）都变成了某种人们为之竞争的东西。因此，在高地位和低地位的人之间的大多数交换关系对两种不同的竞争系统都有贡献——即高地位者之间的竞争系统和低地位者之间的竞争系统。

结论提出异议。霍曼斯认为："在这两种情况下，无论他给他们以他们所接受的建议还是他们所服从的命令，重要之点在于他控制着他们的行为；一个新的机会可能要求他连带地给他们以建议，这个事实是一个非本质的细节。"[1]听从建议和服从命令之间存在一个关键区别，命令不单是连带的建议，尽管存在一种既包含连带的建议也包含指令的混合情况。

如果其他人听从一个人的建议，那么他就通过使他们做某种对他们有利的事情去影响他们，但是如果他们服从他的命令，他就影响他们做某种对他有利的事情。尽管他们的利益在这两种情况下都起作用，但他们直接从他出色的建议中受益，而为了从他用作交换提供给他们的服务（比如有关他们的问题的建议）中获益，他
131 们要服从他的指示，因而付出了某种成本。其建议被别人接受的人不会将其意志强加于人——如果他建议他们做他想要的事情，而不是符合他最好判断的事情，那么他拙劣的建议很快就会被忽视——但是其命令为别人所服从的人则会将其意志强加于人；只有后者才行使权力。确实，提出建议和发布命令具有相反的结果；向一个人提出建议会产生义务，而命令他做某件事，可以说是使他通过他的服从去履行他的义务，从而完成这些义务。[2]

要求一个人完成一项任务很大程度上取决于它对义务不平衡

---

① 霍曼斯，前引《社会行为》，第 372 页。

② 在不同场合，霍曼斯基本上阐述这两个观点中的一个：一个人富有报酬性的建议使他后来有权吩咐别人做某事（在上述引文中），以及他们按他的吩咐行事减少了他们对他的义务（同前引《社会行为》，第 298 页）。但是这两个观点都与前面引用过的他的陈述相矛盾。

的影响。霍曼斯对这一点的构想不同："如果我让你做某件我不能做的事情，那么我便承认你是我的上级……但是如果我让你做某件我也能做的事情，并存在其他的我能做你却不能做的重要事情，那么你便是我的下级……"[①]然而，尽管我不能像我的女仆那样打扫房间、熨衣服或做饭，但是我请她做这类事情，并非承认他的优势地位，因为我为此付钱给她了。如果一个人反复地请求另一个人做某件使他自己受益的事情，他将被迫服从另一个人的愿望，这意味着他含蓄地通过请求使自己服从另一个人的权力，除非他为此在财务上或以别的方式报答了他。这里的假定是，给定女仆的需要，她的工资迫使她为她的雇主服务并服从该雇主的指示，而且要求一位对某人有义务的人做某件事并不意味着因为那件事而服从或平等。

如果一群为完成一项集体任务而工作的人经常听从其中一个人的好建议，从而指定他为他们的领导，一个混合的情景便出现了。这个人的建议能促进他们的工作，因此采纳他的建议有益于整个群体，既包括接受这些建议的人，也包括提出它们的人。他们倾向于继续听从他的领导，这不仅因为他的建议受到尊敬，而且因为其他人因他对他们福利的贡献而对他负有义务，这使他能让他们服从他的意愿，甚至当这样做不符合他们的直接利益时也是如此。因为该领导也像其他人一样从听从他的好建议而不是别人的较差建议中得到了益处，所以他的贡献为他赢得的服从成了领导 132
的一种剩余利润。

① 同上书，第151页。

作为可消耗资本的地位

地位可以被看作是资本，一个人能够利用它获取收益，它可以在使用中被消耗，也可以通过获取利息的投资方式加以扩展。因此，社会性交往往往主要发生在社会地位大体相同的人之间。[①]这种情况部分地因为社会阶级之间在生活方式上的差异，它们妨碍着差距较大的阶级之间进行轻松的交往；也部分地因为上级应该得到的尊重，这也妨碍着轻松的社交。然而，有时人们也愿意忍受这些不适，因为他们发现，被上级承认为社交伙伴是件令人满意的事情。奋斗者就是这种倾向的一个极端例子，尽管我们应该指出，以奋斗者面目出现的人实际上是一个可怜的人，但我们当中很少有人能够完全摆脱这种情况。不愿意接受白宫晚宴邀请的人是很少的。许多人发现，与上级交往富有报酬，这个事实意味着，那些具有高级地位的人仅仅通过与具有较低地位的其他人的交往便能够给后者提供好处，并期望从他们那里得到报答。[②]

同样的原则对权力也成立。一个对其他许多人拥有权力的人的服从比一个权力很少或没有权力的人的服从更有价值，正如被

---

① 霍曼斯，前引《社会行为》，第 320－331 页，在那里，作者引用了好几项支持这一说法的经验发现。

② 霍曼斯，前引《社会行为》，第 366－370 页，以及布劳，《科层制的动力学》(第 2 版)(*The Dynamics of Bureaucracy*)(University of Chicago Press)，1963 年，第 146－150 页。同样地，因为地位较低者在接近地位较高者时通常采取主动，“如果你能使另一个人——到目前为止被看成是与你平等的人——到你的办公室而不是你到他的办公室讨论某个问题，那么你在此程度上就高他一等。”霍曼斯，《社会行为》，第 202 页。

一位有声望的人承认比被一个声望很低的人承认通常受到更高的重视一样。一个有权力之人的服从对他所服从之人的权力而言具有乘数效应，因为它通常伴随着他对之行使权力的那些人的服从。这就是尚未正式建立的权力等级体系出现的方式。例如，在政治惯例中，与只能提供自己的选票之人相比，有权力提供一大批选票的代表是某位候选人的更有价值的支持者——即对候选人的贡献 133
更大。这个过程可能更为微妙，因此也具有更为广泛的反响。有权势的代表的声望及其支持的分量可能会影响其他的代表——他们没有向他作过保证，也没有直接处在他的权力控制之下——投票支持他所支持的候选人。[1] 因为一个有权者愿意接受一个从属地位比一个无权者愿意接受这样的地位要更有价值，所以，对于这样做，有权者能够比无权者期望更多的报酬。

地位像资本一样可以在使用中被消耗掉。一个人的声望很大程度上取决于其阶级地位，也就是说，取决于那些把他作为一个平等的人加以承认并与之交往的人的声望。如果他在一种平等的基础上与声望高的人交往，那么这将有助于提高他自己的声望，这就是与有声望的人交往富有报酬的原因。出于同样原因，时常与声望较低的其他人交往的人处在这样一种危险之中，即被共同体中的人看作位于声望较低者的水平上并因此有失去声望的危险。他能够从与社会地位低者（他们珍视与他的交往）的交往中——例

---

① 对于影响和权力的循环与扩张的分析，参见帕森斯（Parsons），“论影响的概念”（On the Concept of Influence），以及詹姆斯·S. 科尔曼（Games S. Coleman）的“评论”（Comment），载于《舆论季刊》（*Public Opinion Quarterly*），27（1963），第 37 - 92 页，尤其是第 72 - 73 页。

如，从在社会互动中他们给予他的尊重中——获得的报酬引起了失去社会声望的可能成本。相应地，服从另一个人权力的人不仅不再是他自己的主人，而且也向别人显示出，他的力量不像他们可能想的那么大，这将激励他们在将来更不严格地服从他的要求。除了他的服从本身，这些损失是他为了从一个上级那里获得好处而对下属行使权力所付出的代价。

然而，还有一种更为直接的权力消耗。通过引导其他人做他所想要的事情，不管他给他们已经作出过什么服务，一个人能使他们对他自己履行义务，因而耗费了他对他们的权力，尽管继续为他们服务将会补充他的权力。此外，人们之所以服从某个上级的权力，是因为他们所拥有的所有其他选择对他们的吸引力较小。通过行使权力和对下级提出要求，一个上级使得继续在他的权力控制之下变得吸引力更少了，而对它的替代方案相对来说变得比以前更有吸引力，因此减少了作为其权力基础的下级的依赖性。

134 一个拥有大量资本的人能够靠它的利息生活而不消耗任何资本，其高级的社会地位既显著又稳固的人的情况就类似于此。上层阶级的贵族如果发现与中产阶级的朋友交往富有报酬的话，他便能自由地与他们交往，因为他稳固的社会地位不会因此而受到丝毫损害。还在试图证明自己属于上层阶级的暴发户一定要通过与显然确实属于上层阶级的人社交来达到这一目的，因此往往不愿意让别人看见自己与中产阶级伙伴在一起，从而使其不稳固的社会名望遇到危险。对精神病医生（人们普遍认为他们属于上层群体）、心理学家和社会工作者的一项访谈研究发现，高地位的精神病医生（用自我感知到的权力来测量）对心理学家和社会工作者的评价比较高，与低地位的精神病医生相比，他们对与心理学家、社会工作者的交往表现出了更多的兴趣。[①] 尽管医生的身份使得精神病医生的地位不受心理学家和社会工作者的任何威胁，但要达到自由地表达对低级阶层成员的赞同以及与他们往来的程度，往往需要精神病医生在高级阶层中有一个稳固的地位。

上级从与下级的交往中获得大量满足，下级通常会尊敬他们并听从他们的建议。高地位所产生的报酬对参与社会交往来说无疑是一种激励，为什么人们一贯地发现社会经济地位与社会参与直接相关，特别是与自愿社团中的成员资格、对它们的积极参与以及对各种类型的讨论的参与直接相关，这可能是一个主要原因。[②] 但是，不稳固的高级地位——可能会受到与较低地位的其他人的

① 阿尔文·赞德(Alvin Zander)、阿瑟·R. 科恩(Arthur R. Cohen)和埃兹拉·斯托德兰德(Ezra Stotland)，“权力及职业之间的关系”(Power and the Relations Among Professions)，载于卡特赖特(Cartwright)，前引《对社会权力的研究》，第 15－34 页。

② 有关自愿社团，请参见米拉·科马罗斯基(Mirra Komarowski)，“都市居民的自愿社团”(The Voluntary Associations of Urban Dwellers)，载于洛根·威尔逊(Logan Wilson)和威廉·科尔布(William Kolb)，《社会学分析》(*Sociological Analysis*)(New York: Harcourt, Brace)，1949 年，第 378－392 页；有关工会，请参见威廉·斯宾拉德(William Spinrad)，“参与行业工会的相关因素”(Correlates of Trade Union Participation)，《美国社会学评论》(*American Sociological Review*)，25 (1960)，第 237－244 页；有关对讨论的参与，请参见弗雷德·L. 斯特洛德贝(Fred L. Strodtbeck)、丽塔·M. 詹姆斯(Rita M. James)和查尔斯·霍金斯(Charles Hawkins)，“陪审团审议中的社会地位”(Social Status in Jury Deliberation)，《美国社会学评论》(*American Sociological Review*)，22 (1957)，第 713－719 页，威廉·A. 考迪尔(William A. Caudill)，《作为一个小社会的精神病医院》(*The Psychiatric Hospital as a Small Society*)(Cambridge: Harvard University Press)，1958 年，第 243－252、295－296 页，以及布劳，前引《科层制的动力学》，第 154 页。

社会接触的危害——会对其所有者施加压力，让他们放弃这些满足。只有根基牢固的社会地位才能使一个人从这种社会接触中受益，而又没有失去其高级地位或失去部分地位的危险。

135 权力的情况也极其类似于此。如果一个人对其他人拥有许多权力，这就意味着，由于他提供了他们非常需要的利益，所以他们感激并依赖于他，为了维持他的善意，他们将渴望按他的吩咐行事，并揣摩他的愿望，特别是如果还有其他人为他所提供给他们的利益竞争的话。然而，如果一个人对其他人权力不大，他们将很少关注如何取悦于他，并且他甚至可能必须去提醒他们，他们应该把这点归功于他，归功于听从他的建议。① 这些提醒可向他们表明，他确实需要他们提供给他的服务，正如他们需要他的服务一样，这意味着他和他们之间的关系并非是一种不平等的权力关系，而是一种平等的交换关系。累积的义务会产生权力，但这种权力会通过要求别人清偿其债务而被消耗掉，因为这样做至少在部分上将权力关系转变为交换关系，而交换关系假定地位相对平等。权力的巨大不平等一般消除了对这些提醒的需要，权力所依靠的深重义务不可能通过在任何时间提供的服务而得到充分偿还，因此就使其他人持续地负债。由一大笔义务资产而产生的巨大权力允许一个人靠它的利息生活而不耗费它。事实上，如果他愿意让一部分权力承担风险，那么他便可以进一步增加它。

对整个群体拥有权力的人能够通过吩咐每个人做什么来协调

① 霍曼斯，前引《社会行为》，第 298－299 页；有关一个帮伙的领袖不愿意让他的追随者借钱给他，以免他的统治地位受到损害，请参见怀特，前引《街角社会》，第 106－107 页。

他们的活动，以追求各种目标。政府、一般的正式组织以及非正式领袖的组织活动都以这个原则为基础。通过给别人下命令和将其意志强加给他们，统治者或领导者乘机利用他们拖欠他的某些义务，他们之所以对他负有义务，是因为他曾经为他们提供过某种服务，这样，统治者或领导者就耗费了他的权力。实际上，协调常常带来信用，也就是说，带来对超过义务的需要的服从。① 但是如果协调是有效的，那么它将促进某些目标的实现，也就是说，它可以带来在别处未曾获得过的报酬。这些报酬可能是不可分的（如一个国家的国民综合实力、获胜队的奖杯）或者可能是由外在权威进行分配的（比如在群体的激励系统下一个单位中工人的收入）。在这些情况下，群体成员因该领导者的效力而获得的利益补充的不 136
仅仅是他的信用及他们对他的义务，这些信用及义务部分地由于他们对他指示的服从而消耗。如果报酬是可分的，就像企业的收入或获胜政党的政治职位所表明的那样，那么领导者就可以分配某些他为其下属作贡献所带来的额外收益并仍然为他自己保留某种剩余，这除了给他带来特殊的利润之外，不管它们是财务上的，还是最高政治职位，还将增加他对下属的权力。然而，如果他的引导被证明不具有报酬性，那么他将失去对追随者的权力。如果领导者已经用尽了他们对他的义务，并且他们继续在他的指引下已一无所获，那么他甚至将不再是他们的领导者。如果一个人没有

① “仅仅是强力就可以建立权力，仅仅是习惯便可以保持权力的存在，但是为了扩展它，必须要有信用——它是这样一种东西，甚至在它的早期生命中，就发现它是有用的，并且一般在实践中被获得。”伯特兰·德·朱维奈尔（Bertrand de Jouvenel），《论权力》（*On Power*）（New York：Viking），1949 年，第 25 页。

钱付给其雇员们，那他就不可能继续当雇主；如果他没有恩惠分配给“小卒们”，那么就不能继续当他们的政治庇护人；如果他不能为帮伙赢得几次争斗的胜利，那么就不能继续当它的领导者。正是冒着这种失去他的部分或全部权力的风险，高地位者才赢得了剩余利润，这些利润是以增加的权力或其他报酬的形式出现的，前提是他冒的风险获得了成功。[1] 一个具有很大权力的人可以更容易地用一部分权力去冒险，以获得更多的权力；因此，富有权力的人会得到更多的权力。

牢牢地扎根于巨大资源和社会结构之中的极高地位是一笔重要的资产，其意义不同于在质量上和数量上所占微小优势的意义。使一个人能够从其他人那里获得各种服务的高级地位可以给他带来很多利益。但是，如果确保这些利益需要提出十分苛刻的要求，那么他就会由于几种原因耗尽他的权力并危及他的地位。他强迫其他人向他提供的高成本服务，可能使得下述事情对他们是有利可图的，即为了以较少的代价便能够从另一个人那里得到更少的利益，他将放弃其权力所依靠的那些利益。此外，如果他必须经常诱使其他人向他提供服务，那就是向他们表明，他依赖于他们，因此也就减少了他对他们的权力。最后，他对下属的剥削——尽管他们不可能逃脱它——可能会给他招来共同体的谴责，并削弱他在整个共同体中的地位。巨大权力的独特优点在于，它避免了提出有损于权力的过分要求的需要。这不仅意味着，拥有很多权力
137 的个人或群体通过获得服务而使用了其中某些权力之后仍留有大

① 霍曼斯，前引《社会行为》，第 296 - 297 页。

量的权力，而且还意味着，他们对权力的行使通常一点也不消耗它，实际上还常常有助于进一步增强它。因为极具优势的地位和资源通过在不确定条件下冒险投入而促进获利。

巨大的成就往往是在为之奋斗时已经承担风险的结果。恰恰就是当成功是不确定的时候，它往往会受到最高度的评价和最慷慨的回报。奈特曾经强调指出，严格说来，利润应归功于不确定性，并且利润是为不确定性承担责任的报酬，也就是，冒着风险进行投资——其回报不能事先准确地预测——的报酬。[1] 人们似乎更喜欢确切地知道对于他们提供的服务所能获得的报酬，更喜欢愿意为这样的安全性支付一笔代价。[2] 企业家通过保证他的雇员因他们的服务而得到确定的报酬，并通过承担在不确定条件下决定投资的责任，提供了这种安全性。他从企业得到的利润是对他曾经承担这些风险的报酬。领导一般要作出结果不确定的决定以及提供预期会（但不一定）促进集体目标实现的服务。成功的领导所获得的权力的增加是对他所作的这些有风险的决定和投资的报酬。

一个人最初的权力范围越大，对他来说承担有可能增加其权力的风险就越容易。之所以这样的一个重要原因就是保险的原理。[3] 尽管任何单一决定的结果可能是完全不确定的，但是高度

① 弗兰克·H. 奈特（Frank H. Knight），《风险、不确定性和利润》（第 2 版）（*Risk, Uncertainty and Profit*）（Boston：Houghton Mifflin），1933 年，尤其是第 1 章、第 2 章和第 8 章。

② 参见赫伯特·A. 西蒙（Herbert A. Simon），《人的模型》（*Models of Man*）（New York：Wiley），1957 年，第 183－195 页。

③ 奈特（Knight），前引《风险、不确定性和利润》，第 7 章。

准确地预测大量既定种类之决定的后果的统计概率通常是可能的。例如，尽管很难事先估计某一个雇员是否辞职，但基于过去的经验，人们却常常可以相当准确地预测在任何一年里数千名雇员中有可能辞职的职工的比例。尽管就单个事件或决定而言存在不确定性，但就能够被分组在一个一般类别中的许多事件或决定而言，实际上却并不存在任何不确定性，因为不成功事件或决定的比例能够事先加以预测，并且能够通过某种保险的形式作为成本的一部分加以考虑。假定我们对不成功结果的比例有某种知识——例如，每年被火灾烧毁的货栈数或者有经验的雇员的辞职比率——那么，作了大量投资的人就完全可以对自己的损失进行保
138 险，并且根本不会在不确定的情况下进行运作，但是这种知识却不会让作了单独一项不确定投资的人放心（除非他从另一个具有足够大的投资能提供保险的人那里购买了保险）。作单项投资的人为此冒了风险，并且可能失去一切，而作了许多项投资的人则不在乎那种成比例的损失，并且实际上不承担任何风险。换句话说，一个人的业务或权力的真正范围降低了在承担——用绝对性的术语来说——同样数量的风险方面所涉及的风险。具有许多权力和资源的人，他们随之而来的安全性使他们对社会压力有更少的反应，而且与那些其高级地位所依靠的是较不牢固基础的人相比，他们对下级和外人也更加宽容。

“在南方，主人不怕把奴隶提升到他自己的地位上，因为他知道他可以随心所欲地在很短时间内把他搞垮。在北方，白人不再明显地感觉到把他和被降级的种族分开的壁垒，并且他更加顽固

地避开黑人，因为他害怕他们有一天会被混在一起。”[①]如果德·托克维尔的这种观察不再完全符合现实情况了，那是因为黑人不再是奴隶，以及在过去一个世纪里他们获得的进步（尽管从我们的民主价值看，这些进步小得令人失望）已经使他们对南方白人的高级地位构成了一种威胁，除了对那些处于最高社会阶层的白人——他们一般要比较低阶级的南方人对黑人更为宽容些。一个群体对另一个群体提高其权力和社会地位的努力持容忍和鼓励的态度所需要的条件是，前一个群体的牢固地位不受这些努力的危害。[②] 关于宽容，尽管有最好的意图，但仍然存在某种自鸣得意的东西，因为它含蓄地表明了某人自己的优越性。[③] 只要我们没有感觉到受到他们的威胁，我们对待反对者和越轨者的态度也可以 139
保持宽容；一旦他们的行动被体验为是一种威胁，我们便几乎无法容忍他们，而且经常是完全不能容忍。

---

① 亚历克西斯·德·托克维尔（Alexis de Tocqueville），《论美国的民主》（*Democracy in America*）（New York：Vintage），1954 年，第一卷，第 374 页。

② 参见德·朱维奈尔，前引《论权力》，第 345－346 页。

③ 约翰·厄普代克（John Updike）在一个故事中很好地说明了容忍的这个方面。这个故事描述的是某个岛上唯一的白人女居民与去那儿旅游的几对白人夫妇中的某个丈夫的谈话。因此，这位妇女谈到了那位丈夫的妻子以及黑人居民对她的态度：“‘你看她多么黑，’她解释道，‘皮肤颜色多么黑……他们说您妻子的黑人血统曾使您在一些条件较好的岛上被旅馆拒之门外。’”后来，由于对他在回答这种言语时的防卫性感到奇怪，这位丈夫就想到了他的进步妻子的态度将会如何：“他的严肃与她不相称。她也许本来想让他说个‘是’字，她的祖父在阿拉巴马摘过棉花，在美国这些事情被认为是理所当然的，我们没有任何问题。但是他注意到，就像在一个液体容器中隐约瞥见某种活的东西一样，这种反应的喜剧性取决于——可能仅仅存在于——一种巨大的无意识的种族自豪。”“医生的妻子”（The Doctor’s Wife），载于《鸽子的羽毛》（*Pigeon Feathers*）（New York：Knopf），1962 年，第 208－209 页。

宽容的社会条件可以用对基本价值标准的冒犯者的所谓“精神病学”取向和“政治”取向之间的差别来说明。对违法者的精神病学取向是把他们设想为人格有问题的人，他们应该得到帮助而不应受到惩罚。尽管这样一种取向对于性越轨者最恰当，但是受到其活动直接威胁的孩子们的父母很少可能对他们表现出这样一种容忍的态度，更不用说那些实际受过他们的攻击的那些孩子们的父母了。希特勒尽管不是患精神病的人，但无疑是一个有严重人格缺陷的人，本应得到精神治疗。但是，犹太人以及后来世界上的大多数人不可能也不会把他看成是一个应受到治疗的可怜的精神病患者，而是把他看作一个应被打垮的危险的敌人。他用来征服人民的权力必须要认真地加以对待，它使得对他的失调人格的任何精神病学的理解都变得完全不适当，而是要求对作为一个敌对者的他采取一种政治取向。这一极端事例可以用来强调人们宽容他人行动的原则，后者必须不具有能征服他们或危及他们安全的权力；如果他们有这种权力，那么为了避免威胁就要求不宽容。

不宽容就是对软弱的一种坦白，这种坦白承认了另一人的权力，正如宽容是优势的一种象征，这种象征证实了对方的劣势。许多人都非常向往支配他人的权力，因为它是一种一般化的手段，在它的帮助下人们可以实现许许多多的目标，又因为将某人的意志强加于别人的能力理应经常受到重视。一个人可以通过迫使其他人认真地看待他的威胁而向他本人和向世界显示他的权力。通过把青少年犯罪者看成一个需要加以改造的男孩，我们就是通过我们显示出很强优越感的宽容拒绝了他作为一个强有力男人的要求。我们在面对歹徒或者法西斯暴徒时不可能同样地保持宽容，因为他对我们的生命、财产和自由造成了一种更为严重的威胁。140 然而，为了试图镇压他，我们对他不容忍的反抗可以用来证实他所渴望的权力。歹徒或法西斯主义者对于追随者的权力的根源在于，他们追随他会获得报酬，不管这些报酬是物质的还是意识形态的，他们愿意按照他的吩咐行事赋予了他在共同体中的强制性权力。只要压制他的权力的努力未获得成功，这些努力便会证实和加强这种权力，因为它们向其他人表明了反抗的明显无效，并诱使他们屈服于他。权力是不可否认的，并且它的严重威胁一定会遭到反抗，但是不成功的反抗则会进一步加强它。

结　　论

在社会交易中所引起的义务不平衡造成了权力上的差异。未作回报的、反复发生的利益迫使接受者服从提供者的要求，因此赋予了后者支配前者的权力。权力的条件是由对它的四个基本替代方案规定的。从一个能提供所必需利益的人那里获得它们的一个方法就是反过来提供他所需要的服务。这就提出了所产生的交换过程的问题，以及在一个共同体中支配着它们并由它们加以改变的资源分配问题。第二种可能性是从另一个来源获得所必需的利益。追溯这种替代方案的含义导致了对竞争过程、在社会结构中已确立的交换比率以及垄断的研究。第三，利益可以通过暴力获取。这个事实要求人们注意一个群体或社会中的权力分化、在其中权力得以动员的组织以及政治过程和制度。第四，可以放弃利益，克制对它们的需要，特别是，当对远大理想的认同使得物质满足显得相对不重要时更是如此。这一点的意义指向了对共同价值准则、变化的需要以及在各种社会情境中意识形态的出现的分析。

这四种替代方案的缺失状况界定了权力的四个条件。如果人们没有充分的资源,如果他们没有令人满意的替代方案,如果他们不能使用强制力量,如果他们的需要是迫切的,那么能够提供满足这些需要的利益的人或群体就获得了支配他们的权力。在这些条
141 件之下,他们服从他的权力是不可避免的,因为他能够视他们的服从情况来满足他们的基本需求。

权力的分化出现在对稀缺物品的竞争过程中。在非正式群体中,初始的竞争是对参与时间的竞争,它是稀缺的,并且它是从群体成员那里获得任何社会报酬所必需的。在共同体中,最初的竞争是为了稀缺性的生活资料。起初,集体的所有成员与其他所有人竞争,但是,当成员们在最初的竞争中取得不同的成功从而出现地位差别时,竞争的目标就变了,并且交换关系与竞争关系分化开来。在竞争早期阶段获得成功的人后来则会为支配地位展开竞争,在共同体中,则是为进入较高的社会阶级展开竞争;没有获得成功的人则不可能与他们竞争支配地位,而是变成了他们的交换伙伴,他们接受工具性利益以交换从属和地位支持。在共同体的阶级结构中,不同阶级或阶层成员之间的交换关系补充和支持着他们为社会地位而展开的相应的竞争性争斗。在阶级等级体系中,对一个人属于既定阶层的公开认可巩固着他的社会地位。

并不是所有类型的影响都反映了把某人的意志强加于另一个人的权力。通过给一个人以报酬来诱使他提供一项服务就不涉及对他行使权力,除非持续的报酬迫使他不仅提供服务,而且还要服

从指示。此外，如果其他人听从某个人的建议，那么他就是在没有将其意志强加给他们的情况下影响他们。相反，如果其他人服从这个人的命令，那么他就确实在对他们行使权力。他的命令促使他们做他所想要的事情，而他的建议却允许他们更好地做他们想要的事情。他的建议使他们受益，因此使他们感激他；虽然它可能是权力的一个来源，但却不导致权力的行使。另一方面，他们对他命令的服从却使他受益，因此清偿了他们对他的义务；它势必伴随着权力的行使，并在此过程中耗费着该权力。

权力在使用中被消耗，但也能够冒着一定的风险被投资以产生更多的权力。一个人如果要求其他人偿还他们对他的义务，那就表明他对他们服务的依赖并削弱了他对他们的权力。但是如果一个人拥有很多权力，他就不需要提醒下属——他们渴望维持住 142
他的善意——偿还他们的义务，并且他可以用他的权力来更有效地组织他们的活动以达到各种目标。由于他的有效领导，他们的利益不断增加，这些利益进一步使他们对他负有义务并强化他对他们的权力。权力的这种增加是对他承担领导风险的报酬，因为，如果领导的指挥未能带来额外的报酬，领导就会面临失去权力的危险。

一种牢固确立的、稳固的社会地位不会受到其他人为改善他们的社会地位所作的努力的危害，这样的社会地位是宽容地鼓励这些努力的一个先决条件。的确，民主的价值观要求所有人都有机会提高他们的社会地位，并且为了试图获得政治权力他们可以自由地组织政治反抗。然而，保护这些机会和自由需要制度性约束，因为不可能期望其社会地位和权力受到其他人的经济和政治行为危害的群体会用宽容的仁慈去对待这些人，而是有可能用不宽容的反抗去对付针对他们的这些威胁。在一个民主社会中，有些公民并不直接卷入特殊的权力斗争，帮助保卫机会平等和政治宽容是这些公民的责任，因为卷入于其中的参与者做不到这一点。

第六章　期望

143

期望经常破灭，又最经常地产生
它在那儿向大多数人昭示着希望。

——莎士比亚，《皆大欢喜》

人们在社会交往中体验到的满足既取决于他们从中获得的实际利益，也取决于交往给他们带来的期望。期望从他的伙伴中得到很多东西的人比期望从中得到很少的人更容易对他们失望，同等的友好程度可能会使某个人乐意与他人交往，而另一个人则不愿与他们交往。对社会报酬的这些期望反过来建立在个体过去的社会经历的基础上，以及建立在他们已经获得的参考标准的基础上，这部分地是他们自己在过去所获得的利益的结果，也部分地是由于他们知道他人在类似情况下获得什么样利益的结果。

一个人从与他人交往中获得的显著报酬增加了他受他们的吸引、他对他们的依赖以及从长期来看他对关于什么构成满意的社会关系的期望水平。使一个人受某些伙伴吸引所获得的较大满足同时使得其他伙伴相对没有吸引力了，因此使得他依赖于那些提供了较大满足的伙伴。与其他群体相比，其承认更具报酬性的群体就造成了这种依赖，如同某些女孩的爱情更富有报酬，以及某些

雇主的工作更富有报酬一样。随着人们习惯了特定水平的社会满
144 足——他们在开始时可能把这种满足看成是异乎寻常的，然后渐渐地就会认为它是理所当然的，并且期望在未来从他们的伙伴中至少获得那种程度的满足。在初期爱情关系中的情感满足、和以前的伙伴的志同道合以及当前工作的薪水成为定义未来满足的最低标准的期望。①

一个人与之相联系的群体提供了另一套参考标准，这个标准影响着他对社会报酬的这些期望。人类不仅像动物一样从他们自己的经历中学习，而且通过符号沟通获得的知识来学习，动物只能以非常初级的形式这样做。人们将他们自己与他们自己群体中他们所知道的或所了解的与之相似的其他人作比较，有时也与他们渴望加入的群体中的上述人物加以比较，他们对于这些人在社会生活中获得的报酬的了解影响着他们期望得到的社会报酬水平。在这种比较下，在群体中获得高报酬的人，如果发现群体中其他人也获得高报酬，就可能比那些境况并非更好甚至还更差但身处其他人获得更少报酬群体中的人对他们的所获更不满意。

对社会交往中的交换过程研究一定要考虑正在交换的报酬的价值被参与者的期望，以及最终被支配着这些期望的报酬的以前的分配加以改变的方式。本章探讨的就是这些问题。在区分了期

① 根据约翰·W. 蒂博和哈罗德·H. 凯利的想法，这些比较标准与在既定社会关系中获得的报酬之间的差异决定着对这一社会关系的满意程度和受它吸引的程度，而所获得报酬和那些在替代性社会关系中可以得到的报酬之间的差异决定着对这一关系的依赖。一项非自愿的社会关系可定义为一个人依赖于它却不受其吸引的关系。《群体的社会心理学》(*The Social Psychology of Groups*)(New York：Wiley)，1959 年，第 21－24、81－82 页。

望的各种类型之后，我还将分析累积的报酬对未来报酬的期望及对它的满足的影响。不仅一个人自己过去获得的报酬，而且在他的群体或参考群体中服务所获得的报酬的通行比率都会影响到他期望对他的服务的报酬。我们将会讨论这些基于现行交换比率的期望与有关公平的社会规范之间的关系。最后，我们还将研究对 145
群体和组织的社会依附以及它们所造成的非流动性所提出的问题。因此，本章的中心问题是个体自己或他们环境中的其他人过去所获得的报酬对以后报酬的期望及反应的影响。

期望和交往

我们能够区分出对社会报酬的期望的三种类型。第一种类型是一个人对他在其社会生活中各个方面将获得的总收益的“一般期望”。这些收益有：他期望在他的事业中获得的收入，他期望从他的家庭中获得的情感支持，他希望在他的社区中达到的社会地位。一般期望将那些被体验为成功的成就与那些被体验为失败的成就区分开来，并且这些期望之间的差异使得同样的成就对一个人来说是成功，而对另一个人来说则是失败。然而，一般期望的范围通常从一种最低需要的水平（如果达不到这种水平，一个人将会不满足并感到受挫折）到一种最高抱负的水平（如果没有这种抱负的推动，一旦他的最低需要被满足，他将不再努力争取改善）。

定义成就需要和成就抱负的一般期望受到流行价值观和社会标准的支配，也受到人们先前体验过的成就的支配。对抱负水平的研究说明了这两种影响。一个始终如一的发现是，在完成一项任务中成功地达到其抱负水平的人大多数会提高他们的抱负水平,而没有达到其抱负水平的人则会降低其抱负水平。[①] 此外,在一个群体中,成就的已知社会标准一般影响着其成员们的抱负水平,对其他群体流行标准的了解也会产生这样的影响。具体而言,如果另一个群体被看作低级群体的话,那么这个群体的既定成就标准往往会提高抱负水平,而如果它被看作是高级群体的话,那么该标准则会降低抱负水平。[②] 社会文化对成就的高度强调(比如,在那种认为任何善良之人都能达成经济成功并应该努力为之的意
146 识形态中,这种强调就有所表现)产生了很高的一般期望,对许多人——只要不是高期望,这些人的成就也许一直是令人满意的——来说,这是即将发生的挫折。[③] 失败对该个体努力的影响可能取决于在延长期内与他应对挫折的能力相关的经历持续的时间。最初,对成就和报酬的不满足有可能成为作出更大努力的一种激励,但是总是不能实现重要的目标势必会导致气馁和憎恨。换句话说,长久不能达到一般期望易于产生对它们的失望,它常常伴随着持久的不满足和疏远感。

期望的第二种类型是一个人对一个既定的其他人、对这个人的行为以及与之交往带来的报酬的"特殊期望"。这些角色期望可

---

① 库尔特·卢因(Kurt Lewin)、塔玛拉·登博(Tamara Dembo)、利昂·费斯廷格(Leon Festinger)和保利娜·西尔斯(Pauline S. Sears),"抱负水平"(Level of Aspiration),见 J. McV. 亨特(J. McV. Hunt),《人格和行为失调》(*Personality and the Behavior Disorder*)(New York: Ronald Press),1944 年,第一卷,第 337－340 页。

② 同上书,第 340－343 页。

③ 参见罗伯特·K. 默顿(Robert K. Merton),《社会理论与社会结构》(第 2 版)(*Social Theory and Social Structure*)(Glencoe: Free Press),1957 年,第 4 章。

能包含两种不同的成分：一种是期望对方的行为符合公认的社会标准，否则他就不会成为一个讨人喜欢的伙伴；另一种是期望与他交往比与另一个人交往会或多或少提供特定的报酬。一个人给其他人留下的早期印象决定了他们预计从与他交往中将获得什么样的社会收益——如果有的话，并因此决定了他们受他的最初吸引。他们对收益的期望以及他们对遵从的期望构成了他为了获得他们的赞同必须达到的标准。另一个人对人们的最初吸引力取决于他们对他的特殊期望与他们的一般期望之间的差异。例如，如果他们期望他提供他们所需要的所有建议，那么作为一个顾问，他们将高度地受到他的吸引。如果他们希望从他那里得到某些建议，而不是他们所需要的所有建议，而且他实现过他们的期望，那么他们将感到满足，尽管他们会继续寻找其他的咨询机会，并且不会把他作为顾问而产生排他性的依附。

最后，“比较期望”这个术语可能被用来指人们期望在社会交往中实现的利润，也就是他们的报酬减去成本。社会关系对人们持续的吸引不仅取决于他们获得的报酬，而且还取决于他们所付出的成本，尤其是取决于这两者之间的比率，这种比率决定了该社会关系对他们究竟怎样有利可图。尽管特殊期望因不同的交往伙伴而有所差别——这取决于某人向他们提供报酬的能力和意愿的
估计，但是比较期望则构成了一种共同的标准，它独立于作为它的 147
应用对象的人，并使他们之间的比较成为可能。根据这个标准，社会关系越是有利可图，人们就会为它们承担越多的责任。[1] 对与

① 在特殊关系中对相对利润的期望可以被看作是期望的第四种类型。

投入有关的回报的这些期望——具有既定技能水平的人期望多少收入，对于建议期望得到多少遵从，特定的成就可以要求有多少地位——是受社会规范支配的，这些社会规范规定了合理的交换比率是多少。在分析交换的这些社会标准之前，我们将讨论个体或群体以往的成就对他们的期望的一般影响。

人们的成就会改变他们对于哪些报酬能够实现以及为了维持满足哪些报酬确实需要实现的一般期望，这些被改变了的期望反过来会影响未来报酬的意义。人们的成就会提高他们的期望，结果又使缺乏一定水平的报酬成为对他们的一种剥夺，尽管在以前不是如此。其工资从 100 美元提高到 120 美元的工人，可能当时工资涨到 110 美元已感到非常满足了，但是当他的收入后来被削减了 10 美元时，他就会感到只挣 110 美元是被剥夺了，这意味着，被他的较高的收入唤起的最低期望增加了 110 美元与 120 美元之间的差值对于他的意义。同样地，在中学里非常受欢迎的女孩与在中学里不受欢迎的女孩相比，对在大学里受到冷落可能感到更痛苦。[①] 因为当前的报酬水平往往规定了最低期望，它们影响着在未来对既定水平的报酬的满足和反应。

对工厂里新上任的高层经理人员做过的两项研究——一项是古尔德纳做的，另一项是格斯特做的——说明了，通过影响社会期望，群体过去的经验如何影响它们的成员对于他们从其他人那里受到的待遇的反应。[②] 古尔德纳发现，一名新上任的工厂经理为

---

① 为了避免该事例中效用的人际比较，用词严格的人可能想将这种比较改为，“比这个女孩在中学时受人欢迎之前。”

② 阿尔文·W. 古尔德纳(Alvin W. Gouldner)，《工业科层制的模式》(*Patterns*

了给该公司的上司留下印象而处在提高生产率的压力之下，为了实现这个目标，他会认为他必须诉诸科层程序，诸如精心制定的规章和密切的监督，因为他不能博得工人们的忠诚。相反，格斯特发 148
现，同样也处在上级要求提高生产率的压力之下，一名新上任的工厂经理会通过放松科层制的规章并以此促进工人的忠诚来做到这一点。这两种情况之间的一个关键区别是，古尔德纳所研究的经理的前任一直非常仁慈宽厚并赢得了许多忠心，而格斯特所研究的经理的前任一直是一位独裁主义者且不受工人们欢迎。可以从中得出的推论是，为了获得工人们的赞同，新经理必须要满足，如果不是超过的话，由前任经理处理问题的方法所引起的最低期望，这些期望中的差异使得赢得下级们的忠诚对于第一个人来说很困难，而对第二人来说很容易。

因为期望支配满足，所以满足期望的报酬获得往往比超过期望的进一步增加的报酬更重要。期望获得 10,000 美元收入的人——暂时假定他们的期望和其他条件保持不变——可能从 9,000 美元上升到 10,000 美元增加的 1,000 美元中比从下一次 1,000 美元的增加中获得更多的满足。这是最终递减的边际效用经济原理的一个体现，“当一个消费者增加任何一种商品的消费时，假定所有其他商品的消费保持不变，可变商品的边际效用最终必定会下降。”[①] 这个原理类似于饱足原则——饥饿者想要食物，

---

of Industrial Bureaucracy)(Glencoe：Free Press)，1954 年，第 3、4 和 5 章；以及罗伯特·H. 格斯特(Robert H. Guest)，“复杂组织中的管理继承”(Managerial Succession in Complex Organization)，《美国社会学杂志》(*American Journal of Sociology*)，68 (1962)，第 47－54 页。

① 肯尼斯·E. 博尔丁(Kenneth E. Boulding)，《经济分析》(第 3 版)(*Economic Analysis*)(New York：Harper)，1955 年，第 682－383 页。

但是一旦他吃饱了，就不再想要更多食物了，但是对于增加的社会报酬的下降之意义而言，生理学的比拟似乎比经济学的比拟更不恰当。

当一个人吃饱时，他不想要更多的食物；如果强加给他食物，他可能会拒绝它，他可能会呕吐，他不可能再吃更多的东西。在这种意义上说，人们不会对声望、金钱或权力感到满足，不管他们有多少这种东西。社会报酬没有一个完全满足的点；但当它们被更多获得时，它们的意义不是逐步地就是突然地下降了。社会报酬的边际效用曲线的形状——具体地说，不管它是逐步地下降还是更加急剧地下降——取决于期望的性质。如果人们期望达到一个确定的目标，例如，获得一个医学学位，或者挣到足够的钱
149 结婚，那么成就增加的意义可能升高到目标达到的那一点，然后急剧地下降。（尽管有这种突然的下降，但仍不是满足；那个决定在挣到一份 6,000 美元的收入时便可以结婚的人因此将不会拒绝一份付给他 6,500 美元的工作。）然而，如果在不具有为他们确定水准基点的具体目标的情况下，比如，获得财富、声望或权力，人们期望更大的成就，那么增加的报酬的意义（边际效用）倾向于变得更加渐进。

以前所讨论的有关“变化的期望”的含义的原理与“边际原理”之间的差别，应该给予充分的注意。边际原理指的是不断增加的成就导致报酬的意义最终会**降低**，而第一个原理指的是不断增加的成就导致期望升高带来报酬的意义**增加**。隐含在边际原理中的是这样的假定，即一般期望保持不变，尽管它有不同的水平，从最低期望到很高的或者实际上是无限的抱负。给定这种假定，尽管

不断增加的成就之意义，可能首先会提高，但是随着接连的期望的水平被达到和被超过，它就会下降。为了取消期望保持不变这个限制性假定，就需要考虑不断增加的成就提高了期望的水平这个事实。期望的这种提高，尤其是最低期望的提高，使获得充分的报酬以满足新的期望水平，比获得以前报酬的那个数量更为有意义。这具有一种与边际效用递减原理相反的效应，并减轻了它的影响。

在获得社会收益过程中所付出的成本也影响这些收益对于个人所具有的意义，因为代价高的财产是最珍贵的，正如在第三章中详细分析过的那样。因此，社会赞同的价值取决于它的稀缺性，而稀缺的赞同只有付出高成本的努力才会获得。一般来说，高度需求的报酬被极为看重，并很难获得。结果，在获得那些没有客观可测量的价值的报酬时（如群体的承认或赞同）所必须承担的成本就成为它们的社会价值的一个标记。某些研究发现就是说明这种过程的例子，这些研究是关于一个福利机构中社会工作者之间，同事的赞同之意义的。[①] 那些在福利机构的同事中间尚未出名的新来 150
者比那些出名的新来者更可能声明，对他们来说，受到周围同事的高度评价比受到服务对象或上级主管的高度评价更重要。但是在那些有一年以上资历的人中间，关系被颠倒过来，就是说出名的人比不出名的人更倾向于极高度地重视同事的赞同。其中的含义是，同事赞同的易获得性降低了它的价值（正如他们的名气所表明的，在一年之内赢得这种赞同的少数工作者相对不那么重视它），

① 布劳和 W. 理查德·斯科特（W. Richard Scott），《正式组织》（*Formal Organizations*）（San Francisco：Chandler），1962 年，第 99－100 页。

而那些只有经过相当大的努力才能获得的同事赞同具有更大的意义(像大多数人那样,需要一年以上时间才赢得这种赞同的工作者更为看重它)。

期望对于对社会报酬的满足以及随后反应的影响的最后一个说明取自利普塞特对美国学者和知识分子的政治态度的一般分析。[①] 美国的知识分子经常抱怨,他们在我们社会中的声望比在别的国家低,因此他们对下层社会的认同可能有助于在他们中间产生普遍的中间偏左的以及平等主义的政治信念。利普塞特引用经验证据表明,尽管美国学者自认为他们的声望很低,但实际上大约与美国的大商人一样高,并且他们的相对社会地位大约与其他国家的学者们一样高。尽管美国学者对他们的相对声望排序有错误认识,但是却正确地感觉到,欧洲的教授和知识分子比他们受到更多的尊重。“这种差别恰恰是一个相当刚性的阶级社会与一个强调平等的社会之间的差别。在欧洲,所有那些地位较高的人都会受到公开的尊重,不管是工程师、工厂主还是教授,而在美国,任何人也没有得到国外那种程度的尊重。”[②]但是,利普塞特的言外之意是,在美国,这样的高地位所博得的较少尊重对于知识分子所具有的意义与对于经济和政治精英人物所具有的意义是相当不同的。

美国的价值系统对平等的强调并不意味着,我们在财富和权力上没有差别,或甚至我们比其他社会所具有的这些差别少些。

① 利普塞特,前引《政治人》,第 313－330 页。

② 利普塞特,前引《政治人》,第 327 页(着重号系引文原有)。

它实际上意味着，高地位不是或几乎不是由显赫的头衔、符号或 151
荣耀封出来的，**除了那些**依靠财富和权力——高地位一般来源于此——的人，它也没有赋予高地位者以要求尊重的专门特权或权利。在欧洲则相反，高地位确实带有要求从别人那里得到尊重的权利，这些权利通常(但并不总是)独立于与高地位连在一起的财富和权力。顶级商人和政治家的崇高声望伴随着大量财富或权力或二者兼有，在美国，财富或权力给这些人以巨大的地位特权，这与欧洲的情况是一样的。但是，牧师、学者及其他知识分子的声望地位并不是同样地建立在相当大的财富或权力基础之上的，结果，与其文化规范要求应该对任何具有高级社会地位的人表示尊重的国家相比，在美国从事这些职业的人享受着更少的社会报酬。

此外，在艺术和科学领域有着伟大传统的欧洲对美国知识分子来说是一个重要的参考群体，而在商业和政治领域，情况则不是如此。美国知识分子以他们的欧洲同行为取向，这导致他们期望受到比他们在美国受到的更多的尊重。其过大的期望所导致的挫折感助长了他们对下层阶级的认同，以及对那种倾向于引发他的挫折感的极端平等主义意识形态的认同。让我们再一次引用利普塞特的话："为什么美国知识分子得不到他们所渴望的尊重，具有讽刺意味的是，其中的某些原因就来自他们所信奉的平等主义标准的力量。"①

① 利普塞特，前引《政治人》，第 320 页。

公平交换和参考群体

在社会交换过程中，两种社会收益之间现行的交换比率已经确定。这种现行的比率受到供给和需求的支配(尽管只是以一种粗糙的形式)，因为除了上述两种收益之外的考虑影响着交换交易，尤其是同时进入交换关系的其他收益，比如社会支持和友谊。因此，如果在一个工作群体中对于建议的需要很高，并且只有少数专家能够提供它，那么其他人在很大程度上将处在服从某个专家愿望的压力之下，以便诱使他把宝贵的时间用在给他们而不是给
152 别人作咨询上。由此形成的建议的高价格可能促使专家们投入更多的时间提供它，因此增加了供给。假如建议的供给开始超过对它的需求，专家们将处在为了较少的服从而提供它的压力之下，因为其他人可以在许多顾问中选择。这个过程也可以从专家们对服从(即高级地位)的变动的需求的角度加以考察，也可以从其他人为了获取建议而愿意提供服从的程度的角度去看。

无论是专家之间为了高级地位——它为供给建议提供了激励——而展开的竞争，还是其他人之间为了建议——它为供给尊敬和服从提供了激励——而进行的竞争，都受到供给和需求的支配，有时给一方以较大的利益，有时给另一方以较大的利益。这两种竞争通过改变交换比率的机制同时调节着对彼此的需求，并设定现行的交换比率——这种比率是由任一时刻的供给和需求决定的。假定，那些需要建议的人实际要求(“需求”)的建议的数量减少了，他们便不得不为它在服从上付出更高的价格；而那些能够提

供某些建议的人所供给的建议的数量增加了，他们将因为它而在服从上获得更高的价格。[①] 在一个以建议的单位为横轴、以它在服从方面的价格为纵轴的坐标系中，需求曲线从左上方向右下方倾斜，而供给曲线从左下方向右上方倾斜。交换倾向于向需求等于供给的比率处移动，就是说，移向坐标系中两条曲线的交叉点，它表明了均衡价格或交换比率，以及在假定的均衡状态中被交换的数量。

两种类型的社会收益之间的交换比率受到了由现存的供给和需求条件所规定的假定的均衡的影响，影响的方式类似于在经济交换中均衡价格对实际价格的影响。博尔丁以如下的方式解释了这个过程：

> 均衡价格不一定是某个既定时刻存在的实际价格。一个价格可能存在，即可能存在按照一定交换比率进行的交易，还可能存在在市场中起作用的力量，它们往往会造成那个价格的某种变化……甚至有可能，我们永远也不会达到均衡价格， 153
> 事实上任何实际价格从来都不是均衡价格。在那些使实际价格和均衡价格结合在一起的力量有时间证明自身是正确的之前，环境就已经变化了，并且均衡价格也随之一道变化了，这是相当有可能的事情，实际上几乎是不可避免的事情。[②]

① 对同样事实的一个替代性设想是，对高级地位（或服从）的“需求”反过来取决于它从建议方面来说的价格；对高级地位所需要的服从的供给直接取决于它从建议方面来说的价格。

② 博尔丁，前引《经济分析》，第 55－56 页（着重号系引文原有）。

同样地，在一个群体中用建议来交换服从和高级地位的现行比率取决于供给和需求的条件，但是这些条件的不断变化——部分地由它们自己所产生的交换比率的变化所造成——使下列情况有可能出现，实际的交换比率从来不会达到供求使它逼近的那个假定比率。此外，与经济交换不同的是，在社会交换中不存在确切的价格，只是在两种社会收益之间有一种近似的交换比率，因为交换伙伴在他们的社会交往中所体验到的其他报酬被牵连在正在考虑的两种收益的交换中，并且妨碍人们根据另一种收益去精确地计算一种收益的价值。因此，在一个特定的交易中，交换的实际比率常常不同于在一个群体中的流行比率，因为各种压力促使成员们（例如）拿出比现行比率所显示的更多的服从来换取建议，或者用更多的建议来换取服从。但是现行比率设定了社会期望的近似标准，这个标准影响着特定伙伴之间实际交换比率。

要把这些概念应用到经验研究中，必须要为它们设计出操作性的测量方法。第一个问题是为将要被交换的收益——比如为服从和建议——建构指数。对一个人对另一人的要求和建议的服从程度的测量可以通过社会测量学问题来获得，我们可以使用涉及相对地位的一般问题，也可以使用询问特定问题的方法，比如问他们对来自既定同事的各种要求通常怎样做或如何反应。此外，如果可能的话，也可以直接观察社会互动，一个人对另一个人指示和建议的净服从可以从这样一种记录中推导出来。（这样做的一个前提条件是根据服从程度把要求加以分类，以免微小的服从行动在这个指数中被赋予与非常重大的服从行动相同的权重。）为了获得一个有效的所提供的建议的指数，这个指数既考虑建议的质量，

也考虑其数量，我们应该使用一种也许来自上级评价的能力测量 154
来加权一个人给予一个同事建议的分钟数。如果有人愿意作出这样的假定，即建议和服从是正在考虑的情境中进行交换的唯一显著的收益，那么这些测量将使我们有可能确定在每对交换伙伴中用建议来交换服从的比率和一个群体中的平均交换比率。如果这种假定不能被保证，进入交换交易的其他重要收益也将必须被测量，并被包含在对交换比率的计算之中。[①]

对现行交换比率所趋向的均衡状态进行经验研究将要求某些进一步的工作。为此，必须要确定根据服从来说建议的价格的变化如何影响它的供给和需求的变化。我们将必须要为每个人制定一个市场一览表，以表明根据服从来说，在各种价格上，他将愿意提供多少既定质量的建议，以及在各种价格上，他将需要多少建议。这样一个一览表可以建立在对假定问题的回答之基础上，或者最好是建立在对下述情境的观察之基础上，在这些情境中，我们用实验的方法改变每单位的建议所收到的服从，并允许被试供给和要求与他们所希望的一样多的建议。通过对一个群体中所有成员的一览表加总，我们将得到一个总的供求一览表，它将表明，在不同的价格上，对建议的需求是多少和对建议的供给是多少。[②]供给和需求相等时的价格是“均衡价格”，它使市场出清，而且假定

① 有关记录交换过程的一个一般方案，请参见理查德·朗加保(Richard Longabaugh)，“用社会交换给人际行为编码的一个分类体系”(A Category System for Coding Interpersonal Behavior as Social Exchange)，《社会测量学》(*Sociometry*)，26(1963)，第319－345页。

② 参见博尔丁，前引《经济分析》，第49－55页。处理建议的质量差异问题的一种可能的方法将是把一览表分成不同的质量类别。

现行比率趋向于它。

也存在公平交换的社会规范，在一个群体中，现行交换比率不一定（或者甚至一般不会）与被认为是公平的交换比率完全相同。为了阐明这种差别，我们有必要把分析范围从特定群体中的社会条件扩展到更大社区中的社会条件，从狭窄的时间跨度扩展到人生中的更长时期。因此，在某一社区的各种群体中可以得到的专
155 家建议取决于人们过去为了学习知识和发展技能所作出的努力，这些知识和技能是向同事、朋友和邻居提供各种合格的建议所必需的。人们从当专家中得到的利润越多，他们获得专业知识的激励也越大。因此，长期来看，社区“消费”专家知识的能力（也就是对它回报以充分的社会报酬的能力）往往等于其成员对专家知识的“生产”，因为不这样做就没有充分的激励作出生产它所必需的投入。这种情况与经济生产和消费之间的关系相类似，尽管也存在着明显的差别。两条曲线——它们表示的是按各种价格所生产的某种商品的数量和按照各种价格所消费的该商品的数量——之间的交叉规定了该商品的正常价格。这就是一个假定的均衡状态，在这种状态下，生产和消费相等，它表明了供给、需求和价格的长期趋势。[1] 因此，在一个社区中被获得的专家知识和被利用的专家知识之间的关系也可以被设想为最终支配着在不同群体中对建议的供给和需求，以及据此能获得的地位优势的程度。关键的区别是，社会交换中的中介机制是关于公平的社会规范。

共同规范在社会中发展起来，这些规范规定着社会收益与个

[1] 博尔丁，前引《经济分析》，第 107－114 页。

体为生产这些收益而作出的投入所应得的回报之间的公平交换比率。这些有关什么是对于既定服务的公平回报的规范标准在该社会对于这种服务的需求以及在供给这种服务所要求的投入中有着它们的最终根源。通过为各种追求中的时间和精力投入提供激励，它们有着将消费需求和生产能力联系起来的功能。为了能够供给社区大量需求的服务，有些人已经为此投入了大量的资源，根据这些规范，这些人应该相应地获得较高的社会报酬。

社会交换的公平比率和现行比率之间的关系有点类似于经济市场中的正常价格和平均价格之间的关系。但是公平比率和现行比率二者都是以社会期望为基础，虽然是不同类型的社会期望。在一个群体中，交换的现行比率引起了这样的期望，即提供一定的服务就会收到一定的回报。尽管这些期望标准不是道德规则，而 156
只是影响行为的预期，但是需要一定投入的服务应该获得一定回报的规范性期望却是道德标准，违背这些标准就会引起社会谴责。然而，许多群体中的现行比率背离了公平比率，这使得某些人实现以他们的投入为基础的公平回报成为不可能的事情。某些人甚至在他们的交换交易中不能实现现行比率，因为这些社会规范和标准以外的因素，尤其是特定群体中的供求条件和已经形成的权力关系，也影响着交换过程。

"公平交换"的概念基本上类似于霍曼斯的"分配正义"规则，他是这样表述这一规则的："在与另一人的交换关系中，人们会期望每个人的报酬与其成本成比例——报酬越大，成本越大，还会期望每个人的净报酬或利润与他的投入成比例——投入越大，利润越大。”[①]二者之间主要的不同是，霍曼斯没有明确强调指出，社会规范——它促进了具有社会意义的投入——隐含在公平或正义这种概念之下；事实上，他似乎隐含的意思是，它是一种天然的情感。正义的这个原则的一个重要含义是，人们根据他们的投入以及根据他们的报酬来比较他们自己，并期望报酬方面的差别符合投入方面的差别，他们对他们自己报酬的满足恰恰既取决于这些期望没有落空之事实，又取决于这些报酬的实际数量。

帕琴对一座炼油厂中工人的研究为这个来自霍曼斯原理的推论提供了某些经验支持。[②] 调查者要求工人说出其他一些人——这些人的工资不同于他们自己，不管是比他们高些，还是低些——的职业，并问他们，他们是否满意于将他们自己的收入与其他这些人的收入相比较的方式。最相关的发现是，在将他们自己的收入与有着更高收入的其他人相比时，一般而言，如果其他这些人是专业人士，要比如果他们是跟他们自己一样的蓝领工人，工人们更为
157 满意（与非专业的白领职业的比较产生了一种中等水平的满意）。这种职业比较是隐含的教育投入的比较。因此，这些发现表明，像霍曼斯所界定的那样，人们期望报酬与投入正相关，如果其他人的报酬超过他们自己的报酬，**只要**其他那些人的投入相应地高于他们自己的投入，他们也不会认真地反对。

① 乔治·C. 霍曼斯（George C. Homans），《社会行为》（*Social Behavior*）（New York：Harcourt，Brace and World），1961 年，第 75 页。

② 马丁·帕琴（Martin Patchen），“有关社会报酬比较的一个概念框架和某些经验资料”（A Conceptual Framework and Some Empirical Data Regarding Comparisons of Social Rewards），《社会测量学》（*Sociometry*），24（1961），第 136－156 页。

正义原理的另一个含义被霍曼斯系统地表述为一个重要的命题："分配正义的规则不能实现对一个人越是不利，他越可能表现出我们称之为愤怒的情感行为。"[①]其正义标准被违反的人感到愤怒和不满意，并且通过对那些导致它的人表示谴责以及有时是表示敌意和憎恨来发泄他们的愤怒。经过适当变动，可以说如果人们的公平标准被其他人的宽宏大量所满足，或者甚至可能被超量满足，那么他们便会通过对其他人的赞同来表示他们的感谢。一个人的权力以及他能从另一个人那里获得的利益的意义可能会使他不考虑其他人的赞许。然而，因为公平是一种社会规范，就像一种道德原则一样，这种规范仅规定了待遇，该社区中的第三方将谴责用其权力不公平地对待他人的人，而待人正义和公平的人则会赢得普遍的社会赞同。最后，内化的道德标准可能会使人们因为不公正地对待他人而感到内疚。[②]

因此，不公平对待以及尤其是对权力的剥削性利用引起了社会谴责，这使得如此不公平地对待他人代价高昂。群体或社区对不公平地对待他人的人——他们在交换关系中对其他人有竞争优势——或者对那些利用他们的权力压迫他人的人的谴责构成了控制这类行动的社会压力。相应地，有些人宽容地对待那些依赖他们的人，他们因此获得的社会赞同为这样的仁慈行为提供了激励。对两个组织中的工作群体的研究发现表明，利用其优势地位的专家顾问比那些没有这样做的人更少可能赢得他们同事的赞同和被

① 霍曼斯，前引《社会行为》，第75页。

② 同上书，第75－76页，对缺乏正义和内疚之间的关系有一个稍微不同的设想。

接受为可交往的伙伴。[①]

158 有关公平的规范在初级交换之上添加了一个次级交换，即用公平来交换赞同。在某种意义上，通过在不公平对待情况下降低过多的利润，以及通过在无私地对待他人的情况下提高可能不充分的报酬，由不公平所引起的不具有报酬性的社会谴责以及给予公平和无私的富有报酬性的社会赞同都倾向于恢复公平。这是否意味着所有的社会交易都一定是公平的？并非如此。的确，不管其权力如何，人们都不会控制其他人的情感，这意味着他们不能阻止其他人用谴责和仇恨去报复剥削性的压迫。但是巨大的权力也许能够使人阻止那些服从于它的人表达他们的否定性情感，并且，如果他们确实发现了公开的否定性表达的话，权力也会使他们免受谴责和厌恶。此外，根据流行的公平标准，只要被剥削者和受压迫者仍然屈服于统治权力，尽管他们和其他人表达了他们的指责和敌视，但是他们仍将继续受到不公平的对待。[②]

人们属于许多群体，并且潜在地还属于其他群体，这些群体构成了他们用来与自己作比较的参考群体。一个群体的成员不仅在他们自己中间比较各种社会经历如何有利可图，而且每个人也把

---

① 布劳(Blau),《科层制的动力学》(第 2 版)(*The Dynamics of Bureaucracy*)(University of Chicago Press), 1963 年,第 163－164 页。

② 交换模型能够以不同程度的包含性加以使用。如果只考虑特定的服务，那么某些伙伴关系就以单方面的服务为特点。如果权力也被加以考虑，那么这些伙伴关系便可以被看成也包含相互报答，但是权力在某些关系中被剥削性地使用，所以便产生了不平等的交易。如果也考虑社会谴责的话，这些伙伴关系又可以被一种交换概念所包含。公平比率和现行比率的独立标准应该防止分析者以同义反复的方式使用这些模型。

他们因其投入而取得的回报与他所属于或希望属于的其他群体中的人相比。因为一个既定群体中的各种成员将他们自己和不同参考群体中的其他人相比较，他们认为这些人的投入与他们自己的投入相类似，所以，他们的不同期望对于相同报酬就产生了不同的满意度。因此，中学毕业的美国士兵就比未从中学毕业的美国士兵对于他们在军队中受到的提升更不满意，因为中学毕业生不同的参考群体及其较高的教育水平使他们期望较高的社会报酬。给定这个事实，即中学毕业生一般能比非毕业生获得较高的军衔，所以上述期望未必不合理。[①] 斯托弗及其同事就提到了这种不满意——它不是由某人自己报酬低引起的，而是由于与得到更高报 159
酬的其他人相比产生的“相对剥夺”引起的。[②]

社会报酬具有一种依赖于其稀缺性的令人厌恶的意义，以及一种不依赖于此的固有意义。因为参考群体被用作比较和期望的标准，所以它们的成员们获得的平均报酬就成为一条基准线，用来评价什么是相对令人满意的经验或者什么是相对剥夺的经验。人们从他们赚取的金钱的数量中获得满足，但是他们也从比他们的伙伴挣得更多中获得满足，如果他们挣得更少，则不管他们的绝对收入有多高，他们都会感到被剥夺。正如我们所反复指出的，稀缺的赞同是最有价值的，这意味着只有少数人能得到赞同，而大多数

① 塞缪尔·A. 斯托弗(Samuel A. Stouffer)、爱德华·A. 萨奇曼(Edward A. Suchman)、利兰·C. 迪瓦伊尼(Leland C. DeVinney)、雪利·A. 斯达(Shirley A. Star)和小罗宾·M. 威廉斯(Robin M. Williams, Jr.)，《美国士兵》(*The American Soldier*)(Princeton University Press)，1949 年，第一卷，第 254－256、246－247 页。

② 同上书，第 125 页。

人得不到。对这种相对满足和相对剥夺现象最好的经验说明来自斯托弗的研究发现,他发现,在只有极少提升的部队(比如宪兵)中的士兵比那些在有许多提升的部队(比如空军)中的士兵对于提升机会**更为**满意。[①] 宪兵中的军士(其中只有近四分之一的士兵有这种地位)比他在空军中的同行(其中有将近一半士兵是军士)获得一种相对更高的社会报酬,与大多数人共享这种命运的宪兵中的士兵比空军中的士兵受到更少的剥夺。[②]

相对剥夺的原理实际上是一个**集体**边际效用递减的原理。根据边际效用原理(对于个体的),一个有着大量收益的人往往不如他只获得很少收益时重视收益的进一步增加。相对剥夺意味着,在一个某种收益(比如高级军衔)大量存在的群体中,那些拥有它的人不如那些在一个该利益稀缺的群体中的人重视这种收益,而那些没有拥有它的人则比那些在一个该收益稀缺的群体中的人更重视它。(我们从受到提升的士兵对提升表现出相对低的满足这个经验事实推断出,他们**不太**重视他们已经获得的提升,并且从没
160 有得到提升的士兵表现出相对低的满足这个事实我们可以推断出,他们**更为**重视他们没有得到的提升。)因为评价中的这两种差别在方向上是相反的,所以它们对由于增加的报酬(提升)所产生的一般趋势并没有作出任何说明。

① 同上书,第 250 - 253 页。还有一个类似的发现,参见奈杰尔·沃克(Nigel Walker),《行政机构中的士气》(*Morale in the Civil Service*)(Edinburgh:University Press),1961 年,第 205 - 207 页。

② 相对剥夺这个概念的一个正式模型由詹姆斯·A. 戴维斯(James A. Davis)提出,"对相对剥夺理论的一个正式解释"(A Formal Interpretation of the Theory of Relative Deprivation),《社会测量学》(*Sociometry*),22 (1959),第 280 - 296 页。

然而，从把组织作为一个整体的角度看（在这种情况下，没有必要作复杂的推论），一个集体以提升形式获得的收益越多，提升的再次增加所产生的影响就越小。尽管被提升的士兵一般来说比普通士兵更为满意地对待提升机会——提升就是产生满意的报酬——在一个部队中提升的数量的增加并不会成比例地——事实上根本不会——提高对满意的这些表达。这相当符合下述原理，即一个人已经拥有的收入越多，在他的满意中另一美元的重要性就越低。简而言之，尽管机制不一样，但是无论对于整体集体，还是对于个人而言，增加的报酬的边际效用最终会下降；对于集体的影响是由社会比较过程产生的，而对个人的影响是由对于满足需要和期望的心理反应产生的。

依附和不流动

人们被期望他们自己能致力于他们的社会关系、群体和组织。他们在培育社会关系和有资格成为群体和组织的成员中所作出的投入导致了对它们的承诺。许多交换交易依赖于至少交易中的一方对交易所作的投入，或者被这种投入所促进，比如在职培训（没有它，一个人就不能做他的专业化的工作），或者是把货物从制造商那里运到消费者手中的铁路。为了保护一方的投入不会因为对方从交换关系中撤出而受到损失，人们也期望另一方对交易作出承诺。承诺本身构成了机会成本，既包括“实际的”机会成本，也是“虚拟的”机会成本。在为了支持现在的社会交往或组织而放弃的社会交往或组织中获得的报酬是实际的机会成本。而并没有从其他可能已经被建立起来的从属关系中获得报酬是虚拟的机会成本。这些放弃的替代机会强化了承诺，有时连同作出的投入一起产生了牢固的依附(attachment)。

161 群体和组织中的成员资格包含不同程度的这种依附。这种依附越强，群体和组织中更大的社会结构就越僵化。虽然牢固的依附加强了群体和组织，但是对于维持个体的流动性和一个流动的、适应性强的社会结构来说，微弱的依赖却是必要的。强烈的依附妨碍个体探索替代性机会以及充分利用这些机会去增加他们的报酬和提高他们的地位，比如，转向一位更高的顾问，选择一份更有前途的工作，前往一个更称心如意的社区，或者变换到一个更有利可图的职业。牢固的依附导致的不流动阻碍了社会结构中的调整，而这种调整对于给所有各方带来公平回报的交换交易是必不可少的。

职业生活为产生不流动的承诺提供了一个原型。个体受到职业的吸引，因为他们期望从成为这些职业的成员中得到报酬。为了成为一名合格的成员，他们必须为获得必要的资格和技能而投入资源。有时，这需要进行长期的教育、培训和选拔。有志于专业职业的人必须与其他候选人为争取专业学校的录取而展开竞争，这就要求他们要用其能作出专业贡献的潜能给选拔委员会留下印象。随后，他们必须把时间和精力投入于他们的训练，以及向老师和将来的同行显示他们成为一名专业同行的资格和价值。由鉴定合格所带来的较高报酬在一定程度上成为这些投入的回报。尽管人们完全可以设想，专业人士的较高声望和更为有意思的工作——即使他们的收入不高于其他职业的人员——将为招收充足的有志之士提供充分的报酬，但是如果不是为了较高的报酬，人们就没有动力作出成为一名专业人士所必需的较大的投入。

对职业训练进行的投入是不能挽回的，并且造成了强烈的职业承诺。成年体力劳动者以及成年专业人员很少能负担得起进入一个完全不同职业在时间和资源方面所必须付出的新投入。如果对一个既定职业的服务需求下降，对于这些服务获得的报酬也将随之下降，那么该职业对年轻人的吸引将更少和更不足够，也许进入该职业所需要的训练也将更少。尽管当调整对某些职业群体不利时，这些职业群体的高级权力经常阻碍这些调整，但是从长远来 162
看，这些过程可能会为获得该服务的回报而调整所作出的资源投入，以作为提供职业服务的一个前提条件。无论如何，正在从事走下坡路职业的人不会从这些长期调整中获益。恰恰相反，他们得为调整过程付出代价。他们对该职业的义务——这阻碍着他们中的大多数人向其他职业的流动——意味着他们接受的是对他们的投入的不公平回报，这是对提供职业服务的报酬作出调整以减少对它们的需求的过程造成的。这些人所遭受的不平衡是有助于平衡职业供给和需求系统的人为成本。对于他们来说，根据归因于超出他们控制的力量的社会规范，他们不能获得一个公平的待遇是一种惩罚性的经历，他们可能对此作出带有辛酸和或许带有敌意的反应。但他们的反应仅仅是由社会依附所广泛产生的不公平的一个较为极端的例子。

组织和其他集体需要成员的依附，由供求导致的交换比率调整取决于流动性，但是社会依附不可避免地会限制社会流动。成员的更替对于一个组织来说是代价高昂的。持续的依附会促进组织效率，而这些依附又被组织所使用的各种机制——从公司的就业合同和养老金计划到政党的意识形态认同——所促进。组织之间的竞争在理论上会有这样的结果，即那些提供被公众所需求的服务的组织兴旺发达，而其他组织却江河日下甚至完全无法生存。这里的假定是，竞争以及为了成功或为了生存必然导致的某些组织的失败有助于共同福利。如果存在激烈的经济竞争，某些企业一定会衰败，如果存在激烈的政治竞争，某些政党也必然走向衰
163 败。经济和政治竞争以及其他形式的竞争和竞争性冲突有着重要的功能，并且在像美国这样的社会中受到鼓励。

在不对那些无辜地卷入竞争性冲突之中的个人造成持久、严重伤害的情况下，各种类型的流动使竞争性冲突有可能持续并发挥它们的功能。如果为增加他的财富而冒险投资的商人失败的话，他不是环境的一个无辜牺牲品，但他的雇员却是受害者，需要得到社会保护，以免因为商人的失败而受到不可挽回的损失。事实上，如果是为了鼓励他承担创新的风险，商人自己也需要保护，以免受到超出其控制的技术和经济力量的损害。如同博尔丁已经指出的那样，流动——在最一般意义上使用这个术语，它包含各种类型的运动和再调整——提供了这种保护，并减轻了群体和组织之间的竞争性冲突在其他方面对个体造成的有害影响。①

一种减少冲突的流动类型是群体流动。在一个社会中，一个

---

① 博尔丁(Boulding)，《冲突和防卫》(*Conflict and Defense*)(New York: Harper)，1962 年，第 10 章。

不断扩张的经济使得不同社会经济阶层的向上流动成为可能，这种流动减轻了经济利益冲突的严重性。在一个静止的社会中，富人增加其财富和权力的能力必然意味着穷人更加贫穷、更加无权无势，结果，阶级冲突往往十分尖锐。然而，在一个增长的经济中，“富人可以在不让穷人变得更穷的情况下变得更富；实际上任何人都可能变得更富，富到一定地步，任何其他人都不会变得更穷。在某些人比其他人富得更快的意义上，仍然存在经济冲突。然而，这与静止社会中的冲突完全不同，在静止的社会中，只有把另一个人推倒，某人才可能上升。”[①]同样地，一旦各族群已经改善了他们的社会经济地位——就像不断向美国移民的浪潮曾经发生过的那样，[②]它们之间的冲突就缓和了，美国的黑人和其他族群之间的差别就说明了这一点。

年龄群体之间的非自愿的和不可避免的流动也缓和了它们之间的冲突。用博尔丁的话来说，一个社会的成年人必须“要与年轻人——他们在非劳动年龄阶段必须要被提供食物、衣服、住所和教育——分享他们的劳动果实，也要与老年人——当他们不能生产任何东西的时候他们一定要被赡养——分享他们的劳动产品，这是一个非常现实的冲突，一个群体得到的产品越多，其他群体目前可以得到的产品就越少。”[③]然而，除了极少的例外，比如汤森运动

---

① 博尔丁，前引《冲突与防卫》，第 192 页。

② W. 劳埃德・沃纳（W. Lloyd Warner）和利奥・斯洛尔（Leo Srole），《美国种族群体的社会系统》（*The Social System of American Ethnic Groups*）（New Haven：Yale University Press），1945 年，第 5 章。

③ 博尔丁，前引《冲突和防卫》，第 199 页。

(Townsend movement)*以及对它的抗议,年龄群体并不介入公开的冲突(父母和孩子之间的冲突是完全不同的一种事情)。出现这种情况的主要原因是,年纪轻的成年人——他们可能成为从教育制度中获益的孩子们的父母,而后来会成为从养老金计划获益的老年人——并不是一个与其他年龄群体的人有着不同的持续利益的永久群体。

164 另一种降低冲突的有害后果的流动类型是组织的流动,确切地说,是它们的资源的流动。因为产品变得过时,或者对它们的需求由于某种原因急剧下降,生产它们的企业就会衰退。如果企业致力于一条专门的生产线,而不能转向其他生产线,那么它们贸易条件的这种恶化便会威胁到它们的生存。但是如果它们能够适应新的环境,如果它们的资源可以流动,那么它们就可以开始生产比如汽车车身而不是马车,并且它们所遭受的厄运将仅仅是暂时的和非永久的。同样地,其纲领被投票人拒绝的政党可以通过修改它的纲领补偿它的损失,但是如果对旧理想的强烈承诺阻碍了意识形态资源的这种流动,可以说,它就不可能这样做。甚至当一个组织的资源是不可流动的,以及对变化的环境缺乏适应性导致它的衰退时,如果组织中的个体成员们是流动的,那么这些成员遭受的也只是暂时的挫折。

最后,个体在组织和群体之间的流动是最重要的保护措施,以免被超过某人控制的权力之间的竞争性冲突所毁坏。一个组织、

* 指的是弗朗西斯·埃弗里特·汤森(Francis Everett Townsend, 1867－1960)倡导的由政府资助老军人的养老金计划运动,这是1935年通过的社会保障法案的前身。——译者

职业或群体的衰退不可避免地会给它的成员带来困苦，但是如果他们能很容易地得到另一份工作，寻求另一条工作路线，参加另一个政党，建立另一个工会，他们就不会遭受不可挽回的损失。然而，正是这种流动受到了组织和群体所要求的依附和忠诚的阻碍。一个显著的例子是对一个职业所作的投入导致的职业不流动。人们在他们的职业和他们的工作中作出的巨大投入使得工资谈判基本上不同于其他经济交换，并且使它对于雇员的意义不同于它对雇主的意义。尽管雇主通过投入金钱购买劳动力就像购买原材料一样以获取货币利润，但是雇员的收入代表他的全部生计，并不简单地是许多有利可图的交易中的一种，并且他所投入的完全不是金钱，而是他的大部分生命。用博尔丁的话来说，“工人可以出售耻辱、依赖和自尊，也可以犁地和锄田。”[①]

“雇主确实是以商品（或金钱）来交换商品……工人则是用生命来换取收入；交易使他卷入到地位、声望、他在家庭和社区心目中的地位以及他作为一个人的整个位置中。”[②]对于那些卷入到大 165
公司之间竞争性冲突的变迁兴衰之中的人来说，人们的工作对于他们所具有的重要意义使得对职业和组织的依附所导致的不流动成为一种特别严重的威胁。共同体从竞争中获得收益，而某些人却要必须为之付出代价，这正是这些人不公平的命运。

① 博尔丁，前引《冲突和防卫》，第 214 页。

② 同上书，第 211 页。

结　　论

人们的期望支配着他们在社会生活中所感到的满足，因此也支配着他们对社会经历的反应。根据期望，相同的成就可能被某些人体验为一种令人满意的成功，也可能被某些人体验为令人沮丧的失败。达到最低期望具有重要意义，但是随着越来越高的期望和抱负水平被达到，获得进一步报酬的意义却下降了。报酬意义的这些变化遵循着既定利益增加的数量最终会导致边际效用递减的原理。然而，期望并不保持恒定。实现了一开始被认为是高水平的抱负，往往就会把它们转变为最低水平的需求，并且导致了新的更高水平的抱负。尽管不断增加的报酬数量的获得降低了进一步增加的价值，但是边际原理的这种表现却由于成就所导致的期望的上升所减轻，期望的这种上升再次增加了进一步报酬的价值。

除了这些“一般”期望——它们规定着总的需要和抱负，不管它们得以满足的根源是什么——之外，个体们也有对特定伙伴的“特殊”期望。如果一个人给别人留下他拥有多种吸引人的品质的印象的话，那么人们就会预期和他交往将会产生特定的报酬，并且这些特殊期望指引着其他人与他的互动。一个人的一般和特殊期望之间的接近性决定着他对另一个人最初的吸引。也就是说，如果他期望另一个人提供完全满足他的一般期望的特定类型的报酬，不管是专业性的帮助还是社会支持，那么，较之他期望远远不
166 能满足他的需要的报酬而言，前者更吸引他。一个人对各种伙伴

的特殊期望各不相同，这取决于他对他们为他提供社会报酬的资格和倾向的印象。与此相反，他对从社会经验中获益的“比较”期望构成了一个共同标准，这表明他期望从他的投入中获得回报，并且允许他在各种潜在的伙伴中进行选择。持久的吸引产生于那些最有利可图的社会交往中。

人们的期望不仅受他们自己过去的成就的影响，而且还受到那些构成他们重要的参考群体的其他人的成就的影响，以及社会中的共同价值观和规范的影响，这些也可作为参考标准。群体的共享的社会经验对社会期望施加了一种特别显著的影响。因此，受到他们以前经理非常友好对待的工厂工人比那些在他们的前任经理领导下具有较少报酬性体验的工人往往对他们的新经理有更高的期望。一位继任经理既定的做法是否被工人们体验为富有报酬并能赢得他们的忠诚取决于它是超过了还是没有达到其前任的做法曾引起的期望。根据他的参照标准，一位经理可能认为他对待下属的方式是最宽宏大量和最富有报酬性的，并且期望能从下属那里得到赞扬的反应；然而，后者不同的参照标准——这基于他们过去的经历——可能导致他们对他期望过多，因此对他的做法产生不利的反应。期望上——它规定着既定社会交易的意义——的差别是冲突的一个潜在根源。

群体中的共享经验促使成员们认为他们的投入是相似的，并期望得到相似的回报，结果，群体成员获得的平均回报就成为支配着报酬价值的期望标准。给定这个期望标准，相同的报酬（例如，军队中特定的军衔和薪金等级）在这种报酬很少的群体中比在它很普遍的群体中一般更使人感到满足。因此，令人感到十分奇怪的是，一个群体的成员获得的报酬越多，比如提升到更高的等级，这些报酬可能产生的满意就越少。相对剥夺这种现象——如同斯托弗及其同事所称呼的那样——可以被认为是集体边际效用递减原理。在一个集体中，某种社会报酬被分配得越多，它的相对意义就会下降，正如一个人拥有的金钱越多，一美元的价值将会下降。

在一个社区中提供处于需求的各种服务所要求的长期投入导
167 致社会规范的产生，这种规范决定着什么是提供这些服务的一种公平回报。在社会交易中，某些人违反这些共同的公平规范利用其他人，对他们而言，对他们的社会谴责就是一种代价，这种代价会阻止这样的行为。然而，很多人的投入不可能获得公平的回报。在特定群体中，供给和需求的条件对交换交易和社会收益之间已经确定的现行交换比率都施加一种独立的影响。在社会交换中公平比率和现行比率之间的关系大体上对应于在经济市场中正常价格和平均价格者间的关系。从长期来看，正常价格影响平均价格，但是它的即时影响却因供给和需求条件对交换的现行比率的直接影响而剧烈变动。因此，许多人在他们的交易中不能实现一种公平的回报。实际上，许多人甚至不能实现现行的交换比率。出现这种情况的一个重要原因是社会依附产生了阻碍个体充分利用替代性机会的不流动性。

集体目标的有效实现要求组织拥有有义务感和忠诚的成员，但是对组织的依附却妨碍了人们保护他们的投入并对投入获得一个公平回报所必需的流动，这个事实产生了一个根本性问题。在竞争——它能够使社区选择那些对其服务存在持续需要的人——过程中，尽管某些组织和群体一定要衰败，但是只要个体成员们能够容易地移动到其他组织或群体，那么这种衰败不会对它们的个体成员们产生灾难性影响。但是有效的竞争也要求人们要献身于职业追求和特定组织，而这种献身阻碍了流动。有些人并非由于他们自己的过错，结果他们生命中的主要投入却不能获得一种公平的回报。作为超出他们控制的竞争过程的受害者，他们所受到的不公平对待可能使他们疏远他们的社会并敌视他们的社会。在一定程度上补偿了他们损失的社会福利立法被用来防止他们的潜在反抗。

第七章　群体中变化和调整的动力学

任何社会秩序都要求一种上尊下卑的等级关系，即使仅
168 仅出于技术性的原因。因此，在公正意义上的平等只能是个人资格与在这个等级关系中的位置准确一致。然而，这种协调一致原则上是不可能的，原因非常简单，就是适合于高级位置的人总是多于高级位置。

——乔治·齐美尔，《乔治·齐美尔的社会学》

在本章，我们试图将边际分析应用到群体中的社会交换过程。[①] 目的是探索如果边际分析的经济原理被恰当地应用于社会交换，是否能够阐明发生在社会互动和社会分化过程中的群体结

---

① 这样做的一个启发是肯尼思·E. 博尔丁(Kenneth E. Boulding)在他对霍曼斯著作的评论中的陈述，“存在无差异曲线、契约曲线、谈判轨迹、帕累托最优等有用工具，所有这些都与霍曼斯的问题高度相关，但他只是顺便提到它们。”在本章，我们试图表明的是，可以从这种理论中推导出特定的预测，这种尝试一定程度上受到詹姆斯·A. 戴维斯(James A. Davis)在同样的双重评论文章中的批评的激励。他认为“仅仅根据理论便对经验事件作出预测”是不可能的。“对霍曼斯的‘社会行为：它的基本形式’的两个评论”(Two Critiques of Homans' Social Behavior: Its Elementary Forms)，《美国社会学杂志》(*American Journal of Sociology*)，67 (1962)，第 458、459 页。

构的变化和调整。

为了这一目标而选择的例子是工作群体中的咨询模式，也就是，用建议来换取社会地位。这里的假定是，建议是一种典型的服务，它与社会地位的交换说明了群体中社会分化的一般原则，尽管 169
必须要指出，如果一个群体具有它自己独特的共同目标，那么这些过程就会被改变。两个人可能在一开始时交换恩惠，也许是某个人给另一个人以建议，后者可能以某种其他的恩惠回报前者。但是，如果对某人工作问题的建议是最有价值的服务——如同在工作群体中通常的情况那样，那么其他的恩惠对于偿还此人对它的义务就是不充分的，于是用尊敬和服从去报答建议就成为必要。这正是可以作为分析起点的情境。我们关心的是，两个人之间的交换在整个群体中扩展为交换过程的方式，所产生的社会分化和作为对内在产生的和外在的刺激的反应而在群体结构中发生的变化与调整，以及这种“社会市场”的不完全性——在分析社会交换过程和分化结构的发展时，我们必须要考虑这种不完全性。

把经济理论的概念应用到对群体结构的研究，其目的在于产生能够在经验研究中加以检验的命题，因此表明这里提出的理论模型能够产生精确的操作性假设。从理论分析中推导出的某些操作性假设是：在一个工作群体中，如果任务相对容易，或者如果它非常困难，专家数量的变化将影响咨询的数量。与常识可能导致人预期的东西相反，在一个工作群体中，相对于非正式地位，如果任务完成对于群体成员具有重大意义，较之如果它对群体成员不太重要，建议的供给将会更少地影响咨询的数量。一个工作群体的新来者——他们增加了对建议的需求——将在咨询的数量上造成一个永久的增加，在某种程度上它甚至在新来者已经变成经验丰富的老前辈后仍然继续增加。

一般性地支撑边际分析和交换的基本原理是边际效用最终递减的原理。既定类型收益不断增加的数量可能首先造成它们的边际价值——即另外增加的收益单位对一个人所具有的价值——的
170 增加，但从长远来看会一直下降。[①] 这个原理是态度分歧的最终根源，没有这种分歧，交换就不会发生。两个人参与一项自愿的交换交易的原因是两个人都能从中获益。**只有当**两个人具有不同的态度时，他们俩才都能获益，这意味着，比如说用一个苹果换取一个梨子的人对苹果的重视不如对梨子的看重，而与他交换的另一个人则更看重苹果，而不是梨子。如果第一个人拥有很多苹果和较少的梨子，而第二个人拥有许多梨子和较少的苹果，即使两个人具有相同的口味，偏好上的这种不同也将会存在。因为增加的占有物的边际效用相对较小，所以，“每个人都放弃他过多拥有的东西来换取他拥有很少的东西”使所有人都会获益。[②] 专业化为每个人提供的某些资源比他能够使用的要多，而提供的另一些资源比他所需要的要少。因此，专业化使交换成为必要。“没有专业化的交换是不可能的；没有交换的专业化是愚蠢的。”[③]

在一个有着相当复杂任务的工作群体中，大部分专家的建议

① 不断增加的成就引起期望的提高降低了成就增加对边际效用的负面影响——如同在上一章中所指出的，但它们很少能完全消除这种影响。

② 博尔丁（Boulding），《冲突和防卫》（*Conflict and Defense*）（New York：Harper），1962 年，第 193 页。

③ 博尔丁，《经济分析》（第 3 版）（*Economics Analysis*）（New York：Harper），1955 年，第 20 页（原文为斜体字）。

构成了一种专业化的服务，不太能干的成员对这种服务有一种需要，因为他们往往不愿意经常向上级请教而暴露自己的无知。态度的这种分歧——它使得某些人成为建议的“热切的卖主”，而使其他人成为“热切的买主”——构成了使双方都获益的交换交易的基础；[①]一方从能使他更好地完成任务的建议中获益，而另一方则从他以专家建议所换来的高级地位中获益。其他人的服从——高级地位建立在此基础上——可以被看成是社会交换的一种一般化的手段，类似于经济交换中的金钱（除了它远不如金钱那么容易流通之外），因为一个人命令其他人服从使他能获得各种收益，正如他占有的金钱所带来的那样。但是当建议在相互关系中加以交换时，如同它通常在那些能力差不多的人之间那样，看起来没有什么能使双方都从交易中获益的偏好差异。然而，两个人确实都获益了，因为作出决策——主管根据这些决策来评价一个人的成绩——引起的焦虑经常干扰一个人对他自己情况的决策，但是不会干扰他对一个同事的情况的决策。因此，两个同事交换的建议往往会优于他们对自己的情况所作的决策。随之发生的态度分歧 171
（与自己的决策相比，每一方都更喜欢对方的较少因焦虑而扭曲的决策）使双方都能从他们对建议的相互交换中获益。

双边垄断和激增

作为一个出发点，在一个参加某种最低复杂程度脑力劳动的

① 博尔丁，前引《经济分析》，第 68－70 页。

工作群体中，每种咨询关系都被概念化为一种双边垄断的情况，然后分析将涉及这些两人关系所产生的探索替代机会的压力，还涉及因此发生的交换过程的激增。当一个顾问越来越频繁地被同事要求给予建议时，他获得的尊敬和服从——作为对其建议的回报——的价值也下降了。与此同时，随着他必须投入越来越多的时间用于作建议，就会挤占他留下做自己的工作和从事其他活动的时间，对于他来说作建议的时间成本也就上升了。给定这两个边际过程，边际替代率——即根据他付出的时间成本的价值，他所收到的服从的价值(效用)——便随着咨询的增加以越来越快的速度下降。在一开始，对于他来说，他获得的地位提高可能比他必须要投入于咨询的时间更有价值；这正是他提供建议的原因。但是，随着更频繁的咨询，地位进一步提高的价值不断下降和进一步的时间成本的价值不断上升到某一点(在这一点上二者相等)，咨询者正是在这一咨询数量点上获益最多，如果没有其他的考虑影响他的行为，那么他应该坚持这一咨询数量。同样地，对于询问者来说，地位下降的成本会越来越大，他必须更为经常地向一个正式作为其伙伴的人承认他的无能和依赖，他对建议的需要也随着已经被回答的问题的增多而减少，这样他也达到了不再从进一步的咨询中获益的点。

两种商品的主观价值或效用之间的关系可以借助于无差异曲线来表示。在一条无差异曲线上的任何一点表示的是，无论是占有第一种商品的特定数量还是占有第二种商品的特定数量对此人来说都是没有差异的，也就是说，这两种商品对他而言具有相同的价值。如果一个人从花十美元去看戏或者去饭店吃饭中获得相同的快乐，那么他可能不会在意他是一周去剧院两次、一次都不去饭店，还是剧院和饭店各去一次，还是去两次饭店、一次都不去剧院；所有这些点都将在同一条无差异曲线上。当然，他可能更喜欢一周出去吃两次饭，并且一周也去两次剧院，但是不管他是这样做，还是选择外出四次的任何其他组合，可能对他来说都是一样的；这些点将会落在一条对他来说更高的无差异曲线上。到目前为止，我们已经假定无差异曲线在图形中是直线，这个图形以外出吃饭的次数为一根轴，以外出看戏的次数为另一根轴，但这一假定明显是不现实的。假定这个人一般来说同等地喜欢这两件事，并且在某一周里已经六次外出吃过饭，那么这个人肯定在第七个晚上将宁愿去剧院而不愿意去饭店，这意味着，根据边际原理，他越是经常外出吃饭，外出吃饭相对于去剧院的价值对他来说就会变得越低。 172

因此，无差异曲线的斜率一般是变化的（它们是曲线，而不是直线），它表明，一种商品的数量——在效用上等于一定数量的另一种商品——取决于正在考虑的两种商品的比例，如图 1 所示。[①]个体对位于 I_1 上的 X 和 Y 的任何组合没有差异，但他对处在依次升高的无差异曲线上的组合具有越来越高的偏好（趋向于右上方），对处在同一条曲线上的任何组合还是没有差异。直线 AB 是机会线，也就是说，它表明了对他来说可用于获取这两种商品的资源。他能够购买 OB 个单位的 Y 和零个单位的 X，OA 个单位的

① 图 1 复制的蓝本见乔治·J. 斯蒂格勒（George J. Stigler）的著作《竞争价格的理论》（*The Theory of Competitive Price*）（New York：Macmillan），1942 年，第 73 页，

X 和零个单位的 Y,或者机会线上任何其他的组合。最优的组合是机会线与最高的无差异曲线相交的那一点,这一点是 P,在这里,他获得 OD 单位的 Y 和 OC 单位的 X。其他可获得的组合,如在 M 点和 N 点的组合都不是最优的,因为它们位于更低的无差异曲线上。

173

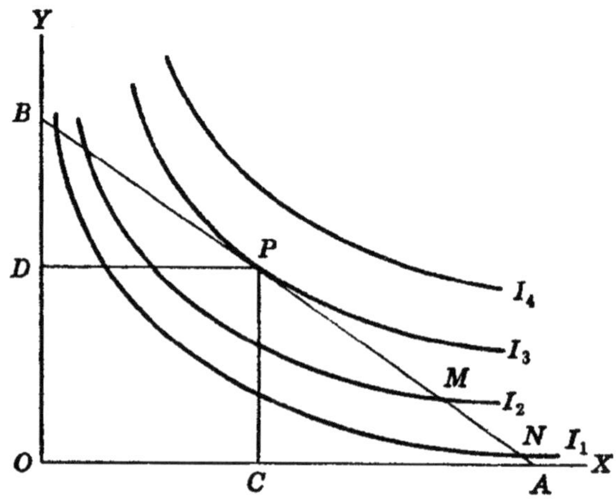

图 1　无差异曲线

让 X 代表一个专家从把他自己工作中省下来的时间用于休息和社交中获得的收益;Y 代表的是把这些时间用于给别人提建议而给他带来的地位的提高(二者都是根据对他的效用来表示);直线 AB 表示的是他的总的额外时间。于是,点 P 表明了给他带来最大效用的他的空闲时间在休息和帮助别人之间的分配。无差异曲线的平均斜率显示了他的地位意识,具体而言,就是与休息和社交对他的意义相比,在同事中获得高级地位对他的意义如何。如果 X 代表一个人从将时间用于完成自己的工作上(而不是从自己的闲暇时间中)所获得的收益,无差异曲线的平均斜率将表明他趋向于作为参考群体的同事们的程度，而不是取向于他的工具性任务和评价他的表现的上级的程度。例如，有人将预期，社会凝聚使这些无差异曲线不太陡峭，这表明同事的赞同和非正式地位（Y）的意义增加了。

双边垄断中的交换过程可以用一个有两对面对面坐标的盒形图来表示，如图 2 所示。① O_a 对顾问来说是原点，O_b 对于向他咨询的同事来说是原点。K 表示的是解决问题的能力，它被设想为花在解决问题上的时间，被用于解决问题的能力加权了。O_aY（或 O_bY）是这两个人可用的总的解决问题的能力，在起始点 P_0 处，O_aK_a 表示的是在任何咨询发生之前专家的较大能力，O_bK_b 表示的是同事的较小能力。H 表示的是为了提高对方的地位每个人愿意表达的服从。我们所作的假定是，与另一个人倾向于使
自己服从于专家相比，专家的高级地位使他较少倾向于使自己为 174
了任何可能的收益而服从另一个人，这意味着，专家实际上比他的同事（O_bH_b）拥有更少的愿意服从的资源（O_aH_a）。（当然，我们也可以作出一种不同的假定。）咨询可以用从起始点 P_0 向下的运动表示，它表明专家把他的某些时间和能力用在同事的问题上，向右的运动表明专家的地位由于同事的服从（同事用它来回报专家的建议）而得以提高。实线的无差异曲线是专家的无差异曲线，用依次趋向于右上方的曲线表示越来越高的偏好；虚线的无差异曲线是同事的无差异曲线，用依次趋向于左下方的曲线表示越来越

① 图 2 复制的蓝本见博尔丁的著作《经济分析》，第 811 页。以下的讨论是根据上述引文改编的，第 810－813 页。

高的偏好。从 A_0 和 B_0 分别向着更高的无差异曲线的任何运动都是一种改进。只要双方都能向较高的无差异曲线运动，双方就都会从增加的咨询中获益。

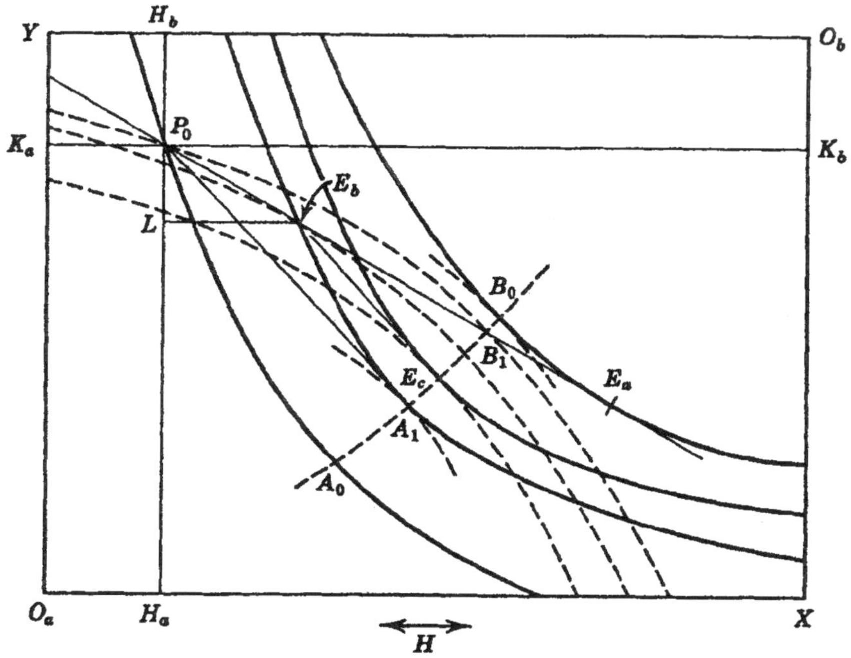

图 2　双边垄断中的交易

交换的公平比率——基于什么是对专家建议的公平回报的公认的社会规范——用交换机会线 $P_0E_bE_a$ 表示。只要坚持这些有关公平的规范，运动就只能沿着这条线发生，这条线的斜率表示的每单位的专家建议所预期的服从程度。如果交换继续上升到点 E_b，它将双方都带到更高的无差异曲线上（从 A_0 到 A_1 和从 B_0 到 B_1），这意味着双方都从交换中获益。该顾问现在提供 P_0L 单位的建议换取 LE_b 单位的服从。向点 E_a（在这里，他将以相同的比率提供更多的建议）的移动将对顾问有利，因为它将把他带向一条更高的无差异曲线，但是它不会有利于该同事，因为它将使他移向一条更低的无差异曲线。另一方面，从 E_b 到 E_c 的变化将对双方都有利，因为它使双方都移向更高的无差异曲线。然而，在点 E_c 上，顾问的每单位建议所获得的服从比公平比率所要求的要少（直线 P_0E_c 比 P_0E_b 直线更接近于垂直，而垂线将表示他无偿地提供建议）。因此，甚至在双边垄断中，从公平的交换比率出发可能——常常就是——对双方都有利。

只要咨询数量上的增加（以任何交换比率）有可能把双方都移向更高的无差异曲线，扩大他们的交换关系对双方就都有利。但是一旦达到双方无差异曲线的某个相切点，就像在点 E_c 那样，那么“不管价格如何，有益于双方的任何进一步的移动都不能发生 175
了。”[①]将所有的相切点连接起来的线 $A_0E_cB_0$ 被称为契约曲线或“帕累托最优”曲线，它意味着最大化双方共同利益的条件。尽管有益于双方的移动可能从不在契约曲线上的任何一点开始，但是，一旦它们处在契约曲线上，任何不会使双方吃亏的移动是不可能的。沿着契约曲线从 A_0 向 B_0 的移动将在使其同事付出代价的情况下有利于该顾问，而相反方向的移动将使顾问付出代价的情况下使他的同事获益。在契约曲线上达到的那个点取决于双方讨价还价的力量，换句话说，取决于该理论模型之外的因素。

当然，只存在唯一的一个点满足帕累托联合最优的条件，同时也满足有关公平的社会规范，即点 B_1，在这一点上契约曲线与机

① 博尔丁，前引《经济分析》，第 812 页。

会直线（它代表着公平比率）相互交叉。然而，这一点能否达到取
176 决于所谓的双方的“讨价还价路径”，即他们在其中确定他们的交换条件的早期探索。如果他们遵照公平比率的标准一开始将比率确定在 E_b 上，则他们永远不可能达到 B_1，因为这样做虽然有许多机会可以增加顾问和求教者自己的利益，但是却要求向别人请教的同事接受比他已经具有的条件更不利的条件（移向一条更低的无差异曲线）。在契约曲线上被达到的那个点受到如下因素的影响：顾问和请教者之间的个人关系、每个人在隐瞒他愿意为获得收益付出多少回报——如果他必须支付的话——方面的技巧，以及尤其是一方或双方从他们的社会交往中获得的其他收益。对建议表现出巨大需求的人比成功地隐瞒这一点的人可能不得不付出更多的服从。对帮助同事表现出支持性兴趣的顾问往往会比那种勉强给予帮助的人赢得更多的感激和自愿的服从。[①] 不敢去主管那里寻求建议的人，与那个别人都知道有时利用这种替代性资源的人相比，可能不得不为从同事那里获得建议支付更高的价格。一般来说，可利用的替代性增强了一个人的讨价还价力量，在工作群体中可以得到的主要替代对象是其他同事。

一个工作群体中的咨询关系并不在彼此隔离的情况下存在。一个人不可能以他愿意支付的代价从他的顾问那里得到与他所需

① 在更为复杂的模型中可以考虑这种其他收益的意义，但是这样做也有不利之处，因为将它们操作化为经验研究变得越来越难，如果不是不可能的话。较为简单的模型——这种模型只包含被交换的最重要的收益并且可以更容易地转换为操作性条件——对统计预测应该是足够了。也就是说，如果尽管并非所有被交换的收益都被考虑到了，但是最重要的收益在模型中被考虑到了，那么从这个模型得出的预测也应该以统计上显著的个案比例被证实，尽管不是以所有的个案。

要的一样多的建议，或者以任何代价做到那一点；而一个顾问也不可能获得他觉得应该从某个同事那里获得的高级地位。正是替代机会的存在引起了他们的探索。当某些工人探索各种交换机会时，他们用更为有利的替代机会的承诺去诱惑其他人——这些人已经相对固定在以往的咨询关系中。由于交换过程的这种激增，专家们必须为同事们的服从和群体中的高级地位展开竞争，而那些需要建议的人必须为争取专家们的咨询时间而竞争。在这种双 177
重的竞争过程中，一种服从对建议的近似的现行比率就在群体中确立起来。[①] 有关公平的社会规范影响这个现行比率，但是由于群体中的供求条件对它施加了一个独立的影响，所以如同前面所指出的那样，现行比率通常偏离公平比率。

交换过程从双边垄断激增为更广泛的圈子，这不仅是因为对更为有利的机会的寻求，而且也是因为资源的有限性。一个人既可用另一种服务作为回报来获取一项服务，也可用服从（也即从属）作为回报来获取它。因为需要专家建议的工人通常没有该顾问所需要的任何其他东西可提供，所以他们必须要用服从他的意愿来回报他。随着他们向他请教得越来越多，服从和自尊方面的成本对他们来说也上升了。当然，最后他们对建议的需要也会随着咨询的增加而减少，但是那些需要大量建议的人的问题恰恰在于，他们在建议的成本已经变得几乎承担不起的那一点上继续需要建议，成本的提高是因为他们的自尊将从进一步的从属中遭受

① “它可以被表明为，随着讨价还价者数量的增加，契约曲线的长度在缩短，并且当买主或卖主或二者都非常多时，它减少为单一的点。”见斯蒂格勒，前引《竞争价格的理论》，第 81 页。

过多的损害，或者因为这些人的任何数量的从属都不会使该顾问充分地获益，以投入更多的时间为他们提供建议。

简而言之，工人们对一个专家顾问的要求所能支付的最大数量的服从不可能给他们带来他们所需要的最低数量的建议。在这种情况下，当他们的资源不足以给他们带来他们所需要的那类物品，他们可能做人们通常做的事情，即用他们能支付得起的较低质量的物品来替代。一个工作群体中不太能干的成员通常会建立相互咨询的伙伴关系，在这种关系中，他们以较低的成本获得比专家的建议质量要低的建议。相互咨询对任何一方都不涉及从属问题。每个人为他所得到的建议付出代价，不是用服从（他们承担不起这个），而是用花在对方问题上的咨询时间（这是一种便宜的价格），因为人们对他投入咨询的时间几乎没有要求，并且他喜欢隐含在别人向他请求建议中的对他的判断的尊重。当他们在最困难
178 的问题上需要建议时，这些伙伴关系——它们减少了对专家们的时间的需求——再次使得工人们可以获得专家的咨询时间。[①] 这种相互交换的关系降低了群体中社会地位的分化，因为它们降低了资源较少的成员对资源较多的成员的依赖。

专家顾问也有理由不将他们的交换交易局限在一个同事身上，而是扩展他们的咨询关系。因为一个同事的不断增加的服从的边际效用或价值对专家来说是下降的，其他人服从的价值并不是同等地下降；恰恰相反，通过比较，其他人服从的价值却上升了。

---

① 对一个经验案例的分析，参见布劳（Blau），《科层制的动力学》（第二版）（*The Dynamics of Bureaucracy*）（University of Chicago Press），1963 年，第 127－132、137－138 页。

出现这种情况的技术性原因是不同人的服从行为不是等值的和可互换的；理论原因是一个群体中的高级地位要求，许多其他人承认他们的从属地位，而不仅仅是某个人表示一种高度的服从。尽管使一个人完全依赖自己是有好处的，但是在一个群体中，高级社会地位的意义就在于使大多数成员较少地依赖自己，这会更有利。为了获得高级地位，专家们可能将他们的咨询时间在许多同事之间加以分配，而不是将它们全部投入给一个人。

在顾问们所体验到的边际过程和那些向他们请教的人所体验到的边际过程分别对群体结构产生的影响中，存在一种有趣的非对称性。在一个既定的咨询关系中，根据增加的咨询招致的成本，所获得的收益的边际替代率的变化既促使专家也促使他所建议的同事转向其他咨询关系，正如我们已经看到的那样。一个顾问不会从向单一的同事提供建议中充分地获益，这个事实导致顾问们尽力扩大他们提供建议的范围以包括大量的同事，这就促进了该群体中的社会地位分化。与此相反，一个需要建议的人不可能从单一的同事那里获得满足其需求的充分帮助，这个事实导致相互咨询的伙伴关系的建立，这就减少了群体中社会地位的分化。

这些内在产生的力量——它们部分地在相反方向上发挥作
用——造成了一种分化的群体结构。作为对外部强加的条件变化 179
的反应，这种社会结构的特征支配着发生在其中的变化和调整。

对条件变化的结构调整

弹性(elasticity)概念——经济学家在研究市场结构中使用

它——可以被应用在对群体结构变化的分析中。在对一种商品或服务的需求、它的供给及其价格之间存在密切的关系。这三个因素中任何一个的变化都会引起其他两个的变化。这些相互关系的准确性质由供给或需求数量的弹性所支配。"弹性测量了价格在引起或阻止数量变动方面的有效程度。"[①]需求方面的上升或下降一开始就引起价格方面相应的变化;如果供给是有弹性的,那么供给的变化就会吸收需求方面的大部分变化,对价格的最终影响就会很小,但如果它是没有弹性的,需求方面的变化就会对价格变化产生相当大的和持久的影响。如果将这些原理应用到工作群体中建议与社会地位的交换之中,我们就有可能提出有关变化和调整——这些变化和调整发生在社会结构之中,是对变化的条件作出的反应——的假设。

一个工作群体中专家建议的供给方面的变化的影响取决于对建议的需求的弹性。需求的弹性主要受到边际效用曲线的陡峭度的支配;"边际效用随着消费的增加下降得越快,边际替代率下降得也越快,消费者对有关商品的需求的弹性将越小。"[②]三个主要的因素使得对既定商品的需求对其价格的变化变得相对迟钝,即没有弹性。这三个因素包括:对这种商品必不可少的需要、可用的替代品的缺乏,以及它的成本仅仅用完一个人总体投入的一小部分这一事实。就建议而言,如果任务的复杂性使得作出决定很困难,并使得在不确定的情况下请教同事变得很重要,与如果任何容

① 博尔丁,前引《经济分析》,第 119 页(着重号系原文所有)。

② 同上书,第 699 页。

易的任务使请教仅仅成为个体们在没有太高成本的情况下就能够 180
做的一件方便之事相比，需求的弹性更小。① 此外，如果工人们不愿意向主管请教，并且如果他们不能自己查找他们向同事请教的问题的答案，较之它的替代物容易获取这种情况，对同事建议的需求将具有更小的弹性。最后，与他们在出色地完成他们的任务和推进他们的职业生涯中所作的投入相比，工人们在他们在同事中间的社会声望上所作的投入越小，对建议的需求将越具有较低的弹性。这是因为，与它的成本在工人们的总投入中占据较大比重的情况相比，建议导致的微弱的从属成本使得建议的需求对于其成本不很敏感。

让我们假定，两个或三个专家已经被上级从一个工作群体中调走，然后研究一下同事建议供给方面这种下降的影响是怎样以对它的需求弹性的变动为条件的。现在，与以前相比，两倍以上的 273
工人来到剩下的两或三个专家这里来寻求建议，这增加了对专家的压力，也增加了在剩下的专家之间对他们的咨询时间的竞争，因此可能也增加了其他人将为建议而提供的服从的价格。如果任务不是非常难，并且工人们能够容易地查找他们以前仅仅是为了节省时间而向专家们要求的情报，或者如果他们在同事中的地位的意义很重大，或者如果他们所要完成的任务的质量的意义不是非常重大，那么他们将较少向专家们请教，而不是为了获取他们的建议更多地使自己从属于他们。在这些有弹性的需求的条件下，我

① 如果任务完全是常规性的，那么对建议的需求可能也是没有弹性的(实际上为零)，但是这种常规任务从我们这里的考虑中被排除掉了。

们预期建议供给方面的下降会减少咨询的数量，但不会对社会地位上的差异产生显著影响。[①] 然而，如果任务困难或其他因素使得从专家同事那里获得建议对大多数工人来说是一种必要，并使他们对建议的需求没有弹性，那么他们将不得不提供更多的服从
181 来诱使少量剩下的专家投入充分的时间来向他们提供他们所需要的建议。在需求没有弹性的条件下，我们预期建议供给方面的下降将强化地位分化，并对咨询数量产生相对小的影响。

可以由此推导出来的结论是，在一个工作群体中专家数量的变化对其社会结构的影响要取决于任务的难度及影响对建议的需求弹性的其他因素。可以从这个结论和上一段的考虑中推导出一系列服从于经验研究的假设。如果任务是复杂的，专家数量上的减少将加强地位差别，而专家数量上的增加将减轻地位差别，但其中哪一种变化都不会很大地影响咨询的数量。如果任务相对简单，则专家数量上的变化将对现存的地位分化产生很小的影响，但是它将在咨询数量上引起类似的变化。同样地，建议和信息的替代资源越不容易获取，专家数量上的变化对地位结构的影响将越大，它们对咨询数量的影响将越小。此外，在该工作群体中，地位对于其成员的意义越小，专家数量的变化将被更多地反映在顾问们和其他人之间的社会距离方面的变化上，而不是咨询数量方面的变化上。最后，如果任务完成的质量具有重大意义，那么专家数

① 咨询数量上的变化也影响地位差异（如果其他人向专家请教得较少，那么他们只有较少的义务服从专家的愿望），但是，如同在本章的结尾对条件变化的结构调整的更为详细的论述中所表明的那样，数量变化对地位分化的影响比获得建议所要求的服从比率上的变化产生的影响更不显著。

量上的变化将主要影响地位差异而不是咨询数量，而如果任务完成情况的意义较小，那么它们将有相反的影响。

在一个工作群体中，对同事建议的需求变化的影响将取决于它的供给弹性。供给弹性主要取决于现存供给者能够扩大它们的产出的容易程度（它们的产出反过来取决于它们的边际成本曲线的斜率，就是说，取决于下述事实，产出增加了，边际成本提高却很少），并取决于其他人加入供给者行列的容易程度。在一个群体中，如果专家们不在时间压力之下，较之如果他们自己工作的压力限制他们扩大贡献给咨询的时间，建议的供给将更为有弹性。此外，其他工人变成专家顾问的困难越小，建议的供给就越有弹性。这最终又取决于成为一名专家所要求的能力和培训，但是短期来看，这主要取决于专家们和其他人之间的能力差异，专家们经常被人请教，而其他人则除了在相互伙伴关系之外很少被人请教。因 182
此缺乏对专家们的时间压力和存在着很少被人请教的工人们——尽管他们几乎和专家一样有能力——是在一个群体中增加建议的供给弹性的两个主要因素。

当几个没有经验的新来者被分配到一个工作群体中，对建议的需求可能会上升。随着现在比以前有更多的工人为得到专家的咨询时间而展开竞争，需求的上升——就像以前所讨论过的供给的下降一样——也许一开始就会提高工人们将要为建议而付出的服从的价格。供给的弹性将会决定服从对建议的比率上的这种增加的后果。如果专家们没有处在时间压力之下，提供建议在现在比在以前更有利的事实将激励他们把更多的时间投入在提供建议上。如果有其他几个人几乎与专家们一样有能力，那么提供建议更大的收益率可能诱使他们加入到顾问的行列，并且即使他们的建议不具有最高的质量，对建议的更大的需求也可能诱使其他人向这些人请教。随之产生的建议供给的扩大将抵消它的价格在一开始时的上涨。给定建议这样一种弹性的供给，对建议的增加的需求预期会增加咨询的数量，而对由于咨询产生的地位分化程度不会产生太大影响。然而，如果对咨询的时间压力，以及能够加入顾问行列的有能力的其他人的缺乏限制了群体中可以利用的建议的数量，那么那些需要建议的人一定会通过在交换中为专家提供大量的服从以竞争得到建议。在供给没有弹性的情况下，增加的需求预期会强化地位分化，但是对咨询的数量却产生相对小的影响。

然而，由于建议供给的相对缺乏弹性造成的这些变化往往会产生进一步的影响，尤其是如果由于新来者增加导致对建议的需求的增加也相对缺乏弹性时，更是如此。因为有许多工人非常需要建议，并且又没有足够的专家顾问满足全部需要，所以他们一定会找到**某些**替代物，以代替从专家同事那里得到建议，尽管不会获得任何真正令人满意的替代物。工人们可能不得不克服他们不愿意频繁地带着问题去上级主管那里请教的心理。但是因为主管的时间也是有限的，所以向主管请教可能仍然不能满足对建议的所有需要。相互咨询的伙伴关系能够满足这样的需要。任何类型的有经验的专业人士或熟练工人经常试图证实他们已经作出的尝试
183 性决定，以排除他们对这些决定的怀疑和忧虑，而不是帮助解决他们完全不能对付的问题。这种类型的帮助可以由一位其能力并不如自己的一起共事的专业人士或工人提供，主要是因为后者对其同事的决定不那么焦虑，所以这往往使得两个伙伴对对方的建议

都优于他们对自己情况的决定，正如我们在本章的引言中所指出的那样。

这些推论中的一些得到了经验数据的支持，数据来自对一个公共福利机构的12个工作群体（每个工作群体大约五个成员）中的社会工作者的研究，其中三分之一是新来者，工作经验都不到一年。[①] 我们曾经作过这样的假设，工作压力使得建议的供给没有弹性，而当新来者增加了对建议的强烈需求时，没有弹性的供给促进了相互协商的伙伴关系。实际上，工作压力的数量直接与一个工作群体中的咨询涉及相互伙伴关系的程度相联系。[②]

下面的发现显示了相互伙伴关系的意义，在相互伙伴关系很少的群体中，处在来自沉重的新案例压力之下的社会工作者比那些没有这些压力的人请教得更少一些，而在有许多相互伙伴关系的群体中，在大量压力下工作的人比在较小压力下工作的人请教得更多一些。一个人有许多新案例的事实表明他遇到了许多新问题，如果他不是很有经验的话，他可能需要有关这些问题的建议，就是说，它意味着对建议的更大需求。因此，当建议的供给相对缺乏弹性时，因为专家有限的咨询时间没有受到相互伙伴关系中可以获得的建议的补充，所以咨询的数量并没有随着对建议增加的需求——更大数量的新案例意味着这一点——而上升。相反，在

① 布劳(Blau)和W. 理查德·斯科特(W. Richard Scott)，《正式组织》(*Formal Organizations*)(San Francisco: Chandler)，1962年，第134－136页。

② 对咨询伙伴关系的实际测量是被感知到的咨询上的相互性，即一个工作者在回答下列两类问题时都能说得出名字的那些同事的数目，一类问题有关他所请教的同事，另一类问题有关向他请教的同事。工作压力的测量是新案例的数量，是指需要承担的每个月分配下来的大量的工作。

工人们不得不向专家请教的情况下，他们似乎基本上是在摆脱工作压力的自由使他们有可能支付得起得到建议的奢侈时，而不是在他们对建议的需求最大时才这样做。然而，当相互伙伴关系使得建议的供给变得更加丰富和更加有弹性时，咨询的数量却取决
184 于由新问题所引起的对于建议的需求。其含义在于，按照从理论推导出的推论，**只有当**供给具有弹性时，对建议的需求的变化才被反映在咨询的数量上。

一旦新来者获得了经验和取得了技能，对建议的需求就会再次下降。由此产生的建议价格下降的意义取决于其供给的弹性。如果一种商品需要长期投入才能生产的话，那么收缩它的供给比扩大它的供给可能更缺少弹性。价格的上升必须要足以证明扩张生产及供给所要求的投入成本是正当的，但是价格随后下降到它原来的水平就不会那么容易地减少生产和供给，因为已经作出了允许更大产出的投入。[①] 当在该群体中对建议的需求增加时，那些已经努力提高其能力并成为顾问的工人可能想通过给同事们提供建议——尽管对它的需求会下降——以便继续获得他们的某些尊敬和服从。

在已经作了为成为一名专家所必需的投入之后，对于顾问们来说，提供建议是件很容易的事情，即使作为对它的回报，他们所收到的服从的比率下降到以前水平之下或公平回报率之下，他们也有动力这样做。假定这种建议供给的收缩缺乏弹性，在一个群体中对建议需求的下降就会大大降低地位差别——比早先同一规

① 博尔丁，前引《经济分析》，第 572 页。

模的需求增加对地位差别的加强还要大——并且降低咨询的数量相对很少。具体而言，当新来者已经获得了经验和能力，那么在一个工作群体中的地位分化可能变得更不显著，但是咨询的数量仍会保持高水平。在这里隐含的另一个假设是，没有经验的新来者加入一个工作群体带来了咨询数量上的永久增加，在某种程度上，这种情况在新来者已经成为有经验的老手之后继续存在。[①]

尽管由于一个顾问为获得专业知识而作出的投入，使得收缩 185
建议的供给往往比扩大其供给变得更缺少弹性，但是它的相对弹性存在着变化。工作在时间压力下的专家感觉到，他们在没有玩忽职守或精疲力竭的情况下已经尽其所能地提供了建议，正如我们已经看到的，时间压力使得扩大建议的供给变得更缺少弹性，但是使收缩它的供给变得更富有弹性。仅仅由于他们收到的作为回报的服从的高比率，专家们像他们所做的那样把许多时间都贡献给了咨询，当对建议的需求及其价格下降时，专家们将倾向于限制他们的咨询活动。因此以前的结论一定可以被表述为，**除非**顾问处在许多压力之下，在一个群体中对建议的需求减少不大会降低咨询的数量，而在顾问处于许多压力之下的情况中，对建议的需求的减少将大大降低咨询的数量。

总之，没有经验的工人的分配对一个工作群体结构的影响取

① 这一假设与赫伯特·A. 西蒙(Herbert A. Simon)从他对霍曼斯理论的形式化中推导出的结论相一致，这个结论是，维持群体生命比导致它的存在需要更少的环境压力；"有关社会群体中互动的一个正式理论"(A Formal Theory of Interaction in Social Groups)，《美国社会学评论》(*American Sociological Review*)，17(1947)，第202-211页。

决于建议的供给适应对它的需求增加的弹性。如果其他工人有充分的能力或者可以很容易地具备充分的能力加入到专家顾问的行列，并且已有的专家肯定能够投入更多的时间来提供建议，那么在该群体中，尽管由于请教所招致的义务仍保持大约相同的水平，但是咨询的数量将会上升。当然，咨询本身的扩张增强了顾问们的高级地位，但是在这种情况下，他们的高级地位依赖于他们供给必需的服务一定要投入的巨大努力，而不是依赖于他们强势地位使他们能够从有限的服务中获取的高价格。另一方面，如果其他工人的能力不足以成为顾问，对少数专家的时间压力将阻止他们扩大咨询活动的范围，作为对建议需求增加的反应，咨询的数量将很少增加，尽管地位差异将被强化，就是说少数专家顾问将在不比以前提供更多服务的情况下获得更多的权力。专家和其他人之间巨大的社会距离，以及建议所要求的服从的高比率反过来引起对其他人的压力，促使他们去寻找建议的替代来源，建立相互咨询的伙伴关系。这些伙伴关系也稍微减轻了显著的地位分化，这是因为它们减少了对专家建议的需求、其他人对专家的依赖以及专家的权力。最后，当大多数新来者已经获得了经验并提高他们的能力，对建议需求的随之下降进一步缩小了地位差别，但是咨询的数量
186 不可能在需求已经增加之前就下降到现有水平，因为顾问们对他们的专业知识的投入往往使得收缩建议的供给比扩张建议的供给弹性更少。[①]

---

① 应该指出的是，供给和需求的弹性并不必然地或典型地是恒定的。因此，在一个群体中，建议的供给可能很容易扩张到一个点上，但是以后再扩张就困难多了，对它的需求可能在一开始比在后来更容易收缩。

一种商品的价格上升所导致的需求变化是由于替代效应和收入效应。首先，其他商品将会替代其价格已经上升的商品，降低对它的需求。第二，价格的上升降低了人们的真实收入，现在他们用他们的钱只能买到更少的东西这个事实减少了他们的总需求，通常——尽管并不总是——包括他们对其价格已经上升的商品的需求。因此，如果在一个工作群体中服从对建议的比率增加了，工人们将在相互伙伴关系中交换更多的建议，而不是从专家那里请求建议，在请教专家中导致的更大程度的从属将进一步降低他们向专家请教的倾向，这两种倾向降低了工人们对专家建议的需求。但是在一种“穷人的商品”和一种“富人的商品”的特殊情况中——在这种情况下，无差异曲线和所谓的生活标准线向后弯曲，“穷人的商品”价格上升的显著的收入效应可能实际上增加对它的需求。[①] 如果人们将只买两种商品，最便宜的面包和有点贵的蛋糕，面包价格的上升将减少他们的实际收入，迫使他们购买更少的蛋糕并用面包替代蛋糕，因此增加对面包的需求。让我们假定，在一个工作群体中必需的建议只能从专家同事那里获得，由此付出的代价是在这些专家同事眼中失去社会地位；或者从主管那里获得，而为此付出的更为严重的代价是在主管的眼中丧失地位。从专家同事那里获得建议所要求的服从比率的上升可能会大大地破坏工人的自信，以至于他们觉得自己地位危险而完全不再向主管人员请教，实际上将比以前更多地去同事那里请求建议。然而，这是一个不可能的结果（正如“穷人的商品”的情况所一般表明的那样），

① 博尔丁，前引《经济分析》，第 803－807 页。

因为相互伙伴关系也许将在这样一种情境中发展起来。

在结束将边际分析应用到群体结构变化中的时候，我们应该187 进一步阐明咨询数量上的变化和所提供的服从对建议的比率上的变化之间的差异。在每单位专家建议的服从比率上的某种增加强化了专家对其他人的权力，也加强了群体中社会地位的分化。这一点一直与咨询数量上的增加相反，但是所提出的问题是，这样一种增加是否也涉及地位分化的加剧。为了回答这个问题，有必要研究是什么引起了更大数量的咨询。如果它在很大程度上是相互伙伴关系中的建议交换的一个结果，那么它明显不会促进社会地位的分化。如果咨询的更大数量是由于另外的群体成员已经加入到顾问的行列，那么群体中的地位分化就发生了变化，但是这并不意味着顾问与向他们请教的那些人之间在地位上的分化比以前更大了；事实上，地位差异可能变得更小了，因为有更多的专家在竞争其他人的服从。如果咨询数量的增长是现存专家咨询活动范围扩大的结果，那么它就确实表明，专家要求更多的权力，并且他们在群体中的优越地位比以前确立得更加牢固。即使在这种情况下，专家们的优越地位也取决于他们提供更加广泛的服务，尽管在不要求他们提供更多服从作为回报的情况下，服从比率上的增加也提高了他们的地位。然而，咨询数量上的变化和地位差异上的变化的并置应该用这样的话来表述，即咨询数量上的变化有时也使地位差异上的变动成为必要。

不 完 全 性

边际分析中的假定是相等利益原理支配着资源的配置。“如果任何资源的所有者都认为，把它们使用在其他方面可以比现在这样使用获得更多的利益，那么这些资源就会被从不太有利的用途转移到更为有利的用途上。”[1]等边际原理(equimarginal principle)更为精确地表达了这一点。我们再次引用博尔丁的话，“当我们将固定数量的任何东西在大量不同用途之间分配时，恰好是这么多被分配到每种用途才导致收益——它包含在将一单位的分量转移到某种用途中——恰好等于损失——它包含在将这一单位 188
的分量从这种用途撤回中。”[2]奈特表述得更加简单，“我们倾向于以这样一种方式把我们的资源在向我们开放的替代用途中间分配，即相等数量的资源在所有的用途中产生等值的回报。”[3]

例如，在一个工作群体中，专家可能有以下各种度过他的午餐时间的备选方案，即或者与他的朋友们社交，或者向他的同事们提建议并因此提高他在他们中间的地位。社交的成本是放弃将时间投入于它的地位提升，而改善地位的成本是为获得它而放弃的社交活动。根据边际原理，一个专家在同事中间博得的尊敬和服从

---

① 博尔丁，前引《经济分析》，第 69 页。

② 同上书，第 688 页。用技术性用语表达就是，“支出的‘最优’分配方式是在支出的所有方面的加权边际效用都相等的时候。”同上书，第 687 页。

③ 弗兰克・H. 奈特(Frank H. Knight)，《风险、不确定性和利润》(第二版)(*Risk, Uncertainty and Profit*)(Boston: Houghton Mifflin)，1933 年，第 65 页。

越多,其高级地位的这些体现的进一步增加对他的价值越小,最终他从把更多的时间投入到咨询中获得的收益对他而言不再等值于社交的成本。同样地,随着越来越多的时间被花费在与同伴的社交上,社交的乐趣就会减少,直到达到某个点,那时,时间将更为有利地花在获得某人的社会地位上。如果没有其他考虑来影响他的决定,专家将以如下方式把他的午餐时间在社交和咨询之间进行分配,即这种分配使得他从社会交往的最后一小时获得的满足与他从最后一小时的咨询所带来的地位增长中获得的满足一样多。

根据相等利益原理,替代成本支配着资源的配置。这个原理既可以应用于长期投入,也可以应用于短期选择。某人将多少时间和精力投入在提高能力上取决于他预期从这样做中获得的收益。能力预示着三种好处:它使一个人较少依赖于其他人的建议;它能使他给其他人以建议并反过来获得他们的尊敬和服从;它通过改进他的任务绩效而促进他的职业生涯。但是,能力增加带来的边际收入成果却下降了,就是说,一个人变得越有能力,对于获得更多的这些利益而言,其能力的进一步增加可能越不重要。当将更多的时间投入于培训和学习所放弃的替代成本等于从技能和
189 知识的进一步扩展中获得的预期好处时,一个人没有理由继续提高他的能力。当然,人们通常没有充分的信息准确地作出这些预测。这可能给他们带来严重的困难,并且成为该理论模型的一个重要局限。

因为替代成本隐含在人们的资源配置中,所以原则上它决定了商品和服务中间的交换比率。如果生产两种商品中的任何一种所需要的资源是一样的,那么它们的价格也应该是一样的,因为如

果一种商品获得较高的价格，生产另一种商品的人就会有动力将他们的资源重新配置到第一种商品上，直到两种商品的交换比率等于投入的资源或替代成本的比率。除非非常有能力的工人们从向同事提建议中获得的好处等于他们从把同样数量的时间投入在他们自己的工作（或其他事业）中所获得的好处，否则他们就有动力重新配置他们的资源，直到从各种活动中得到的利益与花费在它们上面的时间和精力成比例。然而，这种重新配置假定，不仅这些个体对从各种替代活动中获得的现在的和将来的收益有充分的信息，而且没有其他的考虑影响他们的决定，比如他们与向他们寻求建议的同事的个人关系。正如博尔丁所指出的那样，对于社会交换来说，这些明显是不现实的假定。"上述论点极端抽象的假定（即替代成本决定交换比率）一定要被仔细地指出。它假定充分的就业和完全的流动。"[①]在一个工作群体中，过多专家的存在可能使某些人作为顾问处于"失业"状态，并且对已有社会关系的投入限制了流动，正如在第六章对社会依附的讨论那样。

关于社会交换理论模型的局限性应该作出两点评论，一点涉及它的有用性（尽管有局限），另一点涉及改变最不现实的假定的需要。首先，尽管模型抽取了少数社会力量而忽略了影响所讨论的社会互动过程的其他因素，假如所选择的力量重要的话，那么这使得这个模型既不正确，也不能应用于经验研究。把理论模型应用于对社会过程的分析带来了可被检验的统计预测，尽管被模型 190
所忽略的条件确实影响这些过程这个事实使得提出完全决定论的

① 博尔丁，前引《经济分析》，第 29 页。

预测是不可能的，而只能提出或然性的预测。正如这里所指出的，如果对建议和社会地位的关心对工作群体中的社会互动施加了一种显著影响，并且如果弹性实际上受所考虑因素的支配，那么研究将证实上一部分提出的假设以及隐含在讨论中的其他假设。如果经验数据要求拒绝这些假设，那么它将证明本章所提出的理论是不正确的，但不一定证明潜在的模型不成立。因为在应用该模型时可能选择了错误的变量，例如，工作群体的成员们在其社会交往中所主要追求的是社会支持，而不是高级地位或建议。通过在模型中包含其他因素，或同时包含几个因素，可能会产生准确的预测。当然，如果能被考虑的任何因素都不可能从模型中得出正确的假设，我们将必须下结论说模型本身是有缺陷的。然而，第二，有必要通过考虑和去除该模型在最简单的形式中所作出的不现实假定来尽可能地精练该理论。必须要被质疑的基本假定是“完全竞争”的假定。

交换比率受到替代成本的支配，这一观点以完全竞争假定（以及没有失业和完全流动的假定）为基础。完全竞争是一种抽象，在现实中不存在，因为它所要求的各种条件不可能完全实现，只能被近似地满足。这些条件的变动决定着实际上占优势的竞争的程度。竞争越不完全，有权者对无权者统治所受到的控制就越少。

完全竞争的第一个前提条件是可从不同供应商获得的产品或服务完全是同质的，所以某个人的那些商品或服务可以被另一个人的那些商品或服务代替，只有价格的考虑影响着交换决定。某些商品——比如既定等级的小麦——是非常同质的，但是许多商品——比如来自不同厂商的汽车——则不是，来自不同人的服务——不管是律师还是理发师——一定至少有点异质性。完全竞争的第二个条件是竞争者的数量充分多，而且最强者相应的规模足够小，以致任何一个人的交易都不能明显地影响商品的价格。191
因为竞争过程常常导致最成功的竞争者的扩张和最不成功的竞争者的淘汰，所以它倾向于破坏使它繁荣的必要条件本身。尤其是在高度的资本投入的产业中，甚至是最低限度竞争的持续都是不稳定的，除非受到非经济制度的保护，比如反垄断立法。自由竞争的第三个基本前提是交换系统中所有成员之间的完全沟通，它为每一个人就所有其他人实际的和潜在的决定提供完全的信息。奈特曾有力地强调过这一假定的重要性，"实现完全竞争所必需的现实简化之中，最主要的简化是——如同我们所一直强调的——竞争系统中每个成员实际上无所不知的假定。"①

竞争的这三个主要的不完全性——应归于产品的异质性、竞争者有限的数量以及不充分的知识和沟通——体现在群体中的社会互动中，在其中，用贡献来交换高级地位。不同成员所作出的贡献往往有些异质性，并且常常异质性非常大。质量上的差异使得来自不同专家的建议不易加以比较。甚至当为这些质量差异评级的潜在标准已经在工作群体中发展起来时，仍然存在无法进行严格比较的其他差异。一个顾问的建议可能优于另一个顾问的建议，但是第一个人以一种生硬的方式提供建议，而第二个人则在别人向他请教时是热情的和友好的，第三个人可能是实事求是的，第四个人可能不仅回答问题还提供启发性的解释。这些其他的收益

① 奈特，前引《风险、不确定性和利润》，第197页。

或成本与建议本身混合在一起，这使得从不同专家获得的全部收益是一个异质性的产品。同质性的这种缺乏和对已确立的请教关系的义务限制了运动和竞争的自由，因为不同顾问对既定质量建议所预期的服从程度不是支配他们的同事在它们之间作出选择的唯一因素。竞争的这种限制在社会交换中是不可避免的，它的一个内在特征是包含特定服务的交易不会同交换关系的其他方面以及从交换关系中获得的其他利益完全隔离开来。

192 然而，在一个群体中，它所需要的和它作出的贡献的异质性程度存在着差异。在主要关心特定任务绩效的工作群体中，专家同事向其他人提供的帮助构成了一种比较同质的服务。群体成员的任务越分化，该群体所需要的贡献也就越多样。在多目标的群体中，成员们参加各种各样的专门化活动，并且有着大量的目标，这样的群体所要求的是大量不能被比较的各种贡献。我们将会看到，与多目标群体中所需要贡献的异质性相比，在有着特定任务的工作群体中，所需要服务的异质性更少，尽管这两类群体之间的其他差异——尤其是在非正式地位的意义上的差异——有着相反的影响，但这种更少的异质性将强化有着特定任务的群体中对地位的竞争。

根据定义，在一个面对面的群体中成员的数量太少不能满足完全竞争的第二个前提条件，因为某个成员的交易确实会影响交换的条件。少数专家顾问中的每一个人的决定对建议的供给及其在服从中的价格都有显著的影响，并且每一个向别人请教的同事的决定对建议的需求及其价格有一种相当大的——尽管可能不太显著的——影响。专家形成了一种寡头垄断局面。当然，工人们可以从他们自己工作群体之外的同行那里获得建议，但是他们往往对这些同行中的大多数没有足够的信息。这种情形类似于下面的情况，一个小镇上的居民过去一直住在那儿，他们的选择范围很大程度上也局限于镇上的少数商人，直到全国性的广告为他们提供了有关外部商人的信息并扩大了他们的选择范围为止。特殊的制度，比如广告和股票市场，对于提供沟通网络是必要的，没有沟通网络，竞争就只会局限在少数买主和卖主身上，并因此继续保持非常不完全的竞争。

有些工作群体的成员们并不追求一个他们自己的共同目标，
有些群体确实有这样的集体目标，这两类工作群体之间的一个重
要差异是，小规模群体中固有的寡头垄断在前一种群体中不可能
形成垄断，但是在后一种群体中则可能形成垄断。每个专家的咨
询时间都有限，而且不能无限扩大，这个事实倾向于阻止每个人垄 193

断咨询，并且往往鼓励他们中的某几个人之间的竞争继续存在。[①]
同样的事实也妨碍工作群体中非正式领导的发展，对单独一个专家来说，因为咨询时间的限制使得他强迫群体中的所有其他成员接受他对他们的支配实际上是不可能的。对一个个体来说，想成为一个群体的非正式领导，他必须对主要职责有一种垄断，就是说，整个群体必须被迫服从他的指示。如果一个群体没有共同目标，那么这将要求，他通过分别帮助每个人完成他们的任务去分别强制每个成员，但是时间上的限制一般不允许他这样做。然而，如

① 竞争单位的可能扩展的程度可能正好是决定垄断和支配是否产生的一个基本条件。参见布劳和斯科特，前引《正式组织》，第 214－217 页。

果一个群体有共同目标，一个个体对实现这些目标所作出的突出贡献使得所有成员都感激他，因此对他来说这就成为他对所有其他人拥有权力的一个源泉。不管他是解决了实验室群体的难题，还是有效地组织了一个帮伙的殴斗，还是成功地谈判了一份与雇主的工会合同，他单一的行动过程使所有成员都受益并感激于他。

因此，在一个群体中，共同目标不仅创造了一种对能协调活动的领导的需要，而且也创造了以下可能，即单独一个人通过为他们的共同福利作出贡献同时使大群大群的人——事实上是整个国家——都对他负有义务，如果没有一个共同的目标，这是不可能做到的。推论是，没有共同目标的工作群体及其他群体一般不会有非正式领导和集权化的地位结构，尽管在这些群体中存在地位差别，[1]而具有集体目标的群体（包括那些比工作群体持续时间短得多、规模小得多以及对成员们的意义小得多的群体）却可以做到这一点。人们也将预期，在有集体目标的群体中（在那里有希望获得非正式领导资格的回报），高级地位的更大意义将使对地位的初始竞争比在类似的工作群体中更激烈；但又可以预期，这种竞争在有共同目标的群体中会平息下来，而在工作群体中却继续保持更大的竞争，这既是因为权力的集中化在工作群体中不明显，也因为在
194 工作群体中所需要的服务具有较少的异质性。（显然，上级主管已经从有关工作群体的考虑中排除出去了。）这些假设应该在经验研究中加以检验。

① 工作群体中的一个成员可以通过为共同福利作出贡献——例如，充当该群体的发言人，在涉及与上级的关系时代表它的利益——来获得某种程度的非正式领导的资格。例如，参见布劳的前引书《科层制的动力学》，第150页。

最后，完全沟通和完全信息的缺乏使得完全竞争是不可能的。"不能在现实生活中实现的完全交换的主要条件是'完全的相互沟通'——就是说，就所有交换者而言，对他们正在做的事情拥有完全的知识。"[①]奈特继续指出，对所有市场商人的未来和现在偏好的完全知识——这是完全竞争模型中的假定——的缺乏是使冒险成为必要的东西，也是影响利润的东西。具有特殊重要性的事实是，不同个体所具有的知识数量并不相同，而且一般随着他们的社会地位而变化。更为广泛的信息一般控制在那些具有高级地位的人手中，这些信息促进了人们对有风险的决定承担责任，并因此在赢得更大的权力和更高的地位中给他们以一种竞争优势，以作为承担这些风险的回报。

定型化的差别地位结构与自由竞争和沟通相冲突。例如，由外部权威强加的某种正式地位等级系统使得赢得其他群体成员的尊重变得较不重要，并使得那些没有占据正式权威位置的人非常难以博得他们的服从。权力上被牢固确立的差异具有相似的含义。在这些条件下群体成员们不能将高级地位赋予那些他们自由选择的人，这种无能为力阻止了他们利用地位上的变化诱导出贡献。在显著的地位差别已经被固定下来的群体中，对社会地位的竞争平息下来，并且地位等级系统为自由沟通设置了障碍，这些障碍常常对完成任务具有有害的后果。[②] 地位等级系统的这些不利之处构成了它为任务的有效协调作出贡献的成本。

① 奈特，前引《风险、不确定性和利润》，第 86 页。

② 参见布劳和斯科特，前引《正式组织》，第 116－128 页，在那里，我们总结了相关的经验研究。

结　　论

当一个工作群体中的某些成员需要别人对他们的工作进行帮
195 助，而其他人有能力提供这种帮助时，咨询关系往往会发展起来，在这种关系中用建议和帮助来交换尊重和服从。发展起来的初始咨询关系可以被试想为双边垄断的情况，在这种情况下双方会就一方提供多少建议、另一方回报多少服从达成一个隐含的协定，在契约曲线上移向共同利益最优的一点。在该群体中，如果存在大量需要建议的工人和少数几个顾问，那么这种情况就会激励人们探索替代的机会。一个顾问就会对下述做法感兴趣，即通过提供建议，不仅使一个同事感激他，而且使他的时间所允许的尽可能多的同事感激他，来加强他在群体中的地位，并扩大他的影响力。顾问们扩大他们咨询活动范围的趋势增加了群体中的地位分化。至少在也许会给他们的自尊和社会声望带来过大代价的情况下，需要帮助的工人们不可能会从专家那里获得他们所需要的所有建议。结果，他们通常会建立起相互咨询的伙伴关系，在这种关系中他们获得建议，虽然质量差一些，但在自尊方面没有任何损失，因为他们为建议付报酬的方式不是通过从属于另一方，而是通过给对方以建议作为回报。这些伙伴关系减轻了群体中的地位分化，尽管如果他们在能力上存在显著差异，他们可能创造出独特的社会阶层来。一旦群体成员已经忠诚于特定的咨询关系和相互伙伴关系，情况又会变得与双边垄断的情况相像。

供给或需求弹性的概念——它指的是供给或需求扩张或收缩

的容易程度——被我们应用到对各种条件下群体结构变化的分析中。弹性差别的含义可以被简要地概括如下：如果需求有弹性的话，某种商品的供给或需求的变化基本上在它的需求或供给中沿着相同方向分别产生某种变化；但是如果需求没有弹性的话，供给上的变化基本上会在价格上引起相反的变化，而需求上的变化会在价格上引起同向的变化。因此，弹性决定了供给或需求上的变化影响交易数量而不是某种商品价格的程度。在有关咨询的分析中，交易数量反映在某个群体中的咨询数量上，而价格则涉及用建议来交换服从和高级地位的比率。

在一个工作群体中，建议供给的弹性直接取决于具有充分能力的想加入顾问行列的非顾问的数量（如果条件允许），相反，也取决于现有顾问在其中工作的时间压力。如果建议供给是有弹性的，并能容易地扩大，那么对它的需求的增加——这可能是分配没有经验的工人的结果，也可能是由于一个具有较严格最低要求的新主管造成的——将会增加该群体中咨询的数量。咨询数量上的这种增加将对地位结构施加某种影响，但是如果建议的供给没有弹性，那么它就不会像对它的需求的增加一样那么明显地加强地位分化。因为，在建议的供给没有弹性的情况下，当没有其他任何工人能够补充专家顾问的现存数量，并且这些专家本身也不能容易地把更多的时间贡献给咨询时，为了获取建议，同事们不得不付给顾问们的服从的比率就会增加，结果是，在不提供更多服务的情况下，专家们对其他人的权力也会增加。除非顾问们在沉重的时间压力之下，否则他们通过提供建议比完全不提供建议一般会从赢得某种优越性（尽管它可能不大）中获益更多。因此，当对建议 196

的需求在新的工人已经获得经验之后而有所下降时，由咨询产生的地位分化预期会有所减少，但咨询的水平预期会较少受到影响，并且比它一开始时还要更高。

在一个工作群体中，对同事建议的需求的弹性很大程度上取决于工人们对他们的任务所体验到的困难的缺乏、建议和信息的替代来源的可得性以及非正式地位相对于任务绩效的意义。如果困难不大，替代来源存在，在同事中的地位相对重要，那么对建议的需求是有弹性的，并且供给上的变化——可能是由于群体中专家数量上的变化——将主要被反映在咨询数量的相应变化上，它对顾问们通过提供一定数量的建议获得的地位提高只有相对很少的影响。但是如果对建议的需求没有弹性的话——例如，因为复杂的任务造成了对建议的持续不断的需求——那么，咨询的数量将不会对它的供给和价格方面的变化非常敏感。在这种情况下，建议供给的下降将会对获得建议所要求的服从的比率有着持久的
197 影响，这种影响将被反映在群体中更为显著的地位分化上。然而，这些被改变了的条件有着进一步的影响。建议的高价格以及专家顾问们与其他人之间巨大的生活距离把需要大量建议的工人们置于发现某些替代来源的压力之下，以取代专家同事们的帮助。这些工人常常通过建立相互咨询的伙伴关系来创造他们自己的替代物，在这些伙伴关系中，对于他们的不太复杂的问题，他们会获得具有足够质量的建议，并且这些伙伴关系使他们能够保留获取专家意见所必需的资源，以解决他们最困难的问题。

本章所进行的对结构分化及其变化的分析被用来表明下面这个观点，对其他人的权力依赖于向他们提供的服务这个设想并不

意味着某些人的高级权力在道义上是合理的，或者由于他们提供的服务所以他们的高级权力是应该的。在服务没有相应差别的情况下，权力方面的巨大差别也会发生。服务的供给者对他们的投入可能会收到一份不公平的回报，也可能收到过量的回报，这取决于社会条件。甚至即使在社会交换的调节机制中没有初始的不完全性，由于提供必需的服务而获得的高级权力也会引起这样的不完全性。

足够的权力使某些人能够垄断资源，并使其他人越来越依赖于他们。尽管他们权力的永存取决于他们继续向其他人提供*某些*收益——即使只是不惩罚他们，但是很显然，使其他人为这些“收益”而依赖于他们的权力本身在任何意义上都不能被看成是构成了一种因提供服务而应得的报酬或一种为产生它们所必需的诱因。简而言之，一旦高级地位已经通过提供服务而获得，那么它可以在不提供相同服务的情况下被继续维持。权力的这种自我永存的成分在整个社会的阶级结构中比在小群体的地位分化中还要明显，没有考虑这一点是社会分层的功能观念的一个严重不足。[1]

最后，在具有必须由成员们一起完成的共同目标的集体与成员们忙于各自的事务而没有协作起来达到某个共同目标的集体之间，有一个重要的差别。在有共同目标的集体中，有关条件不仅产 198

① 参见金斯利·戴维斯(Kingsley Davis)和威尔伯特·E. 摩尔(Wilbert E. Moore)，“分层的某些原理”(Some Principles of Stratification)，《美国社会学评论》(*American Sociological Review*)，10 (1945)，第 242－249 页。有关指出权力差别的这些含义的一种修正提法，如果仅仅是顺便浏览一下，请参见威尔伯特·E. 摩尔，“某些人比其他人更平等”(But Some Are More Equal than Others)，《美国社会学评论》(*American Sociological Review*)，28 (1963)，第 13－18 页，特别是第 17 页。

生了对领导的需要，而且也促进了它的发展。为了在一个群体中获得领导的位置，一个人必须强制所有人或大多数其他成员承认他是他们的上级。在一个其成员忙于各自任务的群体中，要做到强制所有成员需要分别为每个成员提供服务，除非在非常小的群体中，否则时间限制使得这样做是不可能的。与之相反，在有共同目标的群体中，为目标实现作出重大贡献的个体强制所有成员承认他是他们的上级，以此报答他们所有人从他的努力中得到的好处。因此，在有共同目标的群体，而不是在其他群体中，人们预期领袖会出现。不管一个集体有多大，共同目标使得一个个体让所有成员都获益成为可能，并且也能使这个人获得领导位置，以换取他对公共福利的贡献。一个集体是以集权化的地位等级体系为特征，还是仅仅以社会地位上的差别为特征——这种区别可以用一个组织中的职位等级体系和一个社区中的阶级结构之间的区别来加以例示说明——主要取决于是否有明确的集体目标。当权力的等级体系存在时，合法化过程通常将它们转化为权威的等级体系，在下一章我们将指出这一点。

第八章　合法化和组织

> 一位正义的统治者似乎不会从他的职务中谋求什么私
> 利，因为他不会把普遍认为很好的事物分配给自己较大的份 199
> 额，除非它与他的功绩相称；所以，他努力为其他人劳作，这解
> 释了上面所提到的谚语，即“正义是其他人的好处。”因此必须
> 要以荣誉和尊严的形式给予他某些补偿。正是这些报酬不能
> 满足他们的那些人使自己成为了暴君。
>
> ——亚里士多德，《尼各马可伦理学》

组织包含着对集体努力的协调。社会组织的某些形式作为交换和竞争过程的结果潜在地出现在集体中，在这些过程中，个体和群体的行为模式以及它们之间的关系受到了调整。这些过程我们已经讨论过了。但是其他组织的建立明显是为了完成特定的目标，不管这些目标是制造能被卖出以获利的商品，还是参加保龄球锦标赛，还是集体谈判，还是赢得政治胜利。在这些正式组织中，存在着专门的机制，以对追求特定目标的各种成员的任务进行协调。对各人任务的这种协调，尤其是大规模的协调，要求某种集中指挥。权力就是这种使指挥和协调人们的活动成为可能的资源。

稳定的组织权力要求合法化。当然，人们可以被强制着工作

200 和服从命令，但对权力的强制性使用会引起抵抗，有时是主动的反抗。社会之中和之间的权力冲突以抵抗和反抗作为特征，而反抗也发生在组织中，有效的操作必然会使反抗在那里被保持在最低限度上，特别是会使成员们在履行他们的日常义务时不会表现出反抗，而是**心甘情愿地**完成它们并服从上级的指示。只有具备合法性的权力才能获得心甘情愿的服从。

具备合法性的权力即是权威，韦伯将其定义为“来自既定来源的某些命令（或所有命令）将被某个既定群体的人服从的可能性。”他又补充道，权威的一个基本标准“是某种最低限度的自愿服从”，尽管服从命令的特定动机可能会变化。[①] 他对三类权威的分析集中在使人们自愿服从来自某个他们认为合法的权威的命令的价值取向上。[②] 在这个分析中仍没有说明的是使权威可以与人们自愿服从的影响的其他形式区分开来的明确标准。实际上，如果没有进一步的详细说明，对自愿主义的强调是具有误导性的，因为权威的命令是一种下属不能随意拒绝的命令。

我们可以这样说，权威的显著特征是，被下级集体所承认和执行的社会规范迫使它的个体成员服从一个上级的指示。服从对该集体来说是自愿的，但是社会约束使得它对个体来说是强制性的。与影响和权力的其他形式不同，遵从建议和命令的压力不是来自提供建议和下发命令的上级，而是来自下级的集体。这些规范性

① 马克斯·韦伯（Max Weber），《社会和经济组织的理论》（*The Theory of Social and Economic Organization*）（New York：Oxford University Press），1947 年，第 324 页。

② 同上书，第 329－363 页。

的约束可能被制度化，并弥漫于整个社会，或者它们可能突生于处于社会互动的某个群体中。后者突生的规范规定了领导地位，因此，领导地位也被看作是权威的一种类型。正式组织中的权威需要制度化成分和领导地位成分的结合。

领　　导

在一个群体中提供必要的贡献使一个人能够获得别人对其命令的服从。对权力的行使产生强制，如果对贡献的需要巨大，并且对他们来说也没有替代资源可以利用，那么实际上强制是不可避 201
免的。根据有关公平的社会规范来判断，服从是一种成本。按照这些社会标准，虽然服从权力的那些人可能不会拒绝这些标准，但过分的要求会引起不赞同。然而，如果一个人的要求相对于他为他们的福利作出的巨大贡献是公平的和适度的，那么这个人就会赢得他们的赞同。例如，一个关于小群体的实验室研究发现，如果新出现的领导在社会互动中所采取的首创精神受到了其他人很高比率的反应，即他们经常同意他的意见并就其发表评论和提出问题，那么，与反馈比率很低的情况相比，他更容易受到其他人的喜欢。[①] 这可以被认为意味着，正如一种低反馈率所表明的那样，一

① 罗伯特·F. 贝尔斯(Robert F. Bales)，“任务地位和亲切可人：在决策群体中说和听的功能”(Task Status and Likability as a Function of Talking and Listening in Decision－making Groups)，载于伦纳德·D. 怀特(Leonard D. White)，《社会科学的状态》(*The State of the Social Science*)(University of Chicago Press)，1956 年，第 148－161 页。

个领导的过分要求会引起使他不太受人喜欢的不赞同。

服从可以用充分的权力来加强，但是不管权力有多大，赞同不能被强迫。然而，领导的有效性和稳定性取决于下级的社会赞同，好几项研究已经表明了这一点。因此，两项实验的结果表明，被下级承认和赞同的领导们，在对下级施加影响时，要比那些未受到承认和赞同的领导们更为有效。[①] 有关军队领导的一项研究发现，赞同其军官和军士的新兵比那些把其上级描绘成专横者或无能者的新兵更少倾向于表现出各种侵犯形式，比如“擅离职守”、“发脾气”、酗酒和开批评会。[②] 另一项实验的发现表明，其建议和指示引起不成比例数量的反抗和不同意的群体领导是相对不稳定的，就是说，作为领导，他们比其他人更可能在随后的实验阶段被取
202 代。[③] 某些领导实践在其追随者中间引起的不赞同妨碍了一个领导的效力，因为它们引起了对抗、侵犯以及可能的反抗，所有这些可能会导致一个非正式领导的垮台。

与之相反，集体赞同使领导地位合法化。一个人能对一个群体的目标的实现作出重大贡献的能力博得了尊敬。其他人对他的

① 约翰·P. R. 小弗伦奇(John R. P. French, Jr.)和理查德·斯奈德(Richard Snyder)，“领导和人际权力”(Leadership and Interpersonal Power)，载于多温·卡特赖特(Dorwin Cartwright)，《对社会权力的研究》(*Studies in Social Power*)(Ann Arbor: Institute for Social Research, University of Michigan)，1959 年，第 118－149 页。

② 汉南·C. 塞尔文(Hannan C. Selvin)，《领导的影响》(*The Effect of Leadership*)(Glencoe: Free Press)，1960 年，第 5 章。

③ 伊莱休·卡茨(Elihu Katz)、彼得·M. 布劳(Peter M. Blau)、莫顿·L. 布朗(Morton L. Brown)和弗雷德·L. 斯特洛德贝(Fred L. Strodtbeck)，“领导稳定性和社会变迁”(Leadership Stability and Social Change)，《社会测量学》(*Sociometry*)，20(1957)，第 36－50 页，特别是第 44－46 页。

尊敬促使他们遵从他的建议，因为他们预期这样做比遵循某个其能力不太受尊敬的人的建议会获益更多。由于遵循他的指导而给他们的福利带来的实际贡献不仅证实了其他人对这样一个人的尊敬，而且也迫使他们服从他的指示，不管这样做是否符合他们个人的自我利益。是他们服从他的指示的义务，而不仅仅是他们的尊敬，赋予一个人以领导权，并使他能够协调一个群体的成员的活动，它包括引导个体们去做那些不符合自己直接利益的事情。对各人努力的有效协调产生了报酬，而该领导的权力使他能对报酬的分配（获胜队伍的多少荣誉和光荣将归于其他人，而不是归于他本人，或者有多大份额的物质利益要给其他人，而又有多少留在他的手里）施加一种显著的影响。正是报酬的这种分配最直接地影响了领导的合法化。

如果追随者从一个领导的指导中获得的收益超过了他们对他们所承担的成本（既包括提供服务，也包括服从指示）的一种公平回报的期望，那么他们对他领导地位的集体赞同就使他的领导合法化了。他们对他为他们福利所作贡献的共同感激以及他们对他的公平性的共同赞同——这些受到他们有关他的能力值得尊敬的一致看法的强化——产生了群体压力，这些压力迫使他们服从他的指示。这些社会压力迫使单个的群体成员（出于个人原因，他们倾向于抵制领导的指导）服从它，以免他们自己利用他们伙伴的社会谴责。具备合法性的领导赢得自愿的服从，这消除了为了强迫或诱使其他人服从他的指示而实行制裁的需要，因为下级群体对其成员们施加了压力，迫使他们遵从该领导的命令和建议。

追随者们使领导合法化的社会赞同不同于他们对该领导的能

力所可能有的尊敬。尽管赞同和尊敬二者经常一道出现，但是一
203 个手握权力的人可能有这样的能力，即博得下级们的尊敬，同时却对他们提出他们会报之以谴责的压迫性要求。然而，尊敬可能却像合法领导的一种催化剂那样起作用，因为它似乎使得服从一个人的指示变得不太令人难以负担。来自一项对一个福利机构中60个社会工作者的研究的某些发现为这一陈述提供了间接的支持。[①] 一般来说，将那些经常被人请教的工作者与那些很少被人请教的工作者区分开来的因素也将那些受到高度尊重的工作者与那些不受高度尊重的工作者区别开来。但是某些类型的工作者，比如老资格者经常被别人请教，却没有受到高度尊敬。如果顾问们不是特别受人尊敬，那么他们所承担的义务就会抑制与他们的非正式社交，但是如果他们特别受人尊敬，那么它就不会抑制社交。这个发现表明，对一个人的尊敬使得服从他的愿望的义务合法化，并因此使这一义务更少地妨碍与他的非正式交往。

稳定的领导地位依赖于对其他人的权力和他们对那一权力的合法化赞同。领导的两难困境是，权力的获得和社会赞同的获得对一个人提出了有点不太相容的要求。获得对他人的权力，不仅要求提供使他们依赖的服务，而且要保持独立于他们可能作为回报来提供的任何服务。然而，使权力和领导的位置合法化要求一个领导应该关心赢得其追随者的社会赞同，这意味着他不会保持完全独立于他们。一个人谢绝接受那些欠他恩惠的人提供的好

---

① 布劳，“人际关系中的选择模式”（Patterns of Choice in Interpersonal Relations），《美国社会学评论》（*American Sociological Review*），27（1962），第41－55页，特别是第50－51、55页。

处，并且坚持保持完全独立于他们，这种谢绝和坚持通常被体验为拒绝，并引起他们的谴责。在变成他们的领导和行使其领导权力的过程中，通过维护他对群体中其他人的支配，一个人几乎不可能不得罪他们，至少是得罪他们中的某些人，因此这就危害到使他的领导地位被社会赞同合法化的机会。相反，专注于追随者们的赞同妨碍了一个领导通过对他们的福利作出他能作的最大贡献来博得他们的尊敬和服从的能力，因为对被人喜欢的关心阻止他把决策始终仅仅放在有效性标准的基础上。换而言之，这种专注诱使一个领导有时不去做他认为最好的决定，因为他害怕得罪下级。

领导地位的两难困境可以这样加以概括，它的合法化要求一
个领导在行使他的权力和分配那些由于他的领导而带来的报酬时 204
要宽宏大量些，但这种宽宏大量必然会导致他首先要动员他的权力并节俭地使用群体的资源，就是说，要以与宽宏大量相反的方式行事。然而，一旦一个人已经获得了大量权力，他便能容易地提出一些要求，这些要求从他提供利益的力量和能力的角度看似乎是不过分的。换句话说，广泛的权力促使他获得对它的合法化赞同。

两套不同的期望支配着合法化的过程，因为该领导的一般期望规定了什么是广泛的或不充分的权力，而追随者们的一般期望规定了什么是适度的或不公平的权力要求。领导期望用他的权力获得的东西越少，越少的权力就会充分地满足他的需求，他对那些服从其权力的人提出的要求将越少。反过来，追随者对领导要求的反应取决于他们对下述情况的规范性期望，即对一个领导能公平地对他的贡献要求多少回报的规范性期望。对权力的微小需要和巨大的权力使一个人很容易以从下级那里引出合法化赞同的方

式行使他的权力。剥削性压迫与合法领导之间的分界线由下述因素界定，即掌握权力的那个人的期望（这规定了他的需要）与服从其权力的那些人的期望（这规定了他们的需要以及他的补充权利）之间的相互作用。

权力必须在它能被合法化之前就动员起来，因为与动员它有关的过程和与使它合法化有关的过程是不相容的。可以这么说，通过将不同的时间阶段投入到处理这两个方面，领导的两难困境就会加以解决。这类似于贝尔斯和斯特洛德贝克的结论，即群体问题解决的两难困境是由两种需要引起的，一种需要是对任务的认知取向，另一种需要是减少紧张的支持性取向，这两种需要是不
205 相容的，通过将不同的时间阶段投入于满足这两种需要，这种困境就会加以解决。[①] 一个帮伙的潜在领导首先使用他的身体强力对付其他成员，以维护他对他们的支配地位。现在他以他的追随者的名义使用他的力量和其他资源去对付外人，只有到那时他才能组织追随者们的活动并领导他们参加帮伙殴斗。如果他成功了，他对他们福利的贡献会唤起对他的领导地位的合法赞同，这使得他的持续统治不需依赖于对他的追随者使用肉体制裁。

组织中正式领导的情形不同于在一个群体中新出现的非正式

---

① 贝尔斯（Bales）和斯特洛德贝克（Strodtbeck），“群体问题解决的阶段”（Phases in Group Problem Solving），《变态和社会心理学杂志》（*The Journal of Abnormal and Social Psychology*），46（1951），第 485－495 页。解决领导两难困境的另一种方法是在领导群体中进行劳动分工，就是说，使那些行使权力和约束的领导得到其他领导的支持，其他这些领导不行使权力，但获得追随者的赞同和忠诚；参见菲利普·E. 斯莱特（Philip E. Slater），“小群体中的角色分化”（Role Differentiation in Small Groups），《美国社会学评论》（*American Sociological Review*），20（1955），第 300－310 页。

领导的情形。资源和制度化机制把组织中的管理者事先就置于一种对下级的支配位置上，因此消除了一开始就维护其统治并促进合法权威发展的需要。

合法权威

一个组织的管理部门与其成员们订立的就业合同是一种法律制度，这个制度迫使组织的成员提供特定的服务并遵从管理人员的指示，以此换取薪水或工资。[①] 这些义务被我们文化中的制度化规范所强化，按照这些规范，雇主有权力期望雇员服从他们的指示，并忠实地完成明确指定的任务。这些义务以及管理人员权力的最终来源是该组织的资源，组织的资源使组织能够购买雇员的服务，并使他们为了生计而依赖于组织，依赖的程度取决于雇员们在工作中的投入和他们可以得到的替代性就业机会。（在其成员不是雇员的组织中，比如工会和政党，领导的权力依赖于成员们的奉献、他们从成员资格中获得的利益以及——尤其是在某些组织中，比如军队中——强制力量。）管理部门的解雇和提升权力使得雇员们的职业机会依赖于他们的成绩和服从，这种权力通过像对他们下属的定期评价或者专门报告之类的机制被部分地传递给较低级的管理人员和主管人员。

一个组织中的某个管理者对下级拥有某种正式权威，因为他

① 参见约翰·R. 康芒斯（John R. Commons），《资本主义的法律基础》（*Legal Foundations of Capitalism*）（New York：Macmillan），1924 年，第 284－286 页。

206 们已经接受了完成他分配给他们的任务的合同义务，并且他对他们也有相当大的权力，因为他支配着正式的制裁手段，通过这些手段他能够影响他们的职业机会。扎根于就业合同本身中的管理人员的权威在范围上非常有限。它仅仅强迫雇员们按照最低标准完成分配给他们的任务。这种正式权威并不要求他们投入大量精力在他们的工作上、在完成它的时候要发挥首创精神，或者在完成他们的工作中要接受上级建议的指导。如果只是在正式权威的范围里，有效的管理是不可能的。一位管理人员可以通过一些办法——利用他的制裁权力将其意志强加于下级身上、承诺对遵从进行奖励以及威胁对不服从进行惩罚——来扩展他对他们的控制。一位管理人员可以使用的一个替代策略是为下级提供服务，这些服务迫使他们服从他的指示。部分地只是通过不行使，他对下级的正式权力就帮助他使下级产生出了共同的义务。在这种情况下，管理人员放弃他的某些正式权力，以换取对下级的更大的合法权威。

经理人员的正式地位和权力给了他为下级提供重要服务——这些重要服务使得他们要感激他——的各种机会。他的出色的知识和技能（他大概是基于这些知识和技能才被选拔到这个位置上）使他能够培训新手和劝告老手。他的正式地位给了他接近组织中的高层领导和专家人员的机会，使他有可能向下级输送必要的信息以及在与更高的领导部门打交道时代表他们的利益。尽管他作为管理人员的正式职责要求他为下级完成最低限度的这些服务，但是他为使他们受益而贡献的超出这种最低限度的额外努力又引起了对方对他的社会义务。在这一点上具有特殊意义的是管理人员的地位特权和正式权力，因为他只有通过不行使它们的方式才能赢得其下级们的感激：不坚持他的级别应该得到的尊敬、不实行不受欢迎的总务管理规章、只要下级们完成了他们的职责则不注意他们把多少时间花在午餐上。管理人员被赋予的每一项特权和他有权实施的每一条规章都增加了他可以用来使下级们感激他的资本。通过不使用他的某些权力，他把它投入在社会义务中。下级从他的监管模式中所得到的好处迫使他们通过服从他的指示和要求而加以回报。

以这种方式，管理人员的权力被转化成个人影响，但是权威的 207
发展依赖于进一步的转换。如果一个管理人员对下级的影响依赖于他们对他的**个人**义务，那么他就不会行使对他们的权威，因为权威要求社会合法化。只有一个集体的共享价值才能使一个上级的权力合法化，并因此将它转化为权威。促进下级的**集体**利益的管理人员的实践创造了**共同的**义务。当这样的社会共识——管理人员的做法有助于他们的共同福利，通过偿还他们对他的义务来维持他的好意符合他们的共同利益——在下级中间发展起来时，共享的忠诚感和群体规范就倾向于突生出来，它们使服从他的指示成为一种由下级们自己履行的**社会**义务。下级们对对他们都有益的管理人员的实践的普遍赞同产生了使管理人员的权威合法化的社会规范。

费斯廷格的认知失调概念能够帮助解释权威合法化中的潜在过程。[①] 如果人们一定要在两个备选方案中选择，其中一个明显

① 利昂·费斯廷格(Leon Festinger)，《认知失调理论》(*A Theory of Cognitive Dissonance*)(Evanston：Row，Peterson)，1957 年。

要好一些，那么他们的决定就不会带来怀疑和冲突。但是如果这两个备选方案都吸引人（或者都不吸引人），对一个方案的选择就会引起认知失调，就是说，由放弃一个有吸引力的机会所招致的成本产生了对有关所作选择的智慧的怀疑、精神冲突和不舒服。人们经常通过改变他们对这两个备选方案的评价——在已经选择其中的一个之后——来降低这种失调，就是说，通过抬高被选中的方案的价值和贬低被抛弃的利益的价值，他们解决了他们的令人烦扰的怀疑。例如，因为参加了一项实验，研究者要求大学生们在他们将要收到的两种礼物中选择一个，他们在作出决定后较之在作决定前，对那件被选中的礼物评价较高，而对那件被拒绝的礼物评价较低。[①] 因为有关价值的社会共识被用来证实个体们的评价，所以如果它们发生在一种集体情境中的话，有人会预期这些倾向将特别明显，就像当一群下级面对一个对他们拥有权力的上级时的情况那样。

只有当一位管理人员强迫下级们服从他的指示时，而不是当一位上级通过制裁来加强对他的命令的服从时，认知失调才会出
208 现。如果一位上级使用他的强制权力将他的意志强加给下级，那么不服从的严重代价就会使服从毫不含糊地成为更好的选择。尽管服从是令人不快的，但是下级相信，不服从的后果将更令人不快。在这种情况下，没有任何认知失调，因此失调减少的过程也没有任何基础。但是如果一位管理人员提供了迫使下级们服从其命令的服务，那么不服从就是一种不完全毫无道理的可能的替代选

① 费斯廷格，《认知失调理论》，第 61－68 页。

择。这里的假定是视服从而定的服务的收益超过了它给下级们带来的成本，这是他们为什么选择服从而不是不服从的原因。然而，人们有可能怀疑上级提供的服务的收益是否真正抵得上遵从一个上级的命令所带来的辛酸，尤其是在平等和独立受到高度评价的民主文化中更是如此。为了解决这种认识失调，人们处在赏识收益的价值和贬低服从的代价的压力之下。他们可能赞美上级的能力和他们对他的尊敬，并强调说，遵从这样一个专家的指引客观上是最好的行动路线。他们可能强调，发出指示是管理人员的职责，而不是他的特权，并且他们对这些指示的服从并不构成对其意志的屈服，而只是被他们欣然接受的责任的一部分，正如发出指示是管理人员的责任的一部分一样。

这些信念可以被看作是合理化，个体们通过合理化适应下级的位置。然而，社会过程将个体的合理化转换为共同价值。为了通过社会协同使他们的怀疑减轻并使他们认为正当的信念得到证实，发现处于同一情形下的下级倾向于彼此讨论他们对他们的服从的辩解。在下级的沟通过程中，社会共识在他们中间发展起来，即遵从管理人员的命令是正确和适当的，完全不是丧失体面的，这种共识证实了这些信念，并把那些可能曾是个体的合理化的东西转变为一种共同的价值取向。

因此，权威依赖下级集体中的共同规范，这种规范约束其个体成员服从上级的命令。下级们对他们从上级的监管或领导模式中得到的收益的共同义务建立在这些规范性约束的基础之上，这些约束被社会价值所强化，而这些社会价值使服从合理化，并减轻它的负担。这些规范，像一般的社会规范一样，被群体成员们内化，并被社会性地实施，结果，甚至是潜在的越轨者——他们个人出于209某种原因并不感激上级——也处在服从上级权威的压力之下，以免遭受他的伙伴们的社会责难。一个处在权威位置上的人不会非得强迫下级服从他的命令，因为存在于下级之间的结构性约束已经为他这样做了。与强迫相反，权威导致自愿的服从，因为上级对下级的影响依靠下级自己的社会规范。但是，与说服和个人影响相反，权威引起强制性的控制，因为社会规范和群体制裁对个体性的下级遵从上级的指示施加了强制性压力。从下级的集体角度看，服从是自愿的，但是从其个体成员的角度看，它是强制性的。它恰恰像一般地遵从社会规范一样是自愿的，例如，就像我们穿衣服的风俗一样。

使上级的影响力合法化的下级的社会规范和价值把这种权力转换为权威。与此同时，社会交换的间接过程取代了上级和个体下级之间的直接交换交易。在合法化的规范发展起来之前，下级提供对上级指示的服从，以交换他所提供的服务，这一过程基本类似于顾问们用提供建议来获取别人对他们意愿的服从。使权威合法化的新出现的社会规范引起了两种取代这一过程的交换过程。个体下级屈服于上级的权威，因为群体规范要求他们这样做，不遵从就会引起社会非难。个体用对上级指示的服从来交换来自其伙伴的社会赞同。下级的集体则用普遍服从该上级的命令来交换他的领导为共同福利作出的贡献。由于强制服从的社会规范，所以下级的集体必须要提供普遍的服从，而这种服从又使该上级的权威合法化。

这里提出的问题是，管理人员权威的最终源泉是来自管理者的领导品质和帮助下级的能力，还是来自他对他们的正式制裁权力。为了回答这个问题，让我们假定这两个功能存在于两个不同的人身上。一个是提供指导和建议但没有任何正式制裁权力的主管人员，另一个是不指导雇员们的工作但却评价其工作的结果，并根据这些评价来决定对他们的提升和免职的雇主。如果这位主管有资格提供那些能提高和促进下级工作的高级指导和建议，那么他对他们共同福利的贡献创造了共同的义务，这种共同义务可以作为他对他们权威的基础。这种情形基本上符合非正式领导。如 210
果这位雇主纯粹根据绩效的客观标准来分配报酬和惩罚，那么这些制裁将为干好工作而不是服从他的指示提供激励（除了那些具体说明恰当绩效的参数之外）。然而，如果他使用他的制裁权力来奖励服从他命令的行为、惩罚对他命令不服从的行为的话，雇员们可能通过形成社会价值和规范来适应这些条件，这些社会价值和规范证明他们的服从是正当的，并加强他们的服从，而且使雇主的权威合法化。这些考虑意味着，有效的领导和制裁权力二者都可以成为一种权威结构的来源，但是制裁权力做到这一点要付出一定的代价，即至少在部分上，通过使用它将激励系统从鼓励最优绩效的主要功能转移到影响服从上。人们可能会对以下问题有一点怀疑，即组织中的报酬系统典型地以这种方式被用作权力的工具和扩大管理人员权威的辅助物。

尽管组织中管理人员的权威包含着重要的领导成分，但是它的显著特征——将它与非正式领导区分开来——是它立基于组织赋予管理人员的正式权力和制裁权力之上。他们的正式地位和制裁权力为管理人员提供了工具，这种工具使得扩展一开始通过就业合同赋予他们的有限权威的范围很容易，甚至对于那些只有中等领导品质的人也是如此。而非正式的领导必须要依靠他们的品质和才略来博得追随者的自愿服从。不管是在正式组织之中还是之外，有效的权威既要求权力，也要求合法化的赞同，但是其中一项对于非正式领导更成问题，另一项对于组织中的正式领导更成问题。

对于拥有不可否认的权力的正式领导而言，关键的问题是赢得下级的忠诚和合法化的赞同，特别是因为他的权力可能诱使他去支配他们，而不是赢得他们的尊敬和自愿服从。与之相反，对于其地位明显来自追随者的支持和赞同的非正式领导而言，面临的关键问题是动员他的命令权力和建立充分的社会距离，以能够有效地指导他们的活动。菲德勒的研究表明了这种差异。[①] 他发
211 现，像篮球队和调查队这样群体的非正式领导，与他们的追随者们保持社会距离的领导比那些没有这样做的要更为有效，就是说，在前一种领导带领下的群体的绩效更出色。然而，除了当他们博得下级们的忠诚，以及他们与下级的社会距离伴随着某些对他们的肯定态度时，正式领导对下级的社会距离并不普遍地与他们的有效性相联系。

权威只有在社会结构中才能**出现**。在两人关系中所使用的权力或个人影响从来都不会发展成为合法权威。因为只有下级集体

---

① 弗雷德·E. 菲德勒（Fred E. Fiedler），《领导态度和群体有效性》（*Leader Attitudes and Group Effectiveness*）（Urbana：University of Illinois Press），1958年，尤其是第3章。

的共同规范才能使上级的控制影响合法化，并在作出这种服从的特定意义上影响对他的指示的服从，因为它是由下级自己实施的，独立于任何诱因或上级本身的实施行动。然而，一旦权威已经被制度化，并且服从的社会规范已经成为文化遗产的一部分，那么在孤立的两人关系中一定会找到它的表现。一位父亲对唯一的孩子使用权威，因为文化上界定的角色期望——这种角色期望被整个社区所共享——强制他控制和引导孩子，并强迫这个孩子服从他；不能实现这些期望就会招来社区对他们双方的非难。鉴于权威的来源典型地存在于一个个体对一个群体的权力中(或者一个群体对一个更大的集体的权力中)，随后该权力被他们的社会赞同和规范合法化，所以制度化权威是权力的一个来源，就是说，它把对别人的权力赋予占据既定地位的个体或群体。

权威的制度化有下述要求：需要服从特定命令的社会规范以及证明这种服从是正当的和加强这种服从的社会价值成为共同文化的一部分，并一代一代地传承下去。儿童们在社会化过程中内化这些文化价值和规范，而遵从来自既定来源的命令的道德义务仍是他们的人格结构的一部分。父亲的、宗教的和政治的权威依赖这些文化取向。支撑制度化权威的规范性标准不会突生于上级和下级以及下级之间的社会互动过程中，而是突生于社会化的过程中——在一个共同文化中的每一个人都会分别地经受这一过程。最近几个世纪在现代社会已经发展起来的管理人员的意识形态——它们证明和加强了管理部门的权力以及下级服从其指示的义务——构成了这样一种制度化的价值取向，这种价值取向在原 212

则上使管理人员的权威合法化。[1] 这种价值取向——在我们的文化中，雇员们将其带入组织情景中——给予就业合同以显著的意义，并作为特定管理人员对下级的权威被合法化和扩展的社会过程的基础。管理部门的制度性权威和其资源给予它的权力将组织中的合法化过程与某个组织框架之外的领导的新出现的那些特征区分开来。

在复杂社会结构中的制度化权威，比如国家政府的政治权威，有三个显著特征。第一，如同刚才所指出的，作为统治者对共同福利贡献的结果，人们服从权威命令的义务并不会在社会交换中发展起来，而是一种被社会化机构反复灌输的道德义务。鉴于漠视一位新出现的领导是不忠诚的标志，所以漠视制度化的权威是不道德的标志。第二，政治权威体现在制度形式中，这种制度形式构成了一种历史实在，比如美国政府的国会形式。第三，复杂结构中分化了的群体使下列事实有可能出现，即被主要群体承认的制度化权威没有被某些亚群体整体承认，并且不得不通过对他们的外在约束加以实施。尽管合法权威依靠社会规范和对下级集体的制裁，这并不意味着一个社会中的所有群体都支持制度化的权威，或者甚至也不意味着大多数人支持它。关键的因素是，重要的和强大的下级群体执行制度化权威的命令，这对那些拒绝自愿这样做的群体施加了外在压力，迫使它们服从。如果支持和执行它的群体支配了其他人的想法及行动，那么政府权威就会占优势，因此甚

① 参见莱因哈德·本迪克斯（Reinhard Bendix），《产业中的工作和权威》（*Work and Authority in Industry*）（New York: Wiley），1956 年。

至越轨者也会认识到他们的不服从是不合法的。在有关公众关心的事务(比如政治权威)的所有人的意见的意义上说,在那些具有独裁传统的国家中,严格说来,并不存在公共舆论,[1]并且只要其 213
他人接受现状,精英人物对统治者的支持足以使他的权威合法化。只有在民主价值使大部分居民都关心政治问题的国家中,除非得到大多数人的支持,否则合法政府的制度化权威就会处于危险之中。

因此,政府的权威依赖于它作为合法权威得到国民中主要群体的承认以及他们的支持,就是得到那些参加政治生活并关心公共事务的大多数人的承认和支持,而并不必然是所有人口中的大多数。此外,政治权威命令的实际执行通常被委托给专门的代理人,比如军队和警察。通过把执行其命令的权力委托给处于它自己控制之下的代理人,支持政府的群体来表达它们对它的信任。一般来说,一个合法政府的政治权威由它的支持者所授予的权力"信用"构成,这意味着政府拥有使用权力的授权,授予暂时可自行决断的共同体,这个共同体不需要对每一项单独的决定进行解释。[2] 使用其被授予的权力或权力信用为其下级福利作贡献的政府往往会加强他们对它的合法化赞同,而滥用其被授予的权力的统治者则有可能失去使其统治合法化的政治支持,也有可能随之失去它的政治统治,除非他诉诸强制来维持它。政治支持和权力

① 参见汉斯·斯皮尔(Hans Speier),《社会秩序和战争的风险》(*Social Order and the Risk of War*)(New York: Stewart), 1952 年,第 323－338 页。

② 参见塔尔科特·帕森斯(Talcott Parsons),"论影响的概念"(On the Concept of Influence),《舆论季刊》(*Public Opinion Quarterly*), 27 (1963), 第 59－62 页,以及詹姆斯·S. 科尔曼(James S. Coleman),"评论"(Comment),同上书,第 72－77。

的信用——如果需要的话，合法化的政府可以利用它们来加强服从——就像一种威慑物一样在起作用，并加强了它们获得服从的权威，因此产生一种乘数效应，并使政治控制扩展到远远超出可以被获得的东西之外，尽管它实际上必须要依靠潜在的强制权力。

组织集体努力

合法权威的一个重要功能是组织大规模的集体努力，以追求被共同接受的目标。当然，这并不是合法权威的唯一功能——例如，父亲的权威就起着使儿童社会化的功能，因此还保存了基本的文化。但这是它的主要功能之一，并且也是体现在正式组织（不管它们是政治的、经济的、军事的，还是某种其他类型的组织）中的一

214 个功能。相当宽泛地使用“自愿社团”这个术语来指涉自由创立的集体组织，德·朱维奈尔曾经说过：“关于‘权威’一词我指的是获得另一个人同意的能力。或者它也可以被认为是——虽然它指的是同一个事物——自愿结社的有效原因。在引起我注意的任何自愿交往中，我都看到了一种力量的作用：那种力量就是权威。”[①]

被共同接受的目标并不一定是共同目标。某些组织——比如工会——被创立就是为了促进成员的目标。其他组织的目标——比如商业康采恩——是所有者或管理人员的目标。他们要求其服务被买来实现这些目标的大多数成员把这些目标作为操作的有效

① 伯特兰·德·朱维奈尔（Bertrand de Jouvenel），《论主权》（*Sovereignty*）（University of Chicago Press），1957 年，第 29 页。

指南，尽管它们不是他们自己的目标。在任何一种情况下，成员们都要作出贡献以换取报酬，但工会成员的报酬来自和取决于工会目标的达到，而公司员工的报酬来自对他的服务所付的薪水，它并不直接依赖于公司的利润，就是说，并不直接依赖于组织目标的达到。

这两种类型的组织成员之间的差别与股票持有者和债券持有者之间的差异类似，股票持有者作出投资，以换取利润的一个份额，就像工会成员所做的那样，而债券持有者则对其投资获得一份规定好的回报，就像雇员所做的那样。理想的期望是集体的目标由所有成员民主地决定，而雇员或债券持有者却不被期望参与目标的决定。然而，实际上，目标和政策通常不会由工会的普通成员或公司股票持有者来民主地决定，出于那个原因，除非特殊的机制——比如一个政党系统——促进民主参与，它也不由任何大型组织的成员来决定。

一个组织的建立要求资本投入，通常以金融投入的形式，而且总是以社会投入的形式。[①] 建立组织和发展它的专门化结构、招募成员和捐助者、协调成员的活动以及为他们制定必须要遵循的规范标准都一定要投入资源和精力，这些资源和精力也可以被直 215
接用于获取报酬。组织的成员们不是直接追求他们的自我利益，与此相反，他们是遵照规范性期望并预期从组织中获得报酬而为组织作出贡献。所有这些都引起满足的推迟，他们期望将来有更大的满足，这要求除了那些仅仅满足当前最低需要的资源之外，还

① 参见乔治·C. 霍曼斯(George C. Homans)，《社会行为》(*Social Behavior*)(New York: Harcourt, Brace and World)，1961 年，第 385－390 页。

要有过剩的资源。因此,只有那些拥有过剩资源的个体或群体才能够建立一家商行、组织一个工会或者创建一个政治组织。[①]

奈特曾经强调指出,一个组织的利润是对那些为完全不确定的投资承担最终责任的人的报酬:

> 组织包含着责任的集中,将属于大量个体的资源置于集中控制之下。考察表明,生产中人的功能包括作决定、实行控制,但是除非和对决定的结果的预设结合起来,否则这种控制不是最终的控制。负责任的决定与人而不是与事相关;最终的管理者是计划组织、安排职能、选择承担职责的人员并评价他们对整个组织的价值,以及与市场中的所有其他竞标者竞争的人。对这个最后的管理人员来说,只有一种可能的报酬,就是按照与所有参加者的竞争中所确定的比率,对竞争为之而存在的人或物的所有服务作出支付后所剩下的产品剩余。这种剩余就是利润……[②]

领导包含着为协调其他人的工作和为共同努力的结果而承担责任。如果领导的特定能力使得预见他们的指导所造成的可能成

① 例如,在组织工会以及参与它们中最积极的工人不是那些最需要工会的最穷的人,而是那些有较高社会经济地位的人,他们有更大的资源。参见威廉·斯宾拉德(William Spinrad),"参与行业工会的相关因素"(Correlates of Trade Union Participation),《美国社会学评论》(*American Sociological Review*),25(1960),第237-244页,尤其是第239页。

② 弗兰克·H. 奈特(Frank H. Knight),《风险、不确定性和利润》(第二版)(*Risk*, *Uncertainty*, *and Profit*)(Boston: Houghton Mifflin),1933年,第308页。

就成为可能，那么不确定性就被消除了。一个领导或管理者的这些行政服务按照竞争中所确立的报酬给予酬劳，正如雇员们的报酬一样。[①] 然而，人们的领导带来一种挑战预测的不确定性的剩余。在赢得战争或为和平谈判、建立帝国或支配一个市场、巩固工会或赢得政治运动等方面的成功都不可能在事先加以准确的预 216
测。为带来这些胜利的决定和指导承担最终责任的领导是那些从中得到利润的人。

尽管剩余对于建立一个组织是必不可少的，但是进一步的剩余会在组织中生产出来。对集体努力的组织通过被规范化地调节的交易取代了个体之间对利益的自由竞争和利益交换，虽然在这个被调节的交易框架内也存在着某些直接交换，比如在工作群体中用建议交换地位。基本上，组织的成员并不能自由地交换他们的服务，但是我们预期他们会遵从规范性的期望（这包括提供服务）并获得一份相应的回报。一个组织的雇员所作出的贡献——他们因他们的服务而得到补偿——往往产生一种由管理部门处置的剩余利润，管理部门可以自行决定这些剩余利润的使用。剩余利润是对管理部门为不确定性承担责任的回报——通过保证对雇员们的服务给予报答。

一个其成员不是因服务而受到补偿的雇员组织（比如工会，或者宣称其目标是以某种方式促进其成员的共同福利的任何组织）也经常从其成员的贡献中获得剩余利润。鉴于这样一个组织的成员被预期着也会获得这种剩余，以作为冒险提供贡献的回报，所以

① 参见奈特，前引《风险、不确定性和利润》，第 285－287、309 页。

授予领导者的权力实际上给了它在决定如何分配剩余利润问题上的发言权。这种情况非常类似于大公司里的情况，它的股东也期待着获得公司的剩余利润，但是其管理部门具有按它认为合适的方式分配剩余的权力，这种分配只不过要服从下述限制：一定要把足够的利润分配给股东，以吸引所有必需的资本。这是对弱小公司的一个严重限制，但对于强大的公司而言却不是，不管在任何特定年份所达到的实际利润是多少，大公司能够以固定比率付给股东股息，实际上，是把他们当作债券持有者来对待的。

一般来说，一个组织越强大，为了吸引作贡献的成员的需要而强加在领导身上的约束越少，而在该领导控制下的剩余越大。强大工会的领导或者强大政治组织的领袖能够为成员们提供充分的报酬，以确保他们继续作贡献，并仍能保留由他们随意使用的剩余。这意味着强大组织的领导能够而且确实像管理部门对待雇员

217 那样对待他们的成员，正如强大的公司把股票持有者作为债券持有者来对待一样。对于管理部门而言，它也必须要为雇员们分配足够的利润，以激励他们为组织作贡献，并且能够留下仅供其自己使用的剩余利润。简而言之，一个组织的强大力量——与它的分化了的等级结构结合在一起——倾向于破坏了成员与雇员之间的区分，成员们的福利的提高被假定为是组织的目标，购买雇员们的服务则是为了实现这种目标。矛盾之处在于，由大量成员所作的巨大贡献——这些贡献使得任何成员都必不可少——恰恰是使组织的领导能够像对待纯粹雇员那样对待成员的资源本身。

为复杂的决定和任务承担责任的能力——这种能力在组织中是重要的和受到高度赞扬的——使得一些人能够以自己付出微小

代价的方式去获得巨大的报酬。雅克曾为一个组织成员的责任水平提出过一种定量的测量方法，即这种水平与上级检查其工作表现的频次之间是一种反函数关系，对于不熟练的工人来说，这一检查频次可能是一小时好几次，而对于高级管理部门而言则可能是一年一次。[①] 个体在持续的时间周期里经受不确定性的能力决定了他能轻松地承担起来的责任水平。[②] 因此，这种能力取决于一个人的技术能力和对模糊性的容忍，它决定了是否将一定的责任体验为一种令人愉快的挑战（它比更为常规的任务更受喜爱），或者是否认为这种责任是一种令人不快的威胁（它造成了焦虑和一种想逃避它的渴望）。简言之，同等数量的责任对某些人来说可能是一种令人满足的报酬，而对另外一些人来说则是一种惩罚性的成本，正是这一点一方面决定着下级对监管的反应，另一方面决定着管理者之间的权力关系。

将他们的责任水平体验为一种令人不快的负担的雇员将会感激乐于提供意见和指导的主管，并通过服从其指示的方式对他的帮助给予回报。然而，那些感到他们的责任富有挑战性的雇员则会把同样的监管做法看作是对他们工作过于密切的监管和不正当的干涉，而不是他们所欣赏的帮助。过于密切监管其下属的管理 218
者不断地对他们提出要求，使他们能够履行他们对他的所有义务；而有的管理者则不是密切监管其下属，而是让下级们到他这里来

① 埃利奥特·雅克（Elliott Jaques），《责任的测量》（*Measurement of Responsibility*）（London：Tavistock Publications），1956 年，第 32－42 页。

② 同上书，第 85－106 页；也可参见梅尔维尔·多尔顿（Melville Dalton），《管理者》（*Men Who Manage*）（New York：Wiley），1959 年，第 243－248、252－255 页。

获得建议或帮助，这样的管理者经常迫使他们通过服从他的指示来回报他的帮助，因此加强了他对他们的权威。[①] 总之，下级对责任的取向决定着他们认为既定的监管做法是报酬性的帮助，还是要求性的干涉，也决定着这些做法是加强还是弱化了上级的权威。

此外，喜欢责任挑战的某个组织的成员能够为其他人减轻他们不喜欢的职责，因此他花很少或不花任何代价就能赢得他们的感激及其他报酬。因此，克罗泽指出，在一个科层化的法国烟草垄断者的工厂里，主任工程师们行使着比他们的正式地位所规定的要更多的权力，因为他们能够对任何其他人都不能处理的维修问题承担责任。[②] 一般而言，履行重要责任的人被他的伙伴们回报以巨大的荣誉和权力，典型的情况是，他们实际上不花任何代价就获得了这些报酬，因为他们喜欢他们所承担的责任带来的挑战。[③]

风险是责任中的一个基本成分，就是说，承担责任必须要作出
219 其结果是不确定的决定。一个人的上级对其决定的频繁审查限制

① 非人格的控制机制——包括诸如流水线生产、对工作表现的定量记录等不同的类型——促进了组织中上级对下级的权威，因为这些控制机制减少了上级对下级提出许多要求的需要，还因为它们促使下级通过带着获得帮助的请求来到上级这里而变得感激他们的上级。参见布劳(Blau)，“正式组织”(Formal Organization)，《美国社会学杂志》(*American Journal of Sociology*)，63 (1957)，第 58－63 页。

② 米歇尔·克罗泽(Michel Crozier)，《科层现象》(*The Bureaucratic Phenomenon*)(University of Chicago Press)，1964 年，第 112－174 页。

③ 当然，提供服务要在时间上付出代价，提供复杂服务的能力是通过投入某些成本来获得的。但是所要求的能力一旦确定，承担更大的责任而不是完成涉及较少责任的任务，并不会带来成本；相反，它是报酬性的。尽管履行巨大责任的人所获得的社会承认和权力使得这样做特别地令人满意，但责任的挑战则是内在地令人满意，它独立于因它而获得的任何社会报酬，这一点可由下面的事实加以说明：具有必要能力的人偏爱于解决困难的而不是容易的纵横拼字谜，甚至在他们独自一人时也是如此。

了他必须承担的不确定性，但并没有完全消除他所承担的风险。他的判断可能被证明是错误的，并且他必须承担出现这种情况时的后果。根据奈特的说法，只有投入资本的企业家才对不确定性承担责任并因此赢得利润。[1] 但是至少在社会生活中，对不确定性的责任并不局限于组织的上层，而是不同程度地存在于整个等级体系中。为了承担作出不确定决定的风险，他们期望如果获得成功的话，他们将获得利润，典型地因为承担责任而获得的赞同和权力可以被看成是这种利润的组成部分。

在一个大型且复杂的组织中，对许多群体之间报酬的各种比较最终为管理部门带来了特别的问题。在每一个专门群体中的工人都渴望他们的服务能获得最大化的报酬，为了这个目的他们经常参加联合的工会活动。当管理部门屈服于一个群体的压力，把以罢工或可能的背信形式出现的积极反抗转移到其他的公司的时候，或者当它以允许其成员增加他们的收入的方式改变一个群体的激励系统的时候，它满足了一个群体的要求，但是却在其他群体中引起了不满。其他群体的成员习惯于把他们自己与管理部门屈服于其要求的群体的成员相比较，尽管他们的绝对收入和地位一直保持原样，但是如果他们的收入和社会地位的比较水平有所下降，他们就会体验到相对剥夺。这种相对剥夺——正如任何其他的不满——有可能产生反抗和对改善的要求。[2] 实际上，一旦收

① 奈特，前引《风险、不确定性和利润》，第10章。

② 对于工人们对另一个工人群体收入增加的反应的一份报告，请参见威廉·F. 怀特（William F. Whyte），《金钱与动机》（*Money and Motivation*）（New York：Harper），1955年，第8章。

入已经充分地超过了一种体面的生活标准所必需的最低限度，对雇员来说，相对地位往往变得与绝对收入一样重要。霍曼斯曾指出过，对工会来说，这产生了一种奇怪的矛盾现象："对于有组织的劳工而言，在使得一般工资水平有所提高方面越是成功，它就越有可能破坏它自己的团结；因为工人们可能开始不仅对工资的绝对数量感兴趣，而且也对工资差异感兴趣，所以工资差别明显地倾向于使一个工人群体反对另一个工人群体。"①

在有许多专门化的亚群体的大型组织中，某些冲突和反抗是
220 不可避免的，每个亚群体都不仅对提高它的报酬的绝对量感兴趣，而且也对提高它在其他群体中的相对地位感兴趣。为了平息那些拥有有效的讨价还价权力的群体的反抗，管理部门可能屈服于它们的要求，但这样做通常会引起其他群体的反抗。大型组织中大部分成员反复遭遇到的不利比较会引起不满和反抗，这些不满和反抗不仅指向管理部门，而且也指向现存的一般制度。经验研究表明，在大型工厂的工人中间，政治激进主义比在小型工厂的工人中间更为显著，而工作满意度则更低。② 当然，企业的成功及其扩张通过把资源置于管理部门的控制之下缓解了内部冲突，这使得

① 霍曼斯，前引《社会行为》，第 393 页。

② 西摩·M. 利普塞特（Seymour M. Lipset）、保罗·F. 拉扎斯菲尔德（Paul F. Lazarsfeld）、艾伦·H. 巴顿（Allen H. Barton）和胡安·林茨（Juan Linz），"投票的心理学"（The Psychology of Voting），载于加德纳·林泽（Gardner Lindzey），《社会心理学手册》（*Handbook of Social Psychology*）（Cambridge：Addison-Wesley），1954 年，第二卷，第 1139 页；以及塞格欧·塔拉奇（Sergio Talacchi），"组织规模、个体态度和行为"（Organization Size, Individual Attitudes and Behavior），《行政科学季刊》（*Administrative Science Quarterly*），5（1960），第 398－420 页，尤其是第 409 页。

增加所有群体的收益成为可能，正如一个扩张的经济减轻了一个社会中的阶级冲突一样，这一点我们在第六章曾经指出过。然而，群体之间的相对地位的重要性可能使冲突和反抗永久化。当某些群体获得利益时，激起了其他群体的反抗，并且随着管理部门解决了某些问题，由此被引入的新的条件又会导致新的问题的出现。因此，组织中的变化过程往往呈现出一种辩证的形式①，一般来说，社会结构中的变化过程也是如此，在随后几章中将会表明这些。

结　　论

社会行为和社会关系的模式的合法化要求共同价值和规范把赞同的印记贴在它们上面，并强化和永久保存它们。合法的组织和社会关系是共同体赞同的那些组织和社会关系，而不具有合法性的组织和社会关系则违背了共同体中的普遍价值。许多社会关系既没有被共同体的价值明确地合法化，也没有被共同体的规范所禁止，因为社会标准仅仅设定了一个宽泛的范围，在这个范围中可能存在一系列被允许的关系。对于交换关系和权力关系而言，221
这也是正确的。明显的合法化不仅要求容忍的赞同，而且要求社会模式得到共同价值的积极证实和促进，这些共同价值不是先前存在的，就是在社会互动过程中在一个集体中新出现的。

权力的行使被那些服从于它的人以及其他目睹它的人根据有

① 布劳，前引《正式组织》，第 67 - 69 页。

关公平的社会规范加以判断。如果从这些规范所导致的其他人或群体期望的东西的角度看，一个有权的个体或群体的要求是适度的，那么这个个体或群体就会赢得他们的社会赞同，这使权威合法化并加强了有权者的控制性影响。与之相反，对权力的剥削性使用会引起社会的谴责和反抗。一个拥有大量权力的人被认为可以提出巨大的要求，因此他能相当容易地提出其他人认为公平的要求，并因此获得对他的权力的合法化赞同。巨大的权力促使人们获得对权力的合法化赞同，这个结论一定要符合两方面的条件。首先，不管是因为客观条件，还是因为心理原因，如果一个人对权力有非常大的需要，那么对其他人的相当大的权力可能仍然不能满足他的需要，并且不能阻止他剥削性地使用他的权力，而不是有节制地使用他的权力。第二，如果一个人不关心社会赞同，那么它将不会制止他压迫其他人。然而，对于稳定的组织权力来说，合法化的赞同具有巨大的重要性。因此，在组织化的社会努力情境下，特别是在正式组织的情境中，普遍真实的情况是，巨大的权力资源促进了权力使用中的公平性，并由此促进了对它的合法化的赞同，这是为什么权力往往会引起更多权力的一个原因。

领导的两难困境是它既要求对其他人的权力，又要求他们对那种权力的合法化赞同，但是获得超越其他人的过程与赢得他们赞同的过程是相互冲突的。一个个体使用他的资源维护他对一个群体的支配，并通过使他们依赖于他而维持他的支配地位，同时却拒绝变得依赖于他们，这样的人通常会造成怨恨，不能赢得一般的社会赞同。另一方面，过分关注于赢得追随者们赞同也妨碍有效的领导，因为它诱使该领导被追随者们所喜欢的东西而不是被最能促进他们的共同目标实现的东西所支配。有效的领导一定要能够为了个体追随者们的长期集体利益而限制他们的直接愿望。然而，除非他获得了他们对他的领导的合法赞同，否则他们逃避他的支配的愿望就会使他的位置不稳定。试图成为群体领导的人往往 222
通过下述方式解决这种两难困境，即首先动员他们的权力，然后以能为他们自己赢得追随者赞同的方式使用它们，但这是发生在下述过程中的冲突的一个结果，即在那些渴望获得领导地位的人当中，只有一小部分人成功地获得了它们。然而，在正式组织中的有效运作必然引起下列结果，被任命到管理者位置上的人在大多数情况下都成功地建立起了对下级的有效的正式领导，并且在使下级承认他们的合法权威方面还存在着大大增加他们成功机会的特殊社会机制。

在现代社会中，管理者权威的原则的制度化和管理部门的制裁权力(这依赖于该组织能够向它的成员经常提供报酬的资源)大大促进了个体管理者赢得其下级对其权威的合法赞同的任务。一个管理者为下级的福利作出贡献的杰出能力使他成为一个特别强大的正式领导，就像非正式领导的情况那样，但是对管理者而言，他的正式地位和权力使他易于让下级获益，即使他的领导品质有限时也是如此，在这方面，它的情况不同于非正式领导的情况。下级们的共同义务——它们由管理人员对他们的共同福利作的贡献而引起——往往会在要求服从他的指示的群体规范中表现出来。在使这种服从独立于他这方面的任何执行行动的特殊意义上，通过影响对他的命令的自愿服从，下级集体的这些规范性约束使得上级对他们的权威合法化。

权力是使一个个体或群体有可能协调许多其他人努力的资源，而合法权威是使这样的大规模的协调努力有可能成为一个稳定的组织的资源。一个组织的领导对它的目标的实现作出了贡献，并期望从这些投入中获益。其他成员收到的报酬一定要补偿他们的两种类型的贡献，即他们所提供的工具性服务和他们对领导指示的服从（尽管在现实生活中这两者经常混合在一起）。由于雇员们因他们的服务受到补偿，并且没有资格获得一份在他们贡献的帮助下获得的剩余，所以冒险作出投入的其他成员被期待着获得一份利润。然而，这种区分在非常强大的组织中都落空了，因
223 为它的领导不需要给予成员们一份成比例的利润就能从他们那里获得必要的投入。这意味着，实际上，领导们对待在组织中作出投入的成员就像管理部门对待雇员（管理部门购买他们的服务）一样。弱小的公司股东和弱小的工会普通成员就是典型的例证。

对集体努力的组织要动员权力。在涉及社会的其他部门时，领导对下级的权力就成为由其支配的权力的基础，并且反过来，它的外部权力的成功行使增加了它在组织内的权力。然而，权力的行使既在组织内部，又在它的外部关系中引起了冲突和反抗。在大型组织中由群体之间的多种比较造成的相对剥夺的频繁体验是不满和冲突的一个来源，而这种不满和冲突在小型组织中程度较低。最后，强大组织的领导在共同体中所掌握的权力的显赫位置是大量社会冲突和政治反抗的根源所在。

第九章 反抗

如果一个人对他的邻居造成了损害；就像他对别人已经做的，他也会受到同样的报应；以恶治恶，以眼还眼，以牙还 224
牙：就像他对一个人做的坏事一样，他也会受到损害。

——莱维蒂克斯

人们已经日益认识到，惩罚并不是影响行为的一个非常有效的办法。因此桑代克从他早期用动物做的学习实验中得出结论说："用所有方法所作的所有比较的结果都告诉我们同样的情况：奖励一种关联关系总是大为加强它；惩罚它则很少或一点也不能弱化它。"[①]后来，斯金纳和埃斯蒂斯所做的实验基本上证实了下述结论：惩罚是一个不好的强化物，特别是如果它被有规则地实行的话，尽管如果以不规则的间隔实行它，它确实会阻止正受惩罚的行为。[②]

① E. L. 桑代克(E. L. Thorndike)，"动物学习中的奖励和惩罚"(Reward and Punishment in Animal Learning)，《比较心理学专论》(*Comparative Psychology Monographs*)，8 (1932)，第 58 页，引自欧内斯特·R. 希尔加德(Ernest R. Hilgard)，《学习理论》(*Theory of Learning*)(New York: Appleton-Century-Crofts)，1948 年，第 26－27 页。

② 同上书，第 109－113 页。

霍曼斯对这些动物实验的含义曾作过总结:“对一种活动的惩罚一旦被发现有强化作用,就会导致在它的力量上的一个短暂下降,该活动很快就会回复到它原来的发生概率……正是惩罚的这种特征使得它成为一种不令人满意的控制行为的方式,因为代价是如此之大。假设有这样一种活动,我们发现它不合人意却总会得到某种强化。除非我们处在一种每次当这种活动出现都能惩罚
225 它的位置上,否则它会很快复原。”[①]惩罚在人类身上的最严重的缺陷——这在动物身上也被发现过——是它唤起了情绪反应,而除了对它试图影响的行为,这种反应对于其他行为具有令人不快的后果。[②] 尽管对孩子的严重惩罚,特别是体罚,可能在抑制不良行为(因为不良行为,孩子才被处罚)上会成功,但是它可能同时引起侵犯倾向、焦虑和一种促发其他形式的不良行为的微弱超我。[③]

假定,作为对行为施加持久影响的一种手段,惩罚的有效性是高度令人怀疑的,那么我们可能会问,为什么人们还会如此频繁地伤害和惩罚其他人,不仅无心地,而且还有意地这样做。这样做的

① 乔治·C. 霍曼斯(George C. Homans),《社会行为》(*Social Behavior*)(New York: Harcourt, Brace and World),1961 年,第 26 页。约翰·W. 蒂博(John W. Thibaut)和哈罗德·H. 凯利(Harold H. Kelly)曾思考过这一点,他们指出,通过否定性制裁影响遵从行为需要监督,而通过肯定性制裁影响遵从行为则不需要监督。《群体的社会心理学》(*The Social Psychology of Groups*)(New York: Wiley),1959 年,第 240 – 246 页。

② 希尔加德,前引《学习理论》,第 113 页。

③ 对相关研究的一个总结,这些研究的结果被公认为远非结论性的,参见欧文·L. 蔡尔德(Irvin L. Child),“社会化”(Socialization),载于加德纳·林泽(Gardner Lindzey),《社会心理学手册》(*Handbook of Social Psychology*)(Cambridge: Addison-Wesley),1954 年,第二卷,第 669 – 672、683 – 686 页。

一个原因是强迫力量——它是否定性制裁的极端应用——在所有其他改变有害行为的方法都已失败时可以抑制它。如果大声哭泣的孩子不能安静下来，那么把他锁在屋子里，便可以防止他使大人生气。尽管人们已经发现，改造不可救药的罪犯是不可能的事，但坐牢确实可以防止他打扰社区的生活和秩序。具有特殊重要性的事实是，受到其他人威胁的群体和社会倾向于试图通过准备反对潜在侵犯者的惩罚性措施防止危险，这些措施对于可疑的侵犯者是一种威胁，并且反过来给了他们加强他们的威慑力的理由。[①]在这些条件下，没有一方想要公开进行侵犯，但是所有各方都害怕它，所以在这些条件下公开侵犯的可能性是巨大的。例如，有人对
第一次世界大战即将爆发前几个星期的档案文件作了一项系统的 226
内容分析，结果发现主要参加国特别是奥匈帝国、德国和法国的关键决策者都认为他们自己是友好的，并且认为他们更多的是被侵犯的对象，而不是对其他国家敌视的力量。[②]

人们诉诸惩罚的另一个原因是，惩罚似乎是一个有效的社会威慑物，甚至当它对于受过惩罚的特定个体没有多大威慑效果时

---

① 对于这个主题的理论，请参见刘易斯·F. 理查森(Lewis F. Richardson)，《武器和不安全》(*Arms and Insecurity*)(Pittsburgh：Boxwood)，1960 年，以及《致命的争吵的统计学》(*Statistics of Deadly Quarrels*)(Chicago：Quadrangle)，1960 年；托马斯·C. 谢林(Thomas C. Schelling)，《冲突的策略》(*The Strategy of Conflict*)(Cambridge：Harvard University Press)，1960 年；肯尼思·博尔丁(Kenneth E. Boulding)，《冲突和防卫》(*Conflict and Defense*)(New York：Harper)，1962 年。

② 奥利·R. 霍尔斯蒂(Ole R. Holsti)和罗伯特·C. 诺思(Robert C. North)，"作为冲突的一个'实验室'的历史"(History as a " Laboratory" of Conflict)，载于埃尔顿·B. 麦克尼尔(Elton B. McNeil)，《社会科学和人类冲突》(*Social Science and Human Conflict*)(Englewood Cliffs：Prentice-Hall (forthcoming))。

也是如此。对严重违反基本道德标准的人进行的严厉惩罚可能仅仅使他更坚定地侵犯性地拒绝共同体的习俗。但是,他受到的惩罚向共同体的其他人鲜明地表明了不道德行为的悲惨后果以及遵从习俗的巨大意义,因此加强了他们对主流道德规则的认同。心理分析学家曾指出过,“人们要求补偿”,因为对严重罪犯的惩罚有助于使守法公民的超我能够在追求自我利益时继续抑制偏离规范标准的诱惑。① 社会学家已经指出,某个共同体的成员对罪犯的正当愤慨以及由他的审判和惩罚引起的对他的行为的谴责的讨论可以被用来统一他们的共识,并加强他们对他所违反了的规范标准的忠诚。② 因为惩罚经常使被惩罚的个体成为惯犯,所以我们可以说,为了共同体其他成员的更大遵从,惩罚牺牲了共同体某些成员的遵从。

还有其他因素使得惩罚经验极为流行,我们已经提到过这些因素。实际上,反复的肯定性制裁已经变得与否定性制裁没有区别了,因为个体们一直期望的某种持续性报酬的终止就被他们体验为一种惩罚。事实上,甚至不能获得报酬上所预期的增加,比如工资有规则的增加,往往也被认为是一种惩罚。而且,有些人获得

① 弗朗兹·亚历山大(Franz Alexander)和雨果·斯特劳布(Hugo Straub),《罪犯、法官和大众》(*The Criminal, the Judge, and the Public*)(New York: Macmillan),1931年,第210－217页;引文出自第210页。

② 参见埃米尔·涂尔干(Emile Durkheim),《社会分工论》(*On the Division of Labor in Society*)(New York: Macmillan),1933年,第85－86、108－109页;乔治·H. 米德(George H. Mead),“惩罚性正义的心理学”(The Psychology of Punitive Justice),《美国社会学杂志》(*American Journal of Sociology*),23(1918),第577－602页,特别是第591页;以及卡伊·T. 埃里克松(Kai T. Erikson),“任性的清教徒”(Wayward Puritans),未出版的博士论文(University of Chicago),1963年。

的高报酬也会引起其他一些人的相对剥夺感,其他这些人认为他 227
们的投入也应受到同样巨大的回报。这些条件是惩罚性的,但并不一定是那些产生它们的人故意给予的惩罚,尽管有的时候是这样的,但是,是某种最终的因素才使得人们故意给予别人惩罚。

人类对自己所受伤害要加以报复的愿望使他们企图惩罚别人。这里的观点不是说,人们有时为了获得他们自己的利益而运用否定性制裁,恰恰相反,他们有时由于复仇的强烈愿望忽略了他们自己的利益。当人们已经受到严重的伤害、严厉的剥夺、巨大的剥削或者强烈的压迫时,为他们所遭受的痛苦加以报复往往成为目标本身,为了这个目标,他们愿意牺牲其他利益。不仅敌对孕育着敌对,而且挫折和剥夺也是如此,这些新产生的敌对、挫折和剥夺指向那些导致这种痛苦的人和被认为是导致这种痛苦的人。[①]即使不是处于积极的敌对和镇压状态,当权的群体也经常引起其他社会阶级的憎恨。如果这些群体为获得利益曾剥削过其他群体,或者如果它们的高级地位依赖于社会中给其他群体带来困苦和剥夺的条件,那么,其他群体将会因为它们的灾难而去责备这些群体,这并不是没有正当性的,因为权力不能脱离对它所扎根于其中的社会条件的责任。复仇的愿望以这种挫折的经历为基础,反抗和叛乱正是从复仇的愿望中产生出来的。马基雅维利曾说过:"一位君主反对阴谋的最有力办法之一,就是不要被人民大众所仇

① 参见约翰·多拉德(John Dollard)、尼尔·米勒(Neal E. Miller)、伦纳德·W. 杜布(Leonard W. Doob)、O. H. 莫勒(O. H. Mowrer)和罗伯特·R. 西尔斯(Robert R. Sears),《挫折和侵犯》(*Frustration and Aggression*)(New Haven: Yale University Press),1939 年。

恨。"[①]在另外一节，他解释了"最容易使一位君主令人民憎恶的原因，主要的一个原因……是从他们那里剥夺走任何对他们有益或有用的东西；这种事情他们从来都不会忘记，一有机会就会让他们想起来；因为这些事情几乎每天都在发生，所以他们的怨恨也是与日俱增。"[②]

剥削和报复

当那些服从权力的人共同体验到被剥削和被压迫的感觉时，对权力的反抗就会产生。为了追溯引发对现存权力反抗的社会过
228 程，我们有必要扼要总结一下在前面的不同章节论述过的有关观点。加诸他人的权力使得加强对某人意志的服从成为可能。不管它是依靠强制力量，还是依靠提供利益（它们满足基本需要，但又不能从别处获得），权力都能通过强迫其他人为某人的利益工作而剥削他们。剥削被体验到的条件取决于两套社会期望：服从权力的群体或群体们的期望，这些期望决定了它们怎样对既定的服从要求作出反应，以及掌握权力的群体的期望，这些期望决定了它们要求服从的程度。

社会规范规定了与获自现存权力的物质的或意识形态的利益

① 尼考罗·马基雅维利（Niccolo Machiavelli），《君主与演说》（*The Prince and the Discourses*）（New York: Modern Library），1940 年，第 67 页，引自《君主论》（*The Prince*）。

② 同上书，第 483 页，引自《演说论》（*The Discourse*）。也可参见哈罗德·福尔丁（Harold Folding），"社会学中的功能分析"（Functional Analysis in Sociology），《美国社会学评论》（*American Sociological Review*），28（1963），第 10－11 页。

有关的哪些权力要求是公平和正义的，哪些是过分的。由强制力量获得的征服几乎不可能被体验为正义，因为它没有为屈服提供任何补偿性的利益。因此，强制实际上总是受到抵制，并且如果可能的话，还会遭到积极的反抗。但是，如果博得服务和服从的权力来自对必需利益的提供，那么那些服从权力的人不一定把他们的地位体验为劣势，尽管他们可能这样做。如果所获得的利益大于在公平的社会规范引导下级对他们的服务和服从所预期的回报，那么他们将认为他们的地位是有利地位，并会对统治群体表示赞同，这种赞同加强了统治群体的权力，并合法化了它的权威。如果下级的规范性期望刚好被满足，那么他们既不会感到受了剥削，也不会对当权群体表示坚定的合法化赞同。然而，如果垄断重要资源的统治群体的要求远远超过了社会规范所定义的公平和正义的标准，那么下级们就会感到受到了剥削，并会千方百计地逃脱统治群体的权力或者反抗它，因为他们的境况基本上与屈服于强制权力的群体的境况没有任何区别。[①]

当权群体也要受到有关公平的社会规范的影响，但是其他考虑可能诱使它们背离这些标准。权力是一种达到各种目标的一般化手段。一个掌权群体对它想实现的事情的期望越高，它对权力 229
的需要就越大，这个群体的压力也越大，这种压力要求它能不顾有

① 亚当·斯密曾经指出过这个潜在的原理："达不到那种一般程度的适当善行，似乎应该受到责备，而经验教导我们期望每个人都具有一般程度的善行；与之相反，超过一般程度的行为似乎值得赞扬。一般程度本身似乎既不应该加以责备，也不值得赞扬。"《道德情操论》(第二版)(*The Theory of Moral Sentiments*)(London: A. Miller)，1761 年，第 135－136 页。

关正义的社会规范动员所有权力。一个目标在于统治其邻国的国家，它的政府为了这个目标必须要动员它对它自己国民的权力，并经常要求他们作出超过文化期望的牺牲，尽管这样一个政府典型地试图为它的政策引诱出社会支持，其政策作出承诺说，牺牲将会由来自胜利的光荣和物质收获予以丰盛的报答。假设这个政府成功了，并履行了它的诺言，那么它就可能剥削性地使用它对其他国家的权力，并运用由此获得的资源，去赢得它对它自己国民所行使的权力的合法化赞同。一般而言，因为社会赞同对集体努力的稳定组织所具有的意义为权力的行使施加了约束，所以剥削和压迫在组织情境内比在它们之外更不显著，更不普遍。最严重的和以最残酷的方式加以解决的权力冲突是那些发生在群体、组织和整个国家之间的权力冲突，在这些情况下，获得它们自己的追随者或国民支持的统治者努力争取对其他集体的统治。

剥削和压迫是惩罚性的经历，它们唤起了对那些应对它们负责任者的愤怒、谴责和敌视。如果所遭受的剥夺是严重的，那么报复它的愿望也可能成为目标本身，在追求这个目标时，人们会忽略其他考虑。这种受过伤害的情感反应看起来是不理性的，如果它们包含一种盲目的狂怒——它以它自己的方式无目的地攻击任何事物，那么事实上它们就是不理性的反应。但是，个体们通过伤害那些曾伤害过他们的人进行报复的努力，以及他们为达到这个目标而牺牲自己物质福利的意愿与追求其他任何具有自身价值的目标一样，都是不理性的。在人们的思考中，复仇有时确实变成了一种崇高的价值，对他们而言，与他们为了它而必须放弃的其他报酬相比，复仇的实现更具有报酬性。枪杀不忠的妻子及其情人后向警察自首的嫉妒的丈夫就说明了这一点，暗杀暴君而自己却只有很少希望逃脱死亡的革命者亦然。复仇的愿望被看作是一种低级动机，但它可能是某些最崇高的人类行动的原因，在这些行动中，人们为了理想牺牲他们的财富和他们的生命本身，而这些理想使他们的同伴们受益。

人们通过他们的行动为自己曾经受过的伤害或损害而复仇，这种惩罚其他人的愿望不仅表现在极端剥夺的情境之中，也表现 230
在日常社会生活中。在一个公共职业介绍所里，那些碰到许多既不合作又为他们制造困难的顾客的接待者，较之很少碰到这样顾客的接见者，不仅会更经常地用他们能够支配的制裁去惩罚顾客（这一点会被预料到），而且会不成比例地经常这样做。[①]（在三个单位中，难以侍候的顾客大约是 1 ∶ 1.5 ∶ 3.5，但是否定性制裁的比率是 1 ∶ 3 ∶ 7.5。）这个发现表明，接见者受到不合作顾客的对抗越频繁，他们因违规而惩罚顾客就越自由，就是说，他们变得越富有惩罚性。把越轨者变成替罪羊——他们一有机会便遭受打击——的倾向表明了同一原则。持续从事违反群体规范做法的群体成员导致其他成员不满，他们倾向于通过频繁地对他表示侵犯来进行报复，甚至当时他未作任何错事也是如此。[②]

可能会出现的奇怪情况是，在一个集体情境中，所体验到的严

---

① 布劳(Blau)，《科层制的动力学》(第二版)(*The Dynamics of Bureaucracy*)(University of Chicago Press)，1963 年，第 101－106 页。

② 布劳，前引《科层制的动力学》，第 198－199 页。与其说在其行为中，不如说在其先赋的特征中越轨的替罪羊，比如黑人，会因他在某个社区的存在本身招致不悦而受到惩罚，因为在这个社区中大多数成员对他怀有偏见。

重的社会剥夺会引起资源的剩余，正像社会报酬的过剩一样。在社会交易中所获得的利益仅仅满足对公平的期望和基本需要时，自我利益将倾向于支配社会交换。但是如果报酬超过了期望和需要，所造成的剩余就会允许个体们变得慷慨一些，有时会将直接的自我利益搁置一旁。[1] 这种剩余是产生社会合法化的资源。巨大的利润使得管理部门能够慷慨地酬劳雇员们，雇员们因他们的服务而获得的超过公平标准的更多回报促进了他们对管理人员的权威表示合法化的赞同。同样地，成功的政府可以使公民们获得巨大的收益，并因此赢得他们的感激和忠诚，这会强化它的政治权威。

矛盾的是，完全不能满足对公平的期望和基本需要的报酬也会造成一种潜在的社会剩余，并且如果条件有利于实现剩余，那么
231 这种剩余就会成为产生社会反抗的资源。遭受现存权力剥削的个体们通过反抗它们只会失去很少的东西。他们因他们的服务而获得的微薄报酬——这达不到公平标准——使得他们比那些收到公平和令人满意的报酬的人较少依赖于这些权力。尽管受到剥削的个体们在当时可能没有替代性选择，但是他们从下述事实中获得了某种独立性，即在权力结构中某种未来变化的可能替代方案对他们来说比对那些在现存条件下获得足够收益的人更有吸引力。[2] 此

---

① 霍曼斯(Homans)对乔基姆·伊斯雷尔(Joachim Israel)的一项经验研究的再分析(见前引《社会行为》,第 170－180 页)表明,一旦直接的自我利益被照顾到了,个体们的决定便倾向于由他们的公平感和正义感所支配。

② 蒂博和凯利(见前引《群体的社会心理学》,第 23 页)已经强调过,并不是一个人对一种社会关系的不满,而是替代性选择的可得性使他独立于这种社会关系。然而,严重的剥夺确实导致某种程度的独立性,因为它们使社会关系系统中的变化成为一种值得付出某些牺牲的有吸引力的替代性选择。

外,如果他们的正义感被现存权力以及他们伙伴的压迫伤害了,那么对压迫者的报复对他们来说可能比继续维持他们的微薄报酬更令人满足。假如这些潜在反抗的条件是在一种集体情境中被体验到的,那么一种革命的意识形态就可能发展起来,这种意识形态有助于实现潜能并激起反抗。对重要理想的信仰使得促进它的实现富有报酬性,这些理想的报酬的意义通过比较降低了物质报酬的价值。通过使被剥削和被压迫的群体较少依赖于物质报酬,并因此把它们的精力都释放到反对现存权力的斗争中去,正是这样一种革命的意识形态影响并完成了从社会剥夺向某种剩余资源的转换。

使反抗统治权力合法化以及因此巩固这种反抗的社会价值只能出现在这样一种集体中,即其成员共享被剥削和被压迫经验的集体,正如使一位上级的权威合法化的社会价值只能在一个由下级组成的集体中产生一样。被压迫的单独的受害者在徒劳的愤怒中孤立无助,但是一个完整的集体却不是这样,它与社会其他部分的隔离可能实际上加强了它反抗压迫的力量。一个群体与其他群体的隔离增加了它受剥削的可能性以及积极反抗剥削的可能性。如果群体的地理隔离、种族差异或不同的信仰使它们与社区中的其他部分分离开来,那么它们可能更容易受到统治权力的剥削,因为大多数人对这些群体缺乏认同,这会造成它们的剥削不会受到 232
普遍的社会谴责的阻止。这些群体的相对孤立促进了广泛的群体内部的交往和沟通,这为群体成员们讨论对压迫性权力的不满提供了大量的机会,并社会性地证明了他们对压迫性权力的侵犯情感是正当的。隔离也限制了他们与共同体其他部分的沟通。因此,它减轻了使现存权力的权威合法化的共同体规范和共同体对公开的侵犯行动的谴责强加给被隔离群体的约束。这些条件也使对统治权力造成的剥削的积极反抗活动成为可能,克尔和西格尔的发现说明了这一点。他们发现,罢工最经常地发生在其劳动力构成了一个"被隔离的群众"的行业中,即其社会生活和工作生活与社会的其余部分隔离开来的群体中,如矿工、水手和码头工人。①

反抗的意识形态往往出现于一个被剥削群体的成员之间的沟通过程中,它被用来以各种方式证明反抗压迫者的行为的合理性,并使这种行为具体化。复仇的愿望、侵犯的情感和诉诸暴力的倾向在文化上是被避讳的,并唤起负罪感,特别是如果它们是由某人对剥夺的情绪反应中的自私放任所激发的话,就更是如此。一种革命的意识形态把这些低级的倾向转变成崇高的理想,追求这些理想不是为了自私的理由,而是为了减轻他的同伴的苦难,或者甚至是为了改善全人类的条件。每个革命者不必为想要报复其所遭受的剥削以及使用暴力反抗压迫者而感到羞愧,因为他这样做是为了有益于他的同志而不仅仅为了他自己。他愿意为了推进革命事业而牺牲自己的物质福利,这证实了他的信念,即并不是自私的放任导致他违背了深刻的文化禁忌。

① 克拉克·克尔(Clark Kerr)和亚伯拉罕·西格尔(Abraham Siegel),"行业间的罢工倾向"(The Interindustry Propensity to Strike),载于阿瑟·科恩豪泽(Arthur Kornhauser)、罗伯特·迪宾(Robert Dubin)和阿瑟·M. 罗斯(Arthur M. Ross)编,《劳资冲突》(*Industrial Conflict*)(New York: McGraw-Hill),1954年,第189-212页。

革命的意识形态通过使反抗合法化激活了反抗，并通过将冲突转化为反对压迫者的无私斗争强化了冲突。齐美尔曾指出：

> ……只作为超越个体的要求的代表、不为他们自己而只
> 为某种事业斗争的政党意识，能给冲突以一种激进主义和冷
> 酷无情性，在特定的非常无私和非常具有理想主义倾向的人
> 的一般行为中，我们可以看到这种激进主义和冷酷无情性的
> 类似情况。因为他们毫不考虑他们自己，他们也根本不考虑 233
> 别人；他们深信，他们有权把任何人变成他们为之牺牲的理想
> 的牺牲品。尽管胜利只对事业有利，但是这样一种用整个人
> 的力量加以解决的冲突具有一种高尚的特征。[1]

在评论这段话时，科塞补充到："真正的差别是，是用一种良好的还是邪恶的良心去追求自我利益，换言之，对它的追求是否被行动者自己以及被他所属于的并从中寻求赞同的集体认为是合法的。"[2]如果对集体的自我利益的追求被一种意识形态进行了社会合法化，那么它就会证明对压迫者的反抗的正当性，并加强这种反抗。

最后，反抗的意识形态成为一种号召力、群体认同的一种象征以及社会团结的一个新基础。共享被压迫的经验和反对压迫者的

① 乔治·齐美尔（George Simmel），《冲突和群体从属的网络》（*Conflict and The Web of Group-Affiliations*）（Glencoe：Free Press），1955 年，第 39 页。

② 刘易斯·A. 科塞（Lewis A. Coser），《社会冲突的功能》（*The Functions of Social Conflict*）（Glencoe：Free Press），1956 年，第 113 页。

侵犯情感的人被吸引到鼓吹他们的推翻压迫的理想上。共同的理想将拥护者们置于这样一种压力之下，通过改变新的皈依者的信仰并使他们投身于革命事业促进实现它们的可能性。意识形态的认同变成了社会身份的一个标记，而意识形态的冲突界定了反抗运动的边界。“与其他群体的冲突有助于群体身份的确立和再证实，并维持它与周围社会世界的边界。”[①]此外，共享的意识形态被用作社会团结的母体，它取代了作为群体团结的原始基础的社会吸引的个人联系。“具有意识形态的群体的最显著的和最一般的特征之一是，它们猛烈地谴责和反对在它们的成员之间表现出个体的情感依附。”[②]纳里尼继续说到，因为亲密的个人纽带被怀疑成妨碍了纯粹献身于共同的事业。然而，只有最亲密的个人联系被禁止。一般说来，共享的理想是社会吸引的一个源泉，对陌生人来说它使快速地建立起伙伴联系成为可能。共享的意识形态正是通过这个过程以共同团结的方式把以前互不认识的一大群人统一起来。

234 ## 政 治 反 抗

唐斯已经基于经济学理论为分析政治过程提供了一个理性模型。[③] 政府的行为给各种公民带来好处，或者可能是损害。在像

① 科塞，前引《社会冲突的功能》，第 38 页。

② 弗拉基米尔 · C. 纳里尼(Vladimir C. Nahirny)，“对意识形态群体的一些观察”(Some Observations on Ideological Groups)，《美国社会学杂志》(*American Journal of Sociology*)，67 (1962)，第 398 页。

③ 安东尼 · 唐斯(Anthony Downs)，《民主的经济理论》(*An Economic Theory of Democracy*)(New York：Harper)，1957 年。

美国这样的两党制民主政体里，理性的投票者必然会比较他从当前政府得到的效用与预期从当权的反对党那里得到的效用，然后据此去投票。如果这种决定不可能或者太困难，因为要在这么多的问题上对政党进行比较，那么存在两种简化投票决定的方式。不是在所有问题上对政党进行比较，一个投票者可以比较它们的意识形态，然后投票赞成其纲领最吸引他并承诺给他带来最多回报的政党。另外一种方法是，他可以根据当前政府提供的利益是否满足他的期望来投票赞同或反对它——用这里所使用的术语来说，就是对于他向其政府所作的各种投入，他是否收到了公平的回报。理性的政府一定要花费资源为投票者们提供回报，“直到来自支出的边际投票收益等于来自提供资金的边际损失。”[①]

有关政治的一个纯粹的理性模型有严重的局限。在一个两党制的体制中，两个政党的严格的理性选择将变得日益相像，如同著名的霍特林原理的应用所表明的那样。[②] 因为，在任何问题上其意识形态的位置在左翼政党的左边的选民只能投票给它或者弃权，而那些其位置在左翼和右翼政党之间的选民则可能投给任何一个政党，所以，左翼政党有一种在所有问题上接近中间位置的动机，对于右翼政党也是如此。（极端主义选民方面的大规模弃权将

① 唐斯，前引《民主的经济理论》，第 73 页。

② 哈罗德·霍特林（Harold Hotelling），“竞争的稳定性”（Stability in Competition），《经济学杂志》（*Economic Journal*），39（1929），第 41－57 页；也可参见阿瑟·施米塞斯（Arthur Smithies），“空间竞争中的最佳区位”（Optimum Location in Spatial Competition），《政治经济学杂志》（*Journal of Political Economy*），49（1941），第 423－439 页；以及唐斯，上引《民主的经济理论》，第 115－117 页。

会略微改变两个政党提倡相似纲领的这些倾向。[①])此外,对每个政党来说,采取一种模糊的政治意识形态(与另外一个政党的意识
235 形态没有明显的差别)是理性的。然而,它们纲领上的相似性和模糊性实际上阻碍了选民在两个政党之间作出理性的选择。简而言之,政党的最理性的行动过程妨碍了选民们的理性决定。[②]

内在于政治决定的理性模型中的另一个困难是由于下列事实,即单独一张选票对一次选举的结果影响甚微。投票者的理性选择将是几乎不承担任何成本去投票,因为他的选票对他的政党获胜的可能性几乎没有任何作用。甚至连承担花时间去投票站的成本都不可能是理性的,为了在候选人之间作出理性选择必须要获得大量的有关候选人和议题的政治信息,承担这些成本可能是不理性的。换句话说,投票者的理性的行动路线不是获得理性投票所必需的信息。当然,人们偶尔也会获取政治信息,因为他们对阅读和收听有关政治的事情感兴趣,但是这种倾向超出了该理论模型。因为民主政府依赖于那些知道政治信息并确实参加投票的公民,所以民主的一个前提条件是,许多选民——理想地说,是所有选民——都应该以对他们来说不是严格理性的方式来行动。

在一个民主政体中,要求这样的社会规范,即强制它的公民保持在政治上有见识并参加投票,并对这样做的公民给予社会赞同的方式来奖励他们。在某些条件下,为了个人利益的行动与集体

① 唐斯,前引《民主的经济理论》,第 117 - 120 页。

② 与此相反,在多党制中,政党从采纳泾渭分明的政治纲领中获益,但是在那里通常是必要的联合政府为理性投票带来了其他问题(尽管唐斯可能过分强调了多党制的相对不利之处)。同上书,第 9 章。

利益相冲突，这样的条件总是预示着对社会规范和制裁的需要，它们使个体们以某些方式理性地行动，如果不这样，那将是不理性的，因为人们会因原来不符合他们自我利益的行动而奖励他们，并因那些原来符合他们自我利益的行动而惩罚他们。我不投票不会损害我，但你们不投票将会损害我作为一个民主政体公民的自我利益——就是说，你们所有人不投票在维持民主政体方面是有悖于我的利益的。因此，我和我们中的每一个人都会对你们施加压力，事实上，对每个人都施加压力，让他们参加投票。每个人都投票，并不是因为这样做符合他的自我利益，而是因为服从社会压力和内化了的规范约束。除此之外，我们在法律上强迫年轻人要接受教育，并在教育过程中获得最低限度的关于美国政治制度的信息。因为这种最低限度的了解通常是不够的，所以教育程度的提 236
高有希望对民主参与产生一种有益的影响，下列业已明确的事实表明了这一点，与受教育较少的人相比，受教育更多的人不仅对政治问题见识更多，而且更可能去投票。

也许，唐斯关于政治的理性模型的主要缺陷是，它不能解释反对党的发展。从**政府活动**中获得最大化利益的愿望不能解释小政党获得的政治支持，这些小政党实际上在不远的将来没有当选的可能性。被唐斯模型所忽略的两个因素可能有助于解释对小型第三政党的积极参与行为。首先，政治行动不完全依赖于对利益的理性计算，而且有时基本上是人们的情感和价值的表达性显示。①

① 用马克斯·韦伯(Max Weber)的术语讲，它是价值合理的，而不是工具合理的；《社会和经济组织的理论》(*The Theory of Social and Economic Organization*)(New York: Oxford University Press)，1947 年，第 115－118 页。

当然，这种表达性的行动绝不没有报酬。然而，第二，在政治生活中所获得的报酬并不局限于那些政府提供的以及因此取决于选举胜利的报酬，而且包括许多直接来自政治参与的报酬。对这两点需要作一些详细说明。

对一个有着激进意识形态的反对党的政治支持表现在人们对抗统治权力的情感，以及对现存政治制度的疏远之中。统治群体对权力的压迫性使用，或者某种严重的萧条(这种萧条妨碍了大部分人口获得对他们工作的公平回报，或者由于失业它妨碍了他们对他们已经在其职业中所作的投入获得任何回报)有可能引起对当权群体的广泛憎恨。这些剥夺的集体经验社会性地加强了对应该负责任的当权者的敌视以及报复的渴望。如果主要的政党不能减轻人们的痛苦，或者不能满足他们通过剥夺压迫者的权力去还击压迫者的愿望，那么感觉被剥削和被压迫的个体们就可能会疏远这些政府。

如果一个政党接受以选举胜利形式出现的报酬，但却没有通过提高那些投它的票的人的利益向他们提供预期的回报，那么这个政党就会引起他们的敌对，并导致他们收回他们的政治支持，甚至即使他们没有理性的替代选择时也会收回，因为没有任何其他的大党提供一份更令人满意的纲领。被剥削和压迫的公民想要对
237 大党的不公正政策进行报复，正如他们想报复他们在现存权力下所遭受的不公平待遇一样。这两种相互补充的报复愿望使他们很容易受革命意识形态的吸引，这种意识形态承诺要打倒占统治地位的权力和政治组织。如果不是出于它所满足的报复压迫和不公正的愿望，激进的政治反抗几乎不可能出现，因为还有少数其他好

处人们是可以从一个弱小革命宗派的成员资格中获得的。

有一些经验证据支持下列论点，极端主义的反抗通常不是获得明确报酬的一种经过计算的手段，而是一种意味着对现存权力的反抗的表达性行动，它来源于剥夺感、无力感和异化感。反对向水中加氟的运动可以说明这些倾向。[①] 研究这些运动的一位学者总结到，“对于向饮用水中加氟的反抗有可能集中在这类人身上，他们相对于某些参考群体有一种相对剥夺感。”[②]感到孤立无助和受强权群体压迫的个体们明显抓住了反对向饮用水中加氟建议的机会，这一建议是由那些当权者们提出来的，这为这些个体对当权者们的侵犯提供了一个发泄口。正如另一位研究该主题的调查者所指出的：“好像向水中加氟的做法莫名其妙地象征了人们在一个社会中发生的斗争，在这个社会中，人们所饮用的水并不是神圣不可侵犯的。”[③]对 200 个以上的社区进行的一项比较研究证实了下面这个假设：正如各种测量结果所指出的，大量的对他们的社区只有微弱社会依附的人使水中加氟公民投票失败的可能性提高了。[④] 对

① 大部分权威否认反对向饮用水中加氟具有合理的基础；其中某一些例外，参见约翰·利尔（John Lear），“用文件证明反对水中加氟的案例”（Documenting the Case Against Fluoridation），《星期六评论》（*Saturday Review*），1964 年 1 月 4 日，第 85－92 页。

② 阿诺德·齐美尔（Arnold Simmel），“有关水中加氟冲突之研究的一个线索”（A Signpost for Research on Fluoridation Conflicts），《社会问题杂志》（*Journal of Social Issues*），17（1961），第 29 页。

③ 威廉·A. 加姆森（William A. Gamson），“关于水中加氟的对话”（The Fluoridation Dialogue），《舆论季刊》（*Public Opinion Quarterly*），25（1961），第 536 页。

④ 莫里斯·皮纳德（Maurice Pinard），“都市政治中的结构依恋和政治支持”（Structural Attachments and Political Support in Urban Politics），《美国社会学杂志》（*American Journal of Sociology*），68（1963），第 513－526 页。

两项有关学校债券公民投票的研究同样发现，无力感和政治疏远感与对债券问题的反抗有联系。[①] 低社会经济地位的个体们以不
238 成比例的数目被疏远，并以不成比例的数目反对债券问题，但是政治疏远对反抗施加一种影响，这种影响独立于并大于社会经济地位对反抗的影响。

极端主义的反抗通常具有表达性意义，这种说法并不意味着反抗运动的追随者不关心对报酬的期望。与任何其他社团一样，一个激进的政党一定要提供报酬以诱导成员的贡献。但是一个小党的显著报酬是从政治参与本身获得的报酬，而不是依赖于政党对政府权力的承担的报酬，因为对小党来说，政治胜利的机会过于遥远。克拉克和威尔逊区分了三种报酬，这些报酬由政党和其他组织控制以吸引成员并诱使他们提供服务，他们把这三种报酬称为“物质的”、“团结的”和“有目的的激励”。[②] 这些报酬中的最后一个对于一个小型激进政党的政治支持具有显著的重要性。

政党能够提供给成员作为他们贡献的回报的物质报酬是政治庇护、为该政党所做的工作——不管是临时性的，还是作为一项固

---

① 约翰·E. 霍顿(John E. Horton)和韦恩·E. 汤普森(Wayne E. Thompson)，“无权和政治消极主义”(Powerlessness and Political Negativism)，《美国社会学杂志》(*American Journal of Sociology*)，67 (1962)，第 485 - 493 页。有关一次公投导致了一个大城市政府的类似发现，参见爱德华·L. 麦克迪尔(Edward L. McDill)和珍妮·C. 里德利(Jeanne C. Ridley)，“地位、社会反常、政治疏远和政治参与”(Status, Anomia, Political Alienation, and Political Participation)，《美国社会学杂志》(*American Journal of Sociology*)，68 (1962)，第 205 - 213。

② 彼得·B. 克拉克(Peter B. Clark)和詹姆斯·Q. 威尔逊(James Q. Wilson)，“激励系统”(Incentive System)，《行政科学季刊》(*Administrative Science Quarterly*)，6 (1961)，第 129 - 166 页。

定工作——而得到的实际工资，以及带有一个永久政治生涯可能性的政治职务候选人资格。团结性的激励指的是在为一个政治组织工作的过程中与志同道合的人交往的富有报酬的经历。政党工作者的共享的观念以及在他们之间进行社会互动的过程中对这些观念的社会赞同和再次肯定产生了一种富有报酬的伙伴关系感。此外，对政党作出杰出贡献的人赢得了其他成员的尊敬，并能在他们中间获得一个领导位置，这种领导位置内在地富有报酬性，并使他获得了政治职务候选人资格所承诺的报酬。最后，有目的的或意识形态的激励是来自促进——如果以很小的方式——共同政治理想的实现并被政党目标所接受的报酬。

意识形态的报酬对于一个小型反对党来说具有特殊意义。只有一个强大的政党可以提供显著的物质激励。政治庇护或政治职务的承诺要成为一种有意义的激励，一个政党在选举中获胜的可
能性必须是现实的，并且它必须要有财政资源支付给它的官员们 239
一定的薪水。尽管在一个小而弱的政党中，领导的位置也比在大而强的政治组织中的领导位置更不富有报酬性，但是其他团结性的报酬并不取决于政党的实力及它获胜的可能性。但是，来自政党工作人员之间的社交伙伴关系的报酬也不会使一个特定的政党比任何其他政党更令人喜欢，除非团结的伙伴关系扎根于共同的政治理想中。正是在意识形态上对反对党纲领的认同使得它的成员之间的社会团结成为对成员资格和积极参与这个政党的一种显著激励。共同的意识形态也可直接作为为该政党的成功作贡献的一种显著激励，因为帮助促进所抱有的理想内在地具有报酬性。因此，一个小型政党一定主要依靠它的意识形态给予它的成员为

共同事业作贡献的激励，以及依靠它的意识形态的吸引力来吸引新的成员和贡献者。

深深沉湎于激进的理想是小型反对党的支持者的特征，因为对他们而言，这种沉湎是报酬的主要来源，任何缺乏这种献身精神的人很少有动力为这样一个政党工作。此外，反对党的小规模强化了它的激进主义，并保护了它反对妥协的意识形态的纯洁性，如同齐美尔曾指出过的："（在小群体中）激进主义按照它的本性来说具有社会学意义。它是由个体对该群体反对其他邻近群体的基本原理的毫无保留的忠诚引起的（该群体自我保存的需要要求泾渭分明的分界线），以及由在一个狭窄的社会框架内照顾广泛变动的趋势和思想之不可能性所引起的。"[①]小型反抗运动的不妥协的激进主义最终扎根在它的成员的侵犯和报复的情感中，没有这种情感，他们当初也不可能加入它。群体成员对激进意识形态的强烈信奉在他们之间的社会互动中得到了巩固。激进宗派在意识形态上的不容异说在他们中间——例如，在那些代表各种不同社会主义的派别之间——引起了冲突，并且这种意识形态的冲突进一步增加了对每个派别中不同意见的不容忍性，因为对其纯粹意识形态的任何偏离便意味着投向另一个派别的背叛。[②]

对激进反抗的意识形态上的坚定忠诚性与大党在改变他们的
240 纲领以增加它们对选民的吸引力时所使用的意识形态上的灵活性形成对照。降低认知失调的心理过程可能有助于解释这种差别，

---

① 乔治·齐美尔（Geoeg Simmel），《乔治·齐美尔的社会学》（*The Sociology of Georg Simmel*）（Glencoe：Free Press），1950年，第94页。

② 参见科塞对齐美尔的观点的评论，前引《社会冲突的功能》，第102－103页。

正如在上一章用它来帮助解释使权威合法化和服从一位上级的权力之间的差别一样。激进派别的成员为他们的政治信念承受了很高的成本，其形式是普遍的社会谴责，有时以对他们实行经济和法律制裁。尽管这些激进分子从支持反抗运动中所获得的意识形态报酬也许会超过他们的成本，但是在他们的心目中可能会产生怀疑，怀疑这些报酬是否真正抵得上成本。通过提高报酬的价值和降低成本的价值，可以降低由此产生的认知失调，这意味着在这种情况下突出强调了意识形态原理的巨大重要性，并降低了社区谴责和物质牺牲的意义。这些过程发生在群体情境中，这个事实社会性地证实了它们所引起的评价上的变化，并引发了对反抗的意识形态的强烈信奉。大党的支持者不会为他们的政治信念以及为他们从参加被广泛赞同的政治运动中所获得的报酬承担同样的成本。因为他们随后很少需要通过提高对他们的意识形态的评价来减少认知失调，所以他们对意识形态的忠诚通常没有小型反对党的支持者对意识形态的忠诚那么强烈。

极端主义的政治运动典型地在严重剥夺——绝对的或相对的，现存的或潜在的——的集体经历上有其基础。引用来自许多国家的研究，利普塞特指出，对左翼的激进反对党——社会党、鼓吹民主改革的其他政党以及共产党——的政治支持以不成比例的数目来自最穷的人、最受剥夺的社会阶级、经济上最没有保障的人，以及种族和宗教上的少数派（他们遭受着歧视所造成的地位剥夺）。[①] 然

① 西摩·M. 利普塞特（Seymour M. Lipset），《政治人》（*Political Man*）（New York：Doubleday），1960 年，第 220 - 244 页。

而，他的分析也表明，极端主义的反叛从最低社会阶层获得它们的主要支持这个结论过分简单化了，一定要从两个方面进行限定，一个方面涉及激进反抗运动的先锋队，另一个方面涉及右翼和左翼极端主义之间的差别。

241 对一个至今仍未成功的革命运动的先锋队的政治支持似乎依赖于不容忍性和容忍性的某种结合。一个小型激进派别的成员一定不能容忍对他们坚定的信念——他们坚信他们的意识形态是唯一正确的意识形态——的妥协，以免到处存在的反对它们的社会压力导致他们改变他们的理想并放弃他们对现存社会制度的基本的反抗态度。另一方面，他们一定要能够容忍满足的长时期延迟，因为他们最多只能在将来许多年后才能预期实现他们关键的理想。遭受严重经济困难的人往往觉得满足的延迟是不可容忍的。

得出的推论是，最低的社会阶层不会为小型激进政党提供主要的支持，而是为较大的政党提供支持，这些政党赢得选举的可能性相当大，而小型激进政党的主要支持来自工人阶级的上层，它的成员们有反抗的某种理由，也有一些可以容忍满足的延迟的资源。利普塞特的调查研究证实了这个推论。“从丹麦、挪威、瑞典、加拿大、巴西和英国等国家——在这些国家，共产党不大，而工党或社会党则大得多——可以获得的证据表明，对共产党的支持在收入较高和更为熟练的工人中间比它在较不熟练和较为贫穷的阶层中间更强烈些。在意大利、法国和芬兰——在这些国家，共产党是左翼方面最大的政党，工人的收入水平越低，他们对共产党的投票数就越高。”[1]

与左翼的政治极端主义相反，右翼的政治极端主义并没有在最下层的工人阶级中扎根。利普塞特的研究表明，在德国，正在发展的纳粹党主要从中产阶级获得它主要的支持，这一阶级以前投票赞成中间政党。纳粹党既不从工人阶级（他们继续投票赞成左翼政党），也不从上层阶级的保守分子（他们继续投票赞同传统的保守党）那里获得主要的支持。[2] 这对于奥地利的纳粹、法国的布热德主义以及在美国对麦卡锡的支持基本上是同样正确的；[3]他 242
们都代表了中下阶级对现状的极端主义的反抗。

这些发现所表明的解释是，左翼反抗是最下等的社会阶层对所经历的严重剥夺的一种反应，而右翼造反是其社会地位受到威胁的中等阶层对所经历的严重的**相对**剥夺的反应。对穷人的剥削和压迫导致了以左翼政党和工会的形式出现的激进的反抗运动，这些政党和工会的意图是提高工人阶级的生活标准和社会地位。工人阶级政党和工会在提高工人社会经济地位上的成功威胁到直接高于它们的那个阶层的社会地位。当中下阶级成员传统上享有的对工人的优越性被工人们通过集体努力而获得的经济改善破坏时，他们便体验到了相对剥夺。中下阶级的人往往会对这种对他

① 利普塞特，前引《政治人》，第 123 页。（有关印度许多邦对共产党支持的数据显示了类似的模式；同上书，第 124－126 页。）邓肯·小麦克雷（Duncan MacRae, Jr.）已经批评了利普塞特的分析的方法论，但是他的批评并不影响上述结论和引用的例子；参见他的信件和利普塞特的回复，《美国社会学评论》（*American Sociological Review*），27 (1962)，第 91－92 页。

② 利普塞特，前引《政治人》，第 124－126 页。

③ 同上书，第 154－170 页。

们的相对社会地位的威胁作出反应，尤其是如果经济条件加强了他们的不稳定时更是如此。他们作出反应的方式是，通过在法西斯主义运动中反抗现存秩序，这种运动鼓吹通常旨在恢复某种光荣过去的制度性变化。这里隐含的假设是，工人阶级在相对地位上的经济改善刺激了右翼极端主义的发展。

政治结构与意识形态冲突

政治被德·朱维奈尔定义为“通过把其他人的意志集中在我们的事业上，增加受我们控制的人类力量”的艺术。[①] 它与研究人类行为的经济学不同，但又是它的补充：“经济学关心的是人类资源的当场使用，而政治关心的是增加人类资源。”[②]政治的这个概念意指通过在某种共同事业中动员人们的力量去创造新的资源，这一概念对一个反对党的成长尤其适合。我们已经讨论过了，对所遭受过的压迫进行报复的愿望、实际的或相对的剥夺的集体经历以及对革命的意识形态的认同如何有助于生产反抗运动的发展所需要的人力资源。现在，我们转向研究社会结构中的条件和社会的政治制度如何影响冲突和反抗，以及政治竞争和意识形态冲
243 突的动态变化如何影响一个成长中的反对党的机会。

社会结构中的异质性倾向于促进反对党之间的政治冲突。因此，欧洲社会中深刻的阶级差别（与美国的较小差别相比）明显反

---

① 伯特兰·德·朱维奈尔（Bertrand de Jouvenel），《论主权》（*Sovereignty*）（University of Chicago Press），1957 年，第 18 页。

② 同上。

映在欧洲政党之间深刻的政治分裂与意识形态分裂之中。这些分裂与美国的民主党和共和党之间在基本的意识形态问题上相对缺乏冲突形成对照。但是在美国内部，正如小基曾指出过的那样，政党之间竞争的程度也取决于某个社区中的异质性程度。政治竞争在异质性的都市区域之间一般比在一个州的更加同质的农村地区更加剧烈（在预选以及最终选举中）。例如，在新英格兰，一个地区中的城市居民和在外国出生的居民的比例与在两党选举中相当平均的份额是相关的，这揭示了激烈的而不仅仅是象征性的选举竞争。[①] 对美国所有的人口超过25,000人的城市所作的一项系统研究发现，党派选举在异质性的社区更为普遍，这种异质性或者与社会阶级有关（用制造业中高比例的劳动力来测量），或者与宗教有关（用在镇上有相当大比例的天主教徒来测量），党派选举与非党派选举不一样，它表明的是在地方层面上政党之间的竞争。[②] 地方的政党竞争的这种普遍性差异在那些两党之间存在激烈竞争的州最为显著。这可能是因为在一个社区中的政治竞争不仅取决于异质性的利益，而且也取决于对两个政党而言公平的获胜机会，

---

① V. O. 小基（V. O. Key, Jr.），《美国的州政治》（*American State Politics*）（New York: Knopf），1956年，特别是第24－26、177－178、228－229页。因为住在城市的和在国外出生的美国人倾向于以不成比例的数目投民主党的票，所以在一个区域中大量的住在城市的和在国外出生的美国人与民主党高的得票数有联系（在共和党的新英格兰这是相当平均的份额所要求的）。然而，这一发现并不构成异质性促进党派竞争的鲜明证据。

② 菲利普斯·卡特赖特（Phillips Cutright），“美国城市中的非党派选举体系”（Nonpartisan Electoral Systems in American Cities），《社会和历史中的比较研究》（*Comparative Studies in Society and History*），5（1963），第212－226页，特别是第219－223页。

这种公平的获胜机会在那些由一党支配的州中几乎不存在。

尽管政治制度本身由社会结构中潜在的力量和条件决定，如分化和异质性的程度，但是它对一个社会中的政治生活也施加了
244 一种独立的影响。多数决定原则在没有民主制度的情况下显然是不可能的。然而，即使这些必要的制度存在了，民主过程也不可能在一个大型社会中占据优势，除非永久组织的反对党为表达对现存政府的反抗和为可能推翻现存政府提供现实的机会，但这些反对党没有一个完全占据支配地位。[①] 明确的选举程序——这在一个民主国家中已经被制度化——也影响着政治结构（政治的数量及它们的发展机会），政治结构反过来影响着各个政党的纲领和意识形态。

杜弗吉曾指出过“简单多数单一投票制有利于两党制度。”[②] 几乎所有使用这种选举程序的国家——在美国这是普遍的程序——都有两党制度，而任何使用不同选举程序的国家几乎没有两党制。简单多数投票促进两党制度的主要原因是它非常不利于第三个政党，因为它导致了它们在立法机关中代表名额不足，因此使得公民们不愿意通过把选票投给第三党而“浪费”他们的选票。[③]

---

① 基(Key)强调过持久和有效组织的政党对民主的重要性，见前引《美国的州政治》，书中到处可见这种观点，以及《南方政治》(*Southern Politics*)(New York: Knopf), 1949年，特别是第14章。也可以参见西摩·M. 利普塞特(Seymour M. Lipset)、马丁·A. 特罗(Martin A. Trow)和詹姆斯·S. 科尔曼(James S. Coleman)，《联合民主》(*Union Democracy*)(Glencoe: Free Press), 1956年。

② 莫里斯·杜弗吉(Maurice Duverger)，《政党》(第二版)(*Political Parties*)(London: Methuen), 1959年，第217页(原文为斜体)。

③ 杜弗吉，前引《政党》，第217－227页。

与之相反，比例代表制不会损害第三党，因此激励许多政党的发展。[1] 因为它准确地反映了公众意见和直接投票中的变化，所以比例代表制对政治情感中的重大转变很敏感，并增加了反抗运动的成功可能性。[2] 另一方面，简单多数制度通过过于代表多数（直接投票中微小的变化可能决定哪个政党组成政府）夸大了意见上的正常变动，同时却减弱了政治取向上的重大变动（一个政党可能吸引所有选区中近一半的选民，但在立法机构却没有获得任何席位）。总之，简单多数的选举妨碍了新的反对党的发展。 245

在两党制中的反抗倾向于比多党制中的反抗保持得更加温和。大党如果有一个好的机会在下一届选举中承担政府的责任，那么它们就会克制自己不去鼓吹抽象的理想和在不远的将来很难——如果不是不可能的话——实现的极端变化，之所以如此，是因为它们不得不考虑实现它们政策的可能性。因为小党不受这些限制的约束，所以它们可能采纳激进的意识形态或极端主义的反抗立场——这就清楚地使它们与它们所反对的大党区分开来了，并且它们甚至可能诉诸煽动。[3] 因此，比例代表制促进了那些信奉革命的或其他极端主义意识形态的政党的生存，而对这些政党

① 同上书，第245－254页。简单多数两轮投票制——就像决胜初选所说明的——也促进多党制；同上书，第239－242页。

② “关于这一点，人们将发现一个有趣的现象，在1930年代整个欧洲所发生的法西斯主义的崛起只有在北欧（比利时、荷兰和斯堪的纳维亚）的和平民主政体中才能从选举上看得出来，在北欧这些国家，法西斯主义似乎比在法国弱小得多。它们实行的是比例代表制，而法国用的则是多数制度。共产主义的发展在刚一解放之后就以相同的方式在政党方面产生了相当大的增加，但只是在欧洲的比例代表制国家中，而不是在盎格鲁－撒克逊的简单多数制国家中。”同上书，第315页。

③ 杜弗吉，前引《政党》，第283－290、415页。

而言，在简单多数制度下则机会很少。

激进反抗运动的成员对他们特有的意识形态的强烈认同使他们比其他政党的支持者更少依赖于政治胜利，而同时却更对它感兴趣。他们的理想主义使他们较少依赖于胜利，因为它使得对运动的参与即使在不胜利的情况下也富有报酬性，但它又使他们对胜利更感兴趣，因为胜利是实现他们的最重要的政治理想的一个前提条件。他们有这样一个信念，他们的理想是通往更美好世界的唯一正确的道路，这样的信念倾向于诱使运动的成员们皈依他们的事业，并为它动员政治支持。但是即使当比例代表制保护反对党的发展时，它的意识形态的吸引力的范围也提出一个基本的问题。只要激进反抗的理想的吸引力被局限在最被异化和最充满敌意的人上，那么除非社会中严重的巨变引起了广泛的痛苦和不满，否则运动就不可能为实现这些理想集聚足够的支持。然而，为了增加意识形态的吸引力，它的理想和原则的纯洁性必须要加以牺牲，以便对社会中各种群体的利益和偏好作出让步。

帕森斯对特殊主义和普遍主义价值之间所作的区分用在这里很贴切。[①] 特殊主义的价值是一个亚群体的成员们所共同具有的
246 价值，这种价值将他们与集体中其他的亚群体区分开来。它们为社区中特定的个体和分离的亚群体之间的社会吸引提供了基础。

① 塔尔科特·帕森斯(Talcott Parsons)，《社会学理论论文集》(*Essays in Sociological Theory*)(Glencoe：Free Press)，1949年，第185－199页；以及帕森斯和爱德华·A. 希尔斯(Edward A. Shils)，《迈向行动的一般理论》(*Toward a General Theory of Action*)(Cambridge：Harvard University Press)，1951年，第76－88页。帕森斯的一般分析性的区分具有不同的具体含义，需要注意的是我们这里只选取了其中之一。

因此，一个社会主义者的信念使他对另一个社会主义者有吸引力，但是对一个共和党人却没有吸引力。另一方面，普遍主义的价值是被整个集体普遍同意的价值，它们构成了判断的一般标准。社会主义者、共和党人和其他政党的成员都同意，繁荣比经济萧条更令人喜欢。特殊主义的价值和普遍主义的价值只是分析上的区别，可以在不同程度上应用到意识形态上。

一种激进意识形态的特殊主义特征用共同的团结将反抗群体的成员统一起来，并清楚地将他们与敌对的其他群体区分开来，这一特征对于他们炽热地投入到事业之中是基本的。但是除了对那些已经分享内群体基本情感的人，这种特殊主义本身也使得这种意识形态对外人没有吸引力，事实上对外人是排斥的。扩张要求这种意识形态要扩大它的吸引力，这具体意味着，它必须加入吸引下述选民的特征，他们包括在情绪上并没有忠诚于它的特殊情感的选民以及在政党之间摇摆不定的选民或者也许忠诚于另一个政党的选民。只有政治纲领的普遍主义方面使政党之间可以比较，并使选民和潜在的成员能在它们之间进行明智的选择。如果一个政党赞同较低的税收，而另一个赞成把较高的社会保障收益作为促进繁荣的手段，那么选民们便可以根据他们的利益和偏好在它们之间进行理性的选择。但是，如果一个政党公开宣布斯大林或赫鲁晓夫神圣不可侵犯，而另一个政党则宣布托洛茨基神圣不可侵犯，那么就不存在选择的客观标准了。一个政党意识形态的普遍主义特征与其他意识形态的相应特征仅仅在程度上有差别，这些特征使该政党很容易与其他政党的纲领进行比较，而如果没有这种特征，它就不能引起至今尚未忠诚于它的群体的兴趣。因此，这些普遍主义的特征玷污了该意识形态的独特的、实际上是神圣的、特殊主义的性质，这些性质恰恰是它的最虔诚的支持者们强烈献身的基础。

一种意识形态的特殊主义方面和它的普遍主义方面之间的这种冲突与博尔丁的这个假设相一致，即一种意识形态的强度与吸
247 引力之间是一种反向关系。[①] 因为意识形态的特殊主义方面是对它强烈忠诚的基础，而它的普遍主义方面是它吸引新的支持者的源泉。一种意识形态的力量是这二者的一个函数，因为它的吸引力的范围动员大规模的支持，而它被持有的强度促进了为它的利益而进行的巨大努力。但是增加一个方面就会弱化另一个方面，因为一种意识形态的能扩大其吸引力的普遍主义特征破坏了能获得人们对它的强烈投入的原始的纯洁性；而加强内群体的忠诚的特殊主义特征则限制了它对群外人的吸引力。

一个激进的反对党在争取选民的竞争中以及最终在赢得选举的竞争中的成功通常取决于它通过改变它的意识形态以扩大其吸引力的意愿，这种意愿必然会损害某些理想。这样在党内的理想主义者和现实主义者之间有可能会产生冲突，理想主义者主张政治理想是神圣不可侵犯的，而现实主义者则为了加强政党而赞成妥协。像杜弗吉曾指出过的那样，在小型反对党已经在议会中赢得某些席位的多党制度下，这种冲突中的主角通常是议员和斗士。[②] 通过退出和进入政治生活以及因为对再次选举感兴趣而被

① 博尔丁(Boulding)，前引《冲突和防卫》，第 281－282 页。

② 杜弗吉(Duverger)，前引《政党》，第 190－197 页。

迫作出让步的国会议员倾向于成为现实主义者，愿意为扩大意识形态的吸引力作出妥协。斗士则是理想主义者，他们渴望保护那种能表达他们政治情感的反抗的意识形态不遭受损害，他们怀疑让他们与敌人阵营的接触会削弱他们的意识形态信念。

吸引了越来越多选民的小党，它的扩展进一步加速了它的意识形态和结构中的变化。在吸引巨大的政治支持方面获得成功的第三党，常常在已经改变了它的显著的意识形态并因此减少了它与其他政党的差别之后，为了削弱它对选民的吸引力，会迫使大党采纳它的某些政策，这进一步减弱了第三党与大党之间的差别。此外，一个政党的成长提出了政治冷漠和政治组织的问题。成功的大规模搜罗成员的做法会不可避免地将许多对共同事业并没有深刻责任感和只愿意为它作象征性贡献的成员带进党内。[①] 虽然许多成员冷漠，但大量的成员人数为处理政党事务形成了非正式的程序——这种非正式程序盛行于不够格的小宗派中，并为政治 248
活动的一种更正式的组织创造了需要。

建一个强有力政党组织的主要压力来自领导有效的政治运动时对它的需要。组织对政治竞争成功的重要性常常导致对行政管理问题的专注，在专注于这个问题的过程中，反对党的目标和理想被忽略了，米歇尔斯曾指出过这一点。[②] 政党的领导对加强行政

---

① 参见伯纳德·巴伯(Bernard Barber)，“协会中的参与和大众冷漠”(Participation and Mass Apathy in Association)，载于阿尔文·W. 古尔德纳(Alvin W. Gouldner)，《对领导的研究》(*Studies in Leadership*)(New York：Harper)，1950年，第477－504页。

② 罗伯特·米歇尔斯(Robert Michels)，《政党》(*Political Parties*)(Glencoe：Free Press)，1949年。

机构的关心超过对所追求的政治目标的关心，如果鼓吹激进的理想会威胁到组织在一个敌对社会中的生存，那么它就愿意放弃这些理想。默顿曾经将这一过程称为“目标的置换”[①]，在这个过程中，企图达到既定目标的手段变成了代替初始目标的目标本身。被用来作为影响政治目标实现的一个工具的政党组织变成了目的本身，为了它，政治目标被牺牲了。

政党不仅为个体选民而且主要为该社会的主要社会部门的支持而展开竞争。为了吸引大型社会群体——农民、产业工人、黑人——一个反对党一定要采纳为他们的利益服务的政策。给予一个政党大规模政治支持的群体期望在政党的委员会里有它的代表，特别是如果它是有组织的话。实际上，各个政党为了吸引各种利益群体的政治支持，经常把它们的代表吸收进它们的政策制定机构中来。[②] 因为无组织的群体比有组织的群体更少可能在政党委员会里有它的代表，所以意识形态倾向于逐渐地被改变，以反映各种有组织的群体（该政党已经获得或者有希望获得这些群体的支持）的利益。在一个政党被一个利益集团加以控制的极端情况下，它实际上变成了这个集团的政治武器，例如，一个农民党。这明显在小党比在大党中更可能发生，但是甚至是美国的主要政党也被人们指控说它们基本上是特殊利益集团的代言人——共和党

---

① 罗伯特·K. 默顿（Robert K. Merton），《社会理论与社会结构》（第二版）（*Social Theory and Social Structure*），（Glencoe：Free Press），1957 年，第 199－200 页。

② 对于吸收的后果的一个分析，请参见菲利普·塞尔兹尼克（Philip Selznick），《田纳西流域管理局与基层群众》（*TVA and the Grass Roots*）（Berkeley：University of California Press），1959 年。

代表大商人，而民主党则代表有组织的劳工。

这里的基本原理是，一个政党不是保持为一个不同于其他社 249
会单位——它要吸引它们的支持——的社会单位，而是被它们渗透。开始时，政党可能被想象为是一个分离的社会群体，它按照社会中不同社会部门的利益修改它的意识形态，以换取它们的政治支持。然而，这种努力的成功破坏了该政党与其他群体之间的边界，因为该政党现在很大程度上由这些群体的重要成分构成。谈论该政党与其他群体之间的社会交换已不再有意义。适当的概念是，竞争和交换发生在政党的成分之间，这些成分代表着社会各个部门的利益，它们的目标是赢得对该政党的纲领和事务处理的支配性影响。[①] 总之，因为社会群体可以渗透，所以它们之间的社会交换过程有时导致某些社会群体中的重要成分成为其他群体的主要部分。

一旦一个激进的反对党为了增加它对选民的吸引力修改了它的意识形态，那么社会力量便被发动起来，它们典型地导致在理想上的进一步妥协和一个日益温和的反对纲领。意识形态上这些改变的目的在于促进政党的发展并最终获得政治胜利。因为一个政党的支持者的许多报酬取决于政治竞争中的胜利，所以隐含在日益增加的选票中的即将到来的胜利希望增加了他们为该政党的成功做贡献的诱因。在对原初理想的妥协已经大大降低了意识形态

① 当一个社区向大的商业公司提供税收好处及其他利益，以换取它从该公司位于它的辖区内获得的好处时，同一原则也适用于此。一旦它们定位在那里，这些商业公司就不再专注于与该社区的交易了，而是成为参加与其他成分的竞争和交换关系的成分，以努力获得在社区事务中的支配地位。

对为该党的利益献出巨大努力的激励之后，这些报酬是尤为重要的，因为这样的妥协疏远了保守派，并剥夺了他们及其他成员的一项意义深远的事业。如果在遥远的将来，帮助缔造一个新型的社会对人们来说可以是一项神圣的事业；而帮助提高最低工资的四分之一——尽管它可能具有更大的直接重要性——则不是一项神圣的事业。然而，基本上一个第三党赢得选举的可能性取决于社会中的有利条件。如果经济繁荣造成了一种不利的政治氛围——甚至对于一个温和的反对性纲领也是如此，那么该党对它的原初
250 理想所作的妥协也将完全徒劳无用。

如果一个第三党在损害了它的理想之后仍不能赢得政治竞争并成为一个大党，那么这种失败可能会加速它的衰亡。[①] 因为，除了成员之间共同的伙伴关系的团结性报酬之外，现在它已经被剥夺掉了它能够为换取支持而提供的大部分报酬。它既不能再提供意识形态上的激励（它们激发激进派别的成员为他们重要的理想作出巨大的牺牲），也不能再提供即将到来的胜利所许诺的物质报酬（它们诱使一个大党的成员为促进它的成功而贡献力量）。一个政党的成员在双重的可能性下工作。一方面，他们必须要向外部的群体提供报酬，以吸引它们的政治支持。另一方面，他们自己也需要报酬，以便留在该党之中并继续为它作贡献。如果报酬的供给太低，现在的成员不仅不可能吸引新的成员，而且他们本身也有理由离开该政党。这些考虑意味着，一个为了促进它的成长已经

① 这是明显地发生在加拿大的 C. C. F 身上的情况；参见利奥·扎库塔（Leo Zakuta），“一个业已平息的抗议运动（A Becalmed Protest Movement）”，未发表的博士论文（University of Chicago），1961 年。

改变了它的激进意识形态的发展中的第三党一定是要么发展成为一个大党，要么将走向消亡。

结　　论

剥削和压迫可能导致严重的剥夺，并将个体们推到孤立无助的地步，但是如果它们在一个集体情境中被体验到，矛盾的是，它们可以产生出一种社会剩余，这种剩余会成为反抗运动的源泉。以温和的方式行使并为换取服从提供丰富收益的权力会引发社会赞同，这种社会赞同会使它控制的权威合法化。然而，对权力的剥削性和压迫性行使会引发社会谴责，在极端情况下，会引发激烈的敌意和报复的愿望。[①] 相互之间没有社会关系的孤立的受害者，尽管他们可能人数众多，但是他们在愤怒中孤立无援，然而在其成员之间有着亲密社会沟通的受压迫的集体则往往有能力动员某种反抗。因为一个被压迫集体的成员们相互沟通他们的愤怒、敌意 251
和报复的情感，通过解除个体们因为有这样的情感而产生的负罪感，在他们中间出现的社会共识合法化了这些情感并强化了它们。在这个阶段，该群体的成员们倾向于采纳一个革命的意识形态，这种意识形态将反对压迫者的斗争从一种立足于个人复仇愿望的利己性斗争转变为一种为了某人的伙伴们的福利而追求的崇高事业。该意识形态释放了从事积极的反抗所必需的资源和能量，因

① 有关行使权力的群体与服从它们的权力的群体之间的冲突的理论，请参见拉尔夫·达伦多夫（Ralf Dahrendorf），《工业社会中的阶级与阶级冲突》（*Class and Class Conflict in Industrial Society*）（Stanford University Press），1959 年。

为献身于理想使人们愿意在共同事业中牺牲物质报酬。

激进的政治反抗通常对于参与者具有表达性意义，对这个因素的忽视是有关政治的纯粹理性选择模型的一个严重缺陷。极端主义的意识形态对于那些感觉到受到严重剥夺的个体来说成为一个聚集点，并且共享的理想为他们之间的社会团结提供了基础。地位的相对剥夺以及实际的经济剥夺促进了极端主义的反抗运动，但这些运动具有不同的类型。最贫穷的社会阶层的经济剥夺往往表现在激进的左翼反抗中，比如在共产主义中，尽管只有在极端主义的运动已经聚集了动力并成为一个大党之后才是这样，因为激进派别的先锋队一般似乎是由工人阶级的较高阶层供给的，他们的资源促进了满足的延迟。另一方面，中下阶层相对于工人的优越性受到工人们的经济改善的威胁，这种改善是由工会和工党中工人们有组织的反抗获得的，中下阶层的相对剥夺往往表现在右翼的极端反抗之中，比如纳粹主义中。

更广阔的社会情境以各种方式影响政治生活。为了使民主过程和多数决定原则在大型社会中占据优势，光有民主制度是不够的，还必须存在持久组织的、参与激烈选举竞争的政党。如果在能够生存下来的政治组织之间没有这样的党派冲突，那么一个大众社会的成员就没有机会表达他们的政治偏好，并因此处于政治上的无能为力状态，尽管他们可能有权力投票。在只有一个政党的国家中的公民投票说明了这种政治无力，就像被公司掌控的董事会成员的选举和在大多数工会中对官员的选举那样，因为缺乏有组织的反对群体时的大众投票是毫无意义的。党派冲突反过来在
252 异质性的共同体中比在同质性的共同体中更普遍。一个社会中的

阶级的、宗教的或其他的社会差别培育了政治冲突，并因此加强了民主。事实上，想要消灭政治反抗的煽动型政治家的一个典型策略是诉诸该社会的所有成员共同具有的那些特征（可能除了可以被用作替罪羊的小的少数派），比如他们的“雅利安血统”或者他们的白皮肤。当然，政治制度也影响政治过程。因此，一个反对党将鼓吹一个激进的纲领，并且其生存下来的可能性在比例代表制下比在简单多数制下更大。最后，一个反对党的发展刺激了它的结构和意识形态上的变化，这些变化对于它的继续发展具有重要的影响。

一个希望赢得政治竞争的反对党一定会使它的意识形态适应现存政治情境的迫切需要。除非严厉的压迫或萧条在大部分人口中创造了趋向于激进意识形态的有利倾向，否则为了扩大它们对选民的吸引力必须要在理想上作出妥协。在一种意识形态的特殊主义方面——它们深化了对该意识形态的忠诚——和它的普遍主义方面——它们拓宽了它的吸引力——之间存在着冲突。一个扩张的反对党无需修改它的激进的纲领，但是停滞则引起了这样做的压力。然而，如果通过使意识形态变得温和以增加其吸引力的努力不能刺激第三党的发展，那么它可能会加速该政党的衰亡。因为温和的小党既不能为深刻的理想和一项伟大的共同事业而工作提供意识形态上的激励，也不能提供即将到来的胜利所承诺的物质激励，所以，没有这些报酬中的任何一种，一个政党维持政治支持的可能性就会很小。对一个反对党而言，如果意识形态上的妥协失败了，它就倾向于自取灭亡。

第十章　复杂结构中作为媒介的价值

如果不同时创造一个理想，那么一个社会就既不能创造它自
253 身，也不能再造它自身。这种创造对它来说并不是一种职责以外
的工作，通过这种工作，它将完善自身，成为已经形成的；正是通过
这种行动它被周期性地创造和再造……一个社会并不仅仅由构成
它的个体们的集合所组成，还有他们所占据的土地、他们所使用的
东西以及他们所进行的运动，但是首要的是它构成它本身这一
观念。

——埃米尔·涂尔干，《宗教生活的基本形式》

作为大型集体之特征的复杂社会结构基本上不同于小型群体的较为简单的结构。在小型群体的成员之间的社会互动过程中，某种社会关系的结构会发展起来。因为一个大型社区或整个社会的大部分成员之间不存在直接的社会互动，所以某种其他的机制必定调节着他们之间社会关系的结构。价值共识提供了这种中介机制。一个社会中盛行的文化价值和规范是在群体和个体之间形成社会关系的基质。这些价值和规范被制度化并一代一代地永远存在下去，尽管并非没有改变，并且这些价值和规范塑造着该社会

中的社会生活过程和在特定群体中出现的社会模式。宏观结构的另一个显著特征是，它们的组成部分是相互联系的社会结构，而微
观结构的成分是相互联系的个体，但是对这一主题的讨论留在第 254
十一章。本章将致力于分析社会价值和规范对于扩展超出直接社会接触的社会交易的意义。

并不是所有对人类行为和互动的社会约束都来自共享的价值和规范，这一点是已经被提出分析的主要论题。因此，对复杂社会结构的研究不一定局限于在该社会中流行的共同价值和规范。为了理解复杂的社会结构，群体之间的权力关系、有组织的集体之间的交换交易、复杂结构中的亚结构之间的相互依赖、在分层社会中由流动模式所产生的变化以及由反对力量所产生的变化所有这些都是必须要研究的重要问题。对复杂社会结构的调查研究如果忽略了除了那些直接与合法化的价值相关的问题之外的所有问题，就像对社会交往的调查研究忽略了对交换过程和权力关系的调查研究一样，既不充分，又很片面。尽管这里提及的问题中的一些将要在下一章进行扼要的研究，但是本书的目标不是发展一个关于复杂社会结构的全面理论，而仅仅是指出这样一个理论和已经详细分析过的社会过程之间的联系。出于这个目的，对共同价值标准的强调看起来是合理的，因为它们提供了微观结构中较为简单的过程与宏观结构中更为复杂的过程之间的联系。合法化的价值可以说在方法论上和在实质上都起到了媒介性的功能。

文化价值合法化了社会秩序及维持社会支持的各种安排。合法化导致了对社会共识的认可，社会共识赋予现存的或预期的社会条件以价值，因此稳定或促进了社会共识。一种权威结构以及

与之相关的社会关系和行为模式的复杂组织的合法化可以被看作是合法化过程的原型，不管参考的是该社会内部特定的政治组织还是该社会本身的政治组织。如韦伯所强调的那样，一个合法社会秩序的核心是规范性取向的系统，该系统影响社会控制和对权威性命令的服从。[①] 然而，在分析上可以区分出不同的合法化信
255 念，只有一套合法化信念直接地作为合法权威的基础。社会交换中的公平标准和其他社会规范依靠合法化的共识，正如规定群体和个体试图获得的目标的反抗理想和其他社会价值那样。人们共同赞成的价值和规范可作为社会生活的媒介以及在社会交易中起媒介作用的联结物。它们使间接的社会交换成为可能，并且它们支配着复杂社会结构中的社会整合与分化过程以及它们之中的社会组织和再组织的发展。

社会规范和间接交换

限制着可允许行为的范围的规范性标准对于社会生活来说是基本的。尽管社会交换在很大程度上起着一种自我调节机制的作用，但是因为每一方都通过促进其他的利益来提高他自己的利益，所以它必须防止将对这个过程本身造成干扰的反社会实践。如果没有阻止暴力和欺骗的社会规范，那么社会交换所要求的信任将

① 马克斯·韦伯(Max Weber)，《社会和经济组织的理论》(*The Theory of Social and Economic Organization*)(New York: Oxford University Press)，1957 年，第 124－132 页。在简单地分析了这里所说的一般性秩序的合法性之后，韦伯用他的权威类型学更为全面地论述了该主题，第 324－363 页。

受到损害，并且社会交换将不能在这些规范的范围之内起到一种自我调节机制的作用。此外，较多的权力和资源——它们通常是在交换交易中所获得的竞争优势的结果——使得剥削他人成为可能。这产生了一种对社会规范的需要，它们至少禁止与基本的文化价值相冲突的那些剥削形式，比如性剥削。[①] 对社会规范的需要最显著的表现出现在**所有各方**的（而不仅仅是大部分人的）利益都要求被社会规范保护的社会情境中，因为没有社会规范约束的自我利益追求损害了有关各方的自我利益。

著名的囚徒困境说明了这种情况，即在缺乏社会规范的情况下双方都不能实现他们自己的利益，这种社会规范通过阻止看似最理性的选择本身保护了他们的自我利益。拉波波特曾用下面这些话总结了这个困境：

> 两个嫌疑犯分别被地方检察官讯问。他们犯有被怀疑的
> 罪行，但是地方检察官没有充分的证据宣判他们任何一个人 256
> 有罪。然而，国家已经有充分的证据证明他们两个有较小的违法行为。在嫌疑犯面前有两个选择方案 A 和 B，它们分别是坦白或不坦白严重的罪行。他们被隔离，并不能沟通。结果如下。如果双方都坦白，两个人都得到严厉判决，然而判决

① 参见阿尔文·古尔德纳（Alvin W. Gouldner），“互惠的规范”（The Norm of Reciprocity），《美国社会学评论》（*American Sociological Review*），25（1960），第165－167页。古尔德纳指出性剥削是唯一被广泛分析过的剥削形式。造成这种情况的原因可能是，其他形式的剥削（比如经济剥削）较不醒目，因为它们并不违反我们社会中的基本文化禁忌。

> 会因坦白而稍微有所减轻。如果一个人坦白(成为国家的证据),另一个人就会承担所有的罪行,而前者则免除责任。如果没有一个人坦白,他们都不能被判犯有严重罪行,但肯定都将会受到审问并被判处犯有较小的违法行为。①

消极后果(坐牢年数)的矩阵形式如下,在每个单元格中的右上角表示的是A的后果,左下角表示的是B的结果:

B的选择	A的选择：坦白	A的选择：不坦白
坦白	-8　　-8	0　　-10
不坦白	-10　　0	-1　　-1

显然,不坦白并且每个人只受坐牢一年的从轻判决(右下方的单元格)符合两个囚徒的共同利益,但是自我利益的理性计算使他们不可能实现这个目标。A意识到,假如B坦白,那么他也坦白(坐牢8年)比他不坦白(坐牢10年)的状况要好一些;如果B不坦白,那么他自己坦白(不判罚)比不坦白(坐牢1年)也要好一些。因此,按照他的自我利益,A必须坦白,因为这样做符合他的利益,不管B是否坦白,同样的考虑也可应用于B,他的自我利益也要求他坦白。因此,两个人一定都坦白,结果是每个人都被判决8年(左上角的单元格),这是最坏的共同结果,几乎与对于任何一方最坏的

---

① 阿纳托·拉波波特(Anatol Rapoport),《战争、游戏和辩论》(*Fights, Games, and Debates*)(Ann Arbor: University of Michigan Press),1960年,第173页。

可能结果一样坏(10 年),这明显要比双方都保持缄默可能会受到1 年的判决要不利得多。但是,作为理性的人,囚徒怎么才能决定不坦白呢?

拉波波特建议,每一个囚徒都应该把符合两个人的集体利益而不是他自己的个人利益的东西作为他决策的标准。[1] 然而,剩 257
下的问题是,为什么一个囚徒应该以如此利他和信任的方式行动,把他的命运置于另一个人(其利益就是把他出卖)的手中。多伊奇对囚徒困境的一个变体的实验表明,这样的信任事实上并不合理,因为接近三分之二的被试作出了不信任的选择,这严重不利于他应该信任的那个伙伴。[2] 只有罪犯之间的一种作为原则的禁止坦白的社会规范才能确实理性地证明拉波波特所倡导的信任是正确的,并能使不能沟通的囚徒不以一种实际上损害他们自己利益的自私的方式行动。

社会规范对于禁止这样的行动是必要的,通过这样的行动个体能以牺牲集体的共同利益为代价获得利益。囚徒困境的特殊个案只是对这个一般原理的极端说明。第九章所讨论的在民主制度下投票的例子更为典型。因为除非公民至少通过投票参与政治,否则民主制度都不能被维持,内化的社会规范迫使公民们去投票,尽管根据纯粹个体自我利益的严格理性立场,这样做所招致的成

---

① 拉波波特,前引《战争、游戏和辩论》,第 175－177 页。

② 莫顿·多伊奇(Morton Deutsch),“信任与怀疑”(Trust and Suspicion),《冲突解决杂志》(*Journal of Conflict Resolution*),2 (1958),第 265－279,特别是第 271 页。在同伴之间不能沟通的条件下,每一个人都被指示要照顾他自己的利益,36% 的个体作了信任选择,在这些个案中仅仅有 13% 两个伙伴都选择信任,因此获得了使他们的共同利益最大化的结果。

本没有正当性。许多美国人的政治冷漠及他们不去投票——这表明他们并没有感到作为公民的强烈政治义务感——构成了美国民主体制的一个弱点。[①]

对工厂中的打破速度纪录者、学校中的拍马屁者和老师的宠258儿、叛国者以及各种群体中的密探和告密者的谴责——所有这些都反映了这样一种社会规范，其目的在于抑制那些通过损害集体利益来促进个人利益的行为。工作群体为了维持较高的报酬经常阻止竞争性努力，就像被限制产出和对打破纪录者的谴责所揭示出来的那样，因为竞争性冲突——尤其是在就业不牢靠的情况下——威胁着群体凝聚。[②] 当竞争对群体没有这种有害后果时，对产出的限制似乎不太显著。例如，在一个公务员群体中，他们的工作是稳固的，并且他们的合作做法在他们中间产生了牢固的凝聚联系，争取优胜的努力很少引起社会谴责，但强烈的社会规范禁

① 有时提出的观点是，选举中的政治冷漠和低参与率是健康的标志，因为它们表明选民们是感到满意的，这隐含地假定，投票受自我利益支配，忽视了低参与率暴露了民主制度的公民身份的规范性义务的一个弱点，这种义务对于维持民主体制是必要的。这个主题将在下一章进行更全面的讨论。提出上述观点的好几个作者在西摩·M. 利普塞特(Seymour M. Lipset)的著作中被引用过，《政治人》(*Political Man*)(Garden City: Doubleday)，1960年，第217－219页；也可参见伯纳德·K. 贝雷尔森(Bernard K. Berelson)、保罗·F. 拉扎斯菲尔德(Paul F. Lazarsfeld)和威廉·N. 麦克菲(William N. McPhee)，《投票》(*Voting*)(University of Chicago Press)，1954年，第314－323页。

② 参见F. J. 罗特里斯伯格(F. J. Roethlisberger)和威廉·J. 迪克森(William J. Dickson)，《管理与工人》(*Management and the Worker*)(Cambridge: Harvard University Press)，1939年，第379－524页；布劳和W. 理查德·斯科特(W. Richard Scott)，《正式组织》(*Formal Organization*)(San Francisco: Chandler)，1962年，第89－93、191－192页，在这本著作中，罗特里斯伯格和迪克森的键座接线观察室的个案被进一步作了分析。

止其他做法——通过这些做法，个体能获得利益，但它同时对其他人的工作产生了妨碍。[①] 某些群体成员的成功限制了其他人成功的可能性，单单这个事实通常不会产生限制性的群体规范。但是当一个群体成员促进其利益的行动——比如告密——直接损害了作为一个整体的群体的其他人的利益，禁止这种行动的规范性约束就有可能发展起来。

已经被内化和被社会实施的道德标准阻止违背该集体的基本价值和利益的行为，办法是通过改变这种行为相对于其他行为的报酬和成本。其行为偏离了道德标准的个体所体验到的负罪感和社会谴责构成了成本，这些成本被预期会超过这种行为能给他带来的报酬。这些制裁把在其他情况下将是不理性的行为转变为对自我利益的理性追求。放弃可能通过欺骗而获得的利益的人们，如果他们因诚实而获得的心灵宁静和社会赞同对他们来说比能通过欺骗获得的利益更加富有报酬，那么他们将不会违背他们的自我利益而行动。对于严肃地承担起政治义务的民主制下的公民而言，使自己在政治上有见识并去投票并非不理性，因为他从履行他的义务中获得的满足完全抵得上他这样做所带来的成本。被充分 259
内化的规范对符合集体利益的个人行为的直接控制起到一种功能替代物的作用。[②] 然而，为了阻止尚未强烈地忠诚于道德规范的

① 布劳(Blau)，《科层制的动力学》(第二版)(*The Dynamics of Bureaucracy*)(University of Chicago Press)，1963 年，第 187－193 页。

② 参见约翰·W. 蒂博(John W. Thibaut)和哈罗德·H. 凯利(Harold H. Kelley)，《群体的社会心理学》(*The Social Psychology of Groups*)(New York：Wiley)，1959 年，第 127－135 页。

个体们偏离这些规范以及加强那些已经做到这一点的人们的道德责任，用以实施道德规范的社会制裁是必不可少的。

社会规范用间接交换取代了个体之间的直接交换。群体的成员们获得社会赞同，以换取对群体的遵从以及他们对社会期望的遵从为群体作出的贡献。对规范性标准的遵从常常要求群体成员们不去从事与群外人或在他们之间所进行的某些直接交换。道德标准要求女孩子不应该轻易地用性恩惠换取男孩子提供的回报，商人们不应该为了赚取额外利润而从事不正当的交易，父母们应该投入时间和资源抚育他们的孩子，而不是用孩子来为自己谋利。通过坚持这些道德原则，个体们建立起良好的声誉，这种声誉在以后的社会互动中对他们有好处。在一个共同体中的好声誉就像一种高的信用等级——对一位受人尊敬的父母、一个受到高度评价的女孩以及一个值得信赖的商人来说——它能使一个人获得其他人不能得到的利益。遵从常常需要牺牲那些能够通过直接交换获得的报酬，但是它间接地带来其他利益。

作为遵从规范性义务的结果，集体和它的个体成员之间的交换交易取代了个体之间的某些交易。例如，在一个亲密朋友的群体中，每个人都感觉到有义务在不计报酬的情况下向任何其他人提供帮助。这不存在恩惠的直接交换，但是群体规范确保了每个朋友在他需要帮助时会获得帮助。这些规范性义务产生了间接的交换链，如约翰帮了比尔一个忙，比尔在其他场合会帮助乔，另一次乔又有机会为约翰做某件事情。假如这些男孩子中有一个在为
260 他们帮忙方面远远超过了其他人，那么他因做这样一个好朋友而获得的强烈的社会赞同往往会通过在该小集团中给他一种较高的

声誉来使交换达到平衡。

同样的原则也适用于正式组织。科室干部不是为了换取来自现场干部的报酬而帮助他们的工作，提供这种帮助是科室成员的正式义务，作为履行这些义务的回报，他们从公司接受经济报酬。社会交易的长链发生在复杂组织中，在这些组织中，某些成员的工作帮助完成其他人的工作，这典型地不包含互惠交换。这些交易链确实包含的是组织成员方面服从正式义务以换取从组织中得到的报酬。然而，在组织的间隙区域，非正式的直接交换经常出现，以补充这些正式的间接交换，正如同事间的咨询所说明的那样。

有组织的慈善事业为间接社会交换提供了另一个例子。与老式的慷慨女士不一样，后者将成筐成筐的东西带给穷人，并收到他们的感激与感谢，在当代有组织的慈善活动中，在个体捐赠者与接受者之间不存在直接的接触和交换。富裕的商人和上层阶层的成员进行慈善性的捐赠，是为了符合在他们的社会阶级中盛行的规范性期望和赢得他们同伴的社会赞同，而不是为了赢得从他们的善举中获益之人的感激。研究这一主题的一位学者曾强调指出，慈善性的捐赠很大程度上是受它们为商人带来的特定报酬——以促进他们在商界的事业和为他们所代表的公司维持良好的公共关系的形式——所激发。[①] 上层阶级因为对下层社会作出贡献而奖励它的个体成员。此外，在捐赠者的集体和接受者的集体之间存在一种潜在的交换，尽管不是在它们的个体成员之间。

① 艾琳·D. 罗斯（Aileen D. Ross），“慈善活动和商业事业”（Philanthropic Activity and the Business Career），《社会力量》（*Social Forces*），32（1954），第 274－280 页。

通过承担对穷人乐善好施的道德义务，上层阶级确立了一种对道德正当性和优越性的要求，这在意识形态上证明了他的高级社会地位和权力的正当性，并加强了它们。**显贵者应有高尚品德**的社会规范是一把双刃剑，因为它既意味着显贵者应该有高尚行为，又意味着高尚行为是显贵者的一个标志。它不仅激励上层阶
261 级承担对一些下层阶级的义务，而且能使有权有势者通过履行这些义务在道德优越性的基础上提出尊敬的要求。与此同时，对慈善的接受社会性地标志着某个人是个穷人，正如齐美尔在一段前面已经引用过的一段话中所指出的那样。[①] 它把他从一个贫穷的个体转变成下层社会阶级的一个成员，他依赖于较高阶级的慈善的支持，并因受到的支持而对较高阶级怀有集体的尊敬。慈善活动的中产阶级传递者往往加强这种尊敬，接受帮助的阶级被期望着用这种尊敬去偿还上层阶级的捐赠。集体之间的这些交换有助于维持阶级结构以及有组织的慈善系统。

专业服务包含着一种集体之间以及集体和它们的个体成员之间的更为复杂的交换模式，它取代了被规范标准所禁止的个体之间的直接交换交易。人们期望专业人员在它们的工作中只受工作和行为的专业标准的支配，不受与顾客交换的考虑的支配。尽管自由的专业人员为了他们的生计依赖于从顾客那里得到的酬金，但专业人员的伦理规范要求他们不让这个事实影响他们的决定，还要求这些经济交易不影响向顾客提供专业服务的社会互动。专

① 乔治·齐美尔(Georg Simmel)，《社会学》(*Soziologie*)(Leipzig: Duncker and Humblot)，1908 年，第 490－491 页。

业人员必须克制自己不要从事与顾客的互惠性的社会交换，以免他的决定受到交换的影响，而不是只按职业标准作出最好的判断。

帕森斯对心理治疗——它可以被看作是这方面专业服务的一个原型——的分析，就说明了这一点。[①] 在正常的社会交往中，对交换的考虑引导着参与者的行为——友好的建议通常收到友善的反应，侵犯典型地通过撤退或反侵犯受到惩罚，如此等等。心理治疗要求在与病人的互动中精神病医生要避免以这种方式回报，相反，对他的病人的神经病行为他要纯粹地根据专业标准表明最有利于治疗的方式作出反应。该精神病医生的专业超然性——这意味着他不关心在与病人的互动中获得的社会报酬——使他能够克 262
制自己不去惩罚一位病人的侵犯表现，不去拒绝另一个人友善的建议，有效的治疗应该要求这样的行为。按照专业标准成功地治愈病人的精神病医生获得来自其同行的社会赞同和尊敬，这通过补偿他在与病人的互动中牺牲的社会报酬，维持着他的专业超然性。一般而言，专业人员主要取向于同事们的社会赞同，而不是顾客们的社会赞同，否则专业的超然性将不可能。

一种专门职业向共同体提供有价值的服务——保护它的健康、执行它的法律、教育它的年轻人。作为对服务的报答，该共同体给予它完成特定任务的专门许可证，以及给予它在它的能力范围之内控制由它自己的成员和其他人（半专业人员和技术人员）所

① 塔尔科特·帕森斯（Talcott Parsons），《社会系统》（*The Social System*）（Glencoe：Free Press），1951 年，第 460－462 页。

完成的工作的授权。[①] 自我控制的权力是各专门职业的一个显著特征，这将它们与其他职业区分开来。它由两个相关的要素构成。第一，执业者必须要获得一个领域的专门知识，并采用专业的行为标准，这些标准使他们在没有监督的情况下能够履行复杂的专业责任。第二，一个专门职业的成员构成一个同行伙伴群体，只有那些被认为有资格和有权判断一个执业者表现的人才是他的专业伙伴。专门职业对其成员们的招募、培训和以后命运的控制权促进了他们对专业标准的服从以及对偏离它们的压力的抵制。某些专门职业，比如教书、社会工作和护理，其酬劳并不依赖于他们的顾客，但是其他职业的许多执业者，比如医疗和法律，要由他们的顾客对他们的服务支付酬劳。这种经济交换有时使坚持专业标准不考虑顾客要求变得很困难。因此产生的对维持专业标准的反压力的需要可能是有许多自我雇佣者的这些自由职业似乎比其他专门职业更可能成立强大的专业组织的原因之一。期望是，间接的交

263 换链取代了基于互惠考虑的直接社会交易。有组织的专门职业为其个体成员根据专业标准向顾客提供服务进行奖励；这些服务的接受者为共同体作出了贡献；该共同体把高级的社会地位和控制权赠与作为一个法人团体的专门职业，这使它能够控制和奖励它的成员们。

向顾客提供服务的科层制官员们的情况类似于专业人员的情

---

① 参见埃弗里特·C. 休斯(Everett C. Hughes)，《人及其工作》(*Men and their Work*)(Glencoe: Free Press)，1958 年，第 6 章；以及威廉·J. 古德(William J. Goode)，“一个共同体内的共同体”(Community within a Community)，《美国社会学评论》(*American Sociological Review*)，22 (1957)，第 194－200 页。

况。人们期望一个科层机构中的官员们根据正式规则以一种客观超然的方式对待顾客，这要求官员们避免与顾客的交换关系，因为交换交易将使他们因为报酬感激和依赖顾客。即使一个官员想要赢得的只是顾客们的感激和赞同，他这样做的考虑也几乎不能不影响他的决定，并可能导致他偏离正式程序。[①] 如果官员们变得依赖于顾客，不管是因为他们个人所寻求的报酬，还是因为组织所需要的对顾客的服务，他们一定都会进入与顾客的交换交易，这意味着他们不能在与顾客的关系中严格遵循科层制的程序。有两项研究发现，官员们依赖顾客的情况引起了去科层化，就是说背离了科层制的原则。[②]

专门职业和科层制的超然性的一个基本成分是没有与顾客的交换关系。交换交易产生了某些义务，这些义务使得坚定不移地遵从专门职业的或科层制的标准变得不可能。按照这些标准对待顾客阻止了与他们的直接交换，并用集体和它们的个体成员之间的以及有时是集体之间的一系列间接社会交易取代它。

① 官员的同事群体可能——实际上，也承担着一个专业的或官僚的组织的角色——促进他们以非人格化的方式对待顾客，做法是用社会赞同来奖励这种非人格的行为，从而补偿个体成员以非人格的方式对待顾客所放弃的报酬。参见布劳，前引《科层制的动力学》，第 85－86、106－112 页。

② 伊莱休・卡茨(Elihu Katz)和 S. N. 艾森施塔特(S. N. Eisenstadt)，“对以色列的组织对新移民的反应的某些社会学观察”(Some Sociological Observations on the Response of Israeli Organizations to New Immigrants)，《行政科学季刊》(*Administrative Science Quarterly*)，5 (1960)，第 113－133 页；以及布劳(Blau)和 Scott(斯科特)，前引《正式组织》，第 232－233 页。

作为社会交易媒介的价值

各种类型的共同价值可以被设想为社会交易的媒介，这些媒介通过社会空间和时间扩展社会互动的范围以及社会关系的结
264 构。对社会价值的共识可作为将社会交易的范围扩展至超越直接社会接触的界限之外以及使社会结构长久保持以超越人类的生命历程的基础。价值标准在该术语的两种意义上可以被看作是社会生活的媒介：价值背景是塑造社会关系形式的媒介；共同价值是广泛的社会交往和社会交易的起媒介作用的联结物。当然，尽管沟通的媒介并不是社会价值，但这个原理可以通过将社会沟通作为一个类比来加以说明。[①]

所有的社会关系和社会交易都包含着沟通。人们之间直接的沟通要求面对面的接触，但对于大型集体中的大部分成员来说，个人接触是不可能的。然而，社会沟通对于维持社会关系的结构和社会交易的网络——它们把大型集体整合成一个社会单位——是必不可少的。因此，存在对下述社会机制的一种需要，这种机制使得社会沟通在整个社区中激增，并为相距遥远的沟通者之间提供了起媒介作用的联结物。沟通媒介满足了这种需要。它们扩大了沟通的范围，使得沟通独立于技术性的考虑和地理距离，而只依赖于社会边界。报纸和杂志、广播和电视、书籍和电影都成了向天各

① 社会互动的符号媒介的一个不同的概念——它也唤起人们注意到它们与通过语言的沟通的类似性——在帕森斯的著作中被提出，“论影响的概念”（On the Concept of Influence），《舆论季刊》（*Public Opinion Quarterly*），27（1963），第38－51页。

一方的大量受众传递信息的载体。信件和电话使得跨越遥远距离的相互沟通成为可能。汽车、火车和飞机允许居住分散的人们进行周期性的直接接触。通过改变社会沟通的形式，沟通媒介影响着它们的性质。因此，大众传媒用相互沟通取代了从一个沟通中心向一大批受众进行的基本上是单方向的信息传递，在这种单方向的传递中，这些受众很少有反馈沟通的机会，报纸读者可以作为这种情况的一个例证，这个群体的成员们很少有机会写信给编辑。

沟通媒介的主要功能是扩展社会沟通的范围，共同价值的主要功能同样也是扩展各种社会交往和社会交易的范围。大众传媒改变了社会沟通的性质及其形式，并且，以社会价值为媒介的社区和社会中的复杂社会结构在基本方面也不同于面对面的群体中在直接的社会互动过程中突然出现的较为简单的社会结构。沟通媒介部分上可作为信息的载体或仓库，这些信息被传递给人们，并有助于形成他们的意见，如同报纸所表明的那样；沟通媒介部分上还可作为人们之间间接的双向沟通的媒介或中间联结物，电话就是这种情况的例子。相应地，社会价值部分地构成了社会生活的媒介或背景，它有助于塑造人们的思维和行动，共同文化对人类行为的影响可以例证这一点；它们也部分地构成了新的社会交往的介质或联结物，如同共同理想和观点对友谊的形成的影响所说明的那样。最后，书面沟通能够以准确的形式长时间地加以保存。它们给予人们一个书面的历史，并且使向后代更为全面和准确地——与口述传统相比——传递他们的文化遗产和积累的知识成为可能。在这里，社会价值再一次具有一种类似的功能，因为它们在社会模式的制度化及其历史永存中起着一种至关重要的作用。

根据这个原则，我们将分析四种类型的社会价值：作为团结媒介的特殊主义的价值，作为交换和分化的媒介的普遍主义价值，作为组织的媒介的合法化价值，以及作为再组织的媒介的反抗理想。作为一个开头，有必要阐明帕森斯和希尔斯在特殊主义和普遍主义之间所作的区分。[①] 区分的标准是，支配着人们彼此取向的标准是依赖于还是独立于他们之间存在的特殊关系。后来，当一份工作的所有候选人都只被根据功绩能力来判断时，普遍主义的标准就非常明显，而雇用实践中的裙带关系则说明了特殊主义，正如一位母亲爱她自己的孩子，根据不管他们的品质或表现与其他孩子相比结果如何。

这种区别的一个含义类似于在第二章对提供外在报酬的交往
266 和具有内在报酬性的交往之间所作的区别。外在报酬被用作与伙伴们相比较并指引某人的行为趋向于它们的普遍主义标准。一种交往具有内在的报酬性，这个事实另一方面意味着，使它独一无二和不可比较的特殊特征决定了对它的取向性。在这里，关注点集中在人际关系中的心理倾向上。然而，帕森斯和希尔斯明显让他们的分析性区分不仅适用于对这些社会－心理力量的微观研究，也适用于对复杂社会结构的宏观分析。从宏观视角看，关键的问题是，哪些结构性约束影响着社会系统中角色关系的模式，而不是哪些诱因促使个体们倾向于与特定的他人交往。普遍主义－特殊主义两分法的另一个含义对于社会结构的分析最为恰当。

---

① 帕森斯（Parsons）和爱德华·A. 希尔斯（Edward A. Shils），《迈向关于行动的一般理论》（*Toward a General Theory of Action*）（Cambridge：Harvard University Press），1951 年，第 76－88 页。

在他们的最明确的定义中，帕森斯和希尔斯指出，普遍主义标准“用完全一般化的术语来界定，是独立于行动者自己的状况（品质或成就、类别或关系）与对象的状况的特殊关系的。”与此相反，特殊主义标准“通过它们与行动者属性的特殊关系维护着与对象相联系的价值的至高无上性……”[①]因此，具体的区分标准是，支配人们之间的取向和交往的价值标准是**独立于还是不独立于他们的身份属性之间的关系**。例如，如果一个社区的成员（不管他们的年龄如何）对老年人的成熟表达了最高的敬意，或者如果所有的年龄群体都倾向于对年轻人评价最高，那么年龄将构成一个普遍主义的标准。但是如果大多数人对他们自己的年龄群体表示偏爱——老年人对更年长的人评价得比较高，年轻人对更年轻的人评价得比较高——那么，年龄将构成一种特殊主义的标准。换句话说，被人们看重的不管他们自己是否具有的属性反映了普遍主义的价值，而对与自己的属性相似的属性的偏爱则反映了特殊主义的价值。

这个标准——它产生了对理论性概念的一种操作性测量——涉及普遍主义－特殊主义对于一个集体中社会关系的结构含
义。[②] 普遍主义的标准引起了社会地位的分化，因为被普遍看重 267
的属性或成就给予那些拥有它们的人以声望和权力。特殊主义的

① 帕森斯和希尔斯，前引《迈向关于行动的一般理论》，第 82 页。

② 参见布劳，“操作化一个概念框架”（Operationalizing a Conceptual Scheme），《美国社会学评论》（*American Sociological Review*），27（1962），第 159－169 页。因为一个人的地位影响他的赞同的效果，所以可以通过根据每个回答者的评价对其他人具有的意义来对他们的偏好给予加权处理，以此更完善这一标准。

标准在集体中的亚群体之间产生了分隔性的边界，因为看重类似于自己特征之特征的倾向将使有这种特征的人联合起来，并使他们与那些具有其他特点的人分隔开来。职业成就和经济成功是普遍主义的价值，它们使我们社会中的社会地位产生分化，而宗教信仰是特殊主义价值，它将不同的主要教派的成员们分隔开来。[①]

第一种类型，特殊主义的社会价值是社会整合和社会团结的媒介。他们共享的与众不同的价值将一个集体的成员统一起来，形成了共同的社会团结，并把整合纽带的范围扩展至远远超出个人吸引情感的界线之外。[②] 这些文化的或亚文化的信念成为群体认同的符号，它们规定了内群体和外群体之间的边界。将一个集体与其他集体区分开来的特殊的共享价值构成了一种媒介，通过这个媒介，它的成员被整合成为一个内聚的共同体。它们以这种方式成为个人吸引之情感——这种情感将面对面群体的成员整合成一个凝聚的单元——的功能替代物。然而，一个共同体中的共同价值也作为个人吸引联系的媒介，因为它们构成了社会吸引的特殊主义标准，它促进了该共同体中的成员在短暂认识之后友好关系的形成。尽管如果特殊主义价值没有在整个集体被共享的

① 然而，价值标准不一定保持纯粹的特殊主义或普遍主义。因此，在美国，新教徒是高地位的多数群体这个事实就将一种普遍主义的成分引入到在其他方面是特殊主义的宗教价值之中；存在某种偏爱新教徒的一般倾向，它补充了宗教内群体中的主流偏好。同样地，尽管研究技能和教学能力在学者中间构成了两个普遍主义的标准，但是那些在某方面突出的学者也倾向于强调这个方面的重要性，而在另一个方面突出的学者则强调另一方面的意义，结果，一种特殊主义的成分就侵入了普遍主义的标准。

② 这里参考的是埃米尔·涂尔干称之为“机械团结”的东西。《社会分工论》(*On the Division of Labor in Society*)(New York: Macmillan)，1933 年，第 70－110 页，特别是第 79、109－110 页。

话，它们就不能发挥它们的整合功能；如果它们与其他集体中的不同价值相比，没有被界定为独特的价值的话，它们也不能发挥这种功能。人类所共同的东西并不能成为群体认同的一个独特符号。特殊主义的价值是区分集体的特有属性，同时通过以社会团结的 268
形式将每个集体的成员联合起来，它们在集体之间创造出分隔的界线。

第二，普遍主义的价值是社会交换和分化的媒介，它们把交换交易和地位结构的范围扩展到直接社会互动的界线之外。所有的交换最终都包含着不同人的劳动成果，即已经被完成的服务。然而，甚至以物易物也不局限于两个伙伴自己的服务或劳动的交换，因为一个人可以用一件他自己拥有的物品来交换另一个人的服务，而这件物品是由第三个人生产的，例如，用一支梭镖来偿还别人帮助锄地的劳动。交换本身刺激了获得下述物品的倾向，这些物品不仅为某人自己使用，而且为了在以后的物物交换中使用。当个体们在物物交换中获得了他们不能自己使用的物品时，为了在以后用它们交换到他们可以使用的其他东西，间接的交换就已经开始了。间接交换的关键问题是比较价值的一种普遍有效的测量问题。一个人在贸易中愿意为一件他想使用的物品支付的成本取决于他对该物品对于其他人而言值什么东西的估计，而不是取决于它对他本人的主观价值，就像只有他本人对使用它感兴趣的情况一样。为了使人们现实地作出这种估计，在一个共同体中，人们必须对一个价值标准达成普遍的一致看法，根据这个价值标准，不同的商品和服务才可以加以比较。不同的劳动产品的价值都可以被转化成一种普遍主义的价值标准，这种标准起着一种交换媒介的作用。

当然，交换媒介的原型是货币，博尔丁将其定义为“那些习惯上被用来交换各种各样其他资产的资产，人们之所以需求它们，主要是因为一种对于它们具有可以被这样交换的持久能力的信念。”[①]现代货币基本上不是有价值的商品，比如黄金，而是为了确定和比较进入经济交易的每种东西之价值的一种被普遍同意的抽象标准。货币使间接交换交易网络的惊人扩展成为可能，因为它为义务和信用的轻易转移提供了机会，又因为它是一种具有高度流动性的资产，所以能够被轻易地转变成其他任何经济财物。作为一种交换媒介，货币是一个“价值仓库”，[②]它可以作为所有物质
269 价值——或者是直接被转变成货币，或者是转化为货币等价物的财物——的储藏室，利润利用货币能够以资本的形式积累；就是说，从提供服务中获得的收益可以在将来的某个时间享用或使用。它的可转让性使得货币在间接交换的复杂系统中成为中介物。每个人都要为另一个人或一个组织提供服务，作为对这种服务的回报，他不是从接受他的服务的人那里，而是从大量其他人那里，获得他想要的商品和服务，而货币在这些间接的交换交易中起着媒介作用。“作为‘货币’的品质是一个程度问题，而不是种类问题，”[③]因为货币不同于其他贵重物品之处仅在于它具有较高的流动性，就是说，它可以更容易地被转化为其他商品。

① 肯尼思·博尔丁（Kenneth E. Boulding），《经济分析》（第三版）（*Economic Analysis*）（New York：Harper），1955 年，第 312 页。

② 博尔丁，前引《经济分析》，第 310－313 页。

③ 同上书，第 311－312 页。

尽管在社会交换中没有货币的准确对应物——几乎没有任何东西像它那样流动——但是，社会贡献和后致地位（achieved status）的普遍主义标准发挥着类似的功能。在对不同贡献的相对价值的社会共识的范围内，间接交换是可能的，因为如果整个社区把一个人的服务定义为重要服务，那么直接有益于该社区某些部门的服务为他赢得了普遍的社会赞同和经常不是来自同一部门的报酬。成就和赞同的普遍主义价值是社会交换的媒介，对集体服务的不同贡献在社区中以社会地位的形式被转化为这种媒介。这创造了一种“价值仓库”——个体可以利用的、在将来某个时刻获得利益的社会信用。因此，有关公平的共同标准能使个体在交换交易中建立一种社会声望，它在日后与其他伙伴的交易中对他们有益。在集体中的高级社会地位是对该集体的福利作出被普遍承认为重要贡献的一般化报酬，而且也是产生大量个体可利用的特定社会报酬的一般化手段。

由重要成就的普遍主义标准所产生的社会地位的分化起着一种社会交换之媒介的作用，就是说，作为可以从中获得未来收益的累积的社会报酬的储藏所。普遍受到承认的成就的符号和外部表现在整个共同体中赢得尊敬和尊重。成就的普遍主义标准也为间接交换提供了起媒介作用的联结物，因为它们使得人们在共同体中向某些人提供服务并从其他人那里获得这些服务的回报成为可 270
能。例如，正如在社会规范和间接交换那一节所指出的那样，是同行群体和组织依照普遍主义的标准对向顾客们提供服务的专业人士或官员们提供奖励。对于专门职业或组织提供的重要服务，共同体通过控制权的授权偿还它的集体感激，这种授权使法人群体能够奖励它的个体成员们。根据普遍主义标准定义的地位要求和特权并不像货币那样是一种流动的和可以转让的资产，但它们是一种具有普遍意义的资产，这种资产将社会交换的范围扩展至直接的社会接触界线之外。

第三，使权威合法化的社会价值是组织的媒介，它们扩展了有组织的社会控制的范围。一个集体中的共同价值和规范可以使一个政府或领导的权威合法化并加强对其命令的服从，这些价值和规范构成了一种有组织权力的媒介。它们是赢得服从的权力的一个储藏所，作为由于从领导中获得收益的共同社会义务的结果，权力被储藏在这些价值和规范之中，并且为了组织起集体的力量，领导可以利用这些权力。被一个集体的成员们内化和实施的社会规范——它们影响着对一个权威的命令的服从——也构成了权力行使中起媒介作用的联结物。因为，这些规范调节着命令的发出和对命令的服从之间的关系，而其他形式的权力并没有被调节，而是直接被由他们自己实施控制的人或群体直接执行。合法化的权威能够栖息在非人格的原则和职位中，这使得它独立于行使这些原则和占据这些职位的个体们。因此，它可以从一个人转移到另一个人——从某个职位的一个担任者转移到另一个担任者——并由上级对下级进行委托。合法化的价值大大扩大了控制性权力的范围，既是直接地，也是间接地。它们使一个政府或行政部门的组织权力独立于个人影响或它的成员们能够建立的义务。并不是白宫中的那个人的个人影响，而是总统职位的合法权威，赋予了担任者如此广泛的权力。[①] 此外，一个行政部门对其组织的合法权威赋予了它该组织的全部权力。因此，该政府的政治权威使它能够动 271
员全国资源，以用于国家之间的权力斗争之中。

最后，反抗的理想是社会变迁和重组的媒介。革命的意识形态扩展了对现存权力反抗的范围，使其超出个体改变信仰之影响范围，而扩展到所有那些其生存条件使他们倾向于这些理想的人，马克思的纲领在全世界的影响就是一个显著的例子。反抗理想构成了社会重组的一种媒介，因为它们使反抗运动的领导者及其组织权力合法化，并因此产生了一种对社会中牢固确立的权力和现存制度的对抗力量。只有当受到激进理想的激发，为了这个理想他们愿意牺牲他们的物质福利，革命性的变迁或基础性的改革才可能在社会中发生。这样的理想也起到一种作为媒介的联结物的作用，它们将感觉受到剥削和压迫的人们集合到一起，并将它们统一在一个共同事业之中。

社会价值的这四种类型反映在社会结构的四个方面之中。特殊主义的价值以及与之相连的社会整合过程是社会团结和群体忠诚的基础。这些价值的范围从加强亚群体的凝聚力并同时在它们之间创造分隔性边界的价值，到那些包括一个社会的所有成员并把他们统一起来形成共同团结的价值。[②] 普遍主义的价值和它们

① 当然，领导方面的个人差别影响着总统所行使的权力的范围，但是它们只是增加了位于其职位中的权威。

② 因为特殊主义的标准可以被一个社会中的所有成员共享，所以我们可能会问，是什么将它们与普遍主义的标准区分开来，因为普遍主义的标准也被所有人共享。为了回答这个问题，有必要将共享的标准与它所涉及的有价值的属性或成就区分开来。特殊主义的标准赋予一个集体中的成员的那些属性以正面的价值，包括他们的信仰和

所引起的分化过程可以在社会的分配系统中发现，这尤其包括作
272 为主要社会报酬的差异分配的基本表现的阶级结构、社会分配和经济分配得以实现的交换和竞争系统，以及与它们相联系的功能，比如劳动分工、技术和培训。合法化的价值——它们是稳定组织和集权化的权威的基础——被反映在任何集体、大型社会以及其中的各种有组织集体的政治组织和行政组织之中。最后，反抗的意识形态以及它们所揭示和明确的冲突潜在于社会中的变迁和重组的反复出现的模式之中，这些政治理想是特殊主义的价值，随着对反抗运动的忠诚取代了其他特殊主义的忠诚，它们构成了社会团结的新基础，并且引起了重新结盟。

社会结构中的这四个方面的每一个都表现在集体成员之间属性的某种特定分布和社会交易的某种特定模式中。社会团结依靠人口中某些属性（特别是信仰）的同质性以及相互关系，在这种相互关系下，社会赞同在他们之间进行交换。分配体系包含该人口中其他属性的异质性，这种异质性与交换系统中的相互交易以及已分化了的地位系统中的单方面交易有关系。组织包含属性的异质性和通过集权化的指令加以协调的交易。反抗意味着在一个集体中属性的某种二分性，以及社会互动中的消极相互性，即反抗与

行为，这些属性是所有成员共同具有的，并将他们与外群体的人区分开来。与此相反，普遍主义的标准需要这样的社会共识：并非该集体所有成员特征的特定品质和成就，同时也是值得社会承认的有价值资产，并且这些标准通常在不同集体中是一样的。对美国理想的信仰——被这个国家的大部分成员所共享并与其他国家的不同理想形成对照——就是特殊主义的例证。认为高智力是一种有价值属性的观念也是一种普遍主义标准。大部分美国人共享这一信念，但许多人并不具有这个有价值的属性，其他国家的人们也重视智力。

报复、敌视与反侵犯。

已经讨论过的四种特征群对一个社会加诸其成员的集体控制也有含义。具体而言，它们符合维持集体权力和防止个体们篡夺权力所需要的四个条件，第五章所提出的那个纲要表明了这四个条件，它们是：(1)对所必需的报酬的供给；(2)可利用的替代选择；(3)强制力量；(4)减少物质需要的理想。首先，特殊主义价值和社会团结对个体们来说变成了只有集体才能提供的重要报酬的源泉，于是使个体们依赖该集体。第二，规定对共同福利的贡献的价值以及与之相关的差异性报酬的普遍主义标准刺激了竞争。如果一个共同体中的许多个体或部门为作出必要的贡献而竞争，那么基本服务的可替代供给者的存在就使得该共同体不依赖于他们(或它们)中的任何一个。换而言之，报酬的普遍主义标准促进了所需要服务的供给者的多样性，其中任何一个都不是必不可少的，这样就避免使该集体变得依赖于一个不可或缺的垄断者。公共教育培育了如此众多的重要贡献的提供者。第三，在一个社会中政

治国家垄断了对强制权力的合法使用，[①]这可以作为控制不顺从 273
的成员的最后一种手段，并且其他有组织的集体也有它们可支配的强制制裁手段，比如管理部门的解雇权力。最后，共同理想为一个集体的成员为了推进它的事业而牺牲物质报酬提供了激励。尽管这对反抗运动尤为重要，因为很典型地，对它们的支持需要巨大的牺牲，但一个国家的爱国理想也具有相同的功能。

---

① 韦伯，前引《社会和经济组织的理论》，第 154－157 页。

制　度　化

合法化的组织在所有时间内都面临着它们的永久存在的问题。当然，所有的种群(动物以及人类)都在再生产他们自己，为了确保物种生存许多代，不需要任何专门的安排。然而，一个合法社会秩序的生存超出了个体的生命限度，它确实要求特定的制度。对人们是神圣的或实际上是神圣的基本文化价值和信念，使他们渴望着把这些观点和理想保留给后代。在有组织的社会生活模式——它们被这些价值合法化并体现了这些价值——中以及在促进共同福利的知识和技术中所作的投入也使人们对保存那些模式、知识和技术感兴趣。于是形式化的安排被建立起来，以便永久保存合法秩序以及始终在维持着它的社会价值，做法是使这些秩序和价值独立于个体成员。像齐美尔所指出过的那样，组织化的共同体比其成员的所有更替者活得都要久，经常是许多代。[①] 持续存在的东西是支配社会关系和行为模式的原则，它们持续存在的原因是它们已经被制度化。

制度化包含着使社会生活的组织原则一代一代永久存在下去的形式化的程序。建立一个正式程序需要投入资源，它保持社会行为和社会关系的模式并使它们固定化。只是使一个已经变成习惯的行动过程变得明确化就需要努力并使该行动过程稳定化。要建立被人们一贯遵从的规则涉及进一步的成本，并使行动模式进

① 齐美尔，前引《社会学》，第 497 页。

一步具体化。在没有可遵循的书面程序的情况下，组织的成员们 274
有时在上级的指导下和基于先例进行操作。确定潜在于他们的决定之下的原则并制定出一本正式的程序手册是一件需要大量投入的困难任务，人们之所以作这种投入，是希望将来能从具有这样的形式化的程序中获益。人们之所以明确地提出整套的程序，是期望它们支配组织的所有成员的决定，并能容易地教给新来之人，这些程序表现在独立于执行它们的特定个体的行动与社会互动模式之中。形式化的规则使社会关系和行为的一种有组织的模式独立于特定的个人，这是社会制度的第一个必要条件。制度化的另一个必要条件是行为的规则由传统价值予以合法化并由有权力的群体加以实施，因此能抵制快速的变化。

存在各种各样的社会制度，例如，一个教会的教条和仪式、一个国家的政府形式及它的法律和法院、协调复杂经济交易的股票交换以及一夫一妻制的婚姻。它们共同具有的东西是，合法化的价值和形式化的程序使社会交往的有组织模式永远存在。将社会中的人们，尤其是统治群体，等同于他们的制度以及他们从制度中所获得的利益的那些价值，使他们有兴趣将这些制度保存给后代。神圣的价值对于某些制度——比如教会——的存活更重要；物质利益对于某些制度——比如股票交易——更为重要；不过所有这些都被某些共同价值合法化了。两种互补的社会机制保存人们——尽管他们自己死去了——的制度，这就是被历史地加以传承的外部社会安排和在社会化过程中加以传递的内化了的社会价值。

社会制度构成了一种历史实在，它至少部分地外在于和独立于构成社会的人类而存在。这种历史实在在没有文字的社会中通过口头传统加以传递，但是在有文字的社会，它基本上是通过书面的文献加以传递，这些书面文献具体体现了人们共同生活的基本的形式化的价值和规范——他们的宪法和他们的法律、他们的典
275 籍和他们的戒律。当然，并不是用来书写这些文献的羊皮纸或纸张有意义，而是它们所包含的人类行为的原则有意义。然而，这些原则被书写下来，这个事实也具有意义，因为它确保它们以固定的形式存在下去，并使社会生活的制度化原则的历史持续性符号化了，这些原则独立于特定的人，不过这些原则在任何特定的时间都是在这些人身上体现它们自己的。① 尽管这些历史文献必须要继续被人们相信，以便支配社会生活，但它们确实在发挥它们自己的影响，正如涂尔干在讨论书面教条和法律时曾指出的那样：

> 不管被消化得多好，如果没有任何人想象它们的意义并将它们付诸实践的话，它们当然不过是死的文字。然而，尽管它们不是自足的，但它们依然以它们自己的方式作为社会活动的因素而存在着。它们有它们自己的行动方式。法律是否被写下来将使司法关系表现出极大的不同。只要存在制定的法规的地方，法院的裁定就更为规则，但更少弹性……因此，它所呈现的物质形式不仅仅是无效的文字组合，而是活跃的现实，因为它们会产生影响，如果它们不存在，这种影响就不

① 与现代社会相比，仪式在无文字的社会承担着更大的重要性，这可能是因为当时人们要在没有书面代码的情况下把制度化的惯例永久保存下去，所以才对仪式有更大的需要。

> 会发生。它们不仅仅外在于个体的意识，而且恰恰是这种外在性确立了它们的特定品质。①

对社会制度之外在形式的历史传承的补充是基本的文化价值和规范在社会化过程中的传承，可以说，这些价值和规范给予这些外在形式以鲜活的血肉和持续的生命。在抚养他们的孩子的过程中，人们把他们最深刻的价值和信仰灌输给孩子们，常常是没有明确的意图。因此，被一个社会的成员或者它的各部分所共享的主导价值和规范被传递给后代。尽管孩子们对他们父母的反叛以及特别是由于政治压迫和经济剥削所产生的剥夺有时导致了对传统价值的抛弃，但是只是被挑选出来的政治或经济价值通常才会被抛弃。文化遗产的主要部分往往会持久存在下去，甚至在革命转型时期也是如此。无论如何，社会化过程导致有组织的共同体生活的合法化价值中有许多被传递给后代，这些价值是被制度化了 276
的价值，它们支撑和滋补着制度的外在形式，如果没有这些价值，制度的外在形式就是死的骷髅。

在维持制度方面补充其他两个因素的第三个因素是它们扎根在权力结构之中。变得制度化了的文化价值和社会安排是该社会中的统治群体强烈认同的那些价值和安排，因为这些群体有权力使他们的信念占据优势并加强有关的社会规范。例如，如果有权群体重视和保护言论自由，那么它就在一个社会中被制度化，即使

① 涂尔干(Durkheim)，《自杀论》(*Suicide*)(Glencoe：Free Press)，1951 年，第 314－315 页。

大多数人不关心它或者可能贬低它。当有权者不再关心维持言论自由时,作为一项制度它的存活就处于危险之中了。一项制度之所以对后代施加外在约束,很大程度上是因为能够实施制度性要求的有权群体继续对它的保存感兴趣,或者说,只要有权群体对它的保存感兴趣,一项制度就会对后代施加外在约束。有权力的男人及他们的妻子比其他人更可能在他们孩子的社会化过程中向他们灌输传统价值,因为体现这些价值的制度结构是他们的统治地位所依靠的结构之一。然而,社会化并不局限于儿童时代,也发生在以后的生活中,特别是当个体加入新的群体时。为了学会适当地关心传统价值和制度,上升到统治地位的低阶层成员倾向于被已经是那个群体的人社会化。总之,制度化的模式典型地是一个社会中的统治群体最为认同的那些模式,并且通过实施这一目标所必需的要求,这些群体是这些模式得以历史永存的工具。[①]

因此,为了社会结构的诸方面被制度化,即一代一代地永远存在下去,必须要满足三个条件。有组织的共同体生活的模式必须要被形式化并成为持续存在的历史条件的一部分,使这些模式合法化的社会价值必须要在社会化的过程中被传递,以及该社会的统治群体一定要对这些模式的存活特别感兴趣。没有合法化价值的持续承认,这些历史形式就成为空壳,没有制度形式的文化价值就是有待实现的理想;为了维持制度,二者都需要,也需要有权力群体对它们的支持。这些因素可以用美国的政治制度来说明。一

① 我感谢阿瑟·L. 斯廷奇科姆(Arthur L. Stinchcombe)在一次私人通信中提醒我注意这些观点。

方面，美国政府的国会制形式、美国的宪法和法律、政府的各个部 277
门以及选举机器都是体现在文件中的形式化的程序，也表现在许多组织和机构之中，这些组织和机构作为历史实在的一部分而持续存在，独立于各种职位的特定担任者。另一方面，民主的和爱国的价值、对法律和支持法律的习俗的尊重以及有关的价值和规范都在家庭和学校中被传递给孩子们。美国人出生在特定制度形式存在的历史情境中，并且在他们年轻的时候，他们学习使这些制度形式合法化的价值和规范。法律的权威和政治权威的基础是它们所扎根于其中的历史传统，以及美国社会的成员在社会化的过程中作为他们基本人格的一部分而被内化了的有关规范取向。此外，国家的统治群体的支持维持着政府和法律制度的美国形式，甚至在大规模的来自其他传统和具有不同取向的移民大量涌向这个国家的时期也是如此。制度性约束一般从下述结合体中获得它们的显著力量，即权力结构的支持以及在社会的传统中和在其个体成员的童年社会化经验中具有双重历史根源的结合体。

制度反映了社会生活中的历史维度，反映了过去对现在的影响。制度和社会结构之间的关系以某种方式类似于社会结构与人类行为之间的关系。制度是社会结构的长期存续的那些方面，而社会结构由在整个集体中普遍存在的那些行为模式构成。然而制度对存在于任何时刻的社会结构施加传统的约束，正如社会结构对个体的行为施加外在的约束一样。因此，被一个集体的大部分成员所共享的价值和规范构成了对他们中每个人的外在结构约束，他必须适应这些约束。同样地，传统价值及其外在制度形式构成了一个在任何一个时刻社会结构必须要适应的历史框架。然而，人们能够集体地改变约束他们的社会结构，共同体经过一定的时间可以改变限制他们社会生活的制度。简言之，制度对社会结构施加了历史限制，社会结构反过来对个体行为施加了结构限制。

我们在前一节介绍过的作为社会交易媒介的社会价值的类型
278 学可以被用来对社会制度进行分类。首先，整合性制度使特殊主义价值永远存在，维持社会团结，以及保存使该社会结构与其他社会结构区分开来的显著特征和个性。这种制度复合体的核心是亲属制度，这种制度确保该社会的每个成员在凝聚性社会关系的网络中具有一种整合性的位置，并在先赋品质的基础上确保成员具有一种社会－情感支持，这种制度还通过向后代传递文化价值和规范以及通过在生物学上再生产人口来保存独特的社会结构。根据乱伦禁忌选择配偶反复地在亚群体之间建立起亲属忠诚的新的特殊主义的联系，以前这些亚群体被这些特殊主义边界分隔开来。宗教制度构成了这个复合体的第二个主要成分，因为道德教条和神圣的符号是特殊主义的基本成分，而神圣的礼节和仪式大大加强了对它们所代表的特殊主义价值的忠诚。因为在现代社会，大部分宗教实体跨越了国家边界，它们所创造的共同传统和忠诚也是如此，所以独立的爱国学说、符号和仪式——独立宣言、星条旗、七月四日的庆祝仪式——就发展起来了，以便支撑国家的传统、团结和忠诚。

制度的第二个重要类型的功能是保存那些为了必需的社会设施、贡献和各种类型报酬的生产和分配而发展起来的社会安排。当然，这种类型包括一个社会中的经济制度，但是它也包含由工具性价值的普遍主义标准所支配的其他制度。它包括教育制度，而技术性技能和实用性知识就是通过教育制度被传递给后代的，并且，在它们的较高部门里，教育制度同时还发挥着通过研究而增进知识的功能。在为招募和向各个职业——人们在这里提供各种服务——输送人员需要一个激励制度的情况下，分层体系也是这个制度复合体的一部分。就此而论，区分社会制度的两个方面是重要的。[1] 一方面，分层体系由社会地位的等级体系构成，而不是由 279
占据它们的人构成，这些社会位置产生差别性的报酬。另一方面，阶级结构由个体们的实际集体——它们在财富、权力和声望方面各不相同——构成，而不是由抽象的地位所构成。分层体系是一项制度，而阶级结构则不是。尽管阶级结构不是一项制度，但是阶级结构在加强其他制度方面是起作用的，如同上文所指出的。阶级结构的重要成分一代一代地持续存在下去，正像制度一样，因为财富以及由此造成的阶级地位的某些方面可以被继承。在阶级结构中因而发生的僵化性妨碍了分层体系作为一种分配人类资源的机制的功能，因为世袭的地位报酬不是成就的有效激励。

第三套主要的制度可以用来使得在追求社会目标时动员资源和协调集体努力所必需的权威和组织永远存在。其原型是一个社会持久的政治组织，不仅包括政府的形式和各种特定的政治制度，比如立法机构，而且还包括随之而来的组织，比如维持法律

[1] 参见沃尔特·巴克利（Walter Buckley），“社会分层及社会分化的功能理论”（Social Stratification and the Functional Theory of Social Differentiation），《美国社会学评论》（*American Sociological Review*），23（1958），第369－375页，以及金斯利·戴维斯（Kingsley Davis），“讨厌的异端邪说”（The Abominable Heresy），《美国社会学评论》（*American Sociological Review*），24（1959），第82－83页。

和秩序的司法部门、保护国家安全和力量的军队以及实施政府决定的行政机构。属于这套制度的还有在一个社会的政治舞台之外被建立起来的正式组织（像商业机构、工会和专业协会）以及特别是管理部门和行政部门持久的原则（这些正式组织就由这些原则支配）。私立的以及公立的组织是一个共同体实现其社会目标（比如较高的生活水平）的工具，它们的内部结构相应于一个政治系统的执行部门。因此，持久的组织在分析上是政治制度复合体的一部分。[1]

最后，一个社会的文化遗产包含着可能被称为“反制度的成分”，它们由那些尚未被实现的以及尚未在明确的制度形式中表现出来的基本价值和理想构成，这些价值和理想是社会变迁的最终源泉。这些尚未被实现的但在文化上已被合法化的理想与社会存在的实际条件之间的冲突是对现存制度的社会反抗的基础。为了使这种冲突被激化，通常需要分散的不满变得集中在一种反抗的意识形态上。尽管某些反抗运动系统地提出了革命的意识形态——这种意识形态拒绝许多基本的价值并鼓吹完全推翻许多制度安排，但是它们是在被主流文化合法化了的某些理想和终极目
280 标的框架内这样做的。甚至最激进的革命意识形态也并不独立于传统的社会价值，而是从中获得某些合法性。恰恰是使现存制度合法化的文化价值包含着它们的潜在毁灭的种子，因为这些价值为了使现存社会秩序合理化在人们心灵里唤起的理想化的预期不

① 参见帕森斯（Parsons），《现代社会中的结构与过程》（*Structure and Process in Modern Society*）（Glencoe：Free Press），1960 年，第 41－44 页。

可能完全被它满足，因此，如果需要的话，这些价值就可能被用来作为反抗它的理由。[①]

结　　论

普遍被接受的社会价值起着社会交易的媒介的作用，它通过大型集体和漫长的时间阶段扩展了社会过程的范围，使其超出直接社会接触的界限。可以区分出四种起着媒介作用的价值。部分地通过创造一种取代个人吸引情感的共同团结，部分地通过社会吸引的媒介性的纽带，特殊主义价值可作为社会团结的媒介，尽管它们同时也在更大集体中的团结一致的亚群体之间产生分隔性的界线。社会贡献和成就的普遍主义标准引起了社会地位的分化，并因此确立了一种以地位形式出现的交换媒介作为一般化报酬，它尽管远没有货币那样具有流动性，但它使间接交易成为可能。合法化的价值对于权威的行使以及在追求集体目标中大规模社会努力的组织来说起着媒介作用。反抗的理想是社会重组和变迁的媒介，因为它们激发了对反抗运动的支持，并使它们的领导合法化。

如果以下三个条件被满足的话，那么被共同价值调节的社会生活的复杂模式将变得制度化，并因此代代永存，有时可以存在数

① 以上介绍过的纲要显示了与帕森斯的四个功能必备项——适应、目标满足、整合和潜在模式维持——的纲要的某些相似之处，但是，也存在某些基本的差别；参见帕森斯(Parsons)和尼尔·J. 斯梅尔塞(Neil J. Smelser)，《经济与社会》(*Economy and Society*)(Glencoe: Free Press)，1956 年，第 16－28 页以及其他各处。

百年。第一，有组织的原则必须体现在形式化的程序中，通常以书
281 面文件的形式，并且明确地表现在被历史地传递的正式的社会安排中，这些社会安排独立于在任何时刻执行它们的人们，如一个社会中的法律和法院，商业公司的法人结构，或者宗教教派的教条和仪式。第二，使这些制度形式合法化并使它们保持活力的社会价值，必须在社会化的过程中被传递给后代。第三，共同体中的统治群体必须要强烈认同这些合法化的价值，并为保存表现这些价值的制度提供它们的权力。因此，社会制度扎根在权力结构之中，同时也扎根于过去、社会的历史传统以及其成员在儿童时期习得的内化了的文化价值之中。这些内化的机制使人们的人格很容易适合他们社会的制度，而其他的社会条件则常常要求困难的调节。然而，在文化遗产中也存在反制度的成分，因为终极的文化理想和价值在现实生活中从来就未曾被充分实现过。如果被这些合法化的理想所引起的社会期望与社会存在的现实条件之间的冲突变得过大，对现存制度的反抗往往就会出现。

可以在较为简单的人际关系结构、由亚结构构成的复杂社会结构以及永久存在的社会制度之间找出某些类似之处和差异之处。相应的过程和结构特征都可以在它们之中发现，但它们采取的是不同的形式。社会整合过程依靠面对面群体中的个人吸引的情感，而它们由在复杂结构中产生共同团结的特殊主义价值作为媒介，后代的整合团结由亲属的和宗教的制度加以确立。社会交换和分化的过程——包括小群体中的直接交易——由复杂结构中成绩和成就的普遍主义标准作为媒介，它们通过社会中的经济和教育制度以及分层体系被永久保持下去。对一个群体的非正式领

导的社会赞同在大型集体的权威和组织的合法化中以及在一个社会的持久政治制度中有着它的对应物。对权力行使的社会谴责——这可以在小群体中发现直接的表现——在复杂的共同体中导致反抗的意识形态和运动，这些最终可能引发制度变迁。

总之，复杂社会结构最显著的特征应该加以重新强调。因为 282
直接的社会交易在大型集体的大部分成员之间是不可能发生的，所以社会过程由共同价值作为媒介来调节，尽管共享的价值也影响小群体中的行为，但它们没有像在复杂结构中那样起到关键作用。[①] 此外，社会的复杂结构部分地变得制度化起来，这些持续存在的制度成分对共同体生活的其他成分施加了传统的约束。最后，大型社会结构的成分也是社会结构。正是这些亚结构的多重相互依赖揭示了社会结构的全部复杂性，而且它也是社会变迁的一个重要根源，这一点将在下一章说明。

① 然而，这种说法并不意味着，共同价值的影响构成了对社会模式的唯一的或最重要的结构性影响。

第十一章　亚结构的动力学

283 在社会中，每一种冲突都同时与所有其他种类的冲突相互干扰，只有当它们的分裂线重合时才能得以保全；在这种情况下，它们彼此强化……因此，一个被大量向着四面八方的反对力量所撕裂的社会比只沿着一条线路裂开的社会实际上可能被暴力破坏或被摧毁的危险更小。因为每条新的裂缝有助于使交叉的裂缝变窄，所以我们可以说，社会是被它的内部冲突缝合在一起的。

——爱德华 A. 罗斯(Edward A. Ross)：《社会学原理》

复杂社会结构的基本构成要素也是社会结构。一个社会由它里面的相互关联的社会群组(grouping)和部门、社区和组织所构成。在它们作为社会基础的意义上，也在它们是社会的被内在地组织起来的亚单位(subunit)的意义上，这些不同类型的相互依赖的集体构成了大型社会结构的亚结构。

社会结构由个体和群体之间模式化的社会关系所构成，包括这些关系在其中得到表达的反复发生的行为。“微观结构”这一术语被用来指代一个群体中个体之间的相互关系，而宏观结构这一术语则用来指代在一个更大的集体中的这些群体的相互关系或者在一个还更大的集体中这些集体的相互关系。因此，宏观结构的这些要素可能或者是微观结构，或者是宏观结构本身。群体和集体之间的关系体现在它们的相互依赖上、个体在它们之间的流动上，以及当作为他们群体的代表和按照作为群体成员的特定角色行动时个体成员之间的社会互动上，不管这涉及追求集体目标的 284
联合行动，还是追求被社会结构中的条件所塑造的个人目标的行动。

亚结构之间复杂的相互作用赋予包含它们的社会结构以基本特征，并且它是支配社会结构的动力的来源。存在许多层次的亚结构，这可以用国家中的州、县、社区、街区和邻里来说明。然而，把亚结构看作同心圆以及认为它们在每个层次上是相互排斥的这种形象化的比喻是过于简化的，因为许多种类的亚结构构成相交的圆。个体同时属于许多群体，并且还可能是其他群体的成员——他们同时是纽约人、黑人、民主党人、某个企业的雇员和某个工会的会员，并能够加入任何数量的自愿协会。因此，这些群体有着相互重合的成员，界定这些群体结构的社会关系网络是相互渗透的，并且它们之间的边界既不是泾渭分明的，也不是固定不变的，也就是说，群体随着成员流入和流出而扩张和收缩。更大结构中的群体之间的分化和群体的内部结构是联系在一起的。齐美尔提出了关于这种关系的原则，他说"分化了的社会圈子的元素是未分化的，未分化的社会圈子的元素是已分化的。"①他作出的重要

① 乔治·齐美尔(Georg Simmel)，《社会学》(*Soziologie*)(Leipzig: Duncker and Humblot)，1908 年，第 715 页(英文版由布劳翻译)。

补充论点是，集体之中的社会分化产生了使在每个集体内处于类似地位的社会元素之间联系起来的联结物，在不同社区甚至不同国家中相同社会阶级的成员们的阶级团结例证了这一点，[①]这意味着，内在的结构分化产生了新的相互交叉的群组。宏观结构的动力学建立于在它们的亚结构之内和之间的社会力量之间多方面的相互依赖的基础之上。

285 宏观结构和亚结构

一个社会中不同种类的亚结构是能够被区分的。首先，基于任何社会性的相关属性——也就是实际上支配人们之间关系和他们彼此定位的任何属性——可以把人口划分为社会部门或类别。性别就是一个有意义的社会类别，在我们的社会里肤色也是如此，而眼睛则不是。分类的任何一个标准，只要它很明确，就会得出相互排斥的社会类别，尽管好几条标准当然产生的是相互交叉的社会部门。第二，社区——在这个术语的狭义上说——是在特定地域组织起来的集体，尽管每个社区包含更小的组织并属于更大的地域组织的一部分，但它们典型地具有自己的政府和防止被重合的地理边界。曼哈顿的和昆斯区的人口之间没有重合，但这两个行政区的居民同时都是纽约人和美国居民。第三，有组织的集体是有着不同社会组织——可能从小规模的非正式朋友集团到大规模的科层化正式组织——的人们的联合体。个体属于大量有组织

① 齐美尔，前引《社会学》，第 709 - 713 页。

的集体，这意味着这些亚结构相互渗透，并且集体经常有边缘性的成员，这意味着它们的边界是变动并且没有被清楚地界定。最后，抽象的社会系统不仅由特定集体中的社会关系所构成，而且由可分析的组织成分——比如一个社会的经济或它的政治机构——所构成。

社会价值对于某种社会结构及其亚结构来说有着不同的意义。对于这种分析来说，最重要的亚结构是有组织的集体和社区。社区可以被看成是集体的一个特例。社区是一个有着特定显著特征的有组织的集体，尤其体现在地域基础和地理上的界线，这使得它不会与其他社区相重合。然而，社区的边界和其他种类的有组织的集体的边界肯定会相互交叉。有组织的集体有着独特的价值取向，并且上一章所讨论过的价值标准的四种类型对于某种社会结构及其亚结构经常有着不同的后果。

特殊主义的价值在亚结构中产生了社会团结的整合纽带，但同时在更大社会结构中的亚结构之间造成了分隔性的边界。例如，把每个教会的成员联合起来的宗教信仰将社会划分成不同的并且有时还相互冲突的宗教群体。宏观结构上的社会团结总是可疑的，因为将内群体联合起来的特殊主义价值在更大集体中的内群体之间造成了分隔性的边界。这提出了特殊主义标准的适用范 286
围的问题——它们的联合性力量的范围有多广。事实上，一个社会结构中的特殊主义标准通常在其亚结构中变成了普遍主义标准。宗教的信仰和原则不仅是联合每个具有同样信仰的教派的成员们的特殊主义价值，而且也经常是促进该宗教群体内部地位分化的普遍主义的行为标准，因为在实践他们宗教的最高道德标准方面最虔诚的人在他们的信徒同伴中博得尊敬和敬重。从社会的视角看，政治取向也是特殊主义的标准，但在每个政治阵营内部它作为普遍主义标准起作用，因为它将那些献身于使他们获得高度尊敬和较高地位的事业的人与他们的更为冷漠的和不太受重视的同志分化开来。在分析上，特殊主义标准指的是一个子集体的所有成员共享的珍贵属性，而普遍主义标准指的是在他们之间少见的珍贵属性。然而，反映在行为中的珍贵属性由不同的个体在不同程度上被典型地展现出来，这混淆了特殊主义和普遍主义在分析上的差别。

当一个集体中的不同亚结构的普遍主义标准相互冲突时，从包含性社会结构的视角看，它们构成了特殊主义的标准。这一点——它是对上面所论述过的观点的补充——可以用一个假设的例子来阐明。一个社区中的中学被分成两种，一种是大部分学生积极地追求学业成绩的学校，另一种是大部分学生对学业成绩持消极取向的学校。在前一种学校中，学业成绩受到普遍赞扬并与在同学中的高地位连在一起。在后一种学校中，学业成绩普遍地被瞧不起，并且那些最强烈地抵制学业压力的学生被赋予最高地位。因此，尽管具有相反的意义，学业成绩在这两种类型的学校中都将构成普遍主义的标准。但从中学生的整个社区的观点看，学业成绩将是一个特殊主义的标准。因为一个学生的社会地位并不是取决于他具有社区中普遍地被承认为杰出的学业特征，而是取决于他具有在他的同学中占据主导地位的学业取向的种类——只
287 不过是以更为极端的形式。在亚结构中不同的普遍主义标准在它们所构成的更大结构中就是特殊主义的标准。因此，一个子集体

中成员们不同的价值标准被用来把他们联合起来达到共同的团结，而同时又根据他们实践这些标准的不同能力和倾向把他们之间的社会地位分化开来。

与此相反，某种社会结构中的普遍主义价值可能在其亚结构中成为特殊主义取向的基础。成就和地位的普遍主义标准促进了一个社会中分化的阶级结构，并赋予每个社会阶级的成员们以某种共同利益，它们不同于其他阶级的共同利益，并常常与这些利益相互冲突。被普遍承认的资金来源的重要性赋予一个社会中的穷人以显著的共同具有的经济利益。共享的生活机会、社会生存的条件以及使社会阶级分化的利益造成了社会阶级之间的社会距离，并促进了每个阶级内部的社会联合，它产生了进一步使阶级之间的分离明确化的不同的生活方式。每个社会阶级的共同利益和生活取向是特殊主义价值，它作为一体化的纽带将其成员联合起来以达至社会团结。阶级团结的这些特殊主义纽带立基于分化社会阶级的普遍主义标准本身之中。作为一名地位低下的工人的身份成为无产者团结的标志，这意味着一种被普遍定义为失败的记号已经被转变为一种特殊主义的社会价值。

社会目标及追求它们的权威的合法化典型地引起了外形上可见的组织，这些组织具有动员资源和协调集体努力的正式程序。控制的集中化是这些正式组织的一个明显特征，并且通常专门化和部门化也是明显的特征。这些专门化的部门——它们通过权威的授权而被正式地建立和获得合法性，并为组织目标的达成发挥基本的功能——倾向于获得某些自主性。亚结构的相对自治的组

织可能很容易和更大社会结构的集权化组织发生冲突。[①] 因此，
288 在一个科层组织的专业部门中的运作被预期受到专业标准的支配，但专业要求反复地和作为一个整体的组织的行政要求相冲突。构成一个国家政治组织成分的行政部门和机构有时彼此之间发生冲突并和中央政府本身发生冲突。这种情况的发生，是因为它们的政策部分地由它们的专业化功能所强加的要求决定，而不是完全由中央政治权威的指示决定，这意味着它们有一些自主性。军队部门的不同分支机构之间以及军队部门和行政机构之间的分歧表明了这一点。基本的原理是这样的，总体组织的有效性取决于它的各个部门对专门化功能的有效履行，这使得部门的充分的功能自主性成为必要，以允许它们根据自己的要求来组织运作。[②] 因此，一个合法组织中的集中化的命令指示一般地由该组织中功能部门的最低限度的自主性加以补充。古尔德纳已经指出，有组织社会系统的构成部分的自主性起着社会变迁的催化剂的作用，因为自主的亚结构实际上是包含在社会结构内部的外生社会力量，社会结构必须要持续地适应这种外生力量。[③]

① 也许这种冲突最可能发生在起先独立的单位的联合体中，而不是其亚单位作为内部分化的结果而出现的组织中。关于这个区分，参见阿米泰·埃齐奥尼(Amitai Etzioni)，“国际层次上的政治共同体的渐成说”(The Epigenesis of Political Communities at the International Level)，《美国社会学杂志》(*American Journal of Sociology*)，第 68 卷 (1963)，第 406－421 页。

② 参见阿尔文·W. 古尔德纳(Alin W. Gouldner)，“功能理论中的互惠性和自主性”(Reciprocity and Autonomy in Functional Theory)，载于卢埃林·H. 格罗斯(Llewellyn Gross)的《社会学理论专题论文集》(*Symposium on Sociology Theory*)(Evanston：Row，Peterson)，1959 年，第 241－270 页。

③ 同上书，第 263－266 页。

具有广泛吸引力的反抗理想将一个集体分割为相互冲突的阵营，但同时又把许多亚群体统一在一项共同事业之中。从社会结构的视角看，反抗的意识形态是引起分裂的力量，并且它促使人们背离已有的社会价值和规范。而从亚结构的视角看，不仅在反抗运动的支持者之间，而且在那些帮助击败它的人之间，这种反抗的意识形态则是一种联合性力量，并且它造成了对公认的社会价值和规范的严格遵从。对社会主流价值的极端不遵从者通常是对它们内群体的价值的严格遵从者。尽管革命的理想和信念否定现存社会秩序的合法性，但它们也为在反抗的亚结构中的合法的权威和组织提供一个新的基础。

总之，一旦考察社会结构及其亚结构，很明显，对社会价值的分析一定要考虑它们的范围，即在价值所涉及的系统中有组织的社会关系的范围，因为这一范围内的差异常常完全改变了同一价 289
值标准的结构意义。各种群体不同的普遍主义标准构成了包含它们的更广泛社会结构中的特殊主义的标准。在更广泛的社会结构中社会成就和地位的普遍主义标准可能在它的分层的亚结构中就转变为社会团结的特殊主义符号。使集权化的权威和组织合法化的价值和规范与那些使亚组织合法化的价值和规范经常发生冲突。从社区的视角看构成越轨的反抗理想，从社区内反抗运动的角度看则是合法化的价值。

宏观结构与其亚结构之间的相互依赖可以通过追溯在这两个水平上社会结构的三个方面——整合、分化和组织——之间的相互关系进一步加以分析。具体来说，需要研究九种联系，也就是，亚结构的整合、分化和组织是如何与宏观结构的同样的三个方面的每一个联系起来的。社会结构的第四个方面——通过反抗而重新组织——被挑选出来在本章的后半部分进行专门的处理。现在将要讨论的九种关系可以用下列形式图示化地加以描绘：

宏观结构 / 亚结构	整合	分化	组织
整合	1. 个人吸引和特殊主义的团结	2. 依附对流动	3. 限制政治义务的亚群体忠诚
分化	4. 社会阶层之间的横向联系	5. 群体内的地位和群体间的流动	6. 政治精英和亚群体代表
组织	7. 由文化价值整合起来的组织	8. 内部组织和有差别的成功	9. 自主性、集中化的权威和有差别的成功

290 (1) 微观结构中的社会整合依靠社会吸引的个人纽带，而宏观结构中社会团结的整合纽带依靠共享的特殊主义价值。较大共同体的特殊主义价值扩散至该共同体中面对面的群体中，并塑造其成员的社会关系和行为模式。结果，各种群体中的日常社会关系加强了特殊主义价值以及整个共同体的团结纽带。斯廷奇科姆曾注意到这一点："初级群体的渗透给予较大群体以如下能力——使对它们自己的忠诚社会化到人格的较深水平的能力。初级群体生活的报酬和对初级群体的其他成员的忠诚变成了由较大群体支配的资源。"①各种更大集体的特殊主义价值的强度和范围决定着

① 阿瑟·L. 斯廷奇科姆(Arthur L. Stinchcombe)，"社会结构与组织"(Social Structure and Organization)，载于詹姆斯·马奇(James March)，《组织研究手册》(*Handbook of Organizations*)(Chicago：Rand-McNally)，即出。

它们对群体生活的影响。“长老会教徒的家庭文化显著地是长老会制的，与此相比，犹太人中的家庭文化更加显著地是犹太人的（尽管长老会教徒显著地是‘值得尊敬的新教徒’）。”[①]尽管微观结构中的凝聚性关系——它们受到宏观结构的特殊主义价值塑造——促进了初级群体及其成员整合进宏观结构，但是在一个作为整体的社会中不同宏观结构的特殊主义价值产生了对忠诚和社会整合的竞争性需求。新教徒的和长老会教徒的、南方的和得克萨斯的、中产阶级的和专业人员阶层的亚文化以及美国文化本身构成了分离的特殊主义系统，它们有一些是平行的，有一些处在不同的水平上。这些特殊主义圈子的各种组合被反映在实际群体生活中，得克萨斯群体的忠诚和模式越明确，他们成为长老会教徒的倾向就越不显著。

（2）亚结构中的社会整合和宏观结构中的社会分化提出了社会依附和社会流动的问题。在生活中被普遍承认的成就和成功的标准使个体们对于向较高的社会阶层移动——如果他们可能的话——感兴趣，但是特殊主义的价值取向和较低阶层中的经济条件为社会流动制造了障碍。此外，在组织之间的竞争中取得成功 291
要求每个组织都要根据优点和资格的普遍主义标准来招募人员，但是共同价值对于社会团结的重要性将特殊主义标准引入到招募过程中。在欧洲，军官团中的精英分子传统上都是从贵族中招收的，在美国则是从较高阶级中招收的，尽管在最近几十年中模式已

① 斯廷奇科姆，前引“社会结构与组织”。

经发生变化；[①]人们期望老资格的商业经理已吸收了上层阶级的价值和生活方式；对工会价值的意识形态认同是对工会官员的要求。最后，在微观结构中对个体们的特殊主义整合——特别是他们的家庭和亲密的朋友圈子——使他们可以减轻在更大共同体中的普遍主义竞争的紧张。

(3) 微观结构整合对于宏观结构水平上集体努力的明显组织(例如，一个社会的政治组织)也有意义。一方面，使政治权威合法化并促进人们履行他们的政治义务的价值和规范是在家庭的社会化过程中习得的，这些价值和规范从家庭成员之间的社会整合的特殊主义纽带中获得它们的持久性和支持性的意义。另一方面，人们对他们的家庭的深刻而广泛的义务为更大的有组织集体能够强加给他们的义务设置了限制。尽管一个国家可以在战争时期要求它的公民作出巨大的牺牲，但是人们也普遍认识到，在其他时期，对他们的家庭的义务优先于政治义务。事实上，甚至在战争时期，一个士兵的家庭的变故也往往证明他的开小差行为是正当的。

(4) 亚结构中的内部分化促进了各种亚结构中位置相似的阶层之间的交叉联系，因此为更大社会结构中的社会整合提供了新的纽带。在各种共同体中，体力工人的共同处境和利益创造了他们之间社会团结的纽带，这种纽带将他们统一成一个社会阶级，这种社会阶级就是一个使共同体和其他集体相互交叉的亚结构，随后它沿着与旧界线相交叉的新界线产生了整合性的联系。对于

① 参见莫里斯·贾诺威茨(Morris Janowitz)，《职业士兵》(*The Professional Soldier*)(Glencoe: Free Press)，1960 年，第 89－97 页。

各种组织中的某个既定专业的成员来说，情况也是如此，这些成员们对专业问题、标准和培训有着相似的考虑；对于分化了的亚结构中的所有职业群体和阶层来说，情况也是如此，这些职业群体和阶层的成员面临着相似的问题并具有某些共同的利益。集体之间的交叉性整合纽带加强了整个社会的团结。社会分化本身给予社会不同部门的相应阶层以某些共同的利益，如同齐美尔曾指 292
出的那样：

> 在社会分化过程已经产生了高阶层和低阶层的某种划分之后，它们占据一定社会地位这种纯粹形式的事实在最不相同的群体的成员之间创造了一种联系、一种内在纽带，并且常常也创造了某些外部关系。连同一个群体中的这种社会分化一道，产生了在空间上以及在经济和精神生活上扩展至其原初界线之外的需要和倾向。当个体的差异通过一种离心的倾向——这与其他群体建立了桥梁——在它的成分之间引起冲突时，一个群体中原先的向心力便得到了补充。[①]

(5) 在分化了的宏观结构中，亚结构和它们的相对位置的关系处在对复杂社会结构的动力学分析的核心上。它提出了群体间流动和群体间竞争这个十分重要的问题。个体的地位部分地取决于他们在其中被普遍承认的社会阶层，部分地取决于他们在这个阶层内博得的尊敬和服从。个体们可能面临着这样的替代选择，

---

① 齐美尔，前引《社会学》，第 711 页(引文的英文译文由我自己译出)。

要么在一个较低阶层（或较弱组织）占据一个较高位置，要么在一个较高阶层（或较强组织）占据一个较低位置。作出这样决定的机会和所作出的占优势的决策决定了亚结构之间的流动模式和在包含性的社会系统中它们的边界的流动性。许多群体和组织也为在更大社会结构中的统治地位展开竞争，在这种竞争中取得成功要求一种流动的内部地位结构，这种结构允许一个有组织的集体通过用高级地位奖励合格的贡献者来吸引他们。有关群体之间的关系与流动这些问题将在下一节进行更为全面的分析。

（6）亚结构中的社会分化可以作为较大社会结构中的政治或行政组织领导的一种招募机制。部门的领导是组织中最高行政位置的候选人。社区和州为国家立法机构选举代表，其他有组织的集体也努力让杰出的成员在立法机构和其他政府部门中充当他们的代表。政府通过把各自的成员所认可的各种群体的最主要的代

293 表包括在它的各级领导之中来加强它的合法权威。除此之外，在商业企业和其他有组织的集体中占据最高地位的个体们通常形成一个权力精英集团，他们通过正式和非正式渠道来对社区中有组织的政治和经济生活行使支配性的影响。[①]

（7）正式组织起来的亚结构通过它的普遍深入的特殊主义价值被整合进宏观结构。一个社会的文化价值使该社会被建立起来的大部分组织及其追求的目标合法化，并使它们远离基于强制权力或违反文化价值和规范的异端理想的非合法化的组织，比如犯

① 参见弗洛伊德·亨特（Floyd Hunter），《社区权力结构》（*Community Power Structure*）（Chapel Hill：University of North Carolina Press），1953 年。

罪集团或极端主义的反对党。(一个极端主义的反抗只有当它被主流价值这样界定的时候才是不合法的,并且它在赢得主要群体的忠诚上的成功往往会改变这种界定。)文化价值遍及组织并反映在它们的结构之中,普鲁士和美国军队之间的差别可以例证这一点。合法组织被整合进社会的结构本身之中,使得它们成为该社会的福利的主要贡献者,以及规定它的进程的重要成分。

(8) 亚结构中集体努力的正式组织既刺激了他们之间对稀缺资源和分化了的宏观结构中的统治地位的竞争,又受到这种竞争的刺激。竞争的直接目标是某种形式的社会支持——公司竞争顾客,政党竞争选民,宗教教派争夺皈依者。在这种竞争中的成功给予一个组织在宏观结构中的一个统治或者至少是高级的位置,并且对它的内部结构也具有重要意义。通过证实领导者的判断和指导,以及通过向成员们提供报酬(这些报酬证明了他们服从的正当性,并增加了他们对组织及其领导的忠诚),成功的竞争加强了组织领导的合法权威。相反,竞争中的失败可能损害了一个组织的领导者的权威,并可能促进了对他们的内部反抗。例如,反抗的小集团经常出现,有时还在被击败的政党中获得统治地位。此外,失败还助长了其成员向其他更成功的组织的背叛,而这越发削弱了该组织。总之,亚结构的内部组织强烈地受到它们在分化了的更大社会结构中的竞争地位的影响。

(9) 最后,与更大系统中有组织的单位和它的在一个中心权威之下的全部组织之间关系有关的主要问题是,这些单位的自主 294
程度以及对它们所行使的集中化控制的程度的问题。一个组织的自主性取决于不受其他组织及上级权威的支配。之所以经常行使集中化的政治权威来限制某些组织的自主性，是为了保护其他组织的自主性，像反垄断法所例示的那样；或者是为了防止一个有组织的权威压制它的下级单位的合法自主性，像联邦政府和法院禁止州政府干预黑人或其他少数族群的公民权利的行动所说明的那样。宏观结构的合法政治权威与它的主要亚结构的合法政治权威之间的冲突类似于合法组织与对它的有组织反抗之间的冲突，并可以很容易地转变为后一种冲突；一个具体的例子是成立于1948年的州权党，它使南方诸州的反抗明确化了。

甚至这种对只在社会结构的两个水平上的社会整合、分化和组织之间的关系的简化分析也表明了亚结构之间的复杂互赖性。这里勾勒的问题只是想对人们可能要求的分析类型进行说明，不过是以一种更为广泛的形式进行的，这是为了发展一种有关宏观结构的系统理论。

群体间的关系和流动

群体之间的关系当然不同于个体之间的关系。一个基本的区别可以用一个群体遭到其他群体的拒绝和一个个体受到其他个体的拒绝之间在含义上的差别加以说明。受到其伙伴排斥的孤立个体通过被剥夺社会友谊和报酬受到严重的惩罚，并且处在找到某种社会承认的强烈压力之下，其方式是或者在其他群体中，或者通过改变他的行为并重新整合进这个群体中——如果可能的话。然而，如果在社区中其他群体对某个少数派群体表示敌意，那么这个少数派群体就不是以这种形式受到惩罚，不管多数派对它的歧视可能还有的其他不利之处如何。的确，受到其他群体成员拒绝的少数派群体的个体成员也需要社会友谊和社会支持的替代来源，但是对他来说，这些可以很容易地从他自己群体的其他成员那里 295
获得。因此，社会凝聚的整合性联系在被拒绝的群体中往往会变得特别强烈，它在这些少数派群体中加强了对多数派压力的反抗，这与被剥夺了社会联系的孤立的个体的情况大不相同，个体的脆弱的地位弱化了他对多数派压迫的反抗，除非他能发现某种新的社会支持。① 正如涂尔干所指出的那样，“当宗教的不宽容非常显著时，它经常产生一种相反的效果。不是激发持异议者对意见更加尊重，而是使他们习惯于不理睬它。”②萨姆纳著名的观察——内群体的团结与对外群体的敌对相联系③——实际上可能由于下列事实经常是一个伪相关，即外群体对内群体的敌对既培育了内群体的凝聚，又培育了对外群体的反敌对。

群体间关系的另一个显著特征是它们包含着个体们在群体之间的流动。许多集体有流动的边界；它们随着成员的流动以及支持者进入和退出它们而扩展和收缩。雇员们被某些公司解雇，又被其他公司雇佣；工人们加入工会；选民们将政治支持转移到另一

---

① 所罗门·E. 阿希(Solomon E. Asch)的著名实验表明，甚至来自一个其他人的社会支持也会加强对多数人压力的反抗；《社会心理学》(*Social Psychology*)(New York: Prentice-Hall)，1952年，第16章，特别是第477－479页。

② 埃米尔·涂尔干(Emile Durkheim)，《自杀论》(*Suicide*)(Glencoe: Free Press)，1951年，第156页。

③ 威廉·G. 萨姆纳(William G. Sumner)，《论社会习俗》(*Folkways*)，(Boston: Ginn)，1907年，第12－13页。也可参见罗伯特·K. 默顿(Robert K. Merton)对萨姆纳的这句名言的批评，《社会理论和社会结构》(第二版)(*Social Theory and Social Structure*)(Glencoe: Free Press)，1957年，第297－299页。

个政党;顾客们经常出入不同的商店;成功的个体升入较高的社会阶层,而不成功者将降到较低的阶层。这些运动的主要模式重新界定了宏观结构中亚结构的边界并改变了它们的内部结构。这些流动模式的起源在相互联系的地位结构中也被发现了。

各种集体中的成员资格并非具有相同的报酬,这是促进在它们之间成员流动的一个因素。从群体成员资格所获得的报酬在分析上可以被分成两种成分:所有成员都可以得到的基本利益,以及在群体内部被有差别地分配的额外报酬。各种集体提供的基本报酬也不相同。例如,某些社区中的生活条件比另一些社区更舒适,一个社会阶层中的承认在整个社区博得的声望随着该阶层的地位而变化,各公司的工资水平并不相同,一些管理部门群体中的成员资格比其他管理部门群体的成员资格给予一个人更多的权力,甚
296 至在非正式伙伴关系中所获得的社会支持也取决于一个群体的凝聚力。单单根据这个因素,所有个体都受到相等的激励以移向最富有报酬的集体,在这个集体中,他们可以找到承认。

然而,与一个集体中的地位结构相联系的有差别的报酬分配改变了这个情境,造成了对于成员之间的流动在激励上的差别。高地位成员所获得的高级报酬使他们离开现在的集体去另一个集体的激励最小,低地位成员所收到的低级报酬则给了他们最大的激励去这样做。根据这些条件,即使其他条件在目前保持不变,集体之间的流动模式将被低地位成员以他们同样的贡献在他们目前的群体所获得的报酬和在另一个群体能获得的报酬之间的关系所支配。这种情况类似于企业在行业之间的运动,这种运动取决于在任何一个行业中的利润是高于还是低于一般标准。“如果最不

盈利的公司的利润低于正常水平，这家公司及处于类似情况的其他公司最终将离开这个行业……另一方面，如果最不盈利的公司正在获得高于正常水平的利润……那么，就会有新的公司进入的趋势，这个产业将扩大。”[①]相应地，其最低报酬比别的地方的最低报酬少的集体可能会失去成员，而在其中最低贡献获得的报酬要比在别的地方多的集体则可能从其他集体吸引成员。

当然，个体的实际流动不仅取决于他们移动的动机，而且也取决于他们这样做的能力。尽管一个集体中的低级地位是成员们想离开它去另一个的最大原因，但在一个集体中的高级地位则为进入另一个可能获得更高报酬的集体创造了最大的机会和潜在可能性。领导们和较高级别的其他人——在涉及和其他集体的关系时，他们代表着一个集体——有接近其他集体的途径，[②]并且由他们的地位证明了的高级资格给予他们不成比例的机会升入或被接纳到比他们目前的集体更称心的集体。群体赋予它的某些成员的 297
高级地位有助于他们离开它，而进入到在社区中有更高地位的其他群体。因此，一个集体中的中间阶层往往构成它的成员的坚固核心，他们或者没有许多理由想离开它，或者也没有许多这样做的诱惑性潜能。是处于上层地位的成员还是处于下层地位的成员最可能自愿离开一个集体进入其他集体取决于支配它的地位结构的

① 肯尼思·E. 博尔丁(Kenneth E. Boulding)，《经济分析》(第三版)(*Economic Analysis*)(New York: Harper)，1955 年，第 566 页。

② 关于领导们与其他群体的领导们交往的倾向的研究，请参见威廉·F. 怀特(William F. Whyte)，《街角社会》(第二版)(*Street Corner Society*)(University of Chicago Press)，1955 年，第 214 页。

价值标准的类型。

从包含性社会结构的角度看，在亚结构中地位的内部分化以及有关的报酬分配可能基于普遍主义的标准或特殊主义的标准，尽管根据定义，这些标准在每个亚结构的较为狭窄的范围内是普遍主义的，就是说，在亚群体内部它们是被普遍接受的成就标准。如果亚结构中的内部地位由在整个宏观结构内都被普遍承认为有效的标准所支配——工具性的成就标准就是这一点的典型——那么，高级内部地位则表明了在其他集体中也被珍视的资产。因此，在集体内部处在高级地位的个体们有移向更称心集体的最好机会，而那些处于低级地位的个体则只有当他们被推出去或推下去的时候才会移动。较小公司的成功经理向更大公司的流动就说明了这一点，正如社会－经济阶层之间的垂直流动所说明的那样。然而，如果亚结构中的内部地位依靠各种从宏观结构的视角看是特殊主义的标准，那么一个人在一个集体中的地位越高，他的资格使他越不可能在另一个具有不同价值标准的集体中被接受。不是最忠诚的共和党人，而是最被疏远的共和党人成为社会党的最好的候选人。恰恰是把一个人标记为贫穷的天主教徒的行为使他在无神论者中间富有吸引力。在这些条件下，在自己集体中博得很少社会承认和很少报酬的个体最有可能通过移向其他具有不同价值标准的集体来改善他们的处境，并最有可能出于他们自己的意志这样做。

根据成就和地位的相同的普遍主义标准，在宏观结构中社会阶层被内在地分化和分等级地排序，在这些社会阶层之间的垂直流动经常使个体们面临着这样的选择，是成为小池塘里的大鱼，还是成为大池塘里的小鱼。可供选择的方案是，某人为了维持在日常生活交往中的上级地位而不是下级地位而使用他的能力和成就，或者为了获得和维持对一个可能是最高的等级阶层的社会从 298
属而使用他的能力和成就。有些正教授广泛地与他们的年轻同事们交往，因此就放松了与老资格同事的交往，但这增加了他们在反复的社会互动中所获得尊敬和尊重。与他们交往的年轻同事们从与高地位同事的这种联系中获得了社会的、有时是物质的利益，但必须在他们许多社会生活中承担下级的角色，如果他们主要是与他们自己的伙伴交往，他们将不会不得不做这些。怀特的研究表明，在意大利贫民区中，他所研究的某些街角男孩用他们的金钱和资源在他们的帮伙中获得一个上级位置，并且有些人用他们的资源增加他们移向更高社会阶层的可能性。[1] 一个改变对他自己有利的阶级从属的人因此倾向于改变对他不利的占优势的社会互动模式，一个愿意承担某个更为不利的阶层地位的人典型地在他的日常生活中改进他的角色。

潜在于鱼和池塘的相对大小问题中的基本选择是一个介于下述二者之间的选择问题，即在赋予个体们与一个高级社会阶层相联系的特权，与他们在反复的社会交往中从承担一个上级角色中所获得的报酬之间的选择问题。职业成就和成功使一个人能够在他的老伙伴中间赢得一个受尊敬和有权力的地位，他能用他的慷慨大方迫使这些人服从他的愿望。在与他们的互动中，他的上级角色持续地因为他的成就而奖励他，并通过与后者较为不幸的地

① 怀特，前引《街角社会》，第 104－108 页。

位的对比提醒他不要忘记了他的成功。[1] 那些想用他们的经济成就加入一个比他们所出身的社会阶层更有特权的社会阶层的人，很大程度上一定会事先预料到这些利益。加入一个更高的阶层要求一个人通过采纳它的成员们的生活方式在他们中间获得承认，并要求他主动与他们交往，而不是与他的老朋友们交往。但是在
299 这些新的社会交往中，他没有占据一个上级位置，并可能不得不占据一个下级位置，至少在一开始时可能会如此，因为他的新伙伴的经济资源一般与他的一样多，并且他们的社会地位比他的地位更长久、基础更牢固。

职业的失败使个体们面临着类似的选择问题。这些在原来圈子里不再能适当地清偿社会义务的个体，要想继续从属于他们最初的社会阶层，这种利益就必须以以下方式来抵偿，即在社会生活中承担一个下级角色以及被反复地提醒他们的剥夺和失败。有些经济上不成功的人采取以下方式避开这种痛苦，他们切断他们的社会联系，并主要与比他们所出身的阶层更没有特权的阶层的成员们交往，这对向下的社会流动所需要的成本来说是一种补偿性的利益。的确，成功者的选择方案带来了两种社会满足，而那些不成功者，则带来了两种社会剥夺，但二者都必须在更大的阶层特权

① 马塞尔·普鲁斯特(Marcel Proust)曾经让人们注意，为了让成功的社会流动的经验保持活力，维持某些旧的社会联系具有重要意义："……她知道，如果一个妇女无法使她的老朋友们知道那些与她往来的相对更加卓越的其他人——她用这些人取代了以前的老朋友——的话，那么她在进入一个不同于她以前所生活的社会阶级中所能发现的大量乐趣将会缺乏。因此，她需要一个目击者，这个目击者可以被允许进入这个新的、美好的世界……"《追忆似水年华》(*Remembrance of Things Past*)(New York：Random House)，1934 年，第一卷，第 394 页。

和从日常生活交往中获得更大的报酬之间选择。另一个需要考虑到的因素是社会流动本身的成本（不管流动的方向如何），这包含放弃已确立的社会依附以及适应新的社会环境的成本。

接受集体出于两个原因对接受向上流动者有兴趣。首先，它试图招收有资格为其福利作贡献的新成员。在组织起来为完成工具性任务的群体中，这具有明显的重要性，比如商业公司的管理群体，而其他社会部门因为通常也包含着一些工具性的部分，因此也会关注这一点。因此，通过为它的工具性活动作出贡献，例如通过对它的慈善和施舍事业作贡献，向上流动的个体常常获得最早进入上层阶级的机会。第二，为了获得全面的社会承认，在与其先前成员的互动中，最近上升到更高社会阶层的个体们一般必须要承担顺从的角色，这种顺从的角色对于先前的成员来说是一种重要的社会报酬来源。这种顺从为其他人愿意为获得这个阶层的承认而付出的高代价提供了持久的证据，从而加强了较高阶层的优越 300
性。[①] 然而，大规模地向上流向一个特权阶层可能会危及这个阶层既定家族们的特权地位，并因此往往会遭到他们的抵制。这种抵制的一个典型表现是贵族们对上层阶级的优雅的品位和礼仪被暴发户们庸俗化的抱怨。

群体间流动的自由调节着一个宏观结构中的亚结构。拥有过

① 向下流动者并不会被吸收进接受他们的社会阶级或部门中，但是其成员们也可能通过接受他们以及与他们交往而获得利益。那些由于某种原因已向下流动的、拥有较高教育程度和资格的人可能为较少特权的群体作出较高的贡献并充当反抗运动的领袖；事实上，这样做的机会可能已经促进了他们的向下流动。此外，许多个体都从与一个高级社会出身的人的交往中获得满足，比如说，与一个以前的贵族成员往来，尽管这个贵族成员的头衔已经被取消了，但他仍然在使用它。

量的资源以奖励成员们贡献的集体会吸引新的成员并有所扩展，而那些没有充分的资源以进行适当奖励的集体将排斥它们自己的某些成员并有所收缩。然而，作为分层结构的一个主要成分的权力分化阻碍了这些过程，因为只要通过给其成员的孩子以占据这些地位的不成比例的大量机会，从而限制别人接近这些地位，有权力的个体和群体往往有愿望和有能力永久保持他们的地位并将它们转让给他们的后代。因此，实际的情况介于完全的自由流动模式和阻止所有流动的绝对刚性边界的极端情况之间。种姓制度接近于这最后的极端情况，今天大部分极权社会也是如此，因为群体之间的流动是无意义的。

在一个带有刚性边界的社会结构中的调整在根本上不同于在一个具有自由出入之流动性的社会结构中所发生的调整。如果对其成员能够在一个集体——不能移出该集体而进入另一个集体——中所作的贡献没有充分的报酬，那么内部的调整就是唯一可能的调整。该情境类似于经济萧条，当消费和投资不能吸收整个生产能力，失业就会出现。古典的经济理论假定这些条件将降低价格，并因此导致自动的调整。与此相反，凯恩斯认为，政府以具有乘数效应的经济投资形式进行的积极干预对于调整的发生以及对于就业的上升是必要的。[①] 凯恩斯的理论对于社会结构具有有趣的含义。

如果一个社会的成员，或者具有刚性边界的任何集体的成员，

① 参见博尔丁，前引《经济分析》，第 300－305 页；原参考著作是约翰·M. 凯恩斯(John M. Keynes)，《就业通论》(*General Theory of Employment*)，《利息与货币》(*Interest and Money*)(New York: Harcourt, Brace)，1936 年。

都不能因他们的贡献而获得充分的报酬，无论是实际的，还是潜在的，那么某些调整就不得不在内部进行。根据古典理论，个体们会 301
为较少的报酬而提供贡献，并因此促进调整。然而，根据凯恩斯的理论，除非通过系统之外的某个机构的干预作出刺激增长的新的投资，否则情况将会恶化，并且停滞就会发生。因为关注的是整个社会，所以投入新刺激的这个机构在分析的意义上可以外在于该系统。在经济萧条的情况下，是同一社会的政治系统引入新的投入。在对贡献没有充分报酬的社会结构的情况下，是反抗运动的出现引入新的投入。反抗的理想在该社会内部引入新的投入，尽管在分析上是从现存社会系统的外部发生，因为它们创造了新的社会报酬、通过用新的能量去激发人们的新的社会资源，以及为在该社会内部动员这些资源的新的有组织的集体。因此，一次重大的反抗运动可以被看作是一项外部投入，人们有意用它来复兴一个停滞的社会结构，正如重大的政府开支是企图重新激活一个萧条经济的外部投入一样。

作为再生力量的反抗

反抗是一种再生力量，它向一个社会结构投入新的活力，并成为社会重组的基础。它可以作为社会变迁的催化剂或启动机制，这有时很大程度上是由其他人，而不是刺激它的反抗运动中的那些活跃分子所完成的。在社会结构中存在并不依赖于反抗运动的变迁趋势，比如由技术发展所引起的那些变迁。但是，由于既得利益和权力、组织忠诚以及传统制度，所以也存在着结构刚性。除了通过社会冲突和反抗，这些因素反抗改变和调整。在较低程度上，默顿有关科层制的言论也适用于维持一般的传统社会秩序的制度化的情感和力量。“可以说，在由这些情感施加给官僚的遵从其模式化的义务的压力中，存在一个安全余地，在十分相同的意义上说，工程师在设计一座桥梁的桥墩时，留下了额外的余量（预防性过高估计）。”①

制度化的模式——以它们作为内部情感的形式以及以它们被
302 权力所包围着的外部表现——确保了拥有巨大安全余地的现存社会秩序的稳定和生存，这在新环境要求调整和适应时却阻碍了它们。传统价值经常将在既定历史条件下为特定目标而设立的社会安排转化为必须加以保存的神圣符号，即使在不同条件下它们已不能再有效地为这个目标服务了。在如此过时的安排中，拥有既得利益的权力——例如，为选举美国总统而设置的选举学院——在权力对利益的防卫中大大地受到了这些合法化的制度性价值的帮助。手段变成目的本身所经过的这个过程说明了目标置换，在紧接着上面刚刚引述的那段文字之后的段落中，默顿描述了科层制的目标置换现象。反抗运动构成了反对这些制度刚性——它们扎根于既得权力以及传统价值之中——的对抗力量，并且它们对于加速社会变迁来说也是基本的。

反抗在这里被设想为一种社会力量，它可以采取许多不同的形式，革命的政治运动只是其中之一种。它是一种类型的冲突，不同于其他类型的冲突的地方在于，各方中一方代表着“既存权力机

① 默顿，前引《社会理论和社会结构》，第199页。

构”，并掌握着对方或其他各方所反对的统治性合法权力。在艺术中一种全新的风格以及在某个学术领域内一个新的思想流派都表明了反抗的形式；在一个市场中挑战支配性权力的创新性公司、公民改革的运动、股东群体对公司管理部门的挑战、向工会领导挑战的小集团以及或多或少反对政治秩序的极端主义的反叛都是反抗的形式。社会反抗的一个显著特征是反对现存秩序的有组织的集体异议和行动。

在一种抽象的理论水平上，反抗可以根据在一个宏观结构中亚结构的自主性与互赖性之间的冲突加以概念化。古尔德纳已经强调过，在分析一个社会系统的各部分时必须要同时考虑自主性和互赖性的变动程度。[①] 这个重要观点应该通过明确区分一个系统内部的两种相互联系来加以提炼。首先，各亚结构是相互依赖的，这意味着一个亚结构的变化将导致另一个的变化。这种相互依赖在亚结构的相对自主性中有其根源，并且不与这种自主性相 303
冲突，除了当这些亚结构中的一个成为一种统治性的权力——它可以并且确实根据它的利益来组织其他亚结构——时才是例外。这种情形在分析上类似于第二种互赖性，它包含着亚结构对更大社会结构的依赖，而不是亚结构之间的相互依赖，因为在更大集体中的集中化权威协调并指引它的亚群体中的主要行动过程。[②] 正

① 古尔德纳，前引文“功能理论中的互惠性和自主性”，第 254－259 页。

② 在一个宏观结构中，社会结构之间的这两种类型的关系之间的差异对应着拉扎斯菲尔德曾区分过的变量之间的两种类型的功能性关系——两个变量之间的直接的因果关系以及应归于第三个变量的因果影响的虚假相关。在第一种类型的互赖性中，亚结构相互之间施加一种因果影响。而在第二种类型中，在技术性的意义上说，它们之间的关系是虚假的，就是说它们不应该归诸它们之间的直接因果影响，而应被归

是应归诸系统中的集中化控制的这第二种类型的各组成部分之间的互赖性，直接与它们的自主性相冲突。这种冲突是不可避免的，因为某种集中化的协调和各部分的某种自主性对于有组织的集体来说都是必需的。各种运动将不满意的成分一并集中成一个新的亚结构以动员对既定组织的反抗，它们是立基于这种冲突所固有的现存亚群体的潜在反抗之中的。

在不太抽象的水平上，引起积极反抗力量的社会条件已经被讨论过了，这里只需要加以扼要地总结。有组织的集体努力包含着施加强制，并可能很容易导致为了较大集体或其统治成员的利益对某些群体进行压迫。有权力的群体和组织可以剥削其他群体和组织，巨大的社会距离激励它们乘机利用这种能力。大部分人的实际报酬经常达不到在使现存制度合法化过程中由文化价值所形成的对成就和成功的高度期望，这引起了挫折和剥夺。在一个群体中压迫和剥削的共同经历——特别是在一个某种程度上与共同体的其他部分相孤立的群体中——促进了沟通，这种沟通社会

304 性地合理化和加强了愤怒感以及报复当权者的愿望，这些当权者对它们所遭受的挫折和剥夺负有责任。这种群体——这种取向在其中成形并发展成为一种反抗的意识形态——可能成为一个反抗运动的核心，具有类似社会经历的其他群体向它靠拢集合。

然而，这只是反抗的极端情况。实际上，无论何时，只要那些

诸宏观结构中的协调性权威对所有因素的因果影响。（无需补充说，这种区分是一种分析上的区分，两种类型的互赖性同时发生。）参见帕特里夏·L. 肯德尔（Patricia L. Kendall）和保罗·F. 拉扎斯菲尔德（Paul F. Lazarsfeld），"调查分析的问题"（Problems of Survey Analysis），载于默顿（Merton）和拉扎斯菲尔德（Lazarsfeld），《社会调查的连续性》（*Continuities of Social Research*）（Glencoe：Free Press），1950 年，第 147－167 页。

共享对现存条件不满情感的个体和群体一起加入到改善这些条件的共同努力——通过反抗欲使这些条件永久化的当权者，以及通过倡导减轻这种不满的改革——之中，反抗就会以大量较为温和的形式成倍地出现。[①] 尽管革命运动偶尔引发了深刻的动荡和转型，然而，是大量反复出现和平息的、不太极端的各种反抗在社会中引起了持续的社会变迁和重组。通过对潜在的不满和敌意给予公开的社会表达，反抗激活了冲突，但是它也有助于消除这些冲突的根源。正是一种干扰性的和分裂性的力量最终有助于社会的稳定和凝聚。恰恰是当反复出现的反抗被镇压以及冲突被郁积的时候，从根本上使社会崩溃的重大分裂最可能出现。罗斯曾提醒我们注意这一点：

> 公开的反抗以某种方式维持社会……抗议提供宽慰，它给我们这种感觉，即我们并没有完全在某种关系中被压垮，否则我们将发现这种关系难以忍受，并且我们应该不惜一切代价从中解脱出来。在任何自愿协会中，统治分子对其他人的抗议和反抗的压制可能导致群体的分裂。精明的政治家都知道，在议会中和在新闻界中很好地容忍政府的批评者可以作为防止反抗的疫苗。自由抗议是一个安全阀，它让蒸汽溢出，因为如果蒸汽受到抑制，就可能使锅炉爆炸。[②]

---

① 压迫和剥削在这里被认为是反抗的重要根源，但这并不是假定，所有的反抗都是对压迫和剥削的一个反应。

② 爱德华·A. 罗斯（Edward E. Ross），《社会学原理》（第二版）（*Principles of Sociology*）（New York：Century），1930 年，第 151 页（着重号系原文所有）。

被成功的反抗力量或者由已有权威在反对聚集起来的反抗的自我防卫中所建立起来的新的社会安排在预期的进程中会引起新的不满，重新激发反抗。社会变迁是一个辩证的过程，因为社会组织的任何形式都可能引起要求某种重组的问题和冲突。反抗兴起了，成功的反抗根据它们的纲领和利益重组了社会生活的模式，改
305 革了的社会秩序对于其他群体具有不利的后果，有时甚至对于建立这种秩序的群体本身的某些部分具有不曾预料的不利之处，这又为新的反抗提供了诱因。然而，这个过程并不是循环的，因为社会重组从来都不会完全重建过去，尽管它们经常整合以前存在的组织形式的某些成分。西德政府更像魏玛共和国，而不是纳粹政权，但它与二者都不同。

下述事实提出了一个关键的问题，这个事实是，也许只有在长期的斗争给它的成员强加了严重的痛苦之后，一个获得了成功的反抗才有强烈的兴趣通过压制对它的反抗来保护它最终获得的权力。在致力于与其他集体进行冲突的集体中这种倾向特别显著。工会领导者以在与雇主的斗争中需要团结为借口来为他们对反对派的压制进行辩护，处于战争的国家的政府同样也以面对共同危险时需要统一为借口为它们对不同意见和公民自由的压制进行辩护。一般来说，反抗和持不同意见的自由只有在牢固的制度保护下才能坚持，因为统治群体从压制抵制和反抗中获得了利益，并因此对这种压制感兴趣。

民主体制必然会引起反抗力量在政治舞台上的制度化，这使表达政治冲突和引发社会变迁永久化为稳定的机制。它是一种矛盾性的制度，因为它保持了用来在政治和社会安排中促进反复变

动的政治安排的稳定形式。基本的矛盾是，构成民主的基础本身的持异议和反抗的自由当然一定包含着拥护压制异议和反抗的权利。尽管在不放弃民主的基本前提的情况下，主张这种集权主义原则的自由不可能被否定，但是除非选民不让那些主张它们的人获得政治权力，否则民主就不可能存活下去。因此，民主制度的持续存在在更大程度上比其他制度更取决于得到那些深深扎根于人们意识之中的道德价值和规范的支持。如果得不到被整个社会都承认的深刻的民主价值的支持，甚至最民主的宪法和其他外部制度都将完全无用，正像历史所表明的那样，魏玛共和国就是一个明显的例子。稳定民主的另一个支柱是，在这个社会中存在许多相互交叉的冲突和相互重叠的反抗。

一个社会的成员从属于多个群体，促进了许多相互交叉的冲突和反抗力量，这就防止了两个敌对阵营之间激烈敌对的发展，这 306
种敌对的发展很容易把这个社会撕得粉碎，并导致民主制度的毁灭。科尔曼曾分析过在一个社区中存在许多自愿协会和拥有交叉成员资格的有组织群体对于冲突的意义。[①] 在现代社区中，对社会问题的冲突很大程度上发生在有组织的群体之间，而不是孤立的个体之间，并且，如果问题具有广泛的意义，大部分有组织的集体都处于采取一种立场的压力之下。因此，在一个社区中，协会和

① 詹姆斯·S. 科尔曼(James S. Coleman)，《社区冲突》(*Community Conflict*)(Glencoe: Free Press)，1957 年，第 21－23 页。也可参见刘易斯·A. 科塞(Lewis A. Coser)，《社会冲突的功能》(*The Functions of Social Conflict*)(Glencoe: Free Press)，1956 年，第 72－80 页。也可参见拉尔夫·达伦多夫(Ralf Dahrendorf)，《工业社会中的阶级与阶级冲突》(*Class and Class Conflict in Industrial Society*)(Stanford University Press)，1959 年，特别是第 206－218 页。

组织的密度越大，大比例的人口被吸引到各种冲突中的可能性就越大。然而，与此同时，高的组织密度意味着该社区中的大部分人属于几个组织，这种相互交叉的成员资格减轻了冲突的强度，特别是如果在该社区中许多组织都具有来自不同社会部门和阶级的成员资格的话，就更加如此。

当有组织的群体在一场争执中站在对立的立场上的时候，相互交叉的成员资格就可能造成下述情况，即许多个体被他们所属的不同协会拉到两个立场上去。在这些条件下，在两个立场上好几个协会都包含着一些对对立观点具有相当大同情的成员，因为他们也属于采取了对立立场的群体。如果个体们处于来自他们是其中的成员，而且在一个问题上采取了对立立场的不同组织的交叉压力之下，那么可以说，这些个体们所经历的精神冲突就会驱散这两方冲突的一部分，并使它较不激烈，在每一方发生在各种群体内部的冲突也是如此。如果一个集体的某些成员在对立的集体中有亲密的伙伴，并且在某些方面，他们自己也属于对立的群体，那么这个集体就不会带着巨大的敌意去看待对方并对它采取极端行动。如果没有交叉的从属关系，随着许多人卷入到该社区中的同一种分裂中，冲突就倾向于逐渐累积，并且，主要发生在每个对立阵营内部的沟通可能导致激烈的敌对，每一方不仅努力打败对方，而且努力摧毁对方。

307 因此，一个社会中许多相互交叉的有组织的集体造成了各种相互交错的冲突，由于好几个原因这种冲突防止了深刻的分裂。随着一个社会中大比例的成年人根据他们的组织从属反复被拉进冲突之中，根深蒂固的怨恨就很少可能被累积。如果一场冲突的双方都包含着大量的在对方有亲密伙伴和群体参与的个体，那么每一方都被迫同意对方的合法性并根据公平比赛的规则进行这场角逐，尽管双方之间社会联系和沟通的缺乏经常导致把对方作为一个毫无价值的敌人的社会形象并导致竭尽全力的战争取向，在这场战争中，目的为手段进行辩护。利普塞特曾指出过大党之间以及它们与各种社会部门之间的相互交叉的社会联系对于政治宽容和稳定的民主的重要性。[①] 反复地沿着不同线路把社区重新组合成对立派别的重叠性冲突可以防止社区分裂成两个对立的阵营——它们实际上会把在每个问题上采取对立立场作为一项原则。这种分裂成为两个对立阵营的可能结果将会是，不满将逐渐增加并彼此强化，敌对会变得越来越激烈，并且有一种日益增加的社会压力，其结果是任何手段都可以用为了战胜敌人这种借口进行辩解，这恰恰是与民主制度的存活不相容的取向。[②] 交叉压力最终减少了派系卷入，使个体们倾向于通过仲裁来解决争端，并使冲突一般变得较不严重。

减少对立力量的强度和烈度的多群体从属的交叉压力以及冲突的交叉趋势保护民主制度不会被激烈的党派偏见摧毁，但是它们同时保护其他制度和现存权力结构不会被一个拥有坚定信念成员的激进反抗运动从根本上加以改造。相互重叠的反抗阻止某种

① 西摩·M. 利普塞特(Seymour M. Lipset)，《政治人》(*Political Man*)(Garden City：Doubleday)，1960年，第31－32、89－92页。

② 在美国南方，黑人和白人之间种姓式的隔离的主要反功能是，它阻止了交叉的从属联系，使冲突逐渐增加，并导致对它们的压制，直到它们最终以暴力斗争的形式爆发，威胁到法律和秩序以及民主过程。

主要的反抗势力聚集力量，这为稳定的民主发挥着重要的功能。然而，它们这样做要付出一种社会代价。这种代价是由最受压迫
308 的社会阶级支付的，它们本可以从现状的彻底变革中获益的。交叉压力降低了选举中的民主参与，[①]较低社会－经济地位的阶层投票的比例要低于较高的阶层，这很可能是因为较低地位的阶层比较高地位的阶层遭到更大的交叉压力。利普塞特曾指出“……每个社会中的较低阶层受它们生活经历的影响，它们的阶级组织赞成那些提倡社会和经济改革的政党，但同时它们也通过报纸、电台、学校、教会等受到了上层阶级和保守派的强烈影响……另一方面，更为富有的阶级的成员们较少受到同等系列的交叉压力。”[②]

低数量的选举参与者反映了强烈的党派性和激烈的反抗情感的缺乏。因此，尽管低政治参与本身无疑并不利于民主，但它是促进民主制度的稳定的潜在力量的一个标记。低的投票率表明了对政治和社会条件的满意，如果考虑到下述事实，这个论点似乎是完全站不住脚的，这个事实是，投票在较高的社会阶级中比在较低的社会阶级中更普遍（这很不同于先前所说的那个观点，即这种低的投票率暴露了民主政体的公民身份的政治义务的一个弱点）。因为如果是对政治和社会条件的满意促使人们远离投票选举，那么较富的人这样做的数量应该比较穷的人更大，然而实际情况恰恰与此相反。小佃农和农场工人的低政治参与几乎不能归诸它们所

① 好几项经验研究都证明了这个结论，参见利普塞特前引《政治人》，第203－216页。

② 同上书，第205页。尽管组织上的从属在中产阶级中比在工人阶级中更普遍，但中产阶级的从属更可能彼此加强，而不是产生交叉压力。

处的条件令人满足这个事实。表现在微弱的党派性以及选举中的低参与者方面的交叉压力确实为民主的稳定起到了重要功能，但它们不成比例地影响了较低社会－经济地位的阶层这个事实却在 309
政治代议制中造成了不民主的不平等。[①] 社会中最有理由不满意并赞成改变现状的那些部分最受这些压力的阻碍，它们不能在政治上表达它们的看法。相互交叉的冲突在损害最受压迫社会阶层的情况下加强了民主制度，因为它们减少了这些阶层的政治影响。

结　论

有关社会结构的系统理论必须要在不同水平上分析一个宏观结构的属性与它的亚结构的属性之间的相互关系。在这一点上，我们在这里只可能大致描绘出预期这样一种理论将遵循的一般方向。被提出的一项原则是，既定价值标准的结构含义取决于它们所包含的有组织的社会关系的范围。特殊主义的标准整合了亚结构并在宏观结构中创造了它们之间的边界。从宏观结构的视角看，作为一项特殊主义标准的东西可能在它的亚结构的较为狭窄的范围内构成了各种普遍主义的标准。在宏观结构中分化社会阶

① 埃德加·利特（Edgar Litt）发现，在一个工人阶级社区中，公民学课程和领导们比在一个中产阶级的社区中更少强调政治参与的重要性以及政治作为一个权力过程的意义，群体之间的冲突正是通过权力过程才得以解决。利特还发现，因此，这些课程仅仅在中产阶级城镇的学生中产生了一种对政治的更为现实主义的态度。“公民教育、社区规范和政治灌输”（Civic Education，Community Norms，and Political Indoctrination），《美国社会学评论》（*American Sociological Review*），28（1963），第69－75页。

层的普遍主义价值经常成为促进每个阶层内部的社会整合和团结的特殊主义价值的基础。在组织中的合法的集中化权威与它的各组成部分的合法的自主性之间存在冲突。从反抗运动本身的较为狭窄的视角看，越轨的反抗理想构成了合法的价值，如果它成功的话，从未来的长远视角看，也是如此。[①]

我们大致描绘了在两个水平上社会结构的三个方面——整合、分化和组织——之间的相互关系。如果不扼要重述我们在本章的那个图表中所讨论和总结的九种关系，那么应该指出需要扩展这种分析所用的基本方式。与这些少量的宽泛的范畴相比，社会结构的更大数量的更为精确的属性应该加以考虑。应该考察结构和亚结构中两个以上的面。并非来源于社会价值的结构约束应该在一个更大的程度上加以论述。具有特殊重要性的是，要处理属性之间更为复杂的关系，特别是关于一个既定属性的亚结构之

310 间和之中的变动对于较大结构的意义，以及在一个水平上的几个属性对在另一个水平上的属性的互动作用——这将表明一个水平上的**格式塔**对于另一个水平的意义。这些概念上的系统描述当然必须要在经验研究中加以检验。

个体们在一个社会的社会部门和组织之间的流动可以被看作是一个宏观结构中亚结构之间关系的核心，通过流动，更大系统中的内部结构以及它们的边界被持续地改变。集体之间在为可比较的贡献提供的报酬上的差异为流动提供了诱因，尽管社会依附和

---

① 卡尔·曼海姆(Karl Mannheim)的"乌托邦"概念指的是实际上在未来才能被实现并成为新的合法社会秩序之基础的反抗理想。《意识形态与乌托邦》(*Ideology and Utopia*)(New York：Harcourt，Brace)，1936年，第173－179页。

有权群体对进入施加的限制造成了约束，这种约束使得流动降低到在完全竞争情况下能够存在的程度之下。如果在一个集体中支配地位内部分化的成就标准从更大社会系统的视角看是特殊主义的，就像宗教群体的情况那样，那么低地位的成员最可能移动，但是如果它们在整个系统中是普遍主义的，就像工具性成就或经济上的成功所例证的那样，那么高地位的成员最有可能自愿地移动，而低地位的成员只是在非自愿的情况下才这样做。垂直社会流动的后一种情况常常使个体们面临这样一个选择：是在较低社会阶层中获得一个高级地位，还是在较高阶层中获得一个低级地位。潜在的选择方案是，一方面是从在反复发生的社会互动中占据一个上级位置中获得报酬，另一方面是从在更高的社会阶层中的成员资格中获得更大的利益，代价是在日常社会生活中必须要承担一个下级位置。

反抗是一种再生的社会力量。它可以作为反抗制度刚性的对抗力量，并且可以作为社会变迁和重组的催化剂。重大的反抗运动在分析上可以被设想成能使一个僵化的社会结构重现生机的外部投入，正像重大的政府开支是刺激一个停滞经济中的活动的外部投入一样。在复杂的现代社会中——它拥有许多相互交叉的有组织集体以及它们之中相互连锁的成员资格，相互交叉的冲突和反抗是社会重组和变迁的一个持久根源。变迁的模式是辩证的，因为每一次基本的重组都具有广泛的回响，这些回响造成了新的问题并激起了新的反抗。

源自多群体从属的交叉压力和相互重叠的集体在不同争端中的反复重新组合防止了在某些问题上的冲突变成累积性的，并在 311

两个敌对的阵营之间产生深刻的裂痕。在两个彼此隔离并且已积累了怨恨的强大反抗力量之间所产生的强烈仇恨会威胁到民主制度，因为它鼓励了否定反抗的合法性的取向、诉诸暴力的倾向以及在关键斗争中牺牲民主原则和其他道德标准的意愿。因此，在社会中防止这种深刻分裂的交叉压力以及交错的冲突趋势保护了它的民主制度，但它们是在损害了地位最低下的社会阶级的情况下做到这一点的。较低社会－经济地位阶层的政治参与受到交叉压力的最为不利的影响，交叉压力剥夺了恰恰最需要表达反抗情感的群体这样做的许多权力。

第十二章　辩证的力量

这样，辩证法就归结为关于外部世界和人类思维的运动
的一般规律的科学，这两个系列的规律在本质上是同一的，但 312
是在表现上是不同的，这是因为人的头脑可以自觉地应用这
些规律，而在自然界中这些规律是不自觉地、以外部必然性的
形式、在无穷无尽的表面的偶然性中实现的，而且到现在为止
在人类历史上多半也是如此。这样，概念的辩证法本身就变
成只是现实世界的辩证运动的自觉的反映，从而黑格尔的辩
证法就被倒转过来了，或者宁可说，不是用头立地而是重新用
脚立地了。*

——弗里德里希·恩格斯，《路德维希·费尔巴哈和德国古典哲学的终结》

在分析人际关系时，人们可以提两个基本问题：是什么东西把个体们吸引到交往中来以及他们的交易是否对称。第一个区别是参与者体验为具有内在报酬的交往（如在爱情关系中的交往）与个

---

* 本段的翻译参照了《马克思恩格斯选集》第4卷，人民出版社1972年版。——译者

体为在其中获得某些外在收益而参与的社会互动(比如参加工具性的合作)之间的区别。外部收益在原则上可以与它们的社会来源——即提供它们的人——分开,并因此为在伙伴中间进行选择提供了外在标准,例如,在决定向哪位同事请求建议时。当交往就是目的本身时,就不存在这样的客观比较标准,因为使它内在地有吸引力的融合性报酬不能与交往本身分开。第二个区别是相互的
313 社会交易与单方面社会交易之间的区别。这两个维度的交叉分类产生了人与人之间四种类型的交往:

	内在的	外在的
相互的	相互吸引	交换
单方面的	单方面的依附	权力

群体和社会中社会交往的结构也可以按照两个潜在维度加以分析。在这种情况下,第一个问题是,支配一个集体中生活关系的模式和取向是特殊主义标准还是普遍主义标准。就是说,社会关系的结构揭示了具有相似地位属性的人之间的偏好,还是揭示了整个集体对拥有既定属性的人的普遍主义偏好。特殊主义标准指的是仅被内群体看重的地位属性,比如宗教信仰或政治信仰,而普遍主义标准指的是被那些具有它们的人以及那些不具有它们的人普遍看重的属性,比如财富或能力。第二个问题是,我们所考察的社会互动模式是集体成员各种努力的突生性的加总结果,或者还是它们被组织并明确集中在某些共同目标(直接的或终极的)上。这两个维度的交叉分类产生了社会结构的四个方面:

	特殊主义的	普遍主义的
突生的	整合	分化
目标集中的	反抗	合法化

这两个图示反映了我们在本书中所讨论的主要议题。简言之，两对概念维度为我们介绍过的分析提供了框架。然而，从潜在的维度推导出来的这些类型学有一个严重的局限，那就是它们意味着一个有关社会生活和社会结构的静态概念。尽管我们的分析明确地包含着反抗——社会变迁的主要发生器——作为一种试图克服这个局限的类型，但是这些图示仍不能表明社会力量之间的
多重冲突以及社会变迁的动态过程。例如，相互性和不平衡性之 314
间的对照的首要意义，并不是作为对社会交往进行分类的一个维度，而是作为把简单的社会过程转变为日益复杂的社会过程以及对社会结构中无处不在的变迁起到一种催化剂作用的动态力量。在社会交往中有一种趋向于相互性的张力，但是在一个水平上的相互性造成了另一个水平上的不平衡，给重新达到均衡和社会变迁带来了反复的压力。特别是，在带有许多相互依赖的、并且常常是相互渗透的亚结构的复杂社会结构中，每个趋于均衡的运动都会突然带来扰动和失衡，并因此带来新的动态过程。持久不断的调整和反调整表现在社会变迁的辩证模式中。

在这总结性的一章中，前面讨论过的那些与社会变迁的辩证力量有关的论点，我们都会予以回顾。社会生活的两难困境以及产生它们的条件都将被分析。我们也将研究社会结构中地位的逐

步分化及其意义。对于突生的交换过程和集体的明确组织之间的动态相互关系，我们也将简要地研究。最后，我们还有明确地表述结构变迁的辩证观念。

两 难 困 境

社会交换是本书的基本概念，根据这个概念我们分析了人们之间的交往。原型是外在收益的相互交换。人们经常为他们的伙伴提供恩惠，通过这样做，他们迫使他们的伙伴回报恩惠。一次交往将是一次有报酬的经历，这种预期就是在开始时把个体们吸引到交往中的东西，而各种富有报酬的服务的交换加强了伙伴之间的社会纽带。然而，“纯粹”交换的每个维度都可以被改变，这产生了两种特殊情况：内在吸引和基于单方面服务的权力。当一种交往是内在地富有报酬时，比如在爱情中，外在收益的交换仅仅是获得和维持相互吸引的最终报酬的一个手段。反复的单方面服务的提供是权力的一个来源，因为它迫使那些不能以同样方法回报的人通过服从提供者的愿望来履行他们对他的义务。

在社会交换和经济交换之间存在大量的相似之处。给别人提供恩惠的个体们期望一种回报，至少以表示感激和感谢的形式加以报答，就像商人们期望为经济服务付款一样。个体们必须因提
315 供了社会报酬而受到补偿，以免他们停止供给它们，因为他们这样做付出了成本，特别是因为把时间投入于交往而放弃的机会成本。边际效用逐渐递减的原理既适用于经济商品，也适用于社会商品。因此，对于工作群体中的一个新来者而言，第一批少数同事们的社

会赞同通常比其余人已经接受他之后的最后少数人的赞同更为重要。然而，除了这些相似性之外，在社会交换和严格的经济交换之间也存在根本性的差别。

在经济交易中，一种明确的或隐含的正式契约事先规定了双方所要承担的准确义务，与经济交易不同，社会交换带来的是未作明确规定的义务。没有契约，也没有准确的价格。其他人有欠于某人，因为他为他们提供了恩惠，这个人具有的一般期望是，他们会通过为他做些事情而偿还他们的义务，但他无须考虑他们提供的回报的准确性质。他不能与他们就他的恩惠价值多少进行讨价还价，如果他们全部不作回报，那他也毫无追索权，当然，除非他能够——并且也许将要——停止为他们提供恩惠。因为没有能够被执行的契约，社会交换需要信任。但是小交易需要较少的信任，交换关系典型地就是从小交易开始的，交换的逐渐扩大为伙伴们向彼此证明他们的可信性提供了机会。因此，社会交换过程带来了社会关系中的信任。忠诚的交换伙伴之间的相互信任促进他们参加各种交易——交换建议、帮助、社会支持和友谊——并且，这些广泛的交易给了伙伴关系以某种内在的意义。只有非人格的经济交换才仅仅集中在特定的外在收益上，而在社会交换中，交往本身总是具有最低限度的内在意义。

交换可以被看成是一种混合的博弈，在其中伙伴们既有某些共同利益，也有某些冲突的利益。对于每一项交易以及对于持久的伙伴关系，情况都是这样。如果双方从一种交易中获利，那么在进行这项交易时他们就具有共同的利益，但是关于他们用来交换服务的比率，他们的利益是冲突的。此外，双方对维持一种稳定的交换伙伴关系具有共同利益。个体们对于一项交换关系承担的责任越多，这项交换关系就越稳定。对伙伴关系承担责任较少的人获得了一种特殊利益，因为另一个人承担的责任稳定化了这种关
316 系，并且他承担的责任较少允许他——比对方更多地——探索替代机会。因此，除了在确保拥有充分的忠诚方面他们具有共同利益之外，这两个伙伴也有冲突性的利益，因为每一方都希望使另一方承担更大的责任。这种情况为每个伙伴提出了这样的两难困境：他必须向对方施加压力，让对方承担更大的责任，办法是，收缩他自己的责任直到不危害这种关系的那一点为止，但又不超出这一点。

社会生活充满这种类型及其他类型的两难困境。无论何时，只要两个个体被彼此吸引，每一个人都会面临这样的两难困境，他要等待直到另一方首先承担较大责任，然后才可能进入该关系的继续发展阶段，因此这样做可能会威胁到关系的继续；或者在其他人承担责任之前他自己先承担责任，因此会恶化他在关系中的地位。试图整合到一个群体之中的个体面临着另一个两难困境。一个个体为了证明自己对其他人有吸引力以及获得他们的社会承认，他努力用他的杰出品质给群体中的其余人留下印象，这种努力同时也对这些其他人造成了一种倾向于使他们不满的地位威胁。正是使一个个体成为一个与众不同的、富有吸引力的伙伴的杰出品质也引起了依赖的恐惧，这种恐惧妨碍了轻松的社交，并因此使他成为一个没有吸引力的社交伙伴。

社会赞同提出了两难困境，爱情也是如此。人们寻求那些他们所尊敬的人的赞同，他们也寻求那些他们所尊敬的人在改进他

们自己的工作方面的帮助。但是这两种寻求是不相容的，因为支持性的赞同不能为改进工作提供一个工具性的基础，而批评性的评价则意味着不赞同。一个人可以通过赞扬别人而成为支持性的人，从而获得他们的感激，但不能赢得他们的尊敬，他也可以通过作出尖锐的批评赢得他们的尊敬，但经常也引起他们的不悦，因为他们倾向于认为他的批评过于严厉。此外，如果其他人看重一个人的赞同，那他就处在提供它的压力之下，不仅要对杰出表现表示赞同，也要对普通的表现表示赞同，然而被自由提供的赞同在价值上就会下降。对赞同的需求以及为保护它的价值而拒给的需要引起了交叉的压力。恋人们也处于交叉压力之下，一方面，要提供情感支持并彼此表达感情，另一方面，要抑制情感的过度表现和不成熟的承诺，因为感情的随意表达和承诺降低了它们的价值。

在一个群体获得领导位置引起了一种两难困境，因为它要求
一个人博得对其他人的权力并获得他们对这种权力的合法化的赞 317
同，但是获得统治地位所必需的许多措施倾向于使其他人不满并引起他们的谴责。为了动员他的权力，一位领导必须保持独立于他的追随者，并节俭地使用他的资源；然而，为了获得他们的合法化的赞同，他必须承认他依赖于他们，并随意地使用他可以获得的资源为追随者们提供报酬，以作为他的领导给他们增加了利益的证据。新出现的激进反抗运动的成员面临的另一个两难困境是不能迅速地扩大这些运动。除非他们修改他们极端主义的意识形态以增加它的吸引力，否则他们将很少可能吸纳新的皈依者并获得成功，然而如果他们确实修改了它，他们事先便放弃了他们希望实

现的理想本身，并且他们也疏远了运动的最虔诚的成员。对一个正在发展的反抗运动的反抗也面临着一个两难困境，因为要压制它就需要一种不能容忍它的抵制行为，但这样的不容忍就是公开承认，对抗的有力威胁必须要严肃地加以对待，并可能造成一种进一步加强它的跟风效应。

社会交往的两难困境的一个根源是混合博弈情形下利益的冲突。如果两个个体被彼此吸引，每个人的第一选择都是让另一个人承担更大的责任，但是每个人都更喜欢使自己承担责任而不是让该关系死亡。两难困境是在给对方施加压力让他首先承担责任上做到何种程度，因为为了在该关系中获得一个高级地位而过久地拒绝承担责任可能会危及这一关系本身。两难困境的第二个根源是，两种相互依赖又相互矛盾的力量支配着社会报酬对社会互
450 动的影响。

社会报酬的丰富降低了它们的价值，结果是提供报酬对于社会行为具有相互矛盾的意义。例如，一个个体在一次社会交往中体验到的满足越多，他就越可能对此交往承担责任。他的满足是他在该关系中获得的实际报酬和他赋予这些报酬的价值的函数。然而，根据边际效用逐渐递减的原则，他获得的特定报酬越多，进一步的报酬增加对于他具有的价值就越小。因此，通过向一个个体提供越来越多数量的报酬以提高他承担责任的动力，人们便会贬低这些报酬的价值以及作为承担责任动力的影响。两难困境是：在报酬的被贬低了的价值超过它们增加的数量的意义之前，要提供多少报酬——即多少赞同、多少情感支持、多少帮助。

边际原理反映了社会生活中的不同力量。[①] 不仅存在着心理过程——随着个体们达到越来越高的期望和渴望水平，进一步获得的意义就会下降，而且也存在着降低丰富的社会报酬之价值的社会力量。大部分报酬的价值与其说依靠对它们的社会需求，不如说依靠它们固有的效用。因为有巨大需求的商品往往是稀缺的，所以稀缺本身成为社会价值的一个象征。多部分人试图获得社会报酬但只有少数人在这方面获得了成功，这个事实典型地提高了它的社会价值。很少作出赞同的人的赞同最珍贵，不能被轻易征服的女人的感情也最珍贵。此外，参考群体起到比较标准的作用，个体们根据它来判断他们自己报酬的价值。因此，在一个群体中，报酬的平均数量往往成为基准线，这个基准支配着个体们对他们因自己的贡献而收到的报酬是觉得相对满足，还是觉得相对受到剥夺。不管一个人的收入大小如何，如果他的参考群体的大部分成员赚得的收入比他多，那么他就可能觉得受到了剥夺。尽管在军队中，被提升的士兵平均而言对于提升机会比普通士兵更为满意，但是在一个单位里，提升越频繁，它的成员们对提升就越不满意。[②] 正如斯托弗所

① 经济学中的边际原理也反映了不同的潜在力量。不断增加对一种商品的占有，边际效用最终下降的原理要么依赖于满足，要么依赖于满足期望和渴望所必需的报酬比报酬的进一步增加更有意义。另一方面，所谓的回报递减规律，即边际物质生产率最终下降的原理，是由于它通过投入的某种组合以产生特定的产出这个事实。在不相应地增加其他投入的情况下，只增加一种投入不会成比例地提高产出。参见肯尼思·E. 博尔丁（Kenneth E. Boulding），《经济分析》（第三版）（*Economic Analysis*）（New York: Harper），1955 年，第 682－683、588－590 页。

② 塞缪尔·A. 斯托弗（Samuel A. Stouffer）、爱德华·A. 萨奇曼（Edward A. Suchman）、利兰·C. 迪瓦伊尼（Leland C. DeVinney）、雪利·A. 斯达（Shirley A. Star）和小罗宾·M. 威廉斯（Robin M. Williams, Jr.），《美国士兵》（*The American Soldier*）（Princeton University Press），1949 年，第 1 卷，第 250－253 页。

称谓的那样，相对剥夺的这种模式反映了集体边际效用递减的原理。通过在一个集体中分配较多的报酬，期望的基线被提高了，而报酬上的增量对于集体的价值却下降了。

两难困境的最后一个重要来源是目标状态不相容的必要条件
319 的存在。社会行动具有多重后果，旨在用来获得一个目标的行动经常产生阻碍另一个目标的获得的后果，或者满足完成一个既定目标的必要条件的行动妨碍了满足完成同一目标的另一个必要条件。领导的两个前提条件是统治的地位以及追随者的合法化赞同，但是一个人赖以获得对其他人进行统治的实践经常唤起的恐惧多于爱，就是说，这为获得追随者的赞同制造了障碍。[①] 为了使一个意识形态有强烈的影响，这就要求它获得强烈的虔诚，并要求它具有广泛的吸引力；然而，博得强烈虔诚的崇高理想往往只对一个共同体中有限的部分具有吸引力。

在复杂社会结构中，在许多水平上相互渗透的亚结构之间的多重相互依赖产生了许多不相容性，就是已经被确立起来的或者被用来满足某些目标状态要求的社会条件成为满足其他目标的障碍。例如，在大型社会中，生活目标的有效实现要求拥有有责任的和忠诚的成员的正式组织。它也要求，这些组织的成员已经在职业技能方面作了投资，并且已经献身于职业生涯。为了有作出这种投入的动力，人们必须要为他们的投入收到一份公平的回报。

① 这一两难困境在尼考罗·马基雅维利(Niccolo Machiavelli)的名言中得到了揭示。他说，一个君主"应该既被人怕，又被人爱，但因为同时做到这两点很难，所以如果二者之中有一点必须要得到，那么被人怕比被人爱更为安全。"《君主与演说》(*The Prince and the Discourse*)(New York: Modern Library)，1940 年，第 61 页(引自《君主论》)。

流动的机会是为某人的服务收到一份公平回报的基本前提，因为如果没有它的话，没有收到公平回报的个体就不能改善他们的地位。然而，人们对职业和组织的依附——这在现代社会中是必要的——限制了流动，而只有流动才能确保大部分人为他们的服务收到一份公平的回报。这些不相容性的另一个例子是在大型组织中集权化与部门的自主性之间的两难困境。对于一个组织中的重要部门的有效运作来说，自主性是必不可少的，而对于各个部门的有效协调来说，集中化指导也是不可或缺的，因此自主性和集中化之间常常发生冲突，人们采取了许多措施，但往往顾此失彼。在拥有专业人士的科层制中专业要求与行政要求之间持久不断的冲突是这种冲突的原型。320

由不相容的要求带来的两难困境所需要的不仅仅是妥协。每一个要求都必须被注意到。可以说，面对这种两难困境的个体们一般是把他们的策略从注意一个角度转到注意另一个角度。例如，为了成为一个群体中被整合的成员，就要求个体既要表现出他的吸引力，又表现出他的可接近性，但使他有吸引力的杰出品质也会使他不可接近。为了克服这种两难困境并满足这些互不相容的要求，个体们通常首先试图给他人留下印象，以证明自己是吸引人的伙伴，然后转向表现自我贬低性的谦虚以抵消他们给人留下印象之举所引起的地位威胁，并证明他们自己是容易接近的社交伙伴。社会结构中不相容的要求导致反复出现的重组。因此，当专业问题在一个组织中变得尖锐时，专业人员就被给予更多的自主性来处理它们，而当这种重组引起了新的行政问题，那么就会制定行政改革以试图解决它们。以这种方式，有组织的集体面临的两难困境促成了变迁的一种辩证模式，这辩证模式既可能引起社会结构的根本转换，也会伴随着其内部较少的调整。[①]

在群体和社会中出现的地位分化解决了个体们的某些基本上发生在没有正式组织起来的情境中的两难困境，但是它同时也产生了变迁的新的辩证力量。一旦一个人在一个群体中获得了尊敬和服从，并且他的高级地位也在其他成员中间得到了普遍的承认，那么整合便不再对它提出一个严重的两难困境。此外，如果群体的其余成员就他的贡献的重要性以及他们所亏欠他的恩情存在社会共识，那么这个上级可以称得上行为慷慨且谦虚，因此会赢得该群体对他的领导的合法化赞同。然而，群体中的分化——这种分
321 化是为向那些对该群体的福利和目标作出重要贡献提供激励而出现的——增加了对加强群体凝聚的整合纽带的需要。一般而言，整合性与分化性过程相互冲突，就像合法组织与它们施加的约束所激起的反抗相互冲突一样，并且还像价值标准对社会结构与对它的组成部分亚结构所具有的不同意义相互冲突一样。这种冲突性的社会力量引起了结构变迁的替代模式。

分　　化

结构分化在集体中沿着不同线路发生。对稀缺资源的竞

① 塔尔科特·帕森斯(Talcott Parsons)和尼尔·J. 斯梅尔塞(Neil J. Smelser)对一个结构中的变迁过程与结构内部的均衡过程之间作了区分，但是这种区别只是程度上的区别，而不是一种清楚的两分法，因为几乎任何调整都不仅仅是恢复一种事先存在的均衡。参见《经济与社会》(*Economy and Society*)(Glencoe: Free Press)，1956年，第247－249页。

争——不管它涉及的是讨论群体中的发言时间、社区中的物质资源，还是各种集体中的高级地位——导致了对这些资源的差异性配置，在开始时，这种配置是根据集体的各种成员作出的或者预期将作出的有价值贡献进行的。当个体们在相关能力上表现出差异时，在尊敬方面的分化便出现了，并且他的伙伴的高度尊敬给予个体们在随后的权力分化以及对支配地位和领导的竞争中一种竞争优势。随着地位的几个方面接连被分化开来，交换关系也与竞争关系分化开来，因为只有那些在早期的竞争中成功的人才能够继续为支配地位和领导资格展开竞争，而那些不成功者在这种竞争中则和成功者变成了交换伙伴。随着领导使用他的权威来向追随者们分配不同的任务以及其他成员试图通过作出新型贡献以获得地位时，角色专门化发展起来。在大型集体中，劳动分工成为进一步分化成许多不同类型的亚群体的基础。

稳固扎根于社会结构之中的高级地位导致了权力的扩张。除了强制性权力这种特殊情况之外，权力起源于单方面的交换交易。如果一个人支配着其他人所需要的服务或资源，并且他不依赖于其他人可能用之作为回报的任何东西，那么这个人就能够通过根据他们对他的指示的服从情况提供他的服务或资源来获得支配他们的权力。如果人们因为所必需的利益而感激一个人，那么他们就会被迫服从他的意愿，以免他停止提供这些利益。如果一个人向其他人分配礼物和服务，那么他就会要求自己相对于他们的优越地位。如果他们适当地偿还了他，或者可能甚至作出了过多的回报，那么他们就会挑战这种要求，并邀请他加入一种相互交换的伙伴关系。然而，如果他们不能加以回报，那么他们就得同意他对 322

优越地位的要求。持续地向其他人单方面地提供必需的服务产生了一种提供者可以随意利用的义务储备，而这些累积起来的、同意其要求的义务给了他对于其他人的权力。

然而，占有能使一个人满足其他人重要需要的资源并不是获得对他们的权力的充分条件，还必须要满足其他四个条件，就是说，存在四个条件使其他人对拥有这些资源的人或群体保持独立成为可能。第一，如果其他人拥有允许他们对他的服务加以回报的资源，通过向他提供他所需要的利益，那么他们就会保持与他平等。第二，如果在竞争中存在许多替代的提供者，其他人可以从这些人中获得所必需的服务，那么他们就不会依赖于任何一个提供者。第三，如果他们有权力强迫这个人给他们以他们所需要的东西，那么他们就会维持他们对他的独立。第四，如果人们学会了在没有他们一开始认为必要的利益也能对付下去，那么一个人给予这些利益的能力就不再给他以支配他们的权力。然而，在这些限定条件的框架内，能够向其他人提供所必需利益的人对支配他们的权力具有一种不可否认的要求。除非这四种可能性有一个向他们开放，否则那些需要由另一个人支配的利益的个体们就没有任何选择，只得服从他的权力，以此作为使他提供这些利益的诱因。

像资本一样，高级地位是一种可以累积的资源，一个个体可以利用它来获得利益，高级地位在使用中被扩大，并且可以为了增加它而冒险地加以投资。被其他人感激的人可以在任何时候让他们做对他有利的事情，但是他作出这样的要求给了他们偿还他们的义务的机会。一旦不再亏欠于他，他就不再拥有对他们的权力，除非他已通过提供更多的服务增加了他的权力，从而保持他们处于感激之下。他们欠他一项服务这种纯粹的暗示就表明了他依赖于他们为他做的事情，就像他们依赖于他为他们做的事情一样，这种相互依赖的证据弱化了他对他们的权力。然而，拥有巨大权力的人不需要这种类型的暗示，因为在不能偿还全部义务的情况下，其他人都渴望偿还他们对他的义务中的一些，以维持他的善意。此外，可以这样说，对整个群体的权力可以使一个人依靠权力产生的利息过活，而不用用光他的权力，因为处在这样位置上的人能够协调群体成员的活动以促进共同目标的实现，并因此持续地更新他 323
们因他的有效指导而对他的感激。承担协调的责任包含着风险，因为对其他人活动的不成功的指引会典型地造成对他们的权力的丧失。然而，成功的指导给群体成员带来的报酬增加了他们对领导者的义务，并加强了他的领导地位。此外，该领导者在他的追随者中间获得的服从扩展了他对外部人的权力。

两个因素确保了一个人的高级地位，并为其进一步提高创造了基础，这两个因素是社会结构中的多重支持和下级的共同支持。如果一个人拥有博得一百个其他人服从的资源，那么对这个人权力的多重支持不仅使他的权力比只能博得一个其他人服从的人的权力大上一百倍，而且也比它稳固得多得多。根据奈特所提出的通过保险来消灭不确定性的原理[①]，这里的基本原因是，通过考虑这种背叛的代价以及通过使他自己免受它们的不利后果的影响，对许多其他人的权力使一个人能够分散对他的统治的背叛的风

① 弗兰克·H. 奈特(Frank H. Knight)，《风险、不确定性和利润》(第二版)(*Risk, Uncertainty and Profit*)(Boston: Houghton Mifflin)，1933年，特别是第8章。

险。只有一个雇员的雇主依赖于雇员的服务，就像雇员依赖于雇主的工资一样，每一方依赖的程度取决于为了获得一个好工人或者一份好工作他们分别可以利用的替代机会。与之相反，拥有一千个雇员的雇主就不依赖于他们中的任何一个人，尽管他们依赖于他的工资，因为他能够根据过去的经验计算预算出雇员更替数，并通过将一定比例的雇员更替通常造成的成本考虑进来从而使他自己免受损失。[①] 权力的主要局限性是上级的不确定性，即对于什么时候下级将会愿意放弃他能提供的利益以及脱离他的指挥的不确定。把权力加诸足够数量的人，以便估计这种背叛的统计概率，这种做法能够消除这种不确定性，并使防止背叛成为可能，尽管这样做要花费某种代价。除此之外，对许多其他人的权力使一个人能够使用他的权力把那些想要逃脱其统治的人归顺到队伍中来。替代性支持使权力独立于他们中的任何一个人，并因此强化
324 了权力，使它远远超出相加效应，正像所必需利益的替代来源使个体独立于他们中的任何一个人一样。

在下级之间的互动过程中被转化为一种共同的社会支持的对高级地位的多重支持更进一步加强了这种地位。当这样的共识——即它的一个成员的能力值得人们高度尊敬——在一个群体中出现时，甚至新来者以及并无判断他的个人基础的其他人都可能给予他尊敬。如果一个人对一个集体的福利所作的贡献在其成员中间造成了共同的义务，并且在他们的社会互动中产生出了关

① 由雇员们进行的一致行动，特别是以借助工会的集体谈判形式进行的一致行动，使得大雇主像小雇主一样依赖于雇员，因为它剥夺了大雇主独立的替代选择。

于他们感激他的共识，那么社会规范和制裁往往就会发展起来，通过这些规范和制裁，对他的指示的服从得以实施。这使得他对整个成员的控制权力独立于他们中的任何人的个人义务感以及独立于他这一方面的任何实施行动。通过共享社会承认以及随之而来的集体行动，多重地位支持结合了起来，这使得高级地位牢牢扎根于社会结构之中。

多重和共同支持的意义并不仅仅局限于权力，而是扩展到地位的其他方面。一个在群体中不为人知的人只要通过告诉他们他的成就和能力就能给人留下印象，而其成就被普遍知晓和承认的人可以谦虚地贬低其成就，并因此更能给人留下深刻印象。从其他人那里接受了礼物或服务而没有加以回报的人就变得服从于他们，但是其制度性权威被牢固确立的首领可以从他的臣民那里接受贡品却一点儿也不会危及他的地位。不受关注的女孩害怕她不能使带她外出的男孩足够快乐，并且也担心她的情感的急切表示会暴露她的不受关注以及降低她在他眼中的价值。但是在男孩子中间很受欢迎的女孩不一定有这种害怕，并能够根据她的倾向更为随意地行事。一个对某位同事表现出高度尊敬和赞扬的专业人员含蓄地使自己从属于这位同事，除非他是在他的领域受到广泛尊敬的著名权威，在这种情况下，他对这位同事的赞扬就是一个宽宏大量的姿态，丝毫不会危及他的名望。拒绝给予赞同可能会使其他人不满，而随意地给予它可能贬低它的价值，他的评价产生的这些后果几乎不能帮助而是扭曲了作决定者的决定。然而，其出色的判断被公众承认的专家的地位则很大程度会免于这种威胁，这使他的评价较少受到干扰，并且更加准确。总之，一旦地位牢固 325

地立基于社会结构之中,个体们所面临的两难困境便会迎刃而解。

在未被组织起来的社会情境中,人们面临的两难困境在社会互动中会削弱他们的力量,而对两难困境的解决办法则会加强人们的力量,这种解决方法源自在社会结构中获得的地位。社会地位不稳定的个体一定会急切地在社会互动中保护它,以免它受到任何侵害,而那些其高级声望和权力被牢固确立的人能够承担一些风险,以获得更多的声望和权力。正是根据边际原理,一个人所拥有的任何种类的东西越多,这些拥有物的最后增量对他而言越不重要。但是也有另外一个因素,即在社会结构中受到可靠支持的地位完全不受可能会危及不可靠地位的那些行动的威胁。在一个社会阶级中的地位不稳固的人需要保护其地位,具体做法是,不与更低地位的其他人交往,以及当情形要求他与他们有一些接触时,要坚持他对他们的优势地位。另一方面,如果一个人的社会地位被牢固地树立,那么这个人往往没那么不愿意与处于低级地位的、有吸引力的伙伴进行社会交往,并且往往在与他们的互动中更加平等,这使他能够从他们那里获得各种社会报酬。社会不安全妨碍了人们参加工作和娱乐,而最低限度的安全便可以促进它。

在其他条件相等的情况下,获得很少权力的人比拥有大量权力的人更可能乘机充分利用它。此外,只有对一个完整集体的控制性影响才能使一个人组织其成员的活动,以便比他们单独行动时获得更大的报酬。他们从他的成功领导中获得的增加的报酬有助于合法化和增强他对他们的控制。最后,在正式组织中,一个管理者指引其下级工作的能力不是靠运气,也不是靠他的领导技巧。管理者在社会结构中的地位把正式权力置于他的支配之下,这种正式权力确保了他对下级的控制性影响，并使得赢得他们的赞同和博得他们的自愿服从对他来说变得相对容易。

对地位的结构性支持促进了宽容，而缺乏这种支持的不稳固的地位则会导致僵化和不宽容。美国南部的较低阶级的白人——其社会地位最受黑人的任何进步的威胁——对黑人最不宽容。较
高社会阶层的南方白人则较少抵制黑人的条件和社会地位的改 326
善，因为这种改善对他们产生的威胁不大。[①] 在他们的专业中牢固地站稳了脚跟的人比那些感到自己地位不稳的人更可能宽容和接受较低专业的成员们。[②] 一般而言，较低社会阶层的成员比较高地位的成员更不宽容偏离常规的主张。[③] 弱小的极端主义派别在他们的意识形态信仰上最僵化、最不宽容。强大的上级可以允许那些服从其控制的人有一定程度的自由，而较弱的上级往往害怕这样做。拥有巨大权力的人可以很容易地提出看起来适度——根据他的强大所引起的期望来看——的要求，因此他能够赢得对他的权威的合法化赞同。这是正式组织中的管理权威所依靠的原则。组织交由一位管理者支配的巨大正式权力使他能够在无需把

① 一个例外是南方的政治家，他们试图通过表达对黑人的极端不容忍而从较低阶级白人的支持中获益。

② 参见阿尔文·赞德(Alvin Zander)、阿瑟·R. 科恩(Arthur R. Cohen)和埃兹拉·斯托德兰德(Ezra Stotland)，“权力及专业之间的关系”(Power and the Relations Among Professions)，载于多温·卡特赖特(Dorwin Cartwright)，《对社会权力的研究》(*Studies in Social Power*)(Ann Arbor: Institute for Social Research, University of Michigan)，1959 年，第 15－34 页。

③ 参见塞缪尔·A. 斯托弗(Samuel A. Stouffer)，《共产主义、遵从和公民自由》(*Communism, Conformity, and Civil Liberties*)(New York: Doubleday)，1955 年，第 139 页。

他可以利用的所有控制施加于下级的情况下履行他的责任，并允许他们有比正式程序导致他们期望的还要多的行动自由，甚至容忍他们对正式规则的背离。这些条件大大提高了管理者赢得下级忠诚的可能性以及对他们确立有效权威。

得到多重结构支持保护的高级地位使他们相对独立于其他人。正是这种独立性是有权人宽容的根源，但当他们有理由这样做时同样的独立性也使他们有可能不宽容地剥削和压迫其他人。巨大的权力比微小的权力更可能使有目的的个体或群体达到目的，这使得他们在行使对其他人的控制中变得温和和宽容。然而，不管他们的权力在绝对数量上有多大，都满足不了他们的需要，就是说，对于完成他们渴望的目标来说都是不充分的，于是他们可能会利用他们掌握着的所有权力，并且他们对于低级社会阶层成员的独立性本身使他们能够压迫性地行使他们的权力，不害怕遭到报复。但是有权者本身的这种独立性只是相对的，不是不可改变
327 的。过分的剥削和压迫激起了反抗运动，如果这种反抗运动扩散开来并成功了的话，就可能推翻现存权力。通过将被压迫的不同群体统一在一个共同的努力之中，成功的反抗可以剥夺统治群体的多重支持，而后者的独立性和权力依赖这种多重支持，因为只要下级各自单独行动，这些替代性的支持就会持续下去，而一旦下级一致行动，这些替代性的支持就会崩溃。

反抗力量具有矛盾性的含义。强者能够容忍某种反抗；而弱者害怕反抗压倒他们。通过容忍反抗运动，甚至付之一笑，人们可以表明他们自己的强大不受它的影响，不需要严肃对待反抗力量这一社会证据通过阻止潜在的反抗支持者加入这样一种大概注定

要失败的运动而破坏它。然而，造成严重威胁的反抗必须要严肃对之，这意味着它将受到不宽容的反抗。但是，如果不宽容地抵制反抗力量并毫不留情地与之斗争，这就是公开承认，反抗构成了一种重要的力量和严重的危险。因此，这些举动可能实际上会加强这种反抗，因为它们促使个体们由于害怕反抗的力量或者预料到它的胜利而加入它。简言之，针对反抗的不宽容可能会加强反抗，而对抗力量之间的冲突则加强了对方的不宽容。两个敌对阵营之间残酷斗争的典型结果是胜利者对失败者的镇压。虽然对反抗的宽容不易做到，但是在一个民主政体中这样做是必不可少的，因为它钝化了反抗力量之刃，因此防止斗争达到导致对反抗的镇压以及葬送民主制度的地步。

动　力　学

社会结构的四个方面已经被区分为整合、分化、组织和反抗。前两个出现在社会交易的过程中，无需任何有意的设计，而后两个是聚焦于某些集体目标或理想的有组织努力的结果。整合和反抗依靠特殊主义的价值，这种价值将内群体联合起来并把它们与外群体分开。分化和合法化受到普遍主义标准的支配，这些标准具体规定了在所考虑的集体的范围内被普遍看中的成就和品质，并且这些标准赋予那些展现了这些成就和品质的人以高级地位。社会结构的这四个方面中的两个可以直接从对交换的分析中推导出来，而其他两个则更为间接。

社会交换由两个标准加以规定，一个是基本上取向于外在的

328 而不是纯粹内在的报酬的交往，另一个是相互的而不是单方面的交易。在对外在收益反复的相互交换过程中，相互信任的伙伴关系发展起来，这种关系对于伙伴们来说具有某种内在意义，将一种内在成分融合到社会互动之中。与此同时，某些个体能够向其他人提供重要的服务，对此后者不能适当地加以回报，而随之发生的单方面交易引起了地位的分化。因此，交换过程一方面导致了内在吸引及社会整合的纽带的出现，另一方面，导致了单方面服务和社会分化。

在一个集体中社会整合和分化的发展为组织的设立提供了肥沃的土壤，这些组织用来协调追求共同目标的努力。整合性纽带为对共同问题的沟通提供了机会，其中某些问题只能通过一致行动来加以解决，并且在这些社会沟通过程中，对集体目标的一致意见往往会出现。在社会分化过程中，某些个体已经表明了他们为其余人的福利作出杰出贡献的能力，而这些成为指导集体努力的明显的候选人，也就是领导的候选人。对社会目标的一致意见对集体中的组织和领导来说是一个必要前提，因为共同目标是组织和协调各种成员努力的诱因，也因为它们为领导者的出现提供了条件。因为一个领导者能够指导集体中的行动，所以所有或大部分成员必须要服从他的指示。共同目标使下述事情成为可能，即一个人通过为目标的实现作出关键贡献，同时使所有人对他负有义务，并因此博得他们所有人的服从。在没有共同目标的群体中，一个人通过对其他人的个体目标作出贡献来博得他们的服从，这使得领导的出现是不可能的，除非在非常小的群体中，因为没有人拥有时间为大量的人单独提供服务。[①]

明确建立的正式组织是为了获得既定的目标。它们的全面建立要求它们有意为之的目标及它们的领导权威都要被社会价值合 329
法化。有效的领导对于其余人的福利作出的贡献创造了共同的义务和社会赞同，这些义务和赞同在追随者中间产生了社会规范，这些规范要求其他人服从领导者的命令并实现了他们的权威。被下级集体执行的、对上级指示的服从是合法权威的显著特征。有些组织——比如自愿协会和工会——主要由这样的成员构成，组建组织就是为了实现这些成员的目标，并且他们期望着获得收益的一份。而有些组织——比如商业企业——主要由雇员构成，这些雇员因为提供了促进其他人目标的服务而受到补偿，并且他们没有资格获得一份利润。然而，在拥有强有力领导者的强大自愿组织中，这种区分变得模糊了，因为领导者只需要向成员们提供充分的报酬，以作为服从和贡献的激励，并且他们能够使其余人在他们自己的支配之下，这意味着他们实际上就像管理部门对待雇员那样对待成员。

在组织内部，间接交换过程取代了直接交换，尽管直接交换在间隙区域内持续存在，比如同事之间的非正式合作。权威的形成就说明了由直接交换交易向间接交换交易的转化。只要下级们服从一位上级的命令主要是因为他们对他个别地为他们提供的服务和所作的恩惠而感激他，那么他实际上并没有行使对下级们的权

① 这里的服务指的是一个人提供给其他人的直接服务。如果一个人有资源为许多其他人支付工资，那么情况就不同了。这种经济资源是对许多人的广泛的权力的一个重要来源，因为作为交换的一般媒介的金钱使得大规模的间接交换成为可能。

威,并且在他和他们之间存在着一种包含单边服务的直接交换。权威的建立意味着在下级们自己内部出现的规范性约束影响着他们对上级命令的服从——部分是通过公众压力,部分是通过统治群体在下级中间的实施行动——以及意味着间接交换现在取代了以前的直接交换。个体的下级向上级提供服从,以交换来自其同事的赞同;下级集体执行对上级指示的服从,是为了偿还它对上级的共同义务;上级为集体作出贡献,以交换它的成员们的自我实施的自愿服从,他的权威就依靠这种服从。

在正式组织中许多职责的完成需要间接交换。监工和职员们
330 有向一线雇员提供帮助的正式职责,对于这种帮助他们会得到补偿,不过不是由这些雇员们,而是由组织,因为组织最终从他们对其他人工作的贡献中获益。在科层制组织中的官员们被期望着根据规则非人格地对待顾客,这些规则要求他们不要从事与顾客们的交换交易。当然,他们不应该接受贿赂或赏钱,并且他们也不应该为了得到感谢或感激的表示而用更为优惠的待遇来回报顾客,以免根据正式程序所有顾客都应受到公正无私的服务的原则遭受损害。作为对不接受顾客的酬谢而向他们提供服务的回报,官员们获得了来自组织的物质报酬以及同事们对其遵守公认标准的赞同。顾客们对社区作出了贡献,因为他们为组织提供了资源,这些资源使组织能够酬劳其成员们。专业服务包含着类似的间接交换链,这个链条的中心环节是同行的赞同,同行之所以赞同是因为他们根据专业标准向顾客提供服务并因此不在意对社会交换的考虑。在交换交易中产生的义务将使坚定不移地坚持非人格的科层制或专业的标准变得不可能。不与顾客进行交换交易是以科层制

的或专业的超然态度对待顾客的一个前提条件。因此，为了维持这种客观超然性，就要求用同行的赞同或其他报酬来补偿这些从业者没有参加与顾客们的交换所放弃的利益。

一般说来，间接交易是大型集体中复杂结构的特点。因为在一个大型集体中，大部分成员之间的直接接触是不可能的，所以他们之间的相互关系——这种关系将他们统一在一个社会结构中——是间接的，社会价值起到了这些间接联系和交易的媒介作用。特殊主义的价值创造了共同的团结和整合的纽带，它们将集体成员们联合起来，并把他们与其他集体分开，从而发挥着两种功能：一是取代了团结面对面群体的个人吸引纽带，另一个是作为该集体及其亚群体中的这种纽带的一个基础。普遍主义的标准规定了被普遍认为珍贵的成就和资格，它们使间接交换交易成为可能，特别是以使个体们或群体能够在一种背景下积累社会地位和权力
而在另一种背景下从中获得利益的形式起到这样的作用。合法化 331
的价值通过建立权威把社会控制的范围扩展到个人影响的界限之外，这种权威可以获得由下级们自己实施的自愿服从，并且这些价值成为组织大规模集体努力的基础。反抗的理想可以作为反抗运动的聚集点以及社会变迁和重组的催化剂。这四种价值标准构成了社会交往和交易的媒介；它们是塑造社会关系的社会情境，并且对于社会结构中的间接联系起着媒介性联结物的作用。

宏观结构不同于微观结构的一个特征是，宏观结构中的社会过程由通行的价值作为媒介。另一个区分标准是，宏观结构由相互联系的社会结构构成，而微观结构的构成成分却是直接社会接触中相互联系的个体。此外，社会中复杂社会结构的各部分采取

制度那样的持久形式。制度化包含着两个互补的社会机制，通过这两个机制，社会模式被代代相传。一方面，外在社会安排是被历史地传递的，部分通过限制和保存它们的书面文件，如一个社会中依靠它的宪法和法律的政府形式所说明的那样。另一方面，内化的文化价值在社会化的过程中被传递，并给予制度的传统外在表现以持续的意义和重要性。这些制度性机制由权力结构来实施，因为一个社会中的有权群体倾向于最认同它的制度，而且它们往往使用它们的权力来保存传统制度。

一旦有组织的集体发展起来了，它们之间的社会交易就出现了。我们可以在刻画有组织集体的交易——以及个体们的交易——之特征的两个重要过程类型之间作出区分。一个是竞争过程，它反映了最大化稀缺资源的努力；另一个是交换过程，它反映了相互依赖的某种形式。竞争只发生在有着共同目标的相似社会单位之间，不会发生在具有不同目标的不相似的单位之间，比如在政党之间和在商业企业之间，而不会在一个政党和一家企业之间。而交换关系只发生在不相似的单位之间——在政党和各种利益群体之间，而不会发生在不同政党之间（除非是当两个政党形成一个联盟，并因此不再是两个独立的政治单位）。竞争促进了更为成功
332 和较不成功的组织之间的等级分化，而交换促进了不同类型的专门化组织之间的水平分化。然而，广泛的等级分化使得以前相似的单位在重要方面变得不相似了，并使以前不相似的单位在它们获得统治地位方面的权力和机会方面变得相似了。因此，作为竞争中有差别的成功的结果，交换关系可能在以前相似的单位之间发展起来，而对统治地位的竞争可能在原来不相似的单位发展起

来，它们的成功使它们变得相似。这些发展中的第一种可以由一个巨型制造企业和一家成为对方的零配件供应者的不成功的竞争者之间的交换关系加以说明，而第二种发展可以由商业企业、强大的工会和其他有组织的利益集团之间为了该社区中支配性影响的地位而进行的竞争加以说明。

在某方面属于同种一般类型的集体之间的竞争表现在个体们从一个集体向另一个集体流动的模式上，这些流动模式持续地改变着它们的边界和内部结构。有组织的集体典型地为成员和贡献者而展开竞争——比如为了有经验的经理、熟练的雇员、消费者、投票人、宗教皈依者，等等。成功的竞争为酬劳成员们提供了更多的资源，并因此带来了进一步的成功，因为更大的报酬阻止集体的成员们背弃它而加入其他群体，并鼓励其他集体的成员们离开它们而加入它。然而，在一个集体中，地位的内部分化以及随之报酬上有差别的分配造成了其成员们之间在流动诱因上的差别。如果不同的价值标准在各种社会群组中占据优势，就像宗教派别或政党的情况那样，那么在一个集体中低地位的边缘性成员们最有诱因移向另一个集体。但是如果社会群组按照相同的普遍主义标准被分等级排列，就像社会阶级的情况那样，那么在一个社会阶层内部拥有高社会地位的个体有最大的动因离开它，因为他们最有可能移向较高的阶层。在这些条件下流动的典型模式是从一个较低阶层中的高级地位流向一个较高阶层中的低级地位，或者相反。这种流动的机会使个体们面临这样的选择，是成为小池塘里的大鱼，还是成为大池塘中的小鱼；这也带来了下述的替代选择，要么在日常社会交往中从占据一个上级位置中获得社会报酬，要么从

较高社会阶级的成员资格中获得利益和特权，这样做的代价是在
333 反复的社会互动中承担下级的角色。

一个社会中相互依赖的组织进行着交换和各种相关的交易。① 正式组织经常交换服务。例如，福利和健康组织彼此提供顾客，②政党采纳服务于不同群体利益的纲领，以换取政治支持，当然，企业按照某种价格交换各种产品和服务。许多组织的交换都是通过社区作为媒介的。因此，警察向该社区的成员们提供保护，学校向年轻人提供培训，大学提供研究知识，医院提供健康服务，它们都从社区获得支持，以换取它们的服务。组织有时形成联盟，使它们承担共同的决定和行动。例如，小型政党把力量联合成一个政治运动，几个工会一致同意共同举行一次罢工，以及教派加入一个世界性的团体。组织之间的联盟可能会变成合并，这种合并破坏了它们之间以前的边界。但是即使在没有完全合并的情况下，有组织的集体之间的交易通常也导致了它们的相互渗透并使它们的边界模糊不清。例如，一个主要被两个职业群组加以支持的政党不可能被说成构成了一个不同于与它们有交换关系的这些群体。倒不如这样说，这些职业群体的代表部分是该党的构成成

① 对于组织间关系的一个类型学，参见詹姆斯·D. 汤普森(James D. Thompson)和威廉·J. 麦克尤恩(William J. McEwen)，“组织目标和环境”(Organization Goals and Environment)，《美国社会学评论》(*American Sociological Review*)，23(1958)，第23-31页。

② 参见索尔·莱文(Sol Levine)和保罗·E. 怀特(Paul E. White)，“交换作为研究组织间关系的一个概念框架”(Exchange as a Conceptual Framework for the Study of Interorganizational Relationships)，《行政科学季刊》(*Administrative Science Quarterly*)，5(1961)，第583-601页。

分，并且该党内部的竞争和谈判发生在它们之间，因为每一个都试图影响它的政治纲领和行动路线。

因此，有组织集体之间的交易可能产生将它们联合起来的社会纽带，就像个体们之间的社会交换往往产生整合性纽带一样。这些交易也使竞争的组织产生分化，并可能导致竞争者的消灭或合并以及一个或少数几个组织——少数几个大公司、两个大党、一个世界性的教会——的统治，就像个体们之间的单方面交易和竞争产生等级性的分化以及可能导致在一个群体中一个或少数几个 334
领导者占据统治地位一样。有组织的集体之间关系的某种分化了的结构的存在为一个全面的政治组织的形成和明确建立创造了条件，这个政治组织是为了维护秩序以及保护该组织和统治群体的权力不被暴力推翻——这是对它的主要威胁，该组织和统治群体的权力依赖于对必要资源的分配。然而，一个政治组织要想在社会中被建立起来，这就要求社会价值合法化它的目标并赋予它权威。当在一个集体中新出现的社会整合和分化被使共同努力及追求它们的权威合法化的社会价值所补充时，这个过程再次类似于一个单个组织的发展。我们并不是主张，上面所概述的观点代表了社会组织的实际历史演化。它仅仅是一个理论模型，在这个模型中，政治组织在分析上从有组织的集体和这些组织之间的交易中推导出来，而这些有组织的集体和组织被追溯到社会交换的较为简单的过程。这个模型可以用下述形式加以图示化的介绍：

有组织的社会生活的动力学其根源在于反抗力量。通过公平地、适度地行使它们的权力以及通过维持其他人在它们的保护性影响下有利可图，个体、群体或组织对其他人的支配权力使它们有

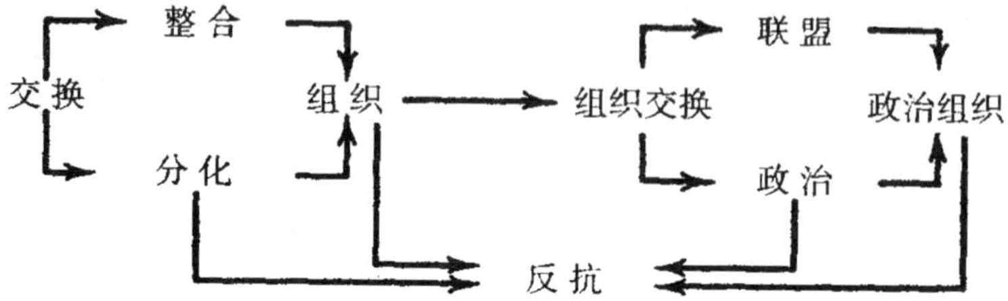

可能建立合法的权威。然而，支配性权力也使剥削其他人并因此获得利益成为可能，结果这种权力经常被压迫性地使用。被权力的不公平行使所导致的严重剥夺往往引发报复的欲望。如果这种剥削被在一个群体情境下体验到，尤其是在一个相对孤立于社区其余部分的群体中，通过产生一个反抗的意识形态，被压迫者之间的沟通就社会性地合理化并加强了它们对现存权力的敌对感，这
335 种意识形态将这种敌意从一种利己的复仇表达转化为一种追求促进某人的伙伴们的福利的崇高事业。尽管压迫不是反抗的唯一原因，但是对一项事业的意识形态认同对于对激进运动的支持来说是必不可少的，因为现存权力有制裁权，它保证这种支持会损害一个人的自我利益以及因此不能在纯粹理性的基础上得到保证。反抗理想创造了一种资源剩余，因为对它们的献身通过使人们愿意为了它们牺牲物质福利从而释放了社会能量，并且它们所激发的反抗运动构成了一种新的社会投入，这种投入引起了社会变迁和重组。

既得利益和权力在社会结构中造成了刚性，社会安排的制度化也是如此，通过制度化，这些社会安排被永久地保存下来，超越了个体的生命限度。社会制度是有组织的社会生活的具体化形

式，社会制度的基础在历史传统之中，并且得到主要文化价值的支持，这些文化价值在儿童时期被社会化并代代相传。传统制度——被深刻的价值赋予象征性意义——倾向于反抗创新和改革，甚至当社会条件的变化已经使它们过时时也是如此。有权群体——它们的利益由现存的制度安排所给予——保卫它们，以免受到攻击，并加强它们。制度满足了一个社会对社会秩序和稳定的需要，其代价是通常会造成严重苦难的刚性和不平等。需要强烈的社会反抗才能引起制度上的变迁，这种反抗构成了一种应对制度刚性的对抗力量。

并不是所有的反抗都采取激进造反的形式。拥有相互交叉的亚结构的复杂社会结构中的条件反复地产生对立力量。特殊主义的价值将集体的成员们整合成一个团结的单位，同时在它们之间产生了分隔的界线，这些界线常常在包容性的社会结构中造成社会团结方面的问题。成就的普遍主义标准引起了分化了的社会阶层，在这些阶层中，只根据成就的普遍主义标准，既得权力和特殊主义的忠诚限制了向上流动。合法的集中化权威与它的构成组织的自主性经常陷入冲突。甚至由成功的反抗运动所造成的重组往往也有间接的影响，这种影响导致了新问题以及对重组的新需要。此外，现代社会典型地具有许多拥有相互连锁的成员资格的相互交叉的有组织集体，这些集体激起了大量相互交错的冲突，因为许多问题产生于有组织的群体中间，又因为个体们被他们的组织从属关系带入到这些争端之中。周期性地使反抗力量重新组合的相 336
互交叉的冲突防止了冲突成为累积性的并防止了将共同体分裂成两个敌对的阵营，这些相互交叉的冲突表现在变迁和重组的辩证模式之中。

辩　证　法

在社会生活中存在一种辩证法，因为它由许多矛盾的力量支配着。社会交往的两难困境反映了这种辩证法，社会变迁的特点也是如此。[①] 把社会结构中的变迁构想为辩证的变迁，这意味着它涉及的既不是直线式的演化进步，也不是循环的圆圈，而是沿着不同线路的周期性社会重组的交替模式。对相互性和不平衡之间关系的分析说明这一潜在的观点。

相互性是一种平衡力量，这里的假定是每一个社会行动都被某种适当的反作用加以平衡。为了避免利益的提供停止，从其他人那里获得必需利益的个体们被迫以某种形式加以回报，不管是通过感激的表达、赞同、物质报酬、服务，还是服从。然而，在一个层面上的相互性会引起其他层面上的不平衡。如果人们被迫服从另一个人的愿望，因为他为他们提供了基本的服务，而他们不能以别的方式偿还他，那么他们的服从偿还了他们所获得的单方面的服务，并且在这个意义上恢复了平衡，但是它也造成了权力的不平衡。对权力行使的反应把次级交换添加在初级交换上。公平地和适度地行使权力使一个人赢得了社会赞同，而对权力的压迫性使

① 有一个关于辩证的变迁的理论观点，它与我们这里提出的观点有相似性，但遗憾的是，对于这里所作的充分讨论来说，它发表得太晚了。参见皮埃尔·范·德·伯格（Pierre L. van der Berghe），“辩证法与功能主义”（Dialectic and Functionalism），《美国社会学评论》（*American Sociological Review*），28（1963），第695－705页。

用激起了谴责。可以说，奖励统治者没有充分利用他们权力的社会赞同和惩罚他们过度利用它的社会谴责使天平得以平衡。然而在同时，对下级的集体赞同合法化了支配群体对他们的权威并因此加强了权力的不平衡，而对被压迫者的集体非难倾向于引起扰 337
乱社会均衡的反抗力量并刺激了社会结构中的重组。甚至恢复均衡的社会过程也产生了某些新的不平衡。

社会力量常常具有矛盾性的含义。之所以这样的一个原因是，由一种社会力量引起的条件可能会激起另一种力量在相反方向上出现。社会整合的过程——群体成员在这个过程中用他们的杰出品质给彼此留下印象——引起了地位的分化，而社会分化加强了对影响社会整合的过程的需要。在一个工作群体中，对处于高度需求的建议的无弹性供给会加强地位分化，因为专家们用他们的建议换取了许多地位，但建议的高价格刺激了相互咨询的伙伴关系的形成，这减少了该群体中的地位分化。意在诱致更大贡献的报酬上的增加本身降低了这些报酬作为作出贡献的激励的价值。例如，在一个公司中通过增加晋升的数量，期望的水平被提高了，结果同样的晋升不再创造与以前一样的满足。对下层社会的剥夺促使它们组成工会和左翼反对党，以便改善它们的条件，由这些努力的成功所带来的对中下阶级的相对剥夺促进了右翼反抗运动的发展。

一种社会力量的多重后果是它在社会结构中可能有矛盾性的影响的另一个原因。发动起来的、为了在一个方面或在社会结构的一个部分恢复均衡的力量典型地是在另一个方面或其他部分打破均衡的力量。为了使供求达到均衡，已确立的交换关系必须被打破。一个组织中的均衡被成员的更替所干扰，并被忠诚于组织的稳定成员资格以及他们在该组织中的职业生涯所促进，但是这些组织依附阻碍了成员的流动，这种流动对于职业投入以及他们为了达到一种均衡状态而获得的报酬是必要的。在竞争中，某些有组织的集体的成功——这为满足内在要求创造了最优条件——导致了其他集体的失败，还伴有随之而来的内部瓦解以及完全无法生存的可能。在一个组织中为促进集中化的计划和协调而建立的条件妨碍了有效的运作所需要的部门自主性。许多不相容的要求存在于复杂的社会结构中，给定亚结构之间的相互依赖性，满足
338 这些要求的社会过程常常对满足其他要求造成妨碍，因此刺激了满足其他这些要求的不同社会过程的出现。

在社会中，存在对社会变迁的大量抵抗。既得利益和权力、已确立的惯例和组织、传统的价值和制度以及其他类型的社会投入都是稳定的力量，都抵制基本的社会创新及重组。新的问题和社会需要持续出现，但是在满足它们所必需的调整发生之前，它们常常会长时间地持续存在，因为由于这些抵制力量，对变迁的巨大压力必须在它被实现以前建立起来。重大社会制度——它们受到有关权力以及传统价值的支持——的变迁要求通过强烈的反抗运动进行艰苦的和长期的斗争。压迫和苦难必须是严重而广泛的，人们才可能为激进的反抗运动作出社会投入，并且运动才可能有它的最终成功所必需的广泛吸引力。使复杂社会结构相互交叉的次要反抗力量——它们在不同方向上相互重叠和进行——必须要在它们能够造成重新调整之前聚集某些冲量。沿着不同方向前进的冲突性力量的存在本身将被反映在沿着合力发生的社会变迁之

中，但是在反抗力量能够实现它们的潜能之前，与对一段潜伏期的需要相结合，它导致了结构性的变化，这种变化与其说是持续的调整，不如说是间歇性的重组。

因此，结构变迁采取了一种辩证的模式。尽管社会结构受到趋于均衡的力量的支配，但是在给定一个社会中相互交叉的亚结构的相互依赖与不相容的要求的条件下，实际上每一个趋于均衡的力量都在其他层面上产生了不均衡。在造成一个方面的重新调整的过程中，其他错位典型地产生了，这使进一步的重新调整成为必要。社会不平衡可能长时期地持续，而社会均衡却不会被经常维持，因为在反抗力量动员充分的力量来造成重新调整之前，会有一段潜伏期插入进来。在社会结构的许多层面上，反复地打破均衡和恢复均衡的力量被反映在结构变迁的辩证性质之中。

人名索引

（索引中的页码为英文原书页码，即本书边码）

主 题 索 引

（索引中的页码为英文原书页码，即本书边码）

487

译 后 记

2005年夏天经何蓉师姐的介绍，我接下了商务印书馆委托的翻译《社会生活中的交换与权力》一书的任务。一开始我有些为难，因为此书的中译本早在1988年就作为二十世纪文库的其中一册由华夏出版社出版了，是由孙非和张黎勤两位翻译的。考虑到华夏版的中译本市面上已不易买到，而这本书又具有重要的学术价值和地位以及布劳又为此书的英文新版写了新的引言等，商务印书馆决定重译这本名著。答应这个任务后，感觉压力还是蛮大的，好在时间相对宽松，我对这本书也比较熟悉。大概十年前我就初读了华夏版的中译本。在北大读博士期间，刘世定老师的"经济学与社会学比较研究"课程和杨善华老师的"西方社会学名著选读"课程都涉及了这本书，我又有机会得以认真阅读，并听到老师和其他同学的诸多有启发的评论。为了激励自己，我把翻译当成是重新学习和研读这本英文原著的过程。当然，翻译的过程不仅是要为自己找到动力和乐趣，更重要的是要尽量达到前辈所要求的"信、达、雅"标准，以便于中文读者准确愉悦地了解原文的意思。从2005年9月起，我大概用了一年的时间翻译了初稿，然后又用了半年的时间从头到尾认真地校对了一遍。近日责任编辑李霞女士来信说她已将译稿再次核定且已交付排版，并嘱我可以写一个译后记。

彼得·布劳(1918—2002)是一位杰出的社会学家,其学术影响广泛而深远。他对于中国社会学界来说并不陌生,在中国社会学恢复重建过程中曾为当时的南开大学社会学班讲过课,他的很多重要著作都已经有了中译本。《社会生活中的交换与权力》(1964)是其学术生涯早期的重要著作,并因此使他成为社会交换论的重要代表人物之一。

这部著作探讨的基本问题是社会生活如何被组织成由人类交往构成的日益复杂的结构。布劳试图从社会交换的理论视角来解答这一问题,通过对支配社会生活和人们之间交换关系的互惠和不平衡过程的微观社会学分析,为发展对社会结构和制度的宏观社会学研究提供了一个理论基础。在本书的前半部分,作者集中分析了人际交往和社会交换中所包含和引起的吸引、竞争、分化、整合和对立等基本过程,并指出了隐含在社会交换中的基本原则和规范,比如理性原则、互惠原则和不平衡原则、公平交换规范以及边际效用递减原则。特别是指出了特定条件下的交换导致了地位和权力分化,而分化的地位结构一方面导致了合法化和组织化,另一方面引起了反抗和变迁。于是作者在本书的后半部分转向对群体和组织层面的交换的分析,也就是对宏观社会结构中的整合、分化、组织以及由反抗引起的冲突和变迁的探讨。这一部分所依赖的观点是,次级交换叠加在初级交换之上,并且,由于集体中的规范期望和价值取向,间接交易取代了直接交易。

尽管受到了霍曼斯(George C. Homans)的影响,但不同于霍曼斯的行为主义交换论,布劳发展了一种结构主义的交换论。他认为社会交往不是一个受心理学原则支配的过程，而是依赖于与他人的互动，是社会性的。他更强调人际关系和社会互动中突生的社会属性，并试图通过社会交换理论在微观互动过程和宏观社会结构之间建立连接。虽然布劳提出从社会交换的角度理解社会生活和社会结构，但是在其对整合和分化、合法化和反抗的分析中我们可以看到他试图将功能理论和冲突理论中的因素综合进交换理论之中，因为交换过程不仅产生了使现存秩序合法化和制度化的模式，而且导致了反对这种模式的力量，这主要是由于单方面的交换造成了权力上的不平衡。我觉得对社会交换如何产生权力分化的分析是布劳这项研究中最精彩的地方。在研读和翻译本书过程中，我最强烈的感受是作者对逻辑严谨的系统化的演绎理论的追求，而且从社会交换的角度理解社会生活和社会结构中对辩证力量的强调。然而，正如作者在第二版的引言中所指出的，虽然他试图用关于交换过程的微观社会学理论作为建构关于社会结构和制度的宏观社会学理论的基础，但是对交换的微观社会学分析比向宏观社会学理论的过渡更为成功。在后来对宏观社会结构的研究中，布劳放弃了交换论方法，而是采用了不平等和异质性的分析视角。当然，研究微观人际互动过程和宏观结构视角上的差异，并不意味二者之间是矛盾的和割裂的，而是相互补充的。

以上是我对本书内容一个扼要的介绍和粗浅的评析。正如麦金太尔（Alisdair MacIntyre）在评论中指出的，“本书犹如一个巨大的采石场，其他作者可以花费一些时间从中提取出矿石，甚至还有化石……”我想他的意思是说这本书包含了丰富的值得进一步挖掘和雕琢的宝贵思想。这也许就是经典著作之所以为经典的原因之一吧。

最后感谢何蓉师姐和李霞女士对我的信任，特别感谢李霞女士在翻译和出版此书过程中提供的无私帮助。由于水平有限，译文中肯定有不当之处，责任全在译者，敬请读者批评指正。

李国武

2007 年 11 月 11 日

图书在版编目(CIP)数据

社会生活中的交换与权力/(美)彼得·M.布劳著;李国武译.—北京:商务印书馆,2017
(汉译世界学术名著丛书:120年纪念版:珍藏本)
ISBN 978-7-100-14789-7

Ⅰ.①社… Ⅱ.①彼… ②李… Ⅲ.①社会关系—研究 Ⅳ.①C912.3

中国版本图书馆CIP数据核字(2017)第160902号

汉译世界学术名著丛书
(120年纪念版·珍藏本)
社会生活中的交换与权力
〔美〕彼得·M.布劳 著
李国武 译

商 务 印 书 馆 出 版
(北京王府井大街36号 邮政编码100710)
商 务 印 书 馆 发 行
北京新华印刷有限公司印刷
ISBN 978-7-100-14789-7

2017年12月第1版 开本710×1000 1/16
2017年12月北京第1次印刷 印张32
定价:160.00元